应用文写作

万秀凤 罗银胜 杨青泉／主编

图书在版编目(CIP)数据

应用文写作/万秀凤,罗银胜,杨青泉主编. —上海:
立信会计出版社,2017.8(2023.7 重印)
 ISBN 978-7-5429-5507-4

Ⅰ.①应… Ⅱ.①万… ②罗… ③杨… Ⅲ.①汉语—应用文—写作—高等学校—教材 Ⅳ.①H152.3

中国版本图书馆 CIP 数据核字(2017)第 192494 号

策划编辑　　方士华　孙　勇
责任编辑　　孙　勇
封面设计　　南房间

应用文写作
YINGYONGWEN XIEZUO

出版发行	立信会计出版社		
地　　址	上海市中山西路 2230 号	邮政编码	200235
电　　话	(021)64411389	传　真	(021)64411325
网　　址	www.lixinaph.com	电子邮箱	lixinaph2019@126.com
网上书店	http://lixin.jd.com		http://lxkjcbs.tmall.com
经　　销	各地新华书店		
印　　刷	上海万卷印刷股份有限公司		
开　　本	787 毫米×1092 毫米　　1/16		
印　　张	18.75		
字　　数	439 千字		
版　　次	2017 年 8 月第 1 版		
印　　次	2023 年 7 月第 13 次		
书　　号	ISBN 978-7-5429-5507-4/H		
定　　价	39.00 元		

如有印订差错,请与本社联系调换

前　言

"写天地之辉光,晓生民之耳目",[1]这是《文心雕龙》开篇《原道》中所述及的孔夫子之"文道"。我们或许不能祈求世人的文章都如孔圣人那般"光辉",但至少可以希冀大家都来继承孔夫子之"文道"的教化功用。"文道"的教化,不只是局限于道德、审美、信仰方面,还在于文章本身。好的文章,不仅使人如沐春风,还教会人如何"作文"的道理,再进一步讲,文章更应该"管用":"说一千道一万,一个讲话一篇文章最后九九归一,就是要起作用。"[2]从当前高校写作学科建设上来说,写作类教材数不胜数,但真正既做到教会"作文"道理,又做到让其中的文章"管用",并且与时代需求紧密联系的写作教材,大概少之又少。因此,我们想通过这本教材的编写,对高校写作学科建设与应用文写作课程教学建构的创新,做一点尝试性的探索工作,这是我们编写的初衷。

其实,自古以来,无论何种形式的"文章",多多少少都有一定的"功用"。且不论意识形态指导下的"政治"功用、消费主义引导下的"娱乐"功用,单说人们的日常生活,就根本离不开文章的"交往"功用。一份房屋租赁协议书、一张留言便笺、一封电子邮件,几乎与每个人的生活都息息相关。这种以"文章"形式出现的人际交往活动,成为人们日常生活的重要组成部分,它承载了生活的内容,甚至影响到了生活的变化。如何在日益忙碌的生活中更为有效、合理、科学地运用这种"文章"形式,以及如何正确、快捷、规范地书写这种"文章"形式,是现代社会每个人都无可回避的问题。但就是这种构成我们日常生活重要部分的"文章"形式和创造它的"写作行为",很多时候并没有受到足够的重视。殊不知,"应用文写作"同样有文学创作的因素,同样有想象能力、思维能力训练的空间,同样可以创造出如诗如画、情怀高雅的文案。而且,"应用文写作"对于语词严肃性、表达严谨性、逻辑缜密性的要求,明显高于普通文学写作。可以写出一篇优美散文的人,未必能写好一篇政府工作报告;可以写出一篇情节扣人心弦的小说的人,未必能写好一份经济合同。对于当代的大学生而言,"应用文写作"不仅是一种素质教育的手段,而且是一项语言思维训练的工程。围绕应用文的实际功用,突出应用文教学的实训特色,让学生通过本教材的学习,真正受到启迪乃至真正学以致用,使他们在日后的生活与工作中将大多数应用文文体能够运用得更好,是我们编写这本教材的

---

[1] 刘勰:《文心雕龙》,王志彬译注,北京:中华书局,2012年6月第1版,第6页。
[2] 人民日报评论员:《转变文风应"言之十有"》,《人民日报》2013年4月3日。

最主要目的。

应用文写作，首先应当注重语言本体。无论是一般意义上的"应用文"，还是"普通文""实用文""非虚构写作"，乃至"专业文""虚构写作""创意写作"，归根到底都要落实在语言上。然而许多时候，我们往往忽略语言本体的重要性。以出版市场与网络传播中的众多"写作模板""文书宝典"来看，粗制滥造、错讹百出的应用文"产品"不在少数，最主要的原因来自对于语言本体的不尊重。一方面，汉字、词汇的错用，语法、修辞的不当，以致格式、结构的混乱，成为司空见惯的事情。另一方面，许多文章的语言表达或相当贫乏，或"不接地气"，或过于"自动化"，正如《光明日报》所指出的问题："长期以来，一些党政机关的文件，一些领导干部的讲话发言，被群众戏称为'常说的老话多、正确的废话多、漂亮的空话多、严谨的套话多、违心的假话多'。这些看起来字正腔圆、抑扬顿挫，实则言之无物，与现实生活、公众感受不兼容。"[1] 要解决这些问题，还是要回归到汉语语言的准确使用与艺术表达的层面上来。发展已逾千年的汉语，本身即为一座宝库，继承它的文化、探寻它的魅力、创新它的表达、呵护它的尊贵，应该成为使用这种语言的共同准则。尊重汉语，不仅维护了中华大家庭的团结、增强了民族凝聚力，而且对于我们讲好"中国故事"、书写"中国气派"至关重要。"应用文文体"的写作，是每个汉语使用者最为常用的写作行为，是每个汉语使用者最为常见的文化认同，突出汉语特性与发挥汉语优势，理应成为这一写作类型的应有之义。所以我们在编写本教材的过程中，特别注重"应用美文"的选取，以期这样的范文实例能够真正让学生有所获益，并由此倡导一种优良的文风，让汉语的魅力充分展现。

关于汉语应用文文体的分类，并无统一的标准。以传统经典的文体学著作《文心雕龙》和《昭明文选》来看，前者有34大类约70余种文体，后者有39类文体，两者重合的约为25种文体。[2] 这些文体显然存活在两位作者生活的时代，从应用性角度而言，它们均为当时人们经常研习、使用的文体。不过，文体会随着时代的变迁而发生改变，及至现代中国，因为白话文主体地位的确立，现代汉语写作的文体与古代相比有了根本性的差别。再至当下的中国，伴随着信息社会的到来，新一轮的文体变革已然发生，尤其是"应用文文体"领域。这种文体变革的现象，有时只不过是数年之间的事情，比如现代社会曾频繁使用的"电报稿"，由于21世纪以来通讯技术的升级和通讯工具的大众化普及，已经让"电报稿"变成了一种"旧文体"，"电传""短信""微信"这类的"新文本"取代了它。但是还有一些应用文写作教材，把"电报稿"当成主要文体类型编写，这是多么不合时宜。作为一本面向当代本、专科大学生的教材，我们在文体编排上，考虑到时代语境的巨大转型，及时补充了诸类"新兴"文本样式，如电子邮件、音视频文案等，希望能在"应用文文体"分类与类型定义角度，提出我们的学术

---

[1] 光明日报评论员：《"学会说群众懂得的话"——二谈切实改进文风》，《光明日报》2012年12月21日。
[2] 张少康：《〈文心雕龙〉的文体分类论——和〈昭明文选〉文体分类的比较》，《江苏大学学报》（社会科学版），2007年1月。

看法,同时也期待各位专家、同行、读者提出你们的宝贵意见。

应用文写作,从教学角度而言,不光是让学生知道某种应用文文体的定义、概念、分类、特点、格式等条条框框的知识点,而且要调动学生的主动性,让他们能够参与进来。本教材的编写体例,除了"概述"这一部分侧重于保留传统应用文教材的知识点外,其余三个部分则着重于"示范""训练"和"启发"。在"范文分析"这一部分,我们花了大量时间精选出与时代气息相吻合的范文、案例,并配之相应的"分析""点评"。这种排列模式突出了"示范"的效应,还为学生学习提供一种直观的阅读方式,也方便学生做课堂笔记。在"写作训练"这一部分,我们追求一种切实可行的实训设计,许多写作训练题目的设置,或经历了我们教学过程的实践检验,或结合了我们学校的实际情况,或是针对当下社会需求的有的放矢,为的就是让学生的写作训练落到实处。在"拓展阅读"这一部分,根据不同文体、文种,我们主要概括相关写作技巧、提醒写作注意事项,适当补充一些有关的学术论文,以便学生了解必要的学术动态,启发学生思考更深层次的写作问题。由"示范"到"训练"再到"启发",构成了应用文写作教学过程的"三步走",也是我们关于应用文写作教学建构创新的基本设想。

本教材从汉语写作的基础训练讲起,第一章的绪论旨在强化汉语写作的基本功,第二章至第十三章讲述具体的应用文文种,分别有:公文、计划、总结、调查报告、消息、书信、学术论文、广告文案、申论、财经类应用文、事务类应用文、新媒体类应用文本。这样的分类考虑到了大学生学习"应用文写作"的普遍性需求和实际性需求,我们力争做到写作知识与训练的同步培养、文体规范与技巧掌握的同步培育,不求面面俱到,但求实用有效。比如书信,其实是最为常用的应用文,很多应用文都与书信文体密切关联,甚至由书信发展而来,但这种文体却在不少应用文教材中遭受"冷遇",实在是很奇怪的事情。我们今天所使用的大多数公文,其格式、规矩、文法,从本质上讲,都源自书信文体。扩大来说,我们今天给家人、朋友、领导发一条短信,实质上也是一种书信。家书、情书、申请书、自荐信、求职信、建议信、贺信等,不仅和每个人的工作、生活关系最为密切,而且是应用文写作和训练相当核心的部分,故本教材予以特别的重视,"书信"这一章附录还有书信礼貌用语的汇总表格,方便大家写信时参照。本教材每一章各具特色,如"公文"[1]一章的附录部分,除了列出最新的相关文件,还总结了行政公文写作的某些技巧,可作公文写作的重要参考资料。此外,本教材还增设"新媒体类应用文本写作"一章,讲述"电邮类""微博类""演示类"三类文本,希望能对学生的此类

---

[1] 2012年4月16日,中共中央办公厅、国务院办公厅以中办发〔2012〕14号文件印发了新的《党政机关公文处理工作条例》。该《条例》分总则、公文种类、公文格式、行文规则、公文拟制、公文办理、公文管理、附则8章42条,自2012年7月1日起施行。也就是说,1996年5月3日中共中央办公厅发布的《中国共产党机关公文处理条例》和2000年8月24日国务院发布的《国家行政机关公文处理办法》目前已经停止执行。根据最新《党政机关公文处理工作条例》,公文种类有决议、决定、命令(令)、公报、公告、通告、意见、通知、通报、报告、请示、批复、议案、函、纪要,共计15种。这15种公文文体,按其承载的职能,可以分为三大类:指令性公文、知照性公文、报请性公文。指令性公文(除了纪要)与报请性公文,两者之间最显著的差别就是行文方向,前者为下行文、后者为上行文,而知照性公文中的"函"则常为平行文。

写作有所助益。基于新媒体技术的"应用写作",无疑是一个新课题,我们这里的先行性探索不过是抛砖引玉,期待今后有更多的同行共同参与。

2013年3月1日,习近平总书记在中央党校建校80周年庆祝大会暨2013年春季学期开学典礼上的讲话中说:"战国赵括'纸上谈兵'、两晋学士'虚谈废务'的历史教训大家都要引以为戒。读书是学习,使用也是学习,并且是更重要的学习。"[1]这段话对于应用文写作教材的编写,同样具有指导意义。我们这本教材之所以这样编排,是因为我们不愿意让"应用写作"仅仅成为知识的摆设,更愿意让"应用写作"成为行动的战场,"知行合一"才是真正的"应用写作"。如果说本教材不仅是学生可以用来"读书"的书,而且是学生可以用来"使用"乃至"收藏"的书,那我们所有的努力就没有白费。可以毫不夸张地说,本教材的每一个章节,都凝聚了编者的艰辛劳动,都是编者多年写作课程教学心得的展现,都是编者对于应用文写作研究的智慧结晶。具体的编写情况如下:全书大纲及总撰:万秀凤;前言:杨青泉;第一章:连蜀;第二章:唐一方、罗银胜、夏慧勤;第三章:曹晓青;第四章:陈正勇;第五章:杨青泉;第六章:马晓红;第七章:唐一方;第八章:杨青泉、梁苑;第九章:万秀凤、黄怡;第十章:陈正勇;第十一章:杨晓丽、刘慧;第十二章:夏慧勤、罗银胜、杨青泉;第十三章:杨青泉。

限于时间和学力,本教材肯定还有不少需要改进的地方,只能留待下次修订中完成了。最后,诚邀使用本教材的各位老师和同学们惠赐良言,让我们为应用文写作教学的进步共同努力,谢谢大家!

编 者

2017年8月

---

[1] 习近平:《在中央党校建校80周年庆祝大会暨2013年春季学期开学典礼上的讲话》,陈锡喜主编:《平易近人:习近平的语言力量》,上海:上海交通大学出版社,2014年11月,第256页。

目 录

第一章 绪论 …… 1

第一节 应用文的含义及其发展沿革 …… 1
第二节 应用文写作基础训练——文字 …… 6
第三节 应用文写作基础训练——词汇 …… 10
第四节 应用文写作基础训练——语法和修辞 …… 14
第五节 应用文写作基础训练——篇章与结构 …… 25

第二章 公文 …… 30

第一节 概述 …… 30
第二节 公文的格式与基本要求 …… 35
第三节 通告 …… 48
第四节 通知 …… 50
第五节 通报 …… 59
第六节 报告 …… 63
第七节 请示 …… 70
第八节 批复 …… 76
第九节 函 …… 80

第三章 计划 …… 88

第一节 概述 …… 88
第二节 计划的写法 …… 89

第四章 总结 …… 94

第一节 概述 …… 94

第二节　总结的写法 ··· 95

第五章　调查报告　　104

第一节　概述 ··· 104
第二节　写法 ··· 105

第六章　消息　　117

第一节　概述 ··· 117
第二节　消息的结构 ·· 120
第三节　消息的结构形式 ·· 125
第四节　消息写作中辞格的运用 ··· 128
第五节　视觉新闻的写作技巧 ·· 135
第六节　叙述者主体表达与新闻意义建构 ·· 137
第七节　消息的写作要律 ·· 142

第七章　书信　　144

第一节　日常书信 ··· 144
第二节　专用书信 ··· 153

第八章　学术论文　　177

第一节　文献查询 ··· 177
第二节　学位论文写作 ··· 183
第三节　期刊论文写作 ··· 192

第九章　广告文案　　197

第一节　广告文案概说 ··· 197
第二节　广告文案的结构及写作 ··· 199
第三节　广告文案写作的基本要求 ··· 204

第十章　申论写作　212

第一节　申论概述 ………………………………………………………………… 212
第二节　申论写作 ………………………………………………………………… 215
第三节　申论考试及应试技巧 …………………………………………………… 218

第十一章　财经类文体写作　227

第一节　财经法律文书 …………………………………………………………… 229
第二节　财经文宣文书 …………………………………………………………… 234
第三节　财经研究文书 …………………………………………………………… 240
第四节　外贸文书写作 …………………………………………………………… 246

第十二章　通用类应用文　249

第一节　通用类应用文概述 ……………………………………………………… 249
第二节　启事与声明 ……………………………………………………………… 250
第三节　条据 ……………………………………………………………………… 257

第十三章　新媒体类应用文本写作　263

第一节　电邮类应用文本写作 …………………………………………………… 265
第二节　微博类应用文本写作 …………………………………………………… 269
第三节　演示类应用文本写作 …………………………………………………… 279

绪 论

第一节 应用文的含义及其发展沿革

一、应用文的概念

应用文是指人们在处理公私事务、沟通信息时最常用且具有惯用格式的一种文体。

关于应用文的概念,专家们历来有不同的意见,归纳起来主要有两种:一种广义的意见认为,无论哪种形式的文章,最终目的在于应用,都可以算作应用文。另一种狭义的意见认为,尽管文章都是为了应用,都可以算作应用文,但不能说凡是为了应用的都叫做应用文,只有那些与人们社会日常活动联系更为紧密、实用性更为鲜明的文字材料,才能算作应用文。

所以,应用文这一名称正式出现时的含义是狭义的,它不同于文学作品、政论文章。因此,一般又把应用文称作实用文。

应用文与人们日常的生活、学习和工作紧密相连。例如,一般书信、请柬、申请书、请假条、启事、声明、计划、总结、报告乃至合同、广告、论文、申论等都属于应用文的范畴。

应用文包括上百种不同的文体,它作为一种实用性的文体,使用范围广,使用频率高。随着时代的发展、社会的进步,在日常工作和生活中出现的应用文的种类也会越来越多。

二、应用文的产生和发展

我国是有着悠久历史和灿烂文化的国家,据考古学家考证,汉字从萌芽发展到现在已经有六七千年的历史了。距今3 000多年前的河南安阳小屯村的殷墟甲骨文是我们今天所看到的最早成体系的文字,也是我们今天所能看到的最早的公文雏形。

文字的产生,原本就是为了应用。最古老的文字记载,其内容都是记事性质的。甲骨卜辞、商代后期和周朝的青铜器铭文和最早的典册,都属于应用文的范畴。甲骨卜辞是商代帝王占卜的记录,刻在占卜时用的龟甲和兽骨上,它们有的几个字,有的数百字,虽然简短,但它对人物、时间、地点、牲畜的记录比较准确,内容涉及国家、政治、战争、农业、狩猎、祭祀等方面,它们可以说是我国应用文的萌芽。

随着文字和社会生产的不断发展,应用文也逐渐丰富和发展起来。周代的《尚书》就是我国最早的一部应用文写作专集。秦统一中国后,建立了我国历史上第一个中央集权的封建专制国家。秦统一文字,使"书同文"以小篆为标准字体,这给公文的形成和处理带来很大方便。秦还统一车轨制度,"车同轨"促进了交通,也加速了公文的运转。唐宋是封建社会经济文化的鼎盛时期,文书制度日益完善,文种和格式更加完备。明清时,中央集权的极端化,一方面使文书和文书工作趋于完备,同时也暴露了某些公文的冗腐繁琐的弊病。辛亥革命以后,废除了2 000多年以来封建王朝所使用的制、诏、诰、题、奏、表、笺等名目,是公文制度上的一次重大改革。中华人民共和国成立后,党和政府对公文的撰写和处理进行了一系列卓有成效的改革,使公文在现实生活中发挥愈来愈大的作用。当今社会,随着现代经济和科学技术的发展,应用文已进入一个崭新的发展阶段,21世纪是现代应用文文种体制更完善、使用手段更现代化的新时期。

三、应用文的特点和作用

(一) 应用文的特点

1. 实用性(使用)

应用文最大的特点在于实用。应用文的实用性是直接的,它是有事而发,无事不发。例如,从事文秘工作的人要经常起草各种公文,人们生活在社会中与别人打交道,除了口头形式之外,在许多情况下需用书面形式,都是为了解决实际问题而写。

2. 针对性(对象)

写任何文章都要考虑写给谁看,对象是什么人。文学作品的对象往往不明确,没有很强的针对性。对读者来说,这些文章没有任何约束力,可以读,也可以不读。应用文的写作,较之其他文章更要考虑对象。它不像其他的文章对象一样,只有一个笼统的范围,而是特定的。例如,公文运转最基本的原则就是上下级机关间的行文以不越级为原则,上下级互为读者和收文对象,除非极特殊的情况下不能更改。

3. 时效性(时间)

应用文都是为了解决已经出现或者可能出现的问题而写的,因此在整个写作和处理的过程中都要迅速、及时。因此,时间性对应用文来说至关重要。同时,对应用文来说,时间性又与时效性联系在一起。每一个时期、每一个阶段都有它具体的工作、情况。因而,过了一段时间,相应的文字材料也就失去了它的时效性,只能转为凭证的档案材料被保存处理了。

4. 真实性(内容)

应用文的写作必须讲究真实、客观,实事求是地反映问题。应用文反映情况,不允许像文学作品那样进行虚构,也不能主观想象、夸大其词。否则就会歪曲事实真相、误导对方,给社会带来不良影响。

5. 程式性(体式)

所谓程式性是指应用文的写作有其特定的、惯用的格式,与其他文体相比有更为严格的体式限制。应用文的固定格式的形成有两方面的原因:一是"约定俗成",如书信等文体格式,是人们长期以来约定俗成、相沿成习的。二是"法定使成",是国家有关部门统一制定的,如司法文书,合同等。个人无权任意确定和更改这种形式,也无权不按此形式办事。但是,应用文的格式也不是一成不变的,无论是"约定俗成"还是"法定使成",随着社会的发展,人们的生活习惯和思想观念的变化,应用文的格式也会随之改变,以利于人们更方便地传情达意。

6. 平实性（语言）

一定的文体要求具有与之相对应的语言。由于应用文注重实用，所以，它的语言也讲究务实。应用文只要把问题讲清楚，把问题说明即可，任何拖泥带水的修饰都不要。准确、简要、鲜明、平实是对应用文语言的基本要求。

（二）应用文的作用

1. 公关交际作用

在经济活动中，任何人、任何单位都免不了与外界打交道。例如，开业，要向工商行政管理局申请执照；双方合作，需签订协议合同；推销产品，需要策划广告；商洽业务，需要发函。这些都需要用应用文来联系。应用文表达准确、得体、清晰，才能有利于业务的开展，有利于双方的沟通，从而起到良好的公关交际作用。

2. 宣传教育作用

公文的内容，无论是国家的大政方针、法令规定，还是各行各业的规章制度、对先进和错误的通报，都具有宣传教育的作用。至于一些针对思想工作、文明建设活动的非法规性的、任务性的公文，如普法教育、时事教育、安全卫生教育等性质的应用文，更是直接用于动员和宣传教育的。

3. 沟通联系作用

各级机关的工作活动，都不是孤立地进行的，往往需要与上下左右的机关发生联系。而应用文是加强上下级联系的纽带，也是与各有关方面联系的有效工具。下级机关通过报告、请示等向上级机关汇报工作、反映情况，请求批准事项和解决问题的办法。上级机关通过通知、批复、纪要等公文向下级机关传达指示，指导下级开展工作，行使领导职权。平行机关和不相隶属地机关之间使用通知、函等，可以起到相互交流信息、商洽工作、处理工作问题的作用。

4. 凭证资料作用

公文是各级机关联系工作事项、开展公务活动的书面凭证，起着立此存照的作用。例如，下级机关请示问题，对重要的工作，必须以书面请示送达上级机关；上级机关据此有针对性地批复，并形成公文，以此成为下级机关执行的依据。而且，公文在实现了它的现实作用后，立卷归档成为文书档案，作为文献资料，具有重要的保存价值。而一些合同文本、条据、公证材料等也是经济业务中的凭证。一旦出现问题，依靠这些凭证，可通过法律追究对方责任，维护自身利益。

思考与练习

1. 应用文与文学作品写作之间的主要区别有哪些？
2. 谈谈你在学习、生活中运用应用文的情况。

拓展阅读

经济应用文常用词语汇释

按期：按照规定的日期，如"按期完成任务"。

按照：根据；依照，如"按照上级党委的要求认真执行"。
颁布：郑重发布，颁：下发。一般用于发布法令、条例等重要的法规性文件，如"颁布法令"。
颁行：颁布施行，如"此项税法的实施细则颁行已有一年"。
备案：向主管机关报告事项，以备查考，如"此报告已送总公司备案"。
备查：以备今后检查，如"请存档备查"。
比照：按照已有的规定、方法、标准、要求办理，如"请比照×××文件中有关规定办理"。
不贷：不予宽恕，贷：饶恕，如"严惩不贷"。
不日：不久，如"不日送达"。
不宜：不适宜，如"不宜发放""不宜举行"。
不予：不给予，如"不予办理"。
不虞：意料不到，如"以备不虞""不虞之誉"。
布达：陈述告知给对方，布：陈述。常用于书信结束语中，如"专此布达"。
参照：参考、仿照，如"请参照办理"。
裁并：裁减合并，如"裁并机构"。
裁处：考虑决定并加以处理，如"对这一问题，请尽快裁处为宜"。
裁夺：考虑决定，如"请予裁夺"。
查办：检查处理，如"查办要案"。
查复：了解后答复，如"请速查复"。
查询：查问、了解，如"现将查询结果报告如下""请查询"。
查照：请对方注意文件内容，并按文件内容办事，如"即希查照""希查照办理"。
呈报：向上级送文，如"特此呈报，请查收"。
呈请：向上级或有关部门送文并请求同意批准，如"呈请批准，不胜感激"。
筹措：设法弄到经费，如"筹措基建资金"。
筹商：筹划商议，如"筹商对策"。
鼎力：大力，表示敬辞，如"还望鼎力相助为盼"。
定夺：对事情是否可行作决定，如"此计划是否可行，请尽早予以定夺"。
定金：合同当事人一方为了证明合同成立和担保履行而预付给对方的一定数量的金额。其不同于预付款，预付款不起担保作用。
动议：会议中临时提出的建议，如"第一小组提出的动议，值得采纳"。
额定：规定的数目，如"额定人数100人"。
讹传：错误的传说，如"这种讹传，不可听信"。
奉告：告知，表示敬辞，如"无可奉告"，多用于外交辞令。
奉命：接受这个命令或决定，如"奉命执行"。
奉劝：劝告，表示敬辞，如"奉劝这些人，不要一意孤行"。
挂失：遗失票据或证件时，到原发的机关去登记，声明作废，如"支票挂失""护照挂失"。
关联方：在企业财务和经营决策中，如一方有能力直接或间接控制、共同控制另一方或对另一方施加重大影响，或者两方或多方同受一方控制，则将其视为关联方，如"关联方关系及其交易的披露"。
国是：国家大计，如"共商国是"。
过甚：过分、夸大，如"言之过甚"。
函达：写信告知，如"专此函达"。
核示：审核批示，如"上述意见，请核示"。

会商：相聚商议，如"会商大计"。
会晤：会面，如"会晤来访客人"。
惠鉴：劳驾审阅，如"××先生惠鉴"，常用于信函称呼中。
惠示：劳驾给我看或让我知道，如"如蒙惠示该文件，则不胜感激"。
惠予：请求给予，如"希惠予配合"。
惠纳：承你照顾给予接受，如"承蒙惠纳，实为荣幸"。
稽迟：拖延不及时，如"稽迟答复，请见谅"。
鉴于：考虑到，如"鉴于王同志一贯表现突出，本公司给予其奖千元"。
鉴宥：请求体察原谅，如"客户苦衷，尚祈鉴宥"。
接洽：与人商量有关事宜，如"关于供货事，请与××接洽"。
届时：到时候，如"请届时参加"。
径向：直接向，如"有关情况，请径向监察室反映"。
径与：直接与，如"此事请径与财务处联系"。
开标：打开标单，如"招标人在所有投标人面前当众开标"。
开市：店家在歇业后又开始营业，也指商家每天第一次成交，如"今天一开市，就做了笔大买卖"。
款待：亲切优厚地招待，如"盛情款待远方来客"。
款式：格式、样式，如"家具款式新颖独特"。
蓝图：建设计划，如"国家建设的蓝图"。
烂账：混乱无法弄清的账目，又指久拖难以收回的账，如"有些企业，因管理不善，烂账很多"。
劳神：耗费精神，有时用作麻烦他人的客套话。
礼遇：尊敬有礼的待遇，如"受到隆重的礼遇"。
绵力：微薄的力量，如"愿尽绵力"。
面洽：当面接洽，如"请于明日来本公司面洽"。
拟定：起草制定，如"拟定规章制度"。
拟于：打算在，如"拟于下月开工"。
年限：规定的或作为一般标准的年数，如"使用年限""工作年限"。
偏颇：偏于一方面，不公平，如"其说法有失偏颇"。
票据：载明一定的金额，在一定日期执票人可向发票人或指定付款人支取款项的凭证，其种类有汇票、本票和支票等，如"可转让票据"。
凭单：取财物或作为凭证的单据，如"保管好三年内的财务凭单"。
破费：花费金钱或时间，如"这次出行，破费不少"。
起讫：开始和终结，如"起讫日期"。
契据：契约、借据、收据等总称。
签发：经主管人审核同意后，签名正式发出文件、证件等，如"签发护照"。
签署：在重要文件上正式签字，如"该合同经双方法人代表签署后生效"。
顷奉：刚接到，多用于下级对上级，如"顷奉上级指示"。
顷接：刚接到，如"顷接来函"。
顷闻：刚听到，如"顷闻贵店开张，特来祝贺"。
日前：几天前，如"日前收到来款""日前办妥"。
融洽：彼此感情好，没有抵触，如"关系融洽"。
如实：按照实际情况，如"如实汇报"。

商计:商量,如"共同商计"。
商洽:商谈接洽,如"请于×日来我行商洽投资事宜"。
商榷:商讨,如"该提法还有待商榷"。
赏识:认识到别人的才能或某些物品的价值而予以重视和赞赏,如"他深得总裁的赏识"。
尚望:还希望,如"尚望给予协助"。
恕不:请对方原谅不能做某事,如"恕不招待""恕难办理"。
台鉴:请您审阅,常用于信首。台:旧时对人的尊称;鉴:审阅。例如,"××先生台鉴"。
特此:公文、书信用语,表示为某事在这里通知、奉告等,如"特此通知""特此函告"。
特例:特殊的事例,如"作为特例,予以照顾"。
提要:指全文或全书的要点,如"全文提要""报告提要"。
为荷:表示感谢。荷:承受别人的恩惠,如"请给予接洽为荷"。
为妥:表示"妥当"的意思,如"请给予照顾为妥"。
为要:表示"必要"的意思,如"须严加管理为要"。
违误:违反命令,耽误公事,如"迅速办理,不得违误"。
维系:维持和联系,不脱离,如"事关大局,维系民心,务必重视"。
委过:将错误、过失推给别人,如"委过于人""一味委过"。
委实:实在,如"委实不容易"。
务期:一定要,如"务期有成""务期落实"。
务求:一定要求达到,如"务求完成所订指标"。
先例:已有的事例,如"有先例可援""尚无先例可援"。
先期:在某一日期以前,如"他们已先期抵达"。
销账:从账上勾销,如"款已结清,可销账"。
已悉:已经知道,如"来文已悉"。
业经:已经经过,如"业经批准,不日施行"。
应承:答应,如"我已应承,决不反悔"。
应允:应许,如"应允批准"。
予以:给以,如"予以便利""予以表扬"。
预期:预先期待,如"达到预期目的"。
原宥:原谅,如"请求原宥""概不原宥"。
展缓:推迟日期,放宽时限,如"展缓交货""展缓演出"。
招股:股份公司经有关部门批准,在证券市场上募集资金,如"招股说明书"。
置疑:怀疑,如"不容置疑"。
制裁:按政策依法处罚不法行为的人,如"其受到了应有的法律制裁"。
兹因:现在因为,如"兹因资金调动困难,歉难办妥此事"。
兹有:现在有,如"兹有我处××同志前往贵行联系有关事宜"。

第二节　应用文写作基础训练——文字

　　世界上存在着各种不同的语言,根据目前所调查到的数据,有确切记录的语言在2 000

种以上,其中有些已成为历史的遗迹,例如拉丁语,我国境内的西夏语、鲜卑语等。

根据不同语言的语音系统、基本词汇和语法系统相同或相似的程度,确定各种语言间"亲属"关系的语言的分类方法,叫做语言的谱系分类法。世界上的语言一般分为九大语系,每种语系下再分出若干语族、语支等,最后到具体的语言。

中国是一个具有悠久历史的文明古国,同时也是一个人口众多的统一的多民族国家,在960万平方千米的国土上,分布着56个民族。其中,汉民族占大多数,是中国的主体民族,其他55个少数民族人口较少。中国各民族的分布大体上是大杂居、小聚居的状况。汉族早就遍布全国,主要聚居于黄河流域、长江流域、珠江流域和东北的松辽平原。少数民族人口虽少,但分布较广,主要居住在西北、西南、东北的边疆地区。各少数民族的人口数也很不一致,大致可划为以下几类:

(1) 1 000万以上的民族只有壮族一个:有1 555万人。

(2) 百万以上的民族有17个:蒙古族、回族、维吾尔族、藏族、苗族、彝族、布依族、朝鲜族、满族、侗族、瑶族、白族、土家族、哈尼族、哈萨克族、傣族、黎族。

(3) 100万以下10万以上的民族有16个:傈僳族、佤族、高山族、畲族、拉祜族、水族、东乡族、纳西族、景颇族、柯尔克孜族、土族、达斡尔族、仫佬族、羌族、仡佬族、锡伯族。

(4) 10万以下1万以上的民族有15个:布朗族、撒拉族、毛南族、阿昌族、普米族、塔吉克族、怒族、乌孜别克族、俄罗斯族、鄂温克族、德昂族、保安族、裕固族、京族、基诺族。

(5) 1万以下的民族有6个:塔塔尔族、独龙族、鄂伦春族、赫哲族、门巴族、珞巴族。

几十种民族语言分别属于几个不同的语系,语种最多、使用人口也最多的是汉藏语系,其次是北方的阿尔泰语系,语种最少的是印欧语系。

(1) 汉藏语系:汉语的谱系属于汉藏语系——汉语族——汉语支。①汉语族:汉语;②藏缅语族:藏语、羌语、彝语、阿昌语、景颇语等;③苗瑶语族:苗语、瑶语等;④壮侗语族(侗台语):壮语、侗语、傣语、黎语、仡佬语等。

(2) 阿尔泰语系:①满洲—通古斯语族:满语、鄂伦春语等;②蒙古语族:蒙古语等;③突厥语族:维吾尔语等。

(3) 南亚语系:佤语、布朗语等。

(4) 南岛语系:高山族诸语言。

(5) 印欧语系:俄语,塔吉克语。

(6) 系属未定:京语,朝鲜语。

汉藏语系包含的语言很多,这些语言有一些共同的特征。例如,有声调,表意义的基本语言单位是单个音节;有量词,缺少印欧那样的形态变化;有比较复杂的助词系统;语序和虚词是表示语法意义的重要手段等。

汉语是目前世界上使用人数最多的语言,也是联合国6种正式工作语言(汉语、英语、法语、俄语、西班牙语和阿拉伯语)之一,其次是英语、俄语等。汉语中使用人数最少的语言,只有几千甚至数百人使用,是我国东北的鄂伦春语、赫哲语。在我国,除了汉族之外,回族、满族等少数民族也都使用汉语。现代汉语有标准语(普通话)和方言之分。普通话以北京语音为标准音、以北方话为基础方言、以典范的现代白话文著作为语法规范。2000年10月31日颁布的《中华人民共和国国家通用语言文字法》确定普通话为国家通用语言。汉语方言通常分为七大方言:北方方言、吴方言、湘方言、赣方言、客家方言、粤方言,闽方言。各方言区内又分布着若干次方言和许多种土语。其中,使用人数最多的北方方言分为华北东北方言、西北方言、西南方言和下江官话4个次方言。

我国56个民族所使用的语言是一个丰富多彩的语言资源宝库。汉语使用的范围遍及全国,海外有许多地方也使用汉语。56个民族使用的语言还不止56种,其中大多数民族和其所使用的语言是和民族界限相一致的,有的是属于不同民族使用相同的语言,如回族和满族使用的语言就是汉语,而更多的是一个民族使用两种以上的语言,如裕固族这一个民族使用两种语言:一种是东部裕固语,属于蒙古语族;一种是西部裕固语,属于突厥语族。瑶族则使用三种语言:一种是勉语,属于苗瑶语族瑶语支;一种是布努语,属于苗瑶语族苗语支;还有一种是拉咖语,属于壮侗语族侗水语支。从地理分布上来看,还可分为跨境语言(即同一语言分布于不同的国度)和非跨境语言。例如,蒙古语为中国和蒙古国两国蒙古族共同使用的语言,哈萨克语为中国、哈萨克斯坦共和国两国哈萨克族所共同使用。在我国55个少数民族中,使用跨境语言的民族有蒙古、藏、苗、彝、壮族、布依、朝鲜、瑶、哈尼、哈萨克、傣、傈僳、佤、拉祜、景颇、柯尔克孜、布朗、塔吉克、怒、乌孜别克、俄罗斯、鄂温克、德昂、京、塔塔尔、独龙、赫哲、门巴等民族。

文字是记录语言的书写符号系统,是最重要的辅助性交际工具。汉字是记录汉语的文字,已有6 000年左右的历史。殷商的甲骨文距今也有3 000多年的历史。汉字是汉民族共同使用的文字,同时也是全国各少数民族通用的文字。自20世纪50年代以来,国家对现行汉字进行整理和简化,制定公布了《第一批异体字整理表》《汉字简化方案》《简化字总表》《现代汉语常用字表》《现代汉语通用字表》等标准。2000年10月31日颁布的《中华人民共和国国家通用语言文字法》确定规范汉字为国家通用文字。

中华人民共和国成立前,有21个少数民族有自己的文字。中华人民共和国成立后,政府先后为壮、布依、彝、苗、哈尼、傈僳、纳西、侗、佤、黎等民族制订了文字方案。

1958年2月11日,第一届全国人民代表大会第五次会议通过决议公布《汉语拼音方案》。《中华人民共和国国家通用语言文字法》规定:"国家通用语言文字以《汉语拼音方案》作为拼写和注音工具。《汉语拼音方案》是中国人名、地名和中文文献罗马字母拼写法的统一规范,并用于汉字不便或不能使用的领域,初等教育应当进行汉语拼音教学。"

自20世纪50年代以来,国家对现行汉字进行整理和简化,制定公布了《第一批异体字整理表》《简化字总表》《现代汉语常用字表》《现代汉语通用字表》《印刷通用汉字形表》《GB 13000.1字符集汉字字序(笔画序)规范》等标准。2013年6月5日,《国务院关于公布〈通用规范汉字表〉的通知》(国发〔2013〕23号)发布。《通用规范汉字表》是贯彻《中华人民共和国国家通用语言文字法》,适应新形势下社会各领域汉字应用需要的重要汉字规范标准。《通用规范汉字表》公布后,社会一般应用领域的汉字使用应以《通用规范汉字表》为准,原有相关字表停止使用。

中共十八大以来,全国语言文字系统充分发挥语言文字事业在培育和践行社会主义核心价值观、全面提高公民道德素质、增强文化软实力、增进民族凝聚力等方面的独特作用,在坚持城市语言文字规范化建设、普通话水平测试、全国推广普通话宣传周等行之有效的工作举措的基础上,不断创新中华经典诵读、中国汉字听写大会、中国成语大会、中国语言资源有声数据库建设等工作载体,提高了广大人民群众的语文素养,加强了对各民族语言文字的科学保护,弘扬了中华美德,传播了中华优秀文化。2014年6月5日至6日,中国政府和联合国教科文组织合作,成功举办了世界语言大会,达成了《苏州共识》,首次在联合国教科文组织会议上提出了"语言能力建设"的概念,对推进各国语言教学、提升语言能力起到了重要作用。世界语言大会后,有关部门、高校、学术团体相继举办语言能力与语言发展战略、语言能力与国家安全、社会发展、文化传播等的学术研讨会,促进了学术繁荣和语言文字事业发展。

世界上的文字基本分为两大类:一类是表音文字,如拉丁文、斯拉夫文和日文等;一类是表意文字,如古埃及的圣书字、古巴比伦的丁头字以及汉字。

表音文字是用几十个符号(字母)来表示一种语言里有限的音位或音节,一般是一个符号代表一个特定的音,语言中所有词语都由这几十个符号拼合而成。人们只要掌握了字母的读音及拼写规则,即可读出词语的实际音来。

表意文字不直接表音,而是用大量特定的符号直接表示词或语音。汉字就是大体上用一个字记录音节的词或语素,声音相同但意义不同的词或语素往往用不同的字表示。形声字在汉字中虽占大多数,但表音并不很准确,仍要依靠表意的形旁才能确定是哪个词或语素。汉字能表意而不能表音,音有限而意无穷。汉字的表意性质直接铸就了汉字形体繁杂、数量惊人的特点,客观上造成了汉字难认、难读、难写的现状。汉字在历史发展过程中不断地调整自身、完善自身,其由象形、指事、会意向形声的进化,正是出于弥补自身不足的需要。汉字是世界上仅存的表意文字,之所以如此,形声化起了很大的作用。此外,汉字的特点还有:①汉字是平面的文字,拼音文字是线性文字;②汉字代表音节,拼音文字往往用字母表示音素;③汉字不实行连写法,大多数拼音文字则实行连写法。

思考与练习

1. 为什么说汉字属于表意文字体系?
2. 汉字同拼音文字相比有哪些特点?

拓展阅读

《咬文嚼字》100个常见别字

自1995年创刊以来,《咬文嚼字》组织审读了约3 000本图书、1 000种期刊、100种报纸,并请100家新闻出版单位协助调查各自的用字差错,整理出了一批常见别字。《当代汉语出版物中最常见的100个别字》便是在此基础上,依据出错频率和专家评议拟订的。此处以正字的音序排列,括号中的字为正字。

1. 按(安)装 2. 甘败(拜)下风 3. 自抱(暴)自弃 4. 针贬(砭) 5. 泊(舶)来品 6. 脉博(搏) 7. 松驰(弛) 8. 一愁(筹)莫展 9. 穿(川)流不息 10. 精萃(粹) 11. 重迭(叠) 12. 渡(度)假村 13. 防(妨)碍 14. 幅(辐)射 15. 一幅(副)对联 16. 天翻地复(覆) 17. 言简意骇(赅) 18. 气慨(概) 19. 一股(鼓)作气 20. 悬梁刺骨(股) 21. 粗旷(犷) 22. 食不裹(果)腹 23. 震憾(撼) 24. 凑和(合) 25. 侯(候)车室 26. 迫不急(及)待 27. 既(即)使 28. 一如继(既)往 29. 草管(菅)人命 30. 娇(矫)揉造作 31. 挖墙角(脚) 32. 一诺千斤(金) 33. 不径(胫)而走 34. 峻(竣)工 35. 不落巢(窠)白 36. 脍(脍)炙人 37. 打腊(蜡) 38. 死皮癞(赖)脸 39. 兰(蓝)天白云 40. 鼎立(力)相助 41. 再接再励(厉) 42. 老俩(两)口 43. 黄梁(粱)美梦 44. 了(瞭)望 45. 水笼(龙)头 46. 杀戳(戮) 47. 痉挛

(挛) 48. 美仑(轮)美奂 49. 罗(啰)唆 50. 蛛丝蚂(马)迹 51. 萎糜(靡)不振 52. 沉缅(湎) 53. 名(明)信片 54. 默(墨)守成规 55. 大姆(拇)指 56. 沤(呕)心沥血 57. 凭(平)添 58. 出奇(其)不意 59. 修茸(葺) 60. 亲(青)睐 61. 磐(罄)竹难书 62. 入场卷(券) 63. 声名雀(鹊)起 64. 发韧(轫) 65. 搔(瘙)痒病 66. 欣尝(赏) 67. 谈笑风声(生) 68. 人情事(世)故 69. 有持(恃)无恐 70. 额首(手)称庆 71. 追朔(溯) 72. 鬼鬼祟祟(崇崇) 73. 金榜提(题)名 74. 走头(投)无路 75. 趋之若鹜(鹜) 76. 迁徒(徙) 77. 洁白无暇(瑕) 78. 九宵(霄) 79. 渲(宣)泄 80. 寒喧(暄) 81. 弦(旋)律 82. 膺(赝)品 83. 不能自己(已) 84. 尤(犹)如猛虎下山 85. 竭泽而鱼(渔) 86. 滥芋(竽)充数 87. 世外桃园(源) 88. 脏(赃)款 89. 醮(蘸)水 90. 蛰(蜇)伏 91. 装祯(帧) 92. 饮鸠(鸩)止渴 93. 坐阵(镇) 94. 旁证(征)博引 95. 灸(炙)手可热 96. 九洲(州) 97. 门地(第)高低 98. 姿(恣)意妄为 99. 编篡(纂) 100. 做(坐)月子

第三节　应用文写作基础训练——词汇

词汇又称语汇,是一种语言里所有的(或特定范围的)词和固定短语的总和。例如,汉语词汇、英语词汇、文言词汇、方言词汇;"老舍的词汇""《鲁迅全集》的词汇"。词汇是词的集合体。词汇是语言的建筑材料,没有词汇就没有语言,好比没有建筑材料就没有房子。就一种语言讲,它的词汇越丰富发达,语言本身也就越丰富发达,表现力就越强。就一个人讲,他掌握的词越多,他的词汇就越丰富,也就越能确切地表达思想。

一、基本词汇

词汇中最主要的部分是基本词汇,它和语法一起构成语言的基础。例如,有关自然界事物的词汇:天、地、风、云、火、雷、电等;有关生活与生产资料的词汇:米、灯、菜、布、刀、笔、车、电等。

从整体看,基本词汇有下列特点。

1. 稳固性

基本词汇在千百年中为不同的社会服务,例如"一、二、牛、马、家、门、山、水、上、下、左、右、斗、高、低"等,这些在甲骨文里就有。

说基本词汇有稳定性,并不是说基本词汇是一成不变的,事实上基本词汇也在发展变化。有些古代的单音节基本词发展到现在复音化了,成了多音节合成词,这是汉语词汇的一条内部发展规律,有些单音节的基本词被后起的合成词所代替。

2. 能产性

那些千百年来流传下来的基本词,便成了构成新词的基础。它们一般有很强的构词能力。例如,用"水"打头构成的词,在《现代汉语词典》中就有160多个。

当然,基本词也有构词能力弱或几乎没有什么构词能力的,例如"你、我、谁、姓、没有",等。

3. 全民常用性

基本词汇的上述两个特点是以全民常用性为前提的。全民常用性是说它流行的地域广,使用频率高,为全民族所共同理解。基本词汇的使用,不受阶级、行业、地域、文化程度等方面的限制。

注意:上述三个特点是就基本词汇的整体来说的,不是说所有的基本词汇都具备这三个特点。就现代汉语来讲,尤其不能把这三个特点,特别是能产性当作辨识基本词汇和非基本词汇的唯一条件。

二、一般词汇

语言中基本词汇以外的词汇是一般词汇。一般词汇的特点是没有基本词汇那样强的稳固性,但却有很大的灵活性。基本词汇与一般词汇是相互依存渗透的。"革命、电子"这两个词,原来并不是基本词,现在已加入基本词汇的行列。"君""神"原来是基本词,现在则是一般词。现代汉语一般词汇包含古语词、方言词、外来词、行业语、隐语等。

思考与练习

请谈谈你家乡方言的特点。

拓展阅读

词语辨析

1. 必须和必需

两个词同音,都含有"必要"的意思,较易相混。

必须:副词,有强调语气,多作状语。

(1) 表示一定要,强调事实上或情理上的必要性。例如,"必须拿出勇气来。""我们必须谦虚谨慎,戒骄戒躁。"

(2) 后面带动词,也可带形容词。有时还可以用在分句前面,例如,"要想进度快,必须大家齐心协力。"

(3) 加强命令语气。例如,"你必须一个人去处理这件事。""他必须去医院认真检查一下。"

(4) "必须"的否定形式是"无须、不须、不必"。

必需:动词,表示"一定得有,不可缺少的"。它可以作定语或作谓语。例如,"由于生产所必需的原料价格上涨,生产成本也不断攀升。""空气和水是每个人所必需的。"

2. 辨和辩

两字音同形近但不同义。

"辨"本义为剖分,现在主要指辨别、分辨,如"辨明、辨析"等。"辩"本义为辩论、申辩,这也是其主要意思,如"辩解、辩驳"等。

凡与区分、辨别的意思有关的,一般用"辨",如"辨认、辨识、明辨是非"等;凡与言辞有关的,一般用"辩",如"辩护、辩词、辩诬、辩白、争辩、申辩"等。两字用法并不难区别,但由于二字原来有时可以相通,"辨"原有争论、论定是非的意思,如"辩诬"也可以写作"辨诬"。

3. 不啻、不只、不止

三个词都有动词的用法,都含有"不限于某个范围"或"超出某个数量"的意思。"不啻"多用于书面语。"不只、不止"通用于口语和书面语,还有连词的用法。

不啻:动词,强调"何止、胜过",也表示"无异于"的意思,后面不再加"是"。例如,①这项工程所需的费用,不啻百万。②苟且偷生不啻行尸走肉。

不只：①动词，强调超出某一范围或数量。例如，"他的热情不只一次地感染过大家。"②连词，相当于"不仅"，表示递进关系。例如，"中国印刷术的发明不只具有科学意义，对全人类的进步也具有极其重要的意义。""他的作品不只表现了他个人的体验，而且也反映了那一代人的共同感受。"

不止：①动词。强调不限于，超出某个范围或数目，例如，"提出这个建议的并不止他一个人。""参与这项脱贫工程的人员不止十万人"。表示继续不停，例如，"愚公不相信智叟的话，每天挖山不止。""几天来，他一直咳嗽不止，大概得了气管炎。"②连词，相当于不仅，表示递进关系。例如，"不止他误会了，而且大家也误会了"。

4. 布置、布署与部署

"布置"是指在一个地方安排和陈列各种东西或人以使这个地方适合某种需要，对一些活动作出安排。"部署"指安排、布置(人力、任务)。比较起来，"布置"适用的范围更广一些，它既可以与表示地点、位置、空间的词语(如会场、房间、办公室、广场、柜子、窗台儿等)相连接，也可以与表示活动的词语(如工作、学习、考试、比赛、大扫除等)相连接。而"部署"的适用范围相对来说要窄一些，它一般适用于较大规模的、比较正式的、带有更加浓厚的书面色彩的或者与军事有关的场合，它只能与人力、任务、工作等少数几个词语相连接。例如，我们不能说"部署窗台儿、部署一下新房"等，但是我们可以说"军事部署、战略部署、部署兵力"等。注意"部署"不能写成"布署"。

5. 彩和采

"彩"作名词用的一个意思是颜色，如"色彩、五彩冰彩"。"彩"不作颜色的时候许多意思跟颜色有关系，如"剪彩"的"彩"是彩色的丝绸；"丰富多彩"的"彩"指花样；"挂彩"的"彩"指悬挂彩绸，二指负伤流血，血还是跟颜色有关。表示称赞、夸奖的欢呼声的"喝彩"的"彩"跟花样有关。还如"出彩、灯彩、光彩、结彩、异彩、油彩"。"采"作名词用也有颜色的意思，但是多跟精神有关，如"神采、风采、文采"。"没精打采、无精打采"指不高兴、不振作、没精神，其中"采"指精神方面，所以表示出色、优美，也以写作"精采"为宜。"兴高采烈"指高兴，其中的"采"也指精神方面。

6. 订和定

改正文字等中间的错误，用"订"，如"改订、校订、修订"。"增订"是"增补修订"，"考订"是"考据修订"，"审订"是"审阅修订"。这些，不管最后是不是"定"了，都用"订"。"订"还有一个意思是商讨而订下。有的是"定"不了的，虽然有一定的约束，但是商讨的成分很多，如"合同、条约、规章"等。有的不是最后确定。这两种情况用"订"，如"订立、商订、拟订、制订"。如果是可以确定而且确定了的，用"定"。如"制定、商定、拟定"。"制订长期发展规划"，这个规划制订之后可以不是确定了的；"制定长期发展规划"，这个规划制定之后是确定了的。有的就表示确定的意思，不能用"订"，要用"定"，如"裁定、断定、法定、规定、核定、坚定、评定、判定、确定"。还要注意，"协定"虽然如同"条约"等，但是用"定"；"审定"不是"审阅确定"，而是"审查决定"。

7. 度和渡

不容易掌握的是用在时日方面，表示"过(时日)"的，用"度"，如"度时光、度蜜月、欢度国庆、虚度年华"。"渡"是"通过"，指不容易的时光，这种时光有"江河险阻"的意味，如"渡过困难时期、渡过今后关键的几年"。后面有"过"，用"渡"的比较多，但是还是要看表示什么意思，"度过暑假"的"度"指一般的"过"，所以不用"渡"。此外，佛教术语"度人、超度"里，不用"渡"。

8. 对和对于

它们都是介词的时候，引进对象或事物的关系者。"对于"的用例，如"大家对于这件事很关心、对于未来充满了信心"。上面用"对于"的都可以用"对"。可是，有的情况，用"对"而不能用"对于"，如"对老师很尊敬，对同学很友爱"，表示人跟人的关系；"对他说了几句话、不对困难低头"指出动作的对象、目标，相当于"朝、向"。

9. 副、付和傅

"付"不是"副"的简化字,二字不能混用。作为量词,它们在用法上有相同之处:①它们都可用于成双成套的东西,如"一副手套、全副武装、几付小担"等。对字画习惯用"幅",但对联因为成双,只能用"副",不应用"幅"。②表示中药剂量可以通用,"一副药"也可用"一付药"。但常见的用法是用"服"。不同之处在于:"副"可用于面部表情,如"一副笑脸、一副庄严的面孔"。"付"一般不用于面部表情。"付"也不是"傅"的简化字,作为姓氏用字,它们是两个不同的姓,不能互代。"付"更不是"腐"的简化字,所以"豆腐"不能写作"豆付"。

10. 跟、和、同、与

它们都可以作介词和连词。例如,"我跟他说过这件事""我和他吵架了""我同他去找他妈妈""我与他没有话要说"。上面都是介词的用法。一是介词的前后两项不是并列关系,前面一项是主动的,位置不能互换,互换之后意思就不同了。例如,"我跟他说过这件事"改成"他跟我说过这件事",意思不一样了。二是介词前面可以有修饰语,如"我和他吵架了"可以说成"我昨天和他吵架了"。三是介词不能省略,如不能改成"我、他去找他妈妈"。

"小明同小强在班上是三好学生""二中与三中经常一起搞活动"都是连词的用法。一是连词的前后两项是并列关系,位置互换后意思一般没有什么变化,如"我和他是同学"可以说成"他和我是同学"。二是连词常常可以省略掉,如可以说成"二中、三中经常一起搞活动"。

"跟、和、同、与"四个词色彩上"跟"有北方话口语比较随便的色彩,"与"有一些书面语的色彩。"和"倾向于专用作连词,"同"倾向于专用作介词,"跟、与"介词、连词都用。

11. 级和届

"级"指年级,"届"略同于"次",用于毕业的班级。学校里每年有学生入学或者毕业,哪一年入学就叫做哪一"级",哪一年毕业就叫做哪一"届"。譬如,"79级"指的是学生于1979年入学、4年后毕业,就叫83届毕业生了。这个"级、届"在使用中却常常出错。

12. 练和炼

"练"的左边是"丝"字旁,"练"的一个意思是"白绢"。很多"练"字跟"丝"有关,如"简练、洗练",都是指文字等像白绸子似的干净、没有杂物等。"炼"是"火"字旁,跟加热有关,如"修炼"原来跟"炼丹"有关。"练字"就是"练习字","炼字"就是费心思琢磨用字了。"精练"指文字等简洁,"精炼"有精心提炼的意思。所以"洗练、洗炼""凝练、凝炼""精练、精炼"通用的时候,还是多用"洗练、凝练、精练"。要注意的是,"锻炼"原指锻造、冶炼,是连在一起的,体育锻炼的"炼"也不要写成"练"。

13. 年月日的阿拉伯数字表示法

这本来没有太大的问题,但是有人喜欢采取英美式的表达方式,以致发生了混淆。汉语中年月日的顺序是从大到小,即某年某月某日,如中国香港回归的日期是1997年7月1日,又写作1997-07-01,也有写作"1997.7.1"或"1997/7/1"。而英式的表达法是从小到大,即某日某月某年,如香港回归的时间写作1/7/1997;美式的表达法是先月日后年份,即某月某日某年,如香港回归的时间写作7/1/1997。汉语的表达方式不会发生误解的,而英式和美式的表达方式却时有因不够明白而发生误解。在中国人之间交往时,我们没有必要用英式或美式的表达方式。在与外国人交往需要用英美式表达方式时,最好将月份写成英语单词,如"July 1,1997",以免误解。另外,"1997年"不要写成"97年",不要用简写。

汉语里年份的表示一般是在公历的年序数字后加上"年"字,如"1997年"。读时直接读出每个数目字,如"1997年"读作"一九九七年"。也偶有在年份前加上"公元"或"公元前"的,读时将年序数字按基数整个读出,如"公元1990年",也可以读作"公元一千九百九十年"。汉语中还有农历年,是用干支法表示,并常在前面加上"农历"两字以与"公历"相区分,如"农历甲子年""农历丁丑年"。

汉语里月份的表示是在数字1~12后边加上"月"字,读时按基数读出数字。如"3月""12月",读作"三月""十二月"。汉语里对日的表示法与月相类似,是在数字1~31后加上"日"字或"号"字("日"多用于书面语;"号"多用于口语)。读时也按基数读出数字。如"5日(号)""28日(号)",读作"五日(号)""二十八日(号)"。

汉语里对星期的表示法是在"星期"后加上数字一至六。第七天为星期日或星期天。星期里的数字不可写成阿拉伯数字。口语中,也有将"星期"换成"礼拜"或"周"的,如"礼拜一""礼拜五""周二""周六"。汉语年、月、日、星期的顺序是年—月—日—(星期),如:"1997年1月29日(星期三)"。

第四节　应用文写作基础训练——语法和修辞

一、语法是语言的结构规律

语法是词的结构规则(构词)、词的变化规则(构形)和组词成句规则的总和。"语法"作为一个术语,它有两个含义:一是指客观存在的语言的结构规律——即客观存在的语法系统(也叫语法体系),如"说话、写文章要合乎语法"中的"语法",就是指客观存在的语言结构规律,即指的是语法规则本身;二是指研究、描写语言结构规律的语法学说或语法著作——即语法学体系,语法学是研究语言的结构规律的科学。语法学也简称为语法,如平时常说的"学点语法、修辞"中的"语法",实际上指的是语法学知识。

二、词的分类标准和词的类别

(一)词的分类标准

给词分类,可以用不同的标准。不同的标准取决于不同的目的。比如,为了编辑类书,可以按照词的意义把词分为天文类、地理类、动物类、植物类等;为了研究词汇,可以按照词的来源把词分为外来词、方言词、古语词等。语法上的词类显然不指这些,它指的是词在语言结构中表现出来的类别。语法上区分词类的目的是为了指明词的外部结构关系,说明语言的组织规律,因此,分类的基本根据是词的语法功能。

词的语法功能首先表现在能不能单独充当句法成分。能够单独充当句法成分的是实词,不能单独充当句法成分的是虚词。汉语里大部分词,如"山""水""工人""学生""走""看""讨论""考虑""长久""生动""整齐"等是实词,"的""了""吗""吧""虽然""但是"等是虚词。实词和虚词是词的基本类别。

有了实词,我们就可以造一些简单的句子了。单用虚词不能造句,虚词必须依附实词才能进入语句结构。如"他认识你""你不认识他"是用实词造成的两个句子,里边不包含虚词。有了虚词,我们就可以在这个基础上表达更多的意思。第一句加上虚词以后,说成"他认识你的""他认识你了""他认识你吗""他认识你吧",意思各不相同。有了虚词,我们还可以把两个分句连接在一起,使它们发生特定的关系,如"他虽然认识你,但是你不认识他"。总之,用上了虚词,句子的变化就多了,表达的意思也就更丰富了。

实词的不同语法功能表现在词和词的组合能力上。哪些词可以同哪些词组合,怎样组合,组合起来表示什么关系;哪些词不能同哪些词组合,这里表示出实词的不同类别。

虚词的不同语法功能表现在它同实词或词组的关系上,能同哪些实词或词组发生关系,发生什么样的关系,这里表示出虚词的不同类别。

词可以按照意义相近和语法作用相同这两个原则归纳成不同的词类。划分词类是为了语法分析的方便。意义是我们认识词类的基础,但划分出的词类必须有相同的语法功能。词的语法功能指的是词与词的组合能力及词在句子中的地位和作用。

（二）词的类别

词分为实词和虚词两大类。实词的意义比较实在,能够单独充当句子成分,如名词、动词、形容词、数词、量词、代词和副词等。

虚词不能单独充当句子成分,其主要的语法作用是附着或连接,如介词、连词、助词等。叹词和拟声词是较为特殊的词类。

词的分类是指词的语法分类,即词在语言结构中所表现出来的语法特点的类别。因此,词的分类标准主要是词的语法功能。

词的语法功能,主要体现在词与词之间的组合能力及词在句子中的作用两个方面。例如,名词能跟数量词组合,而一般不能跟副词组合;名词在句中经常充当主语和宾语等。一般说来,同一类词,往往具有某种相同的概括意义,如名词表示人或事物的名称,动词表示动作、行为等。但这种词类的意义对划分词类只能起辅助说明的作用,而不能作为划分词类的标准。

词,首先可以分为实词和虚词两大类。

实词是具有实在意义的词。从语法功能说,实词能单独充当句子成分,在一定的语言环境里,大多数实词带上语调能单独成句和单独回答问题(相当部分副词除外)。实词是开放性的词类,它的数目是很多的,并随着社会的发展不断增加新词。实词可分为名词、动词、形容词、数词、量词、副词、代词7种。

虚词是不表示实在意义的词。虚词的主要作用是表示语法关系,是帮助实词组成词组和造句的重要手段。虚词不能充当句子成分,不能单独成句,也不能单独回答问题(叹词、拟声词除外)。虚词是封闭型的词类,它的数量是有限的,比实词少得多,但它的使用频率很高。虚词是很重要的语法手段,缺少了虚词,有许多词组和句子便组织不起来。虚词可分为介词、连词、助词、语气词、叹词、拟声词6种。

三、句子和句子分析

（一）句子

句子是由词或短语构成的能表达一个相对完整的意思的语言单位。句子能完成一次简单的交际任务,有一定的语调,表示陈述、疑问、祈使、感叹的语气,在书面上用句号、问号、感叹号表示。

（二）句子成分

句子的组成成分叫句子成分,也叫句法成分。在句子中,词与词之间有一定的组合关系,按照不同的关系,可以把句子分为不同的组成成分。句子成分由词或词组充当。现代汉语里一般的句子成分有8种,即主语、谓语、宾语、动语、定语、状语、补语和中心语。

（三）句子的分类

1. 句类

根据句子的语气分出来的句子叫做句类,可以分为四种:陈述句;疑问句;祈使句;感叹句。

2. 句型

按照结构分,句子可分为单句和复句,单句又可分为主谓句和非主谓句。依据谓语的性质,主谓句可分为动词性谓语句、形容词性谓语句、名词性谓语句和主谓谓语句。非主谓句分为动词性非主谓句、形容词性非主谓句、名词性非主谓句、叹词非主谓句、拟声词非主谓句。

单句按结构划分可分为主谓句和非主谓句。

(1) 主谓句。由主谓短语带上一定的语气、语调构成的句子。例如:动词谓语句:茶桌擦得滑溜溜的发光。形容词谓语句:他非常健康。名词谓语句:今天星期一。主谓谓语句:他性格温和。

(2) 非主谓句。由主谓短语以外的其他短语或单个词组成。例如:动词非谓语句:站住!形容词非谓语句:好!名词非谓语句:飞机!

叹词、拟声词非主谓语句:哦!(你想起来了!)呜!(火车的汽笛响。)

(四) 句子的变换

句子的变换是指根据表意的需要,按照一定的规则把甲句变成乙句,这叫句子的变换。句子变换的主要方式是移位、添加、删除、替换等。

1. 句类之间的变换

例如:

① 他已经准备好了。(陈述句)

他已经准备好了吗?(是非问句)

他不是已经准备好了吗?(反语问句)

他已经准备好了,还是正在准备?(选择问句)

② 你想什么?(特指问句)

你想什么了吗?(是非问句)

2. 句型之间的变换(主谓句)

例如:

① 今天是星期天。(动词谓语句)

今天星期天。(名词谓语句)

② 桌子上放着书。(存在句)

书放在桌子上。(一般动词谓语句)

③ 老板炒了我。

老板把我炒了。("把"字句)

我被老板炒了。("被"字句)

"把"字句表示积极处置,"被"字句一般表示不如意、不希望的事情。

有时候,"被""把"会同时出现在一个动词句里,这种句子可能有多种变换形式。例如:

④ 有翼被石头把脚砸烂了。

有翼的脚被石头砸烂了。("被"字句)

有翼被石头砸烂了脚。("被"字句)

石头把有翼的脚砸烂了。("把"字句)

有翼把脚砸烂了。(不出现"石头"的"把"字句)

(五) 常见的句法失误

1. 成分残缺

例如:听了他的报告,给我很大的启发和教育。

分析:什么给我启发和教育?前面的"听了他的报告"不能做主语,因此此句缺主语,应去掉"听了"。

2. 成分多余

例如:昨天是转会截止日期的最后一天,中国足协又接到25名球员递交的转会申请。

改正:昨天是转会的最后一天,中国足协又接到25名球员递交的转会申请。

3. 搭配不当

例如:人们对这部影片的评论,见解犀利,剖析深刻。

改正:人们对这部影片的评论,见解独特,剖析深刻。

4. 语序不当

例如:他叙述了一个未成年的工人的女儿误入歧途的故事。

改正:他叙述了一个工人的未成年的女儿误入歧途的故事。

5. 句式杂糅

主要有两种情形。

(1) 同一意思两种说法混杂。同一内容,往往可以采用不同的说法。如果说话、写作时拿不定主意,既想用这种说法,又想用那种说法,结果把两种说法都用上,揉到一起,形成两句混杂。

例如:这种慷慨悲歌的壮举的背后还是自信心不够的表现。

改正:应该在"……的背后还是自信心不够"和"……壮举还是自信心不够的表现"里选用一个。

(2) 两句"焊接",前后牵连。把前一句的后半句用作后一句的开头,硬把前后两句连成一句,就会造成前后牵连。

例如:曾获金鸡奖最佳处女作奖的青年导演黄军最近又创作新片《悲烈排帮》在京试映引人注目。

这是两个句子:

① 曾获金鸡奖最佳处女作奖的青年导演黄军最近又创作新片《悲烈排帮》。

②《悲烈排帮》在京试映引人注目。

这种杂糅修改时是将一句话分成两个句子来说:

曾获金鸡奖最佳处女作奖的青年导演黄军最近又创作新片《悲烈排帮》,此片在京试映引人注目。

(六) 词语误用

汉语的词类一般没有明确的形式标志,词与词的组合又有一定程度的灵活性,如果谈话、写文章的时候不注意特定词类有特定语法功能,就有可能出现词类误用。以下分"实词的误用"和"虚词的误用"两部分来分析一些比较典型的情况。

1. 实词的误用

实词就是能充当句法成分的词。根据不同的组合能力,实词又可以分为名词、动词、形容词、数词、量词、代词、副词等小类。不同类别的实词有的意义接近,用法是有同有异的,有的人只知其同,不知其异,用词时把不同的当作相同的,或把这一类当作那一类词用。

1) 名词的误用

名词的主要语法功能有:在句子中常作主语和宾语,一般不能作状语,多数不能作谓语。名词能受表示物量的数量短语修饰,一般不受副词修饰,一般不能重叠。指人的普通名词后面可加"们",表示"群体"。名词后面加"们"后不再受表示确定数量的数量短语的修饰。

在实际语言运用中,个人随意改变名词的语法功能,就出现名词的误用,比较常见的情况有:将名词误用为动词,将名词误用为形容词。

(1) 误名为动。这种情况最为常见,例如:

胡适正在早餐,吃的是徽州饼。

(2) 误名为形。"误名为形"常出现在抽象名词上,主要的表现是用程度副词修饰名词,也有其他几种情况,例如:

他的妻子很风度地说……

2) 动词的误用

(1) 误动为名。"误动为名"主要表现为用数量短语修饰动词,或者让动词出现在通常要求名词的那种主语、宾语的位置上,例如:

思维这个词,可以分广义和狭义两种使用。

虽然他编造了种种捏造,妄图破坏我们之间的友谊,但他永远是徒劳的。

(2) 误动为形。"误动为形"主要表现为让普通动词(不包含表心理活动的动词和助动词)受程度副词修饰,又不带宾语,也有其他情况,但不常见。例如:

不管电子通讯技术多么发展,也不能完全取代书信交往。

3) 形容词的误用

(1) 误形为动。"误形为动"主要表现为让形容词带宾语,例如:

鸽哨宁静着一个个黎明,划亮行人的瞳孔。

"宁静"本来是形容词,句中却让它带了"一个个黎明"这个宾语,这就是把形容词误用为动词了,这个句子可以改为"鸽哨伴着一个个宁静的黎明"。

(2) 误形为名。"误形为名"主要表现为把形容词用在要求名词的那种主宾语位置上,有时还有其他标志("受数量短语修饰"等),例如:

他的胆识是超人的,他的明智也是超人的。

"明智"本来是形容词,句中把它放在要求名词的主语中心的位置上,这就是把形容词误用为名词了,这个句子应该改为"他的胆识是超人的,他的智慧也是超人的"。

4) 数量词的误用

数词是表示数目和次序的词,量词是表示计量单位的词,它们经常组合成数量短语,充当结构成分,一般简称为数量词。数量词的主要语法功能是作定语或补语。具体运用中应该注意的问题是:

(1) 倍数只能用来表示数目的增加,不能用于表示数目的减少。分数可以用来表示数目的增加,也可以用于表示数目的减少。例如:

去年以来,这种产品的价格一降再降,到目前为止,已经降低了一半。

例句讲产品价格的下降,句中未出现下降前后的具体数目,但采用"降低了一半"的说法,意味着拿降低后的数目作基数,这不符合汉语中拿原来的数目作基数的表达习惯,应改为"降低了一半(二分之一)"。

表示数量增加时,"增加了一倍"也可以说成"翻了一番",但是"两倍"不等于"两番""三倍"不等于"三番"(2变到4是翻一番,再变到8是翻两番,变到16才是翻三番),有人简单地把"番"等同于"倍",因而形成倍数表达的错误。例如:

去年报考这个专业的是6人,今年增加到18人,翻了三番。

例句中由6到18的变化根本不能用"翻番"来表达,只能说成"增加了两倍"或"增加到原来的三倍"。

(2) 表示数量增加时,"增加(了)""增长(了)""上升(了)""提高(了)"等不包括底数,只指净增数;"增加到""增长到""上升到""提高到"等包括底数,指增加后的总数。例如:

因为改革措施得当,该厂产值、利润同步提高,到去年年底,总产值已增长到百分之四十。

例句中所讲的"百分之四十"是指净增数,而句中采用的是"增长到"这一表示增加后总数的表达形式,这是不对的,应该改为"总产值已增加了百分之四十"。

(3) 表示数量减少时,"减少(了)""降低(了)""下降(了)"等指原来数目和变化后数目的差额;"减少到""降低到""下降到"等指减少到的数量。要用数量词交代分界点,同时说明分界点两边各自是什么情况,这种表达一般应明确这个分界点本身是属于两边中的哪一点(即哪一边包括这个点),如果不这样的话,就容易造成数量界不清。例如:

所谓小碗面,是指净重在100克以内的碗装面;而大碗面则是指净重100克以上的碗装面。

例句中交代了一个分界点"100克",但是,"以内""以上"是否包括"100克"没有明确,如果都包括"100克","100克"就处在界限两边的重叠处,不知道属于哪一边;如果都不包括"100克","100克"就成了谁也管不着的空白点,无论属于哪种情况,都产生数量界限不明。

5) 副词的误用

对于副词到底算作实词还是虚词,目前语法学界还存在不同的处理,不过这并不影响我们根据副词自身的语法功能来分析语言运用中副词的误用问题。这里我们着眼于副词是能充当句法成分的成分词,把它放在实词这一部分来谈。

(1) 误副词为形容词。把副词误用为形容词主要表现为用副词修饰名词作定语。

例如：

艺术的成熟应该是逐渐的过程。

例句中的"逐渐"本来是个副词,可以修饰动词,但不能直接修饰名词,句中让它直接修饰名词"过程",这是把副词误用为形词了,这个句子应该改成"艺术的成熟应该是逐渐实现的过程"。

(2)副词误缺。这里说的"副词误缺"主要指的是起关联作用的副词该用而没有用。例如：

梁小刚一走出咖啡厅,四处寻找老队长。

例句中前一分句用了"一",就要求后一分句用副词"就"与"一"呼应,现在缺少这样一个"就",我们就认为这个句子是"副词误缺",应该改为"梁小刚一走出咖啡厅,就四处寻找老队长"。

(3)副词多余。这里说的"副词多余"指的是不该用副词的地方却用了某一副词。比较常见的情况是某些双重否定句、多重否定句中多用了一个否定副词。这样的句子从句法方面说不能认为讲不通,但多用一个否定副词,却把句意搞反了。例如：

护肤品在使用过程中又难免不受外界污染,微生物很容易大量生长繁殖,导致变质。

例句中"难免"包含了一层否定的意思,后面又用了一个否定副词"不",这可以看成是双重否定句。然而,从句子本意来看,要说的是"受到外界污染是很难避免的",这就决定了"受外界污染"前面不该加否定副词"不",有了它,反而把意思说反了。这个句子可以改为"护肤品在使用过程中又难免受到外界污染"或者改为"护肤品在使用过程中很难保证不受外界污染"。

6)代词的误用

(1)指代不明。指代不明是指在特定上下文中或对话环境中,代词所指代的对象有多种可能,难以确定。例如：

妈妈确实在着急,因为四妹病了一些日子了。她渐渐地黄瘦下来,总是一点精神气也没有。

例句中代词"她"的上文中出现了"妈妈",又出现了"四妹",其中没能交代清楚"她"到底指的是谁,这就是指代不明。根据实际情况,这个句子可以改为"因为四妹病了一些日子了,她渐渐黄瘦下来,总是一点精神气也没有……妈妈确实很着急"。或者改为"妈妈确实在着急,她渐渐地黄瘦下来,总是一点精神气也没有……因为四妹病了一些日子了"。

(2)一词多代。一词多代指的是在一句话或一段话中出现了两个或更多的表述对象,用代词指代它们时,没有使用不同的代词分别指代不同对象,而是采用同一代词反复出现的形式来指代不同对象。如果没有一些辅助手段的帮助,也会造成表意不明确,从广义来说,这也是一种指代不明。例如：

他(卢嘉川)知道敌人如果真正得到了他们的名单,便不会同他这么费劲了,正因为他不知道,所以他说"知道了"。

例句中前两个"他"指的是"卢嘉川",后两个"他"却是指敌人,表述对象不同,用的是同一个代词,这是典型的"一词多代"。这个句子可以改为"他知道敌人如果真正得到了他们的名单,便不会同他这么费劲了,正因为这些家伙不知道,所以才故意说知道"。

2. 虚词的误用

虚词就是不能充当句法成分,只表示一定语法意义的词。根据在句法结构中所起的作用以及与实词或短语的关系的不同,虚词又可以分为介词、连词、助词、语气词等小类。由于汉语没有复杂的形态变化,虚词就成了表达语法意义的重要语法形式,同一类虚词有共性,每一个虚词又有个性,虚词数量不多,但使用频率很高。组词造句时,如果不能准确把握各类虚词的共性与个性,或者该用而没用,不该用却用了,都会造成虚词的误用。

1) 介词的误用

介词的基本作用是用在名词或名词性短语前面,与之组成介词短语,作动词、形容词或动词短语、形容词短语的附加成分,表示时间、处所、方式、对象等。不能准确掌握各个介词的语法意义及不同介词用法上的分工,就容易出现介词的误用,主要情况有:介词用错、介词多余、介词误缺等。

(1) 介词用错。介词用错是指该用某一介词却用了另一介词。例如:

应该从孩子还没真正离家以前,就抓住孩子的心。

例句中"孩子还没真正离家以前"作介词宾语,要求前面用介词"在"。"……以后"才要求前面用介词"从",这个句子没有注意表时间的介词"在"和"从"的区别,结果是误"在"为"从",应该改过来。

(2) 介词多余。介词多余指的是不需要、不应该用介词的地方用了介词。例如:

在列宁葬礼前夕在广场上就已矗立起临时的木制陵墓。

例句中的表处所的"广场上"无需介词的"介绍",完全可以直接用在表存在的动词性短语前,因此,它前面的介词"在"是多余的,应该去掉。

(3) 介词误缺。介词误缺指的是本该用介词的地方却没有用。例如:

他们正在拯救道德世界免受物质凌虐而努力。

例句中的"拯救"前面缺一个介词"为"。

2) 连词的误用

连词是连接词、短语、分句和句子,表示种种语法、语义关系的。例如:

……歌词或曲谱各选一名,各赠金卡一张,享受本企业各类优惠十年……

例句中"各选一名"前面的"歌词""曲谱"本为联合关系,不是选择关系,应该用连词"和",却错用了"或"。

3) 助词误用

(1) 结构助词的误用。结构助词主要用来表示附加成分和中心语之间的结构关系,其中表示定中关系的"的"还可以附着在词或短语后面组成作用相当于名词的"的"字短语。例如:

室内炊具、文件、床铺放的杂乱无章……

例句中的"的"改为"得"。

（2）动态助词的误用。动态助词表示动作或状态在某一过程中所处的情况。其中"着"主要表示动作正在进行或状态正在持续；"了"主要表示动作或性状的实现；"过"主要表示曾经发生某种动作或曾经具有某种性状。例如：

祖国的建设事业需要着一大批有理想有知识的青年。

例句中的"需要"本身含有持续的意思，这样的动词后面不必加"着"，句中的"着"应该去掉。

4）语气词的误用

语气词附在句末或句中停顿处，表示种种语气。根据所表示的语气的不同，语气词可分为四种：

表示陈述语气的。例如，"我会努力工作的""他不抽烟了""他在写作业呢"。

表示疑问语气的。例如，"你是大学生吗"（是非问），"你是学生还是老师呢"（选择问），"谁是大学生啊"（特指问），"你去不去"（反复问）。

表示祈使语气的。例如，"你快走吧""别去了"。

表示感叹语气的。例如，"多么蓝的天啊"。

语气词用错是指该用某一语气词却用了另一语气词。例如：

你有没有什么地方可以躲一躲吗？

例句中决定全句疑问类型的是"有没有"，这决定了该句是反复问，句末表疑问语气的语气词应该用"呢"。该句实际使用的"吗"只能用在是非问中，如"你有地方躲吗？"不能用在反复问中，必须把它改成"呢"。

（七）句法失误辨析方法

1. 语感审读法

调动语感，在审读的过程中，从感性上察觉语句的毛病，即按习惯的说法看是否别扭。如别扭则再作分析比较，明辨原因，加以修改。例如：

那些多余的废话，要毫不留情地删去。

分析："废话"包含"多余"的意思，所以应去掉"多余"二字。

2. 主干梳理法

运用语法分析的手段，先将句子中的附加成分（定语、状语、补语）去掉，紧缩出主干，检查主干是否有毛病；如果主干没问题，再检查局部，看修饰语和中心词之间、修饰语内部是否有毛病。例如：

大批灾区的失学儿童重新走进了宽敞明亮的教室，坐上了崭新的木制桌凳，广大家长对此十分满意。

分析：这句话可紧缩为"儿童走进教室，坐桌凳，家长满意。"

检查主干："儿童走进教室没有毛病"，"坐桌凳"就有毛病，坐"凳子"可以，坐"桌子"搭配就不当了。

3. 仿句替换法

有的句子是否有毛病,一时拿不准,这时仿照原句的结构造日常用的句子,经过比较问题就清楚了。例如:

这个经验值得文教工作者特别是中小学教师的重视。

原句结构复杂,先压缩化简为"这值得他们的重视"。再比照它的结构造句:"这值得他们的学习。""这值得我们的参观。"这三个句子和日常说法相比,多了一个"的"字,原句要将"教师的重视"中的"的"删去。

以上几种方法彼此之间并不是孤立的,有时一个句子可以同时用以上三种方法中的一到两种,所以我们要灵活地、综合地加以运用。

四、修辞

(一)修辞的定义

所谓修辞,就是运用语言的方法、技巧和规律,也就是针对特定的表达内容,选择最恰当的语言形式,从而获得最佳的表达效果的手段和规律。

"修辞"一词也有多种含义:

(1) 运用语言的方法、技巧和规律,即修辞规律。

(2) 人们对语言运用的方法、技巧的调整、把握,即修辞活动。

(3) 专家学者对语言运用的方法、技巧的研究,即修辞学。

我们一般所指的修辞是指人们对语言运用的方法、技巧的调整、把握,即修辞活动。

《修辞学发凡》是现代汉语修辞学的奠基之作。

(二)修辞的分野

消极修辞主要包括词语的锤炼、句式的调配等内容;积极修辞往往就是指修辞格。

(三)修辞与语境

1. 语境的构成

语境可以分为两类:

(1) 上下文语境,即词语句子的前言后语。

(2) 社会语境,即语言运用的背景因素,小的如言语交际的对象、目的、时间、地点等,大的如时代、地域、民族文化、风俗习惯等。

2. 修辞同语境的关系

(1) 语境是人们进行修辞活动的依据。

(2) 语境往往会赋予词语种种语境意义,从而使语义表达丰富多彩,富于变化。

(四)词语的锤炼

词语的选择和使用,修辞学上称为词语的锤炼,又称炼字。选择和使用词语的一般要求如下。

1. 词语要规范

这是用词的最起码要求。使用文言词、方言词、外来词、新造词,都要考虑有无必要,不能滥用。

2. 用词要准确

这在很大程度上是同义词、同义成语选用问题。

选择词语的进一步要求：

（1）力求使寻常词语艺术化。用词不在于堆砌美丽的辞藻，而在于恰到好处。尤其要注意一句话中的动词。

（2）注意词语的声音配合。一般会说到押韵、平仄、叠音等，其实这里最重要的是音节匀称的问题。

（3）用词要富于变化。在同一句话里，或相邻的几个句子里说到同一个对象时，要尽量把词穿插开来，避免单调、呆板。

（五）句式的选择

句式的选择和使用，修辞学上称为炼句。

1. 句子成分易位

句子成分易位，也就是通常说的倒装。例如：

招谁惹谁了我？

写好了，编者按。

这些句子出现在口语中。一般情况下，句子的信息在句子的后部。但是，出于急切表达的需要，把要说的意思提到前面先说出来。

2. 主动句和被动句

最典型的主动句是"把"字句，最典型的被动句是"被"字句。例如：

由于宣传哥白尼的新宇宙观，意大利哲学家布鲁诺坐了7年牢，最后被处火刑；意大利物理学家伽利略70岁时受到宗教法庭审判，并被终身监禁。

或者把老虎打死，或这被老虎吃掉，二者必居其一。

3. 肯定句和否定句

双重否定的语气究竟是加重，还是减轻，要看上下文。例如：

一般来说，显得婉转，可是正因为婉转，也就显得更有力量。

4. 长句和短句

长句指字数多、容量大、结构比较复杂的句子。

短句指字数少、容量小、结构比较简单的句子。

长句严密，多用于书面语。

短句活泼，口语中用得较多。

5. 整句和散句

整句指相邻的几个句子或分句结构相同或相似。散句指相邻的几个句子或分句结构参差。辞格里讨论的排比、对偶等也都是整句。

整句有整齐美。散句有参差美。一般情况下，要把整句和散句结合起来使用，这叫做正散兼行。例如：

南西门外不远是草桥,那里的人从明朝以来就靠种花为业。春天出迎春、碧桃;夏天卖芭兰、晚香玉;秋天菊花品种齐全;冬天的腊梅、水仙誉满京华。

射箭要看靶子,弹琴要看听众,写文章,作演说倒可以不看读者不看听众吗?

6. 口语句式和书面语句式

口语句式结构比较简单,句子短小,附加成分少,常用口语色彩浓的词语,单音节词用得多,语气词用得比较多,关联词语用得少。

书面语句式结构可以很复杂,句子较长,常用书面色彩浓的词语,双音词较多,常可以有欧化句式、文言词语、文言句式,关联词语也用得多。例如:

作为既是鲁大海的母亲又是周萍的生母的她,看到周萍他们一伙施行淫威,她恨。我第二次到仙台的时候,我惊诧于梅雨潭的绿了。

思考与练习

修改下列病句。
(1) 敌人被我们已经赶走了。
(2) 无论他考了一百分,他仍然十分谦虚。
(3) 总统和他的太太,入住在我市最好的宾馆。
(4) 因为明天下雨的话,那么运动会就延期举行。

第五节　应用文写作基础训练——篇章与结构

应用文写作的谋篇布局就是文章的结构,它是文章部分与部分、部分与整体之间的内在联系和外部形式的统一。如果说主题是文章的"灵魂",材料是文章的"血肉",那么结构就是文章的"骨骼",它是解决成"形"备"体"、言之有序的问题的。因此,只有精心谋篇布局,才能把各自游离、互不联系的内容统一起来,组成一篇和谐完整的文章。

一、主旨和结构

应用文的主旨是指作者在说明问题、反映情况、提出意见时通过应用文的全部内容所要表达的意图、观点或态度。每一篇应用文都要有一个明确的主旨,因为材料的选择、结构的安排、语言的运用都有赖于主旨的确立。

应用文主旨的表达涉及写作思路、语言、逻辑等诸方面的因素,对它的要求主要有三点:一要正确,即言之有理,言之有据,要符合宪法,符合党和国家的方针政策。二要明确,即用祈使句或判断句式直截了当、直述不曲、简洁明了地写出来,不能模棱两可,含糊其辞。三要单一,一篇应用文中不能出现多个主旨。

应用文的结构形式虽然变化多样,但内容与形式的完美统一,是文章结构的基本要求。无论采用什么样的形式,都要使读者一目了然,知道哪是开始,哪是结束,要使事物的原有秩序能够很快地在读者头脑中还原。

（一）文章的结构要服从于表现主题的需要

主题是文章的内容，结构是文章的形式，形式必须为内容服务，这是安排文章结构时必须遵循的一条原则。

首先，写文章之前，一定要写提要或提纲，根据主题的需要，全面考虑先写什么，后写什么，哪些详写，哪些略写，避免"下笔千言，离题万里"。

其次，要巧用结构技巧，技巧运用巧妙，反过来能更充分地表达主题。莫泊桑在《谈小说创作》中说："要利用那最恰当的结构上的巧妙，把主要的事件突出地表现出来，而对其他的事件则根据各自的重要性把它们做成深浅程度适当的浮雕，以便产生作者所要表现出来的特别真实所具有的深刻感觉。"

总之，布局文章，不论有多少个层次，形成多么复杂的格局，都必须以表现主题的需要为依据。否则，所谓轻重、大小、主次、详略等，就一律失去了依据，文章布局就没有了准绳。

（二）要适应不同文体的特点

文章体裁不同，结构方式也不一样，这就好比"量体裁衣"。人有高低胖瘦，体型不同，衣服的样式也各有区别。文章也一样。例如，消息的结构由导语、主体、结语三大部分组成，多为"倒金字塔形"；小说则由情节的发生、发展、高潮、结局四个基本部分组成；散文则讲究"形散神似"，灵活自由，不拘一格。可见，有什么样的体裁，就有什么样的与之相适应的结构，因体制宜，实现内容与形式的完美统一。

此外，安排结构时，还要考虑到篇幅、读者诸因素。例如，短篇评论和长篇评论的结构就应有所不同：前者要求入题快，而后者在开头部分有时要交代背景、写作动机等。又如，给儿童看的，结构要单纯，给成人看的，结构就相对复杂一些。通俗文学，结构平易灵活，专家论著，结构严谨缜密。

（三）应用文的结构要求

1. 完整

应用文的基本结构形式，一般分为开头、中部、尾部三部分，这三部分要布局合理，开头结尾要简明精炼，照应主题，中间主体内容要具体详细地说明主旨，全篇内容要连贯完整。

2. 条理

应用文的结构要与思维的规律性一致，有理有序地安排材料。句子之间、层次之间、条款之间要井然有序，清晰透彻地表明写作目的。

3. 严密

应用文无论采用哪一种结构方式，都要求全篇内容紧密相连，体现出材料之间内在的逻辑联系，上下文自然承接，首尾贯通一致，切忌东拼西凑，牵强附会。

二、层次和段落

层次是文章思想内容的表现次序，它是事物发展阶段性、矛盾的各个方面或人们的思维进程在文章中的具体表现。它体现了文章内在线索展开的步骤。段落是构成文章的基本单位，是句子的集合体。它是文章思想在表达时由于转折、强调、间歇等情况所造成的文字停顿，习惯上称"自然段"，具有换行另起的标志。

三、开头和结尾

应用文写作开头担负着统领全文,揭示主题或全文的作用。开头要求开门见山,直接显露,常见的开头方式有以下几种。

1. 概述式

这种方式要求用简明扼要的语言,围绕主题介绍有关情况或背景。例如,一篇题为《加强民族团结　繁荣民族事业》的总结开头:"山东省青州市是少数民族居住比较集中的地区之一,有回、满、蒙古、朝鲜、土家等27个民族,2.6万余人,占全市人口的2.5%。近年来,青州市积极加强民族团结,繁荣民族事业,有力地推动了全市经济和社会各项事业全面发展。"会议纪要、调查报告等文种也常用此开头方式。

2. 说明依据式

开头引用上级指示精神或有关法律,常以"根据""按照""遵照"等词语领起下文,如《关于粮食政策性财务挂账停息的意见》一文的开头:"根据中共中央、国务院关于妥善解决粮食财务挂账问题的一系列文件精神,结合各地清理粮食财务挂账的实际情况,经过反复研究,对粮食财务挂账实行停息的有关政策提出如下意见"。这种方式常在通知、批复、通告等文种的开头使用。

3. 陈述目的式

开头以简明的语言,直接说明写作的目的和意义,常用介词"为""为了"领起下文。如《国务院关于成立经济贸易办公室的通知》一文开头写道:"为适应加快改革开放和经济建设的新形势,加强宏观调控和协调日常经济工作,国务院第100次常务会议决定,……"。

4. 说明原因式

开头常用"由于""鉴于""因为"等词领起下文,也可以简述发文原因,再引出写作目的。如《广州市建设用地起坟通告》的开头"因建设的需要,经核准,市公安局天河区分局征用天河区东圃镇堂下乡(村)土地。为便利建设工程顺利进行,……"。

5. 议论式

开头用议论的表达方法,表达作者的看法,提出观点。如《现代化企业需要什么样的复合型会计人才》的开头:"随着社会主义市场经济的不断深入发展,会计工作也不断拓宽,过去那种单一的会计知识结构已远远不能适应会计管理工作的需要,会计人员作为企业经济管理的重要的专门人才,必须相应地提高自身的专业素质,改变原来那种单一的知识结构,以适应市场经济发展的需要。因此,培养造就一批复合型会计人才是当前会计工作的一项重要任务,也是企业发展向现代化迈进的关键所在。"

6. 提问式

先提出问题,然后引出下文。这种开头方式能引起读者的注意和思考。这种开头方式常见于调查报告、学术论文的写作。如《核心竞争力——企业制胜的根本》的开头:"在激烈的市场竞争中,一个企业制胜的根本是什么?为什么有的企业能长盛不衰,有的企业只能成功一时,而有的企业却连一点成功的机会都没有?笔者一直为这些问题所困惑。"这篇论文就是采用了提问式开头。

应用文的结尾讲究言尽意尽,不留"余味",不添"蛇足",更不能草率。常用的结尾方法有以下几种。

1. 强调式

对文中提出的问题作强调说明，以引起重视。

2. 结论式

对文中的主要观点或问题，加以归纳总结或略作重申，以加深印象。

3. 说明式

对与主体内容有关但性质不同的问题或事项作补充交代、说明，以保证内容的完整性。如公文结尾交待施行日期、执行范围、传达对象、与该文规定不符的原有规定如何处置等；论文结尾处说明尚未解决而应另作讨论的问题。

4. 号召式

提出希望，发出号召，展望未来。如公文的通报、市场预测、计划等常用这种结尾形式。如《关于成都矿产综合利用研究所值班人员勇斗歹徒先进事件的通报》一文结尾就是采用这一方法。

5. 建议式

针对设定的施行目标、产生的问题提出意见和建议。

除了上述几种结尾方式，还有请求式、责令式、表态式等不一一列举，有的则没有结尾，自然收尾。

四、应用文写作的语言表达要求

应用文语言运用的要求是：准确、鲜明、简洁、得体。

1. 准确

这是对应用文语言的第一要求。具体表现在几个方面：

（1）内容的表达上，无论事实、数据、细节都要做切实无误的反映。如《全国人民代表大会关于设立中华人民共和国澳门特别行政区的决定》中就将澳门特别行政区的成立时间、管辖区域以及行政区域图的公布事项作了直截了当、具体准确的说明。

（2）词语的选择上，应仔细辨析词义，精选中心词，用准修饰语，恰如其分地反映客观事物。如下行文中提出执行要求的惯用语："以上各点，应严格遵照执行""请研究执行""可参照执行"，这些句子就准确地表达了不同程度的贯彻落实要求。

（3）巧用模糊语言。所谓模糊语言，是指内涵与外延都不确定的语言。应用文达意，应主要用含义精确的词语，力避歧义，但在特定的语境中，恰当地使用模糊语言，能增加行文的灵活性和分寸感，使意思的表达更准确，如"近年来""近期""有关部门""大部分"等。

2. 鲜明

即对事物要态度鲜明、是非清楚，提倡什么，反对什么，十分明确，不模棱两可、转弯抹角、吞吞吐吐、含混暧昧。例如，一些规章制度中，经常看到"一、禁止在什么场合做什么事。二、禁止……"，几条内容均以"禁止开头"，语气坚决，措辞严厉地表明态度。

3. 简洁

即用最少的文字表达尽量多的内容，做到"文约而事丰"。做到简洁的关键是：

（1）删除一切套话、空话、意思重复的话。

（2）注意语句的提炼，杜绝堆砌修饰语现象。

(3) 恰当使用缩略句，如互联网、奥申委、世贸组织等。

(4) 恰当运用文言词语及短句。如请示中结束语经常用"当否，请指示"等。

4．得体

得体，指用词、语气、语体风格等符合文体的特定要求。应用文种类繁多，不同的文体呈现不同的语言风格，如公文要庄重，调查总结须平实，学术文章应严谨，礼仪文书宜典雅且有较浓的感情色彩等。

思考与练习

1．请你谈谈获取写作材料的方法。

2．简述应用文运用语言有哪些要求和特点。

拓展阅读

应用文惯用词语

(1) 开头语：兹、兹有、兹因、奉、谨悉、为了、根据、按照、遵照、依照、关于、由于等，旨在表示行文的目的、依据、方式、对象等。

(2) 经办语：经、业经、兹经、复经、前经、经过、通过、均经等，说明文件承办过程中的情况。

(3) 收文语：前接、近接、悉、欣悉、收悉、据报、据查等，是引说来文时的用语。

(4) 综述语：为此、对此、据此、有鉴于此、现函复如下、现通告如等，用在下文之前，引出过渡句，表明从缘由、根据、背景过渡到正文部分。

(5) 时限语：顷闻、顷接、顷奉、迅即、从速、届时、即日、应即、兹有、兹派、兹因等，表示事由的时间和发文部门提出问题的依据。

(6) 表敬语：谨、谨电、谨悉、谨启、惠存、恭请、敬请、承蒙协助、承蒙惠允、不胜感激等，表示对对方的尊敬和礼貌。

(7) 提示语：切、切实、切勿、务必、切切等，用以请对方特别注意。

(8) 期请语：请、拟请、恳请、务请、函请、务希、尚望、当否、妥否、请批示、请批复、请核准、即请查照、希即遵照、是否可行、是否同意，表达行文者期望、请求。

(9) 结尾语：为要、为盼、为荷、专此布达、特此通知、特此通告、望遵照执行等，表示行文的意愿和目的。

(10) "雅语"，比较典雅、庄重的书面语言，多用于上行文的结束语，如"以上意见，如无不妥，请批转各地区、各部门执行""以上意见当否，请批示""妥否，请批复""以上报告，请审阅"等。

(11) "敬语"，是一种谦词，多用于给上级、平行机关或不相隶属机关的行文，如"请""贵""拟""承蒙"等。在结尾时常用"专此函达""敬希函复""特此函告"等。

(12) "强调语"，是一种带强调性意味的词语，常在法规、法令性文件中使用，主要用于下行文，如"必须""应该""一律"等。结尾处多用"此令""此告""希遵照办理""希贯彻执行"等，增强文件的权威性。

第二章 公　文

第一节　概　述

一、公文的概念和特点

（一）公文的概念

公文，即公务文书，是指有关机关、部门、单位或组织在管理、公务活动中，按照特定的体式、经过一定的处理程序形成和使用的、具有法定效力的书面材料。在特定的场合，公文又称为"文件"。不过，公文与"文件"在内涵与外延上，既有重叠，又有区别（详后）。无论从事专业工作，还是从事行政事务，都要学会通过公文来传达政令政策、处理公务，以保证协调各种关系，使工作正确地、高效地进行。

根据中共中央办公厅、国务院办公厅印发的《党政机关公文处理工作条例》〔中办发〔2012〕14号〕第三条规定："党政机关公文是党政机关实施领导、履行职能、处理公务的具有特定效力和规范体式的文书，是传达贯彻党和国家的方针政策，公布法规和规章，指导、布置和商洽工作，请示和答复问题，报告、通报和交流情况等的重要工具。"《党政机关公文处理工作条例》还规定了现行公文共有15种，它们分别是：决议，决定，命令（令），公报，公告，通告，意见，通知，通报，报告，请示，批复，议案，函，纪要。

公文是公务活动中所形成和使用的文字材料，是方针、政策、法规、政令和信息、情况的表现者、运载者，是机关实施管理的基本手段和重要工具，发挥着上令下达、下情上报和信息沟通的重要作用。因此，公文写作与每一位机关、企事业从业人员息息相关，可以说，具备较强的公文写作能力，是每一位从业者的基本素质的要求所在。

（二）公文、文书与文件的关系

公文、文书、文件，这三个概念在公务活动中经常使用，由于某些使用者对它们的具体含义把握不准确，在使用中常常出现相互混淆、彼此不分的现象，甚至在有些讨论文书工作的书籍中，出现这里称公文、那里称文件的现象。这种现象对公文学的深入研究是十分不利的。因此，我们有必要将它们加以分别说明。

1. 公文与文书的关系

公文与文书既有联系，又有区别。一般而言，文书是指行为主体（国家机关、团体、企事业单位以及个人)以具有固定格式的语言文字系统为载体,处理各种事务的公文体。它既包括公文,也包括私人文书,如私人书信、日记、自传、房契、地契等。即:文书=公务文书+私务文书。文书包括公文,公文是文书的重要组成部分。文书的概念要比公文大,它们的外延与内涵都不同。此外,文书还指文书工作和从事文书工作的人。文书工作包括对公文的收发、登记、分送、拟办、批办、承办、催办、签发、缮印、校对、盖印、立卷、归档以及会议、汇报、电话的记录与整理等,这些与公文相关,但也与公文的外延、内涵不同,在这里,公文只是文书工作的对象,而不是其实质。从事文书工作的人有时也称文书,但现在已经很少用了。

2. 公文与文件的关系

公文与文件是两个容易混淆的概念。公文与文件的内涵是一致的,它们都是公务活动的工具,都是表述国家行政管理的思想意志的书面形式。所以,在很多情况下,文件和公文通用。事实上,这两者是有区别的。文件,一般是具有固定规格的有红色文件头(文头)并有编号的公文。结论:文书＞公文＞文件。

(三) 公文的特点

1. 鲜明的政治性

历史上,公文是统治阶级通过国家执政机关管理国家、施行阶级统治的一种重要工具,是统治阶级意志的体现。现在,公文是各级党政机关施行领导与管理,传达贯彻党和国家的方针、政策,办理各项公务的重要工具,是党和国家路线、方针、政策的具体体现,也是广大人民根本利益的具体体现。政治性对公文写作提出了以下几方面的要求:

(1) 公文内容要与我国的根本政治制度要求相一致,体现广大人民群众的利益和意志,有利于人民群众参与管理国家事务。

(2) 公文内容要体现党的领导原则,与党和国家方针、政策的要求相一致,尤其要有利于社会主义市场经济体制的建立和完善,使之成为推动社会主义民主政治和社会全面进步的工具。

(3) 公文内容要符合现行的法律、法规及其他有关规定,如提出新的政策、规定等,要切实可行并加以说明。

(4) 下级机关的公文不能与上级机关的政令相抵触。

公文的政治性代表了党和国家的意志,反映了广大人民群众的利益。例如,在2017年3月举行的第十二届全国人民代表大会第五次会议,经表决,通过了《关于政府工作报告的决议》。决议指出,会议充分肯定国务院过去一年的工作,同意报告提出的2017年工作总体部署、目标任务、重点工作和政策措施,决定批准这个报告。会议表决通过了《关于2016年国民经济和社会发展计划执行情况与2017年国民经济和社会发展计划的决议》,决定批准关于2016年国民经济和社会发展计划执行情况与2017年国民经济和社会发展计划草案的报告,批准2017年国民经济和社会发展计划;表决通过了关于2016年中央和地方预算执行情况与2017年中央和地方预算的决议,决定批准关于2016年中央和地方预算执行情况与2017年中央和地方预算草案的报告,批准2017年中央预算。会议经表决,通过了《中华人民共和国民法总则》。国家主席习近平签署第66号主席令予以公布,《中华人民共和国民法总则》自2017年10月1日起施行。会议表决通过了《关于十三届全国人大代表名额和选举问题的决定》,通过了香港特别行政区选举十三届全国人大代表的办法和澳门特别行政区选举十三届全国人大代表的办法。上述决议、令(命令)、决定等,都是我们这里所说的公文,它们在人们的政治生活中扮演着重要的角色。

2. 作用的权威性

公文是行政机关执行国家权利的重要工具。在法定的职权范围内,公文具有很大的权威性,下级机关对于上级机关公文的指示精神,必须认真贯彻执行。制发公文的过程必须符合法定的程序。如果制发规章制度、决议决定等规范性文件,必须在法定会议上以法定的程序通过才具有法律效力。公文具有代行法定职权的功能,对受文机关在法定的时间和空间范围内,具有强制性。

例如,中国共产党历史上产生过两份重要的历史决议。一份是1945年4月20日中国共产党第六届中央委员会扩大的第七次全体会议通过的《关于若干历史问题的决议》,另一份是《关于建国以来党的若干历史问题的决议》,这一决议是中国共产党历史上具有深远意义和重大影响的重要文件,至今仍然具有很大的权威性。其起草工作从1979年11月开始,在中央政治局、书记处领导下,由邓小平、胡耀邦主持进行的,经长时间讨论和修改,集中全党智慧形成,在1981年6月中国共产党第十一届六中全会通过。该决议对中华人民共和国成立以来党的重大历史问题特别是"文化大革命"、毛泽东的功过是非和毛泽东思想基本内容与指导意义作了总结和评价。该决议肯定了中共十一届三中全会以来逐步确立的适合中国情况的建设社会主义现代化强国的正确道路,进一步指明中国社会主义事业和党的工作继续前进的方向。

3. 作者的法定性

公文的作者是法定的,是依据法律的有关规定成立的,并且能以自己的名义行使法定的职能、权力和担负一定任务、义务的机关、团体、企事业单位。公文起草者,只是组织的代笔人。

在特殊情况下,以组织领导人个人名义签署法定机关发布的公文,并不代表领导人个人的意图,而是代表了法定机关,体现了法定机关的职权和意图,如《国家主席令》。这种情况绝非表明公文的个人身份,因为国家领导人、机关首长的权力是法律赋予的,以其名义发布公文,是行使法定权力的表现。所以说,这是领导人行使自己法定职权的一种表现。必须说明的是,以领导者个人的名义发文,在个人名字前面都应冠以机关的名称与职务。如"中华人民共和国主席×××""某市工商管理局局长×××""某大学校长×××"等。一旦这些人不再担任这一职位,也就失去了这一法定作者的地位。

4. 格式的规范性

格式的规范性主要体现为公文的制发和办理必须经过规定的处理程序。公文的撰写和制作都必须遵循国家规范的标准格式,同时采用内部确定的具体的公文格式。公文格式必须符合《党政机关公文处理工作条例》规定的体式,即规范体式。

5. 制作的程序性

公文从准备撰写到制作成文,都有严格的程序。例如,公文的制发,必须经过起草、核稿、签发的程序。经过机关领导人签发的文稿才能缮印、用印和传递等。

公文要特别注意办事效率,必须按照办文程序及时办理,有令即行,有禁即止,不允许各行其是、越权行文,不允许推诿扯皮、拖延误事。

6. 效用的时效性

公文主要在现行工作中使用,其效用具有一定的时间性。首先,公文的运行要讲究实效;其次,公文的执行要讲求实效;再次,某一份公文只是在某一段时间内发挥作用。

公文的时效性对公文写作提出了以下要求:

(1) 要有强烈的时间观念。

(2) 要充分考虑公文办理的时间,确保公文顺利办理。

(3) 要及时处理失效公文。

二、公文的基本功用

在有关部门的日常工作活动中,公文制作与办理的工作量是相当大的,它是机关工作的重要组成部分。一个国家、一个政党、一个部门或者社会团体、企事业单位要履行职能,进行公务活动,不能不使用公文。

总的来说,机关公文的作用在于它是党和国家具体领导和管理政务,机关之间相互进行联系以及机关内部处理工作事物的一种工具。充分认识公文的作用是使用好公文这一工具的重要前提。具体地说,公文的作用主要体现在以下几个方面。

1. 指导作用

党和国家的各级领导机关,可以经常通过制发公文来部署各项工作,传达自己的意见和决策,对下级机关或部门的工作进行具体的领导与指导。

例如,党的中央领导机关通过它所制发的各项指示、决议等重要公文,阐明重大方针政策、战略措施和工作步骤,用以领导和指导各个地区、各条战线的工作。

党的领导是政治领导,党对国家事务实行政治领导的主要方式,是使党的主张通过法定程序变成国家意志,通过党组织的活动和党员的模范作用带动广大人民群众,实现党的路线、方针和政策。党发布的领导性文件不是国家法规,但我们国家的法规,包括法律、法令以及行政法规和规章,都是党的政策的具体化。因此,党的政策性文件,代表党的权威,各级机关组织都要贯彻执行,并作为领导指导各项工作的依据。国家各级行政领导机关和业务主管部门则更具党的政策性文件,制定和发布各种有关的文件,如决定、意见、通知来领导和指导下级机关或下级业务部门的工作,是上级机关传递领导意图与下级机关的纽带,发挥其领导与指导的作用。

2. 行为规范作用

公文具有行为规范作用,这是公文本身所具有的强烈政治性与法定的权威性等特点赋予的。这种行为规范作用又称为法规约束作用。

国家的各种法规和规章都是以文件的形式制定和发布的。这些规范性公文一经发布,便成为全社会的行为规范,无论社会组织或个人都应当依照执行,不可违反。它对于维护正常的社会秩序、安定社会生活,保障人民的合法权益有着极其重要的作用。

必须指出的是,规范性公文的行为规范作用与社会道德规范不同,违反社会公德将受到舆论的谴责,而公文的行为规范作用是带有强制性的。国家以强制手段保证它的权威,谁违反了法律、法规或规章,谁就要受到法律制裁和行政处分或经济处罚。这就说明这些规范性公文在它的有效范围内,必须成为人们的行为规范,而且强制执行。

3. 传递信息作用

公文是传递信息的重要渠道。党和政府的上下、左右机关之间,其决策、方针、设想和意图等政务信息,常常是通过公文的传递而取得的。例如,各级党政领导同志的工作活动情况,各地的突发事件,社会动态,经济技术情况等信息的收集、传递和处理,工作情况的汇报,上级决策、指示的下达,下级贯彻落实上级指示的经验总结和存在问题的报告等都离不开公文这一工具。

上级机关通过批阅下级机关送来的报告、请示、汇报、调查报告以及简报、总结汇报材料等,就能及时掌握了下级机关的信息动态。这就为上级机关指导工作、解决问题以及进行各项决策提供了客观依据。

例如,下级机关通过阅读上级机关的指示、决议、通报、通知等文件,就能及时掌握从上级机关传来的信息动态,根据这些信息动态,下级机关就可以及时开展工作和完成规定的任务。

至于评级和不相隶属机关之间相互使用的"函"等文件,更多是用于直接为沟通信息得到处理和解决;上下、左右机关之间直接的关系,靠公文传递得到调整,从而保证了各级机关组织的工作正常地、有秩序地运转。

4. 公务联系作用

各机关单位在处理日常事务工作中,经常要与上下、左右有关的机关单位进行联系。随着改革开放的不断深化,各机关单位之间的横向联系日趋频繁。机关公务文书的协调联络作用就显得越来越重要、越来越广泛了。一个机关的工作活动,不是孤立地进行的,有时要向它的上级领导机关报告情况、请示问题;有时要与一般机关单位就工作业务进行商洽、询问、回答或交流情况和经验。

公文在同一系统的上下级机关之间、评级机关之间以及不相隶属机关之间,都能够起到沟通情况,商洽工作、协调关系、处理问题的公务联系作用。

5. 依据和凭证作用

公文是机关公务活动的文字记录。一般来说,绝大多数公文在传递意图、联系公务的同时,也具有一定的意义上的凭据作用。这是因为,既然每一份文件都反映了制发机关的意图,那么,对受文机关来说,就可将文件作为安排工作、处理问题的依据。有些文件,则具有比较明显的凭证作用,如经过当事人双方共同签订的协议书、合同等文件。它们的凭证作用是作为证实签约双方曾经许诺和承担的责任和义务的依据。谁违反了协议和合同的条款,就要追究谁的责任。可以说,形成这类文件的目的,就是为了作文字凭证的。还有一些公文具有明显的记载作用,如通知、意见、纪要。

公文不仅在机关的现行工作中具有凭据记载作用,同时,对于过去的事情,它又成为各级党政机关公务活动的历史记录,是机关史料的积累,是解决矛盾、澄清是非的凭证,也是若干年后编史修志的重要依据。所以,每一份对日后工作具有查考作用的公文在完成其现实使命以后,都有整理归档保存,以备查找利用。例如,制定一项新的政策,为了保持政策的连续性,还要参考过去制发的有关这方面内容的公文;机构调整、人事任免、调解矛盾、落实政策等也需要查看过去的有关文件规定,以作参考。因此,公文作为历史事件的记录与查找的依据,其凭据作用是不可忽视的。

以上所述,是就公文的主要作用而言的。公文还有知照作用、协调作用、宣传教育作用等,就不一一详述了。实际上,从每一份具体的条件所起的作用来看,公文的作用也并不是单一的。

三、公文的种类

《党政机关公文处理工作条例》还规定了现行的通用公文共有15种,它们分别是:决议、决定,命令(令)、公报、公告、通告、意见、通知、通报、报告、请示、批复、议案、函、纪要。

第二节 公文的格式与基本要求

一、公文的构成要素与格式

(一)公文的构成要素

公文的构成要素也称公文的组成部分。一份完整的公文是由一些既定的要素构成的,如发文机关标志、发文字号、标题、主送机关、正文、印章、成文日期等。这些要素不是随意确定的,它是由前述《党政机关公文处理工作条例》这一规范性文件所规定的。任何单位在拟制公文时都应当按照这些规定执行。

《党政机关公文处理工作条例》第九条规定:公文一般由份号、密级和保密期限、紧急程度、发文机关标志、发文字号、签发人、标题、主送机关、正文、附件说明、发文机关署名、成文日期、印章、附注、附件、抄送机关、印发机关、印发日期以及页码等组成。

(二)公文的格式

公文格式是指公文的规格样式,是指公文的各个要素在公文文面上标识的位置和书写的样式。公文讲求文面格式,这是公文在形式上区别于一般文章的重要标志。制定公文中各要素的标识规则,统一规范公文的文面格式,是为了准确、有效地拟制、收集、传递和存储公文信息,提高公文处理的效率,以适应现代化管理的需要。

根据中共中央办公厅、国务院办公厅印发的《党政机关公文处理工作条例》的有关规定,对GB/T 9704—1999《国家行政机关公文格式》进行了修订。标准名称改为《党政机关公文格式国家标准》(以下简称为《格式》),《格式》规定了公文格式各要素编排规则。

二、公文写作的基本要求

公文是一种特殊的文章,其写作过程具有一些特殊的规律性,因此,要写好公文,除了必须遵从诸如文字通顺、观点与材料统一、层次分明、结构合理等文章写作规则之外,还必须遵循下列一些基本要求。

1. 合"法"

合"法",即要求公文的内容与形式以及公文形成的程序务必合乎国家法律、法令、方针政策,合乎上级指示和规定,与本机关其他现行有效文件保持一致。

2. 实事求是

实事求是,即要求公文的内容能从实际情况出发,有切实的客观针对性,有利于解决实际问题;要忠实地反映情况和问题;各种判断要合乎实际;各种解决问题的方法措施应切实可行,具有可操作性。

3. 平实得体

首先是文体要正确,务使表达合乎公文这种特定式样的文章的特殊要求。其次,语言运用要得体,符合特定场合、对象的需要。

4. 简明通顺

简明,即要求尽量用最简洁的文字,顺畅而有条理地明确表达充实丰富的内容,做到言简意赅。

5. 庄重严谨

严谨,即要求公文的结构必须严密有序,用语务必周密确切不生歧义,没有漏洞。

6. 表达准确

准确,即要求从对公文制发意图与依据的反映到每项具体内容的表达,从文种的选择到概念的使用,以至于每个符号的书写印刷均必须准确无误,不允许有任何欠缺、失当或失真。

7. 格式规范

规范,即要求公文格式、语言表达、符号使用均应符合有关规定,符合语法规则与逻辑规则,不能"标新立异"。

8. 结构完整

完整,即要求公文结构完整,不遗漏任何必备的内容,以保证公文能完整有效地消除受文者对特定问题认识上的不确定性,减少沟通次数,提高沟通效率。

拓展阅读

一、《党政机关公文处理工作条例》

(http://www.gov.cn/zwgk/2013-02/22/content_2337704.htm;中央政府门户网站:www.gov.cn, 2013年02月22日16时00分,来源:中共中央办公厅、国务院办公厅。)

各省、自治区、直辖市党委和人民政府,中央和国家机关各部委,解放军各总部、各大单位,各人民团体:

《党政机关公文处理工作条例》已经党中央、国务院同意,现印发给你们,请遵照执行。

2012年4月16日
(此件发至县团级)

党政机关公文处理工作条例

第一章 总 则

第一条 为了适应中国共产党机关和国家行政机关(以下简称党政机关)工作需要,推进党政机关公文处理工作科学化、制度化、规范化,制定本条例。

第二条 本条例适用于各级党政机关公文处理工作。

第三条 党政机关公文是党政机关实施领导、履行职能、处理公务的具有特定效力和规范体式的文书,是传达贯彻党和国家的方针政策,公布法规和规章,指导、布置和商洽工作,请示和答复问题,报告、通报和交流情况等的重要工具。

第四条 公文处理工作是指公文拟制、办理、管理等一系列相互关联、衔接有序的工作。

第五条 公文处理工作应当坚持实事求是、准确规范、精简高效、安全保密的原则。

第六条 各级党政机关应当高度重视公文处理工作，加强组织领导，强化队伍建设，设立文秘部门或者由专人负责公文处理工作。

第七条 各级党政机关办公厅（室）主管本机关的公文处理工作，并对下级机关的公文处理工作进行业务指导和督促检查。

第二章　公文种类

第八条 公文种类主要有：

（一）决议。适用于会议讨论通过的重大决策事项。

（二）决定。适用于对重要事项作出决策和部署，奖惩有关单位和人员，变更或者撤销下级机关不适当的决定事项。

（三）命令（令）。适用于公布行政法规和规章、宣布施行重大强制性措施、批准授予和晋升衔级、嘉奖有关单位和人员。

（四）公报。适用于公布重要决定或者重大事项。

（五）公告。适用于向国内外宣布重要事项或者法定事项。

（六）通告。适用于在一定范围内公布应当遵守或者周知的事项。

（七）意见。适用于对重要问题提出见解和处理办法。

（八）通知。适用于发布、传达要求下级机关执行和有关单位周知或者执行的事项，批转、转发公文。

（九）通报。适用于表彰先进、批评错误、传达重要精神和告知重要情况。

（十）报告。适用于向上级机关汇报工作、反映情况，回复上级机关的询问。

（十一）请示。适用于向上级机关请求指示、批准。

（十二）批复。适用于答复下级机关请示事项。

（十三）议案。适用于各级人民政府按照法律程序向同级人民代表大会或者人民代表大会常务委员会提请审议事项。

（十四）函。适用于不相隶属机关之间商洽工作、询问和答复问题、请求批准和答复审批事项。

（十五）纪要。适用于记载会议主要情况和议定事项。

第三章　公文格式

第九条 公文一般由份号、密级和保密期限、紧急程度、发文机关标志、发文字号、签发人、标题、主送机关、正文、附件说明、发文机关署名、成文日期、印章、附注、附件、抄送机关、印发机关和印发日期、页码等组成。

（一）份号。公文印制份数的顺序号。涉密公文应当标注份号。

（二）密级和保密期限。公文的秘密等级和保密的期限。涉密公文应当根据涉密程度分别标注"绝密""机密""秘密"和保密期限。

（三）紧急程度。公文送达和办理的时限要求。根据紧急程度，紧急公文应当分别标注"特急""加急"，电报应当分别标注"特提""特急""加急""平急"。

（四）发文机关标志。由发文机关全称或者规范化简称加"文件"二字组成，也可以使用发文机关全称或者规范化简称。联合行文时，发文机关标志可以并用联合发文机关名称，也可以单独用主办机关名称。

（五）发文字号。由发文机关代字、年份、发文顺序号组成。联合行文时，使用主办机关的发文字号。

（六）签发人。上行文应当标注签发人姓名。

（七）标题。由发文机关名称、事由和文种组成。

（八）主送机关。公文的主要受理机关，应当使用机关全称、规范化简称或者同类型机关统称。

（九）正文。公文的主体，用来表述公文的内容。

（十）附件说明。公文附件的顺序号和名称。

（十一）发文机关署名。署发文机关全称或者规范化简称。

（十二）成文日期。署会议通过或者发文机关负责人签发的日期。联合行文时，署最后签发机关负责人签发的日期。

（十三）印章。公文中有发文机关署名的，应当加盖发文机关印章，并与署名机关相符。有特定发文机关标志的普发性公文和电报可以不加盖印章。

（十四）附注。公文印发传达范围等需要说明的事项。

（十五）附件。公文正文的说明、补充或者参考资料。

（十六）抄送机关。除主送机关外需要执行或者知晓公文内容的其他机关，应当使用机关全称、规范化简称或者同类型机关统称。

（十七）印发机关和印发日期。公文的送印机关和送印日期。

（十八）页码。公文页数顺序号。

第十条　公文的版式按照《党政机关公文格式》国家标准执行。

第十一条　公文使用的汉字、数字、外文字符、计量单位和标点符号等，按照有关国家标准和规定执行。民族自治地方的公文，可以并用汉字和当地通用的少数民族文字。

第十二条　公文用纸幅面采用国际标准A4型。特殊形式的公文用纸幅面，根据实际需要确定。

第四章　行文规则

第十三条　行文应当确有必要，讲求实效，注重针对性和可操作性。

第十四条　行文关系根据隶属关系和职权范围确定。一般不得越级行文，特殊情况需要越级行文的，应当同时抄送被越过的机关。

第十五条　向上级机关行文，应当遵循以下规则：

（一）原则上主送一个上级机关，根据需要同时抄送相关上级机关和同级机关，不抄送下级机关。

（二）党委、政府的部门向上级主管部门请示、报告重大事项，应当经本级党委、政府同意或者授权；属于部门职权范围内的事项应当直接报送上级主管部门。

（三）下级机关的请示事项，如需以本机关名义向上级机关请示，应当提出倾向性意见后上报，不得原文转报上级机关。

（四）请示应当一文一事。不得在报告等非请示性公文中夹带请示事项。

（五）除上级机关负责人直接交办事项外，不得以本机关名义向上级机关负责人报送公文，不得以本机关负责人名义向上级机关报送公文。

（六）受双重领导的机关向一个上级机关行文，必要时抄送另一个上级机关。

第十六条　向下级机关行文，应当遵循以下规则：

（一）主送受理机关，根据需要抄送相关机关。重要行文应当同时抄送发文机关的直接上级机关。

（二）党委、政府的办公厅（室）根据本级党委、政府授权，可以向下级党委、政府行文，其他部门和单位不得向下级党委、政府发布指令性公文或者在公文中向下级党委、政府提出指令性要求。需经政府审批的具体事项，经政府同意后可以由政府职能部门行文，文中须注明已经政府同意。

（三）党委、政府的部门在各自职权范围内可以向下级党委、政府的相关部门行文。

（四）涉及多个部门职权范围内的事务，部门之间未协商一致的，不得向下行文；擅自行文的，上级机关应当责令其纠正或者撤销。

（五）上级机关向受双重领导的下级机关行文，必要时抄送该下级机关的另一个上级机关。

第十七条 同级党政机关、党政机关与其他同级机关必要时可以联合行文。属于党委、政府各自职权范围内的工作，不得联合行文。

党委、政府的部门依据职权可以相互行文。

部门内设机构除办公厅（室）外不得对外正式行文。

第五章 公文拟制

第十八条 公文拟制包括公文的起草、审核、签发等程序。

第十九条 公文起草应当做到：

（一）符合党的理论路线方针政策和国家法律法规，完整准确体现发文机关意图，并同现行有关公文相衔接。

（二）一切从实际出发，分析问题实事求是，所提政策措施和办法切实可行。

（三）内容简洁，主题突出，观点鲜明，结构严谨，表述准确，文字精练。

（四）文种正确，格式规范。

（五）深入调查研究，充分进行论证，广泛听取意见。

（六）公文涉及其他地区或者部门职权范围内的事项，起草单位必须征求相关地区或者部门意见，力求达成一致。

（七）机关负责人应当主持、指导重要公文起草工作。

第二十条 公文文稿签发前，应当由发文机关办公厅（室）进行审核。审核的重点是：

（一）行文理由是否充分，行文依据是否准确。

（二）内容是否符合党的理论路线方针政策和国家法律法规；是否完整准确体现发文机关意图；是否同现行有关公文相衔接；所提政策措施和办法是否切实可行。

（三）涉及有关地区或者部门职权范围内的事项是否经过充分协商并达成一致意见。

（四）文种是否正确，格式是否规范；人名、地名、时间、数字、段落顺序、引文等是否准确；文字、数字、计量单位和标点符号等用法是否规范。

（五）其他内容是否符合公文起草的有关要求。

需要发文机关审议的重要公文文稿，审议前由发文机关办公厅（室）进行初核。

第二十一条 经审核不宜发文的公文文稿，应当退回起草单位并说明理由；符合发文条件但内容需作进一步研究和修改的，由起草单位修改后重新报送。

第二十二条 公文应当经本机关负责人审批签发。重要公文和上行文由机关主要负责人签发。党委、政府的办公厅（室）根据党委、政府授权制发的公文，由受权机关主要负责人签发或者按照有关规定签发。签发人签发公文，应当签署意见、姓名和完整日期；圈阅或者签名的，视为同意。联合发文由所有联署机关的负责人会签。

第六章 公文办理

第二十三条 公文办理包括收文办理、发文办理和整理归档。

第二十四条 收文办理主要程序是：

（一）签收。对收到的公文应当逐件清点，核对无误后签字或者盖章，并注明签收时间。

（二）登记。对公文的主要信息和办理情况应当详细记载。

（三）初审。对收到的公文应当进行初审。初审的重点是：是否应当由本机关办理，是否符合行文规则,文种、格式是否符合要求,涉及其他地区或者部门职权范围内的事项是否已经协商、会签,是否符合公文起草的其他要求。经初审不符合规定的公文,应当及时退回来文单位并说明理由。

（四）承办。阅知性公文应当根据公文内容、要求和工作需要确定范围后分送。批办性公文应当提出拟办意见报本机关负责人批示或者转有关部门办理;需要两个以上部门办理的,应当明确主办部门。紧急公文应当明确办理时限。承办部门对交办的公文应当及时办理,有明确办理时限要求的应当在规定时限内办理完毕。

（五）传阅。根据领导批示和工作需要将公文及时送传阅对象阅知或者批示。办理公文传阅应当随时掌握公文去向,不得漏传、误传、延误。

（六）催办。及时了解掌握公文的办理进展情况,督促承办部门按期办结。紧急公文或者重要公文应当由专人负责催办。

（七）答复。公文的办理结果应当及时答复来文单位,并根据需要告知相关单位。

第二十五条　发文办理主要程序是:

（一）复核。已经发文机关负责人签批的公文,印发前应当对公文的审批手续、内容、文种、格式等进行复核;需作实质性修改的,应当报原签批人复审。

（二）登记。对复核后的公文,应当确定发文字号、分送范围和印制份数并详细记载。

（三）印制。公文印制必须确保质量和时效。涉密公文应当在符合保密要求的场所印制。

（四）核发。公文印制完毕,应当对公文的文字、格式和印刷质量进行检查后分发。

第二十六条　涉密公文应当通过机要交通、邮政机要通信、城市机要文件交换站或者收发件机关机要收发人员进行传递,通过密码电报或者符合国家保密规定的计算机信息系统进行传输。

第二十七条　需要归档的公文及有关材料,应当根据有关档案法律法规以及机关档案管理规定,及时收集齐全、整理归档。两个以上机关联合办理的公文,原件由主办机关归档,相关机关保存复制件。机关负责人兼任其他机关职务的,在履行所兼职务过程中形成的公文,由其兼职机关归档。

第七章　公文管理

第二十八条　各级党政机关应当建立健全本机关公文管理制度,确保管理严格规范,充分发挥公文效用。

第二十九条　党政机关公文由文秘部门或者专人统一管理。设立党委（党组）的县级以上单位应当建立机要保密室和机要阅文室,并按照有关保密规定配备工作人员和必要的安全保密设施设备。

第三十条　公文确定密级前,应当按照拟定的密级先行采取保密措施。确定密级后,应当按照所定密级严格管理。绝密级公文应当由专人管理。

公文的密级需要变更或者解除的,由原确定密级的机关或者其上级机关决定。

第三十一条　公文的印发传达范围应当按照发文机关的要求执行;需要变更的,应当经发文机关批准。涉密公文公开发布前应当履行解密程序。公开发布的时间、形式和渠道,由发文机关确定。

经批准公开发布的公文,同发文机关正式印发的公文具有同等效力。

第三十二条　复制、汇编机密级、秘密级公文,应当符合有关规定并经本机关负责人批准。绝密级公文一般不得复制、汇编,确有工作需要的,应当经发文机关或者其上级机关批准。复制、汇编的公文视同原件管理。

复制件应当加盖复制机关戳记。翻印件应当注明翻印的机关名称、日期。汇编本的密级按照编入公文的最高密级标注。

第三十三条　公文的撤销和废止,由发文机关、上级机关或者权力机关根据职权范围和有关法律法规决定。公文被撤销的,视为自始无效;公文被废止的,视为自废止之日起失效。

第三十四条　涉密公文应当按照发文机关的要求和有关规定进行清退或者销毁。

第三十五条　不具备归档和保存价值的公文,经批准后可以销毁。销毁涉密公文必须严格按照有关规定履行审批登记手续,确保不丢失、不漏销。个人不得私自销毁、留存涉密公文。

第三十六条 机关合并时,全部公文应当随之合并管理;机关撤销时,需要归档的公文经整理后按照有关规定移交档案管理部门。

工作人员离岗离职时,所在机关应当督促其将暂存、借用的公文按照有关规定移交、清退。

第三十七条 新设立的机关应当向本级党委、政府的办公厅(室)提出发文立户申请。经审查符合条件的,列为发文单位,机关合并或者撤销时,相应进行调整。

第八章 附 则

第三十八条 党政机关公文含电子公文。电子公文处理工作的具体办法另行制定。

第三十九条 法规、规章方面的公文,依照有关规定处理。外事方面的公文,依照外事主管部门的有关规定处理。

第四十条 其他机关和单位的公文处理工作,可以参照本条例执行。

第四十一条 本条例由中共中央办公厅、国务院办公厅负责解释。

第四十二条 本条例自 2012 年 7 月 1 日起施行。1996 年 5 月 3 日中共中央办公厅发布的《中国共产党机关公文处理条例》和 2000 年 8 月 24 日国务院发布的《国家行政机关公文处理办法》停止执行。

二、《党政机关公文格式国家标准》

为提高党政机关公文的规范化、标准化水平,2012 年 6 月 29 日,国家质量监督检验检疫总局、国家标准化管理委员会发布了《党政机关公文格式》国家标准(GB/T 9704—2012)。该标准于 2012 年 7 月 1 日起正式实施。此标准是对国标《国家行政机关公文格式》(GB/T 9704—1999)的修订,对公文用纸、印刷装订、格式要素、式样等作出了具体规定。特别是将党政机关公文用纸统一为国际标准 A4 型,首次统一了党政机关公文格式要素的编排规则,使党政机关公文的表现形式更加规范。

(一) 前言

本标准按照 GB/T 1.1—2009 给出的规则起草。

本标准根据中共中央办公厅、国务院办公厅印发的《党政机关公文处理工作条例》的有关规定对 GB/T 9704—1999《国家行政机关公文格式》进行修订。本标准相对 GB/T 9704—1999 主要作如下修订:

(a) 标准名称改为《党政机关公文格式》,标准英文名称也作相应修改;

(b) 适用范围扩展到各级党政机关制发的公文;

(c) 对标准结构进行适当调整;

(d) 对公文装订要求进行适当调整;

(e) 增加发文机关署名和页码两个公文格式要素,删除主题词格式要素,并对公文格式各要素的编排进行较大调整;

(f) 进一步细化特定格式公文的编排要求;

(g) 新增联合行文公文首页版式、信函格式首页、命令(令)格式首页版式等式样。

(二) 公文格式

1. 范围

本标准规定了党政机关公文通用的纸张要求、排版和印制装订要求、公文格式各要素的编排规则,并给出了公文的式样。

本标准适用于各级党政机关制发的公文。其他机关和单位的公文可以参照执行。

使用少数民族文字印制的公文,其用纸、幅面尺寸及版面、印制等要求按照本标准执行,其余可以参照本标准并按照有关规定执行。

(略)

5. 公文用纸幅面尺寸及版面要求

5.1 幅面尺寸

公文用纸采用 GB/T 148 中规定的 A4 型纸,其成品幅面尺寸为:210 mm×297 mm。

5.2 版面

5.2.1 页边与版心尺寸

公文用纸天头(上白边)为 37 mm±1 mm,公文用纸订口(左白边)为 28mm±1mm,版心尺寸为 156 mm×225 mm。

5.2.2 字体和字号

如无特殊说明,公文格式各要素一般用 3 号仿宋体字。特定情况可以作适当调整。

5.2.3 行数和字数

一般每面排 22 行,每行排 28 个字,并撑满版心。特定情况可以作适当调整。

5.2.4 文字的颜色

如无特殊说明,公文中文字的颜色均为黑色。

6. 印制装订要求

6.1 制版要求

版面干净无底灰,字迹清楚无断划,尺寸标准,版心不斜,误差不超过 1 mm。

6.2 印刷要求

双面印刷;页码套正,两面误差不超过 2 mm。黑色油墨应当达到色谱所标 BL100%,红色油墨应当达到色谱所标 Y80%、M80%。印品着墨实、均匀;字面不花、不白、无断划。

6.3 装订要求

公文应当左侧装订,不掉页,两页页码之间误差不超过 4 mm,裁切后的成品尺寸允许误差±2 mm,四角成 90°,无毛茬或缺损。

骑马订或平订的公文应当:

(a) 订位为两钉外订眼距版面上下边缘各 70 mm 处,允许误差±4 mm;

(b) 无坏钉、漏钉、重钉,钉脚平伏牢固;

(c) 骑马订钉锯均订在折缝线上,平订钉锯与书脊间的距离为 3 mm~5 mm。

包本装订公文的封皮(封面、书脊、封底)与书芯应吻合、包紧、包平、不脱落。

7. 公文格式各要素编排规则

7.1 公文格式各要素的划分

本标准将版心内的公文格式各要素划分为版头、主体、版记三部分。公文首页红色分隔线以上的部分称为版头;公文首页红色分隔线(不含)以下、公文末页首条分隔线(不含)以上的部分称为主体;公文末页首条分隔线以下、末条分隔线以上的部分称为版记。

页码位于版心外。

7.2 版头

7.2.1 份号

如需标注份号,一般用 6 位 3 号阿拉伯数字,顶格编排在版心左上角第一行。

7.2.2 密级和保密期限

如需标注密级和保密期限,一般用 3 号黑体字,顶格编排在版心左上角第二行;保密期限中的数字用阿拉伯数字标注。

7.2.3 紧急程度

如需标注紧急程度,一般用 3 号黑体字,顶格编排在版心左上角;如需同时标注份号、密级和保密期限、紧急程度,按照份号、密级和保密期限、紧急程度的顺序自上而下分行排列。

7.2.4　发文机关标志

由发文机关全称或者规范化简称加"文件"二字组成,也可以使用发文机关全称或者规范化简称。

发文机关标志居中排布,上边缘至版心上边缘为35 mm,推荐使用小标宋体字,颜色为红色,以醒目、美观、庄重为原则。

联合行文时,如需同时标注联署发文机关名称,一般应当将主办机关名称排列在前;如有"文件"二字,应当置于发文机关名称右侧,以联署发文机关名称为准上下居中排布。

7.2.5　发文字号

编排在发文机关标志下空二行位置,居中排布。年份、发文顺序号用阿拉伯数字标注;年份应标全称,用六角括号"〔〕"括入;发文顺序号不加"第"字,不编虚位(即1不编为01),在阿拉伯数字后加"号"字。

上行文的发文字号居左空一字编排,与最后一个签发人姓名处在同一行。

7.2.6　签发人

由"签发人"三字加全角冒号和签发人姓名组成,居右空一字,编排在发文机关标志下空二行位置。"签发人"三字用3号仿宋体字,签发人姓名用3号楷体字。

如有多个签发人,签发人姓名按照发文机关的排列顺序从左到右、自上而下依次均匀编排,一般每行排两个姓名,回行时与上一行第一个签发人姓名对齐。

7.2.7　版头中的分隔线

发文字号之下4 mm处居中印一条与版心等宽的红色分隔线。

7.3　主体

7.3.1　标题

一般用2号小标宋体字,编排于红色分隔线下空二行位置,分一行或多行居中排布;回行时,要做到词意完整,排列对称,长短适宜,间距恰当,标题排列应当使用梯形或菱形。

7.3.2　主送机关

编排于标题下空一行位置,居左顶格,回行时仍顶格,最后一个机关名称后标全角冒号。如主送机关名称过多导致公文首页不能显示正文时,应当将主送机关名称移至版记,标注方法见7.4.2。

7.3.3　正文

公文首页必须显示正文。一般用3号仿宋体字,编排于主送机关名称下一行,每个自然段左空二字,回行顶格。文中结构层次序数依次可以用"一、""(一)""1.""(1)"标注;一般第一层用黑体字、第二层用楷体字、第三层和第四层用仿宋体字标注。

7.3.4　附件说明

如有附件,在正文下空一行左空二字编排"附件"二字,后标全角冒号和附件名称。如有多个附件,使用阿拉伯数字标注附件顺序号(如"附件:1.××××");附件名称后不加标点符号。附件名称较长需回行时,应当与上一行附件名称的首字对齐。

7.3.5　发文机关署名、成文日期和印章

7.3.5.1　加盖印章的公文

成文日期一般右空四字编排,印章用红色,不得出现空白印章。

单一机关行文时,一般在成文日期之上、以成文日期为准居中编排发文机关署名,印章端正、居中下压发文机关署名和成文日期,使发文机关署名和成文日期居印章中心偏下位置,印章顶端应当上距正文(或附件说明)一行之内。

联合行文时,一般将各发文机关署名按照发文机关顺序整齐排列在相应位置,并将印章一一对应、端正、居中下压发文机关署名,最后一个印章端正、居中下压发文机关署名和成文日期,印章之间排列整齐、互

不相交或相切,每排印章两端不得超出版心,首排印章顶端应当上距正文(或附件说明)一行之内。

7.3.5.2 不加盖印章的公文

单一机关行文时,在正文(或附件说明)下空一行右空二字编排发文机关署名,在发文机关署名下一行编排成文日期,首字比发文机关署名首字右移二字,如成文日期长于发文机关署名,应当使成文日期右空二字编排,并相应增加发文机关署名右空字数。

联合行文时,应当先编排主办机关署名,其余发文机关署名依次向下编排。

7.3.5.3 加盖签发人签名章的公文

单一机关制发的公文加盖签发人签名章时,在正文(或附件说明)下空二行右空四字加盖签发人签名章,签名章左空二字标注签发人职务,以签名章为准上下居中排布。在签发人签名章下空一行右空四字编排成文日期。

联合行文时,应当先编排主办机关签发人职务、签名章,其余机关签发人职务、签名章依次向下编排,与主办机关签发人职务、签名章上下对齐;每行只编排一个机关的签发人职务、签名章;签发人职务应当标注全称。

签名章一般用红色。

7.3.5.4 成文日期中的数字

用阿拉伯数字将年、月、日标全,年份应标全称,月、日不编虚位(即1不编为01)。

7.3.5.5 特殊情况说明

当公文排版后所剩空白处不能容下印章或签发人签名章、成文日期时,可以采取调整行距、字距的措施解决。

7.3.6 附注

如有附注,居左空二字加圆括号编排在成文日期下一行。

7.3.7 附件

附件应当另面编排,并在版记之前,与公文正文一起装订。"附件"二字及附件顺序号用3号黑体字顶格编排在版心左上角第一行。附件标题居中编排在版心第三行。附件顺序号和附件标题应当与附件说明的表述一致。附件格式要求同正文。

如附件与正文不能一起装订,应当在附件左上角第一行顶格编排公文的发文字号并在其后标注"附件"二字及附件顺序号。

7.4 版记

7.4.1 版记中的分隔线

版记中的分隔线与版心等宽,首条分隔线和末条分隔线用粗线(推荐高度为0.35 mm),中间的分隔线用细线(推荐高度为0.25 mm)。首条分隔线位于版记中第一个要素之上,末条分隔线与公文最后一面的版心下边缘重合。

7.4.2 抄送机关

如有抄送机关,一般用4号仿宋体字,在印发机关和印发日期之上一行、左右各空一字编排。"抄送"二字后加全角冒号和抄送机关名称,回行时与冒号后的首字对齐,最后一个抄送机关名称后标句号。

如需把主送机关移至版记,除将"抄送"二字改为"主送"外,编排方法同抄送机关。既有主送机关又有抄送机关时,应当将主送机关置于抄送机关之上一行,之间不加分隔线。

7.4.3 印发机关和印发日期

印发机关和印发日期一般用4号仿宋体字,编排在末条分隔线之上,印发机关左空一字,印发日期右空一字,用阿拉伯数字将年、月、日标全,年份应标全称,月、日不编虚位(即1不编为01),后加"印发"二字。

版记中如有其他要素,应当将其与印发机关和印发日期用一条细分隔线隔开。

7.5 页码

一般用4号半角宋体阿拉伯数字,编排在公文版心下边缘之下,数字左右各放一条一字线;一字线上距版心下边缘7mm。单页码居右空一字,双页码居左空一字。公文的版记页前有空白页的,空白页和版记页均不编排页码。公文的附件与正文一起装订时,页码应当连续编排。

8. 公文中的横排表格

A4纸型的表格横排时,页码位置与公文其他页码保持一致,单页码表头在订口一边,双页码表头在切口一边。

9. 公文中计量单位、标点符号和数字的用法

公文中计量单位的用法应当符合 GB 3100、GB 3101 和 GB 3102(所有部分),标点符号的用法应当符合 GB/T 15834,数字用法应当符合 GB/T 15835。

10. 公文的特定格式

10.1　信函格式

发文机关标志使用发文机关全称或者规范化简称,居中排布,上边缘至上页边为 30 mm,推荐使用红色小标宋体字。联合行文时,使用主办机关标志。

发文机关标志下 4 mm 处印一条红色双线(上粗下细),距下页边 20 mm 处印一条红色双线(上细下粗),线长均为 170 mm,居中排布。

如需标注份号、密级和保密期限、紧急程度,应当顶格居版心左边缘编排在第一条红色双线下,按照份号、密级和保密期限、紧急程度的顺序自上而下分行排列,第一个要素与该线的距离为 3 号汉字高度的 7/8。

发文字号顶格居版心右边缘编排在第一条红色双线下,与该线的距离为 3 号汉字高度的 7/8。

标题居中编排,与其上最后一个要素相距二行。

第二条红色双线上一行如有文字,与该线的距离为 3 号汉字高度的 7/8。

首页不显示页码。

版记不加印发机关和印发日期、分隔线,位于公文最后一面版心内最下方。

10.2　命令(令)格式

发文机关标志由发文机关全称加"命令"或"令"字组成,居中排布,上边缘至版心上边缘为 20 mm,推荐使用红色小标宋体字。

发文机关标志下空二行居中编排令号,令号下空二行编排正文。

签发人职务、签名章和成文日期的编排见 7.3.5.3。

10.3　纪要格式

纪要标志由"×××××纪要"组成,居中排布,上边缘至版心上边缘为 35 mm,推荐使用红色小标宋体字。

标注出席人员名单,一般用 3 号黑体字,在正文或附件说明下空一行左空二字编排"出席"二字,后标全角冒号,冒号后用 3 号仿宋体字标注出席人单位、姓名,回行时与冒号后的首字对齐。

标注请假和列席人员名单,除依次另起一行并将"出席"二字改为"请假"或"列席"外,编排方法同出席人员名单。

纪要格式可以根据实际制定。

11. 式样(略)

三、新闻报道禁用词

新华社在《新闻阅评动态》第 315 期发表《新华社新闻报道中的禁用词(第一批)》中规定了媒体报道中的禁用词。

(一)社会生活类的禁用词

1. 对有身体伤疾的人士不使用"残废人""独眼龙""瞎子""聋子""傻子""呆子""弱智"等蔑称,而应使用"残疾人""盲人""聋人""智力障碍者"等词语。

2. 报道各种事实特别是产品、商品时不使用"最佳""最好""最著名"等具有强烈评价色彩的词语。

3. 医药报道中不得含有"疗效最佳""根治""安全预防""安全无副作用"等词语,药品报道中不得含有"药到病除""无效退款""保险公司保险""最新技术""最高技术""最先进制法""药之王""国家级新药"等词语。

4. 对文艺界人士,不使用"影帝""影后""巨星""天王"等词语,一般可使用"文艺界人士"或"著名演员""著名艺术家"等。

5. 对各级领导同志的各种活动报道,不使用"亲自"等形容词。

6. 作为国家通讯社,新华社通稿中不应使用"哇噻""妈的"等俚语、脏话、黑话等。如果在引语中不能不使用这类词语,均应用括号加注,表明其内涵。近年来网络用语中对脏语进行缩略后新造的"SB""TMD""NB"等,也不得在报道中使用。

(二)法律类的禁用词

7. 在新闻稿件中涉及如下对象时不宜公开报道其真实姓名:

(1) 犯罪嫌疑人家属;

(2) 涉及案件的未成年人;

(3) 涉及案件的妇女和儿童;

(4) 采用人工受精等辅助生育手段的孕、产妇;

(5) 严重传染病患者;

(6) 精神病患者;

(7) 被暴力胁迫卖淫的妇女;

(8) 艾滋病患者;

(9) 有吸毒史或被强制戒毒的人员。

涉及这些人时,稿件可使用其真实姓氏加"某"字的指代,如"张某""李某",不宜使用化名。

8. 对刑事案件当事人,在法院宣判有罪之前,不使用"罪犯",而应使用"犯罪嫌疑人"。

9. 在民事和行政案件中,原告和被告法律地位是平等的,原告可以起诉,被告也可以反诉。不要使用原告"将某某推上被告席"这样带有主观色彩的句子。

10. 不得使用"某某党委决定给某政府干部行政上撤职、开除等处分",可使用"某某党委建议给予某某撤职、开除等处分"。

11. 不要将"全国人大常委会副委员长"称作"全国人大副委员长",也不要将"省人大常委会副主任"称作"省人大副主任"。各级人大常委会的委员,不要称作"人大常委"。

12. "村民委员会主任"简称"村主任",不得称为"村长"。村干部不要称作"村官"。

13. 在案件报道中指称"小偷""强奸犯"等时,不要使用其社会身份作前缀。例如:一个曾经是工人的小偷,不要写成"工人小偷";一名教授作了案,不要写成"教授罪犯"。

14. 国务院机构中的审计署的正副行政首长称"审计长""副审计长",不要称作"署长""副署长"。

15. 各级检察院的"检察长"不要写成"检察院院长"。

(三)民族宗教类的禁用词

16. 对各民族,不得使用旧社会流传的带有污辱性的称呼。不能使用"回回""蛮子"等,而应使用"回族"等。也不能随意简称,如"蒙古族"不能简称为"蒙族","维吾尔族"不能简称为"维族","哈萨克族"不能简称为"哈萨"等。

17. 禁用口头语言或专业用语中含有民族名称的污辱性说法,不得使用"蒙古大夫"来指代"庸医",不得使用"蒙古人"来指代"先天愚型"等。

18. 少数民族支系、部落不能称为民族,只能称为"××人"。如"摩梭人""撒尼人""穿(川)青人""僜人",不能称为"摩梭族""撒尼族""穿(川)青族""僜族"等。

19. 不要把古代民族名称与后世民族名称混淆,如不能将"高句丽"称为"高丽",不能将"哈萨克族""乌孜别克族"等泛称为"突厥族"或"突厥人"。

20. "穆斯林"是伊斯兰教信徒的通称,不能把宗教和民族混为一谈。不能说"回族就是伊斯兰教""伊斯兰教就是回族"。报道中遇到"阿拉伯人"等提法,不要改称"穆斯林"。

21. 涉及信仰伊斯兰教的民族的报道,不要提"猪肉"。

22. 穆斯林宰牛羊及家禽,只说"宰",不能写作"杀"。

(四)涉及我领土、主权和港澳台的禁用词

23. 香港、澳门是中国的特别行政区,台湾是中国的一个省。在任何文字、地图、图表中都要特别注意不要将其称作"国家"。尤其是多个国家和地区名称连用时,应格外注意不要漏写"(国家)和地区"字样。

24. 对台湾当局"政权"系统和其他机构的名称,无法回避时应加引号,如台湾"立法院""行政院""监察院""选委会""行政院主计处"等。不得出现"中央""国立""中华台北"等字样,如不得不出现时应加引号,如台湾"中央银行"等。台湾"行政院长""立法委员"等均应加引号表述。台湾"清华大学""故宫博物院"等也应加引号。严禁用"中华民国总统(副总统)"称呼台湾地区领导人,即使加注引号也不得使用。

25. 对台湾地区施行的所谓"法律",应表述为"台湾地区的有关规定"。涉及对台法律事务,一律不使用"文书验证""司法协助""引渡"等国际法上的用语。

26. 不得将海峡两岸和香港并称为"两岸三地"。

27. 不得说"港澳台游客来华旅游",而应称"港澳台游客来大陆(或:内地)旅游"。

28. "台湾"与"祖国大陆(或'大陆')"为对应概念,"香港、澳门"与"内地"为对应概念,不得弄混。

29. 不得将台湾、香港、澳门与中国并列提及,如"中港""中台""中澳"等。可以使用"内地与香港""大陆与台湾"或"京港""沪港""闽台"等。

30. "台湾独立"或"台独"必须加引号使用。

31. 台湾的一些社会团体如"中华道教文化团体联合会""中华两岸婚姻协调促进会"等有"中国""中华"字样者,应加引号表述。

32. 不得将台湾称为"福摩萨"。如报道中需要转述时,一定要加引号。

33. 南沙群岛不得称为"斯普拉特利群岛"。

34. 钓鱼岛不得称为"尖阁群岛"。

35. 严禁将新疆称为"东突厥斯坦"。

(五)国际关系类禁用词

36. 不得使用"北朝鲜(英文 North Korea)"来称呼"朝鲜民主主义人民共和国",可直接使用简称"朝鲜"。英文应使用"the Democratic People's Republic of Korea"或使用缩写"DPRK"。

37. 有的国际组织的成员中,既包括一些既有国家,也包括一些地区。在涉及此类国际组织时,不得使用"成员国",而应使用"成员"或"成员方",如不能使用"世界贸易组织成员国""亚太经合组织成员国",而应使用"世界贸易组织成员""世界贸易组织成员方""亚太经合组织成员""亚太经合组织成员方"(英文用 members)。

38. 不使用"穆斯林国家"或"穆斯林世界",而要用"伊斯兰国家"或"伊斯兰世界"。

39. 在达尔富尔报道中不使用"阿拉伯民兵",而应使用"武装民兵"或"部族武装"。

40. 在报道社会犯罪和武装冲突时,一般不要刻意突出犯罪嫌疑人和冲突参与者的肤色、种族和性别特征。比如,在报道中应回避"黑人歹徒"的提法,可直接使用"歹徒"。

41. 公开报道不要使用"伊斯兰原教旨主义""伊斯兰原教旨主义者"等说法。可用"宗教激进主义(激进派、激进组织)"替代。如回避不了而必须使用时,可使用"伊斯兰激进组织(分子)",但不要用"激进伊斯兰组织(分子)"。

42. 不要使用"十字军"等说法。

43. 人质报道中不使用"斩首",可用中性词语为"人质被砍头杀害"。

44. 对国际战争中双方的战斗人员死亡的报道,不要使用"击毙"等词语,可使用"打死"等词语。
45. 不要将撒哈拉沙漠以南的地区称"黑非洲",而应称为"撒哈拉沙漠以南的非洲"。

思考与练习

1. 行政机关拟制公文应当做到哪些?
2. 公文一般由哪些部分组成?
3. 公文的种类有哪些?
4. 公文的"秘密等级"和"保密期限"如何标注?
5. 行政机关公文排版规格是什么?
6. 根据下述内容,拟写公文标题。

2004年4月14日,河南省登封市公安局局长任长霞同志在侦破重大刑事案件途中,不幸因公殉职。公安部决定,在全国公安机关和广大民警中开展向任长霞同志学习的活动。

7. 说明以下各组公文的异同:报告与请示;公告与通告;通知与函。

第三节 通 告

一、文种概述

1. 通告的适用范围

《党政机关公文处理工作条例》第二章第八条规定:"通告适用于在一定范围内公布应当遵守或者周知的事项。"

2. 通告的特点

(1) 使用更为广泛。它不仅可以在国家机关使用,也可以在地方各级政府、基层单位使用。它不仅可以用以在一定范围内公布重大事项,也可以用以公布社会生活中的一些具体事务。

(2) 内容有强制性。通告中提出的规定和要求,带有法规性质,单位和个人必须遵照执行。

3. 通告的作用

根据《党政机关公文处理工作条例》对通告的适用范围表述,通告的作用主要是让公众知晓且遵守。

4. 通告与公告的区别

通告和公告都是公开发布、广泛传播的公文,但二者在发文机关、内容的重要性和公布范围上有一定区别。

(1) 从发文机关上看,公告的制发者主要是党和国家高级机关,通告则适用于各级机关,从党和国家的高级机关到基层机关、企事业单位、社会团体都可以制发。

(2) 从告知的作用上看,公告用于"向国内外宣布重要事项或者法定事项",虽然也有需要遵守执行的公告,但主要是传达消息、让公众周知;与公告相比,通告的内容是"在一定范围内应当遵守或周知的事项",具有鲜明的执行性、知照性。

(3) 告知的范围不同。公告面向国内外的广大读者、听众,告知面更广;通告则只面向"一定范围内的"的有关单位和人员。

5. 通告的写法

1) 标题

通告的标题一般由"发文机关＋发文事由＋文种"三项组成,如"西安浐灞生态区管理委员会关于浐灞河防汛安全的通告";也可采用"发文机关＋文种"或"发文事由＋文种"两项组成标题,如"中华人民共和国公安部通告"或"关于加强食品监管的通告"。其更为简单的写法是略去发文机关、事由,只写文种,如"通告"。

2) 发文字号

通告一般不用发文字号或序列编号,但实践中也有通告有发文字号的情况存在,如果有发文字号或编号应放在标题下。

3) 正文

通告所公布的事项是一定范围内应遵守或周知的,所以,通告的正文部分一般由两部分组成:先写发通告的原因、目的或依据,简明扼要说明为什么要遵守或周知通告中的事项,再写需要遵守或周知的事项,事项如果较为简单,可与第一部分写在一个段落里,如果事项内容较多,可以分条列项,条理清楚。结尾另起一行写"特此通告"或"此告",也可不写。

4) 发文机关和成文日期

发文机关署全称或者规范化简称;日期署会议通过或者发文机关负责人签发的日期,联合行文时,署最后签发机关负责人签发的日期。成文日期中的数字用阿拉伯数字将年、月、日标全,年份应标全称,月、日不编虚位(即1不编为01)。

有的通告在标题中写明了发文机关,在落款时就省略了。成文日期一般放在发文机关的落款下面,如果标题之下已经写了成文日期,落款可以省略不写。

6. 注意事项

通告的对象是不确定的、广泛的,属于普发性公文,不需要写主送机关。

二、范文点评

范文1

海口市人民政府办公厅关于海口市2013年度 新建商品住房价格控制目标的通告 　　经市政府研究决定,我市2013年度新建商品住房(不含保障性住房)价格控制目标为:坚决贯彻落实《国务院办公厅关于继续做好房地产市场调控工作的通知》(国办发〔2013〕17号)精神,保持我市房价基本稳定,2013年新建商品住房价格增幅不高于我市城镇居民人均可支配收入的实际增幅。 　　特此通告。 海口市人民政府办公厅 2013年3月31日 (范文来源:http://www.gov.cn/zwgk/2013-04/03/content_2369658.htm。)	点评: 　　此通告的发文机关是地方行政机关,通告需要相关单位遵照和执行,具有较强的约束力。格式规范。标题采用了"发文机关＋发文事由＋文种"的写法,完整清晰。正文的缘由和事项合写在一个段落里,篇幅短小。

范文 2

<table>
<tr><td>

西安浐灞生态区管理委员会关于浐灞河防汛安全的通告

依据《中华人民共和国水法》《中华人民共和国防洪法》《中华人民共和国河道管理条例》以及西安浐灞生态区浐、灞河河道管理工作要求,为进一步保护群众生命财产安全,确保浐灞河防洪安全,现将有关内容通告如下:

禁止任何无关河道管理和防汛工作的人员进入浐灞河河道;禁止在公共水域尤其是浐灞河河道内野泳戏水;禁止河道内滩地、湿地进行种植、搭建;禁止在浐灞生态区公共水域捕鱼;禁止在浐灞河河道及两岸露天烧烤。

对于违反上述行为者,将视情节严重程度依法处置,情节严重构成犯罪的,将移交公安部门。

西安浐灞生态区管理委员会
2016 年 7 月 29 日

(范文来源:http://news.eastday.com/eastday/13news/auto/news/china/20160730/u7ai5882599.html。)

</td><td>

点评:

此通告是基层单位就社会事务发布的,要求相关人员遵守,有较强的约束力。格式规范。标题采用了"发文机关+发文事由+文种"的写法,完整清晰。正文中第一段说明通告的依据和缘由,第二段清晰列举五项被禁止的行为,第三段讲明违反通告要求的后果。

</td></tr>
</table>

思考与练习

1. 根据材料写作通告。

为确保地铁运营安全,上海市公安局决定从 2008 年 1 月 1 日起,在上海各地铁站对乘坐地铁的乘客及其携带的行李物品进行安全检查。请就此事项撰写一份通告。

2. 评析下则通告。

通 告

自 2016 年 3 月上旬至 2016 年 4 月中旬,桂林路除公交 43 路之外,禁止机动车辆通行。

上海市市政管理局
16.3.1

第四节 通 知

一、文种概述

(一)通知的适用范围

《党政机关公文处理工作条例》第二章第八条规定:"通知适用于发布、传达要求下级机关执行和有关单位周知或者执行的事项,批转、转发公文。"

(二)通知的特点

(1)使用频率高。无论哪一级机关、企事业单位、社会团体都可以使用通知,因此,通知是各类公文中使用频率最高的文种。

(2) 涉及内容广。通知的内容可以用来布置工作、告知事项、转发不相隶属机关的公文等。

(3) 可分种类多。通知的使用范围广、涉及内容多,可以根据通知的性质大体分为发布性通知、指示性通知、批转性通知、转发性通知等。

(三) 通知的写法

1. 标题

其标题一般由"发文机关+发文事由+文种"三项组成,如"上海市政府关于加强城市供水节水工作的通知"。如果是批转性通知、转发性通知或印发性通知,根据2012年前的《国家行政机关公文处理办法》规定:"公文标题中除法规、规章名称加书名号外,一般不用标点符号",而新的2012年发布的《党政机关公文处理工作条例》对此没有作专门要求,根据目前中国政府网上的通知看,当前实际使用中,基本上还是采用原《国家行政机关公文处理办法》的规定。

2. 发文字号

通知应有发文字号,由发文机关代字、年份、发文顺序号组成。联合行文时,使用主办机关的发文字号。发文字号年份、发文顺序号用阿拉伯数字标注;年份应标全称,用六角括号"〔〕"括入;发文顺序号不加"第"字,不编虚位(即1不编为01),在阿拉伯数字后加"号"字。

3. 主送机关

通知必须要有主要受理机关,即通知的对象,应当使用机关全称、规范化简称或者同类型机关统称。主送机关可以是一个,可以是多个,有多个主送机关时注意排序。

4. 正文

通知的主体,根据不同性质有不同的写法。

发布性、印发性、转发性、批转性的通知,通知内容一般都较为简短明了,写明发布、印发、转发、批转的公文全称,结尾用"请认真贯彻执行",必要时可强调指出重要性和执行的要求。

指示性通知,比如布置具体工作的通知,一般由两部分组成,先简要总说明通知缘由,再提出具体要求和措施,往往采用条文式写法,层次清楚,内容要具体明确,不能含糊不清,要避免歧义,否则影响工作。

5. 附件说明

通知附件要写明顺序号和名称。如果没有附件,则此项不写。注意:被批转、转发、印发的公文是通知正文的一部分,不能作为附件。

6. 发文机关和成文时间

发文机关署全称或者规范化简称;日期署会议通过或者发文机关负责人签发的日期,联合行文时,署最后签发机关负责人签发的日期。成文日期中的数字用阿拉伯数字将年、月、日标全,年份应标全称,月、日不编虚位(即1不编为01)。

7. 印章

通知应当加盖发文机关印章,并与署名机关相符。

二、范文点评

范文 1

中共中央组织部关于认真学习贯彻习近平总书记重要指示精神
广泛开展向廖俊波同志学习的通知
中组发〔2017〕11号

近日,习近平总书记对福建省南平市委原常委、副市长、武夷新区党工委书记廖俊波同志先进事迹作出重要指示强调,廖俊波同志任职期间,牢记党的嘱托,尽心尽责,带领当地干部群众扑下身子、苦干实干,以实际行动体现了对党忠诚、心系群众、忘我工作、无私奉献的优秀品质,无愧于"全国优秀县委书记"的称号。广大党员、干部要向廖俊波同志学习,不忘初心、扎实工作、廉洁奉公,身体力行把党的方针政策落实到基层和群众中去,真心实意为人民造福。习近平总书记指出,一段时间以来,一些优秀基层干部因各种原因在基层一线工作中不幸过世。各级党委和政府要关心这些优秀基层干部的家属,满腔热情帮助他们解决困难,特别是要把他们的老人和未成年子女照顾好。这项工作,要有专人负责、专人落实。为认真学习贯彻习近平总书记重要指示精神,经中央领导同志同意,现就有关事项通知如下。

一、充分认识习近平总书记重要指示的深刻意义。习近平总书记的重要指示,充分肯定了廖俊波同志的先进事迹,深刻指出了新时期党员、干部应该具备的思想品质和精神境界,充分体现了党中央对基层一线干部的高度重视和真情关怀,饱含着对广大党员、干部牢记宗旨、为民造福的谆谆教导和殷切希望,进一步丰富了新形势下干部队伍建设的基本要求和时代内涵。当前,我们党正在带领人民决胜全面小康,致力实现"两个一百年"奋斗目标和中华民族伟大复兴中国梦。统筹推进"五位一体"总体布局,协调推进"四个全面"战略布局,贯彻落实新发展理念,打赢脱贫攻坚战,不断把中国特色社会主义伟大事业推向前进,关键在党、关键在人,关键在各级领导班子和领导干部团结带领广大群众努力奋斗。伟大时代呼唤伟大精神,崇高事业需要榜样引领。各级党组织要组织广大党员、干部认真学习领会习近平总书记重要指示精神,大力学习弘扬廖俊波同志等先进典型事迹,满腔热情地关心关爱基层干部,进一步激发广大党员、干部不忘初心、担当尽责、苦干实干、无私奉献的事业心责任感,以实际行动创造无愧于党和人民的一流业绩。

二、广泛学习宣传廖俊波同志先进事迹。廖俊波同志生前曾担任福建省政和县县委书记,2015年荣获"全国优秀县委书记"称号。2017年3月18日晚,廖俊波同志在赶往武夷新区主持召开会议途中不幸发生车祸,因公殉职,年仅48岁。廖俊波同志长期在基层一线工作,始终牢记党的嘱托,对事业无比热爱,对工作孜孜以求,对群众充满感情。他干工作有股子拼命精神,几十年如一日,舍小家、为大家,家人想和他吃顿年夜饭都不容易。任政和县县委书记期间,面对政和县贫困落后的状况,他立下誓言、迎难而上,以"背石头上山"的劲头带领干部群众开拓进取、苦干实干,该县连续3年进入全省县域经济发展"十佳",累计减贫3万多人。他严以自律、廉以自守,从不以公权谋取私利,对家人要求严格,在干部群众中形象好、口碑好。

廖俊波同志是新时期县委书记的好榜样,是用生命践行"忠诚、干净、担当"要求的好干部。广大党员、干部特别是领导干部要向廖俊波同志学习,学习他对党忠诚、信念坚定的政治品质,始终做到心中有党、心中有民、心中有责、心中有戒;学习他心系群众、为民造福的公仆情怀,把群众安危冷暖时刻放在心上,真心实意为百姓谋福祉;学习他担当尽责、忘我工作的敬业精神,扑下身子真抓实干,努力创造经得起实践、人民、历史检验的实绩;学习他廉洁奉公、无私奉献的道德情操,坚守共产党人政治本色,践行共产党人价值观。各级党组织要把学习廖俊波同志等先进典型与推进"两学一做"学习教育常态化制度化紧密结合起来,采取多种方式广泛学习宣传,引导党员、干部对标先进,见贤思齐,更加紧密地团结在以习近平同志为核心的党中央周围,不断增强政治意识、大局意识、核心意识、看齐意识,自觉践行"三严三实"要求,敢

点评:

此通知是指示性的通知,传达要求有关单位周知和执行的事项,是实际工作中经常用到的一类通知。该通知的各项要素齐全、格式正确,符合通知的写作规范。由于是指示性地布置工作,正文内容具体明确,包括通知的依据目的和具体要求两部分内容,详略得当。通知的依据和目的在开头简明扼要写出。通知的具体要求部分则细致准确,分条列出,层次清晰,便于相关机关执行。

(续表)

担当、敢负责、敢作为，身体力行把党的方针政策落实到基层和群众中去，在促进改革发展稳定中当先锋、作表率。

三、切实做好关心关爱基层一线干部工作。各级组织人事部门要按照习近平总书记重要指示要求，对近年来因公殉职基层干部的家庭情况进行调查摸底，重点了解其父母、配偶及未成年子女经济来源、养老就医、抚养入学等方面情况，逐人逐户建档立卡，并会同财政、民政、人力资源社会保障、卫生计生、教育等部门研究制定关心帮助的具体措施，明确专人负责、专人落实，确保把他们的老人和未成年子女照顾好。各级党委和政府要把关心爱护基层一线干部摆上重要日程，既从严要求，又热情关心，做到政治上激励、工作上支持、待遇上保障、政策上倾斜，积极为他们办实事、解难事，让他们安身、安心、安业。领导干部要经常联系、走访慰问基层一线干部和因公殉职基层干部的家属，及时了解他们的思想、工作和生活情况，传递党组织的关怀和温暖。要重视基层一线干部身心健康，健全和落实定期体检、休假等制度，加强心理关怀，充分调动他们干事创业的积极性、主动性、创造性。

各地区各部门各单位学习贯彻习近平总书记重要指示精神的情况，请及时报告中央组织部。

中共中央组织部
2017年4月12日

(范文来源：2017年5月16日《人民日报》。)

范文 2

关于举办全国环保系统档案管理人员教育培训班的通知

各省、自治区、直辖市环境保护厅(局)：

为学习贯彻《全国档案事业发展"十三五"规划纲要》(档发〔2016〕4号)的有关精神，进一步提高档案干部业务水平和工作能力，根据《环境保护部2016年度环保业务培训计划》，我部决定举办全国环保系统档案管理人员教育培训班。现将有关事项通知如下：

一、培训时间
2016年8月5日至8日(8月5日全天报到)。
二、培训地点
全国环境保护职工疗养院(地址：辽宁省兴城市滨海路30号)。
三、培训内容
(一)传达学习《全国档案事业发展"十三五"规划纲要》。
(二)贯彻落实《关于进一步加强档案安全工作的意见》(档发〔2016〕6号)。
(三)学习《归档文件整理规则》(DA/T 22—2015)。
四、培训对象
各省、自治区、直辖市环境保护厅(局)档案管理人员1~2人。
五、其他事项
(一)本次培训免收培训费(含食宿费)，参加培训人员交通费用自理。
(二)2016年8月5日8:00至22:00，会务组在葫芦岛北站安排接站。其他时间到达，请自行前往。
(三)请于2016年8月3日前将培训班回执传真至我部办公厅。
六、联系人及联系方式
(一)环境保护部办公厅 董佩 李敏君
电话：(010)66556027,66556028
传真：(010)66556029

点评：
此通知是指示性的通知，可以作为会议通知的参考，也是实际工作中常用的一类通知。该通知要素齐全、各部分格式正确，正文部分各项内容清晰准确，符合通知的写作规范。标题中省略了发文机关，采用了"发文事由＋文种"的写法，符合写作规范。

(续表)

(二)全国环境保护职工疗养院 郝硕
电话:13841646395
附件:培训班回执

环境保护部办公厅
2016年7月22日

抄送:全国环境保护职工疗养院。
（范文来源:http://www.mep.gov.cn/gkml/hbb/bgth/201607/t20160726_361220.htm）

范文 3

中共山东省委组织部关于转发
《中共中央组织部关于认真学习贯彻
习近平总书记重要指示精神广泛开展
向廖俊波同志学习的通知》的通知

鲁组发〔2017〕7号

各市党委组织部,省委各部委、省政府各部门干部(人事)处,各人民团体组织(人事)部,省委管理的各国有重骨干企业党委,各高等院校党委:

现将《中共中央组织部关于认真学习贯彻习近平总书记重要指示精神广泛开展向廖俊波同志学习的通知》(中组发〔2017〕11号,以下简称《通知》)转发给你们,请认真组织学习,结合实际抓好贯彻落实。

一、深入学习领会习近平总书记重要指示精神。习近平总书记的重要指示,充分体现了习近平总书记和党中央对基层一线干部的高度重视、真情关怀和真挚的为民情怀,饱含着对广大党员、干部牢记宗旨、为民造福的谆谆教导和殷切期望,是对广大党员、干部的鼓舞鞭策和关心爱护。深入学习贯彻习近平总书记重要指示精神,对于引导全省广大党员、干部学习弘扬廖俊波同志对党忠诚、心系群众、忘我工作、无私奉献的优秀品质和崇高精神,进一步提升干事创业精神,凝聚起加快经济文化强省建设、努力在全面建成小康社会进程中走在前列的强大力量,具有十分重要意义。全省各级党组织和广大党员、干部要深入学习领会习近平总书记重要指示精神,深刻认识新时期党员、干部应该具备的思想品质和精神境界,深刻认识对标"四讲四有"、践行"四个合格"的基本要求和时代内涵,深刻认识在决胜全面小康社会、实现"两个一百年"奋斗目标伟大实践中应当负起的职责使命和责任担当,进一步牢固树立政治意识、大局意识、核心意识、看齐意识,进一步激发不忘初心、担当尽责、苦干实干、无私奉献的事业心责任感,更加自觉地在思想上政治上行动上同以习近平同志为核心的党中央保持高度一致。

二、认真组织开展专题学习讨论。各级党组织要按照中组部《通知》要求,周密部署,精心组织,认真学习习近平总书记重要指示精神,广泛深入开展向廖俊波同志学习。5月上旬前,各级党委(党组)要召开会议,专题传达学习习近平总书记重要指示精神、中组部《通知》要求和省委常委会会议研究的贯彻意见,结合实际研究提出本地本单位贯彻落实的具体措施,迅速掀起向廖俊波同志学习的热潮。要把学习贯彻习近平总书记重要指示精神、中组部《通知》要求与推进"两学一做"学习教育常态化制度化紧密结合起来,纳入党委(党组)中心组学习、党支部"三会一课"重要内容,采取领导带头、专题学习、座谈交流等形式,组织广大党员、干部深刻领会习近平总书记重要指示精神,深入学习廖俊波同志先进事迹,以实际行动对标先进、见贤思齐,不断把学习引向深入。

三、推动形成学做廖俊波式好干部的鲜明导向。廖俊波同志是新时期县委书记的好榜样,是用生命践行忠诚、干净、担当要求的好干部。要把学习贯彻习近平总书

点评:

这是一份转发公文的通知,转发上级机关、平级机关或不相隶属机关的公文时,用"转发"或"印发"。此通知格式规范,内容简短明了,写清楚转发公文的全称,最后提出"各市各部门各单位学习贯彻习近平总书记重要指示精神和《通知》要求情况,请及时报告省委组织部"的要求。

(续表)

记重要指示精神、中组部《通知》要求与推动全省改革发展稳定紧密结合起来,把学习廖俊波同志先进事迹与践行"四个合格"、做好本职工作紧密结合起来,引导各级党员、干部立足岗位、对标践行,身体力行把党的路线方针政策落实到基层和群众中去,在促进改革发展稳定中当先锋、作表率。各级党委(党组)要健全完善干部选拔任用机制,大力选树廖俊波式的好干部,深入发掘基层党员干部群众身边的先进典型,加大宣传力度,用身边人教育身边人,进一步营造干事创业、担当尽责、苦干实干、争创一流的浓厚氛围。

四、真情关心关爱基层一线干部。各级党委和政府要按照习近平总书记重要指示要求,对基层一线干部既从严要求、又热情关心,做到政治上激励、工作上支持、待遇上保障、政策上倾斜,积极为他们办实事、解难事,让他们安身、安心、安业。5月底前,各级组织人事部门要对近年来因公殉职基层干部的家庭情况进行一次全面排查摸底,对其家属子女进行集中走访慰问,重点了解其父母、配偶及未成年子女经济来源、养老就医、抚养入学等方面情况,了解实际困难,登记造册、建档立卡,会同财政、民政、人力资源社会保障、卫生计生、教育等部门,逐人逐户制定关心帮助具体措施,明确专人负责、专人落实,确保把他们的老人、未成年子女照顾好。各级领导干部要经常联系、走访慰问基层一线干部和因公殉职基层干部的家属,及时了解他们的思想、工作和生活情况,充分理解体谅在基层一线工作的辛苦和不易,采取有效措施为基层干部解压松绑,努力创造良好工作氛围和生活环境。建立帮扶救助生活困难基层一线干部长效机制,及时解决工作和生活中的实际困难,解除后顾之忧,传递党组织的关怀和温暖。要重视基层一线干部身心健康,健全和落实定期体检、休假等制度,加强心理关怀,充分调动他们干事创业的积极性、主动性、创造性。

各市各部门各单位学习贯彻习近平总书记重要指示精神和《通知》要求情况,请及时报告省委组织部。

中共山东省委组织部
2017年4月25日

(范例来源 file:///C:/Users/lys601/Desktop/鲁组发〔2017〕7号 中共山东省委组织部关于转发《中共中央组织部关于认真学习贯彻习近平总支书记重要指示精神广泛开展向廖俊波同志学习的通知》的通知.pdf。)

范文4

国务院批转国家发展改革委关于2017年
深化经济体制改革重点工作意见的通知
国发〔2017〕27号

各省、自治区、直辖市人民政府,国务院各部委、各直属机构:

国务院同意国家发展改革委《关于2017年深化经济体制改革重点工作的意见》,现转发给你们,请认真贯彻执行。

国务院
2017年4月13日

(此件公开发布)

关于2017年深化经济体制改革
重点工作的意见
国家发展改革委

2017年是实施"十三五"规划的重要一年,是供给侧结构性改革的深化之年,做好全年经济体制改革工作意义重大。根据中央全面深化改革领导小组年度重点工作安排和《政府工作报告》部署,现就2017年深化经济体制改革重点工作提出以下意见。

点评:

这是一份批转公文的通知。转发下级机关公文时,用"批转"。此通知格式完整规范。

注意:批转的公文是通知正文的组成部分,不是附件。

一、总体要求(略) 二、以供给侧结构性改革为主线持续深化经济体制改革(略) 三、深化"放管服"改革(略) 四、深入推进国企国资改革(略) 五、加强产权保护制度建设(略) 六、深化财税体制改革(略) 七、推进金融体制改革(略) 八、完善城乡发展一体化体制机制(略) 九、健全创新驱动发展体制机制(略) 十、加快构建开放型经济新体制(略) 十一、大力推进社会体制改革(略) 十二、深化生态文明体制改革(略) 十三、加强改革任务落实和总结评估(略) (范例来源:http://www.gov.cn/zhengce/content/2017-04/18/content_5186856.htm)	

范文5

国务院关于印发全面深化中国(上海) **自由贸易试验区改革开放方案的通知** 国发〔2017〕23号 各省、自治区、直辖市人民政府,国务院各部委、各直属机构: 　　现将《全面深化中国(上海)自由贸易试验区改革开放方案》印发给你们,请认真贯彻执行。 　　　　　　　　　　　　　　　　　　　　　　国务院 　　　　　　　　　　　　　　　　　　　　2017年3月30日 (此件公开发布) **全面深化中国(上海)** **自由贸易试验区改革开放方案** 　　建设中国(上海)自由贸易试验区(以下简称自贸试验区)是党中央、国务院在新形势下全面深化改革和扩大开放的战略举措。自贸试验区建设三年多来取得重大进展,总体达到预期目标。为贯彻落实党中央、国务院决策部署,对照国际最高标准、最好水平的自由贸易区,全面深化自贸试验区改革开放,加快构建开放型经济新体制,在新一轮改革开放中进一步发挥引领示范作用,制定本方案。 　　总体要求 　　(一)指导思想。 　　……(略) 　　(范文来源:http://www.gov.cn/zhengce/content/2017-03/31/content_5182392.htm)	点评: 　　这是印发公文的通知。格式规范。标题中对印发的公文不使用书名号,符合规范。 　　注意:印发的公文不是附件,是正文的一部分。

思考与练习

1. 根据材料写作一份会议通知。

2016年6月24日(周五)9:30,上海立信会计金融学院将召开学校党政负责干部(扩大会议。校领导、各单位、各部门主要负责人、教授代表、离退休干部代表参加会议。该会议很重要,参会人员提前5分钟到场。

2. 下面的通知存在哪些问题?

上海市体育局关于印发《全民健身计划》(2016—2020年)的通知

各区、县体育局:

现将《全民健身计划(2016—2020年)》印发给你们,请认真贯彻执行。

附件:全民健身计划(2016—2020年)

上海市体育局
二〇一五年十一月二十六日

---

3. 根据下面的四则材料思考和讨论。

材料一

**关于公布西宁市2013年新建商品住房
价格控制目标的公告**

　　为贯彻落实国务院办公厅关于继续做好地产市场调控工作精神,稳定住房价格,根据本市居民人均可支配收入增长等经济社会发展目标、物价水平,西宁市2013年新建商品住房价格控制目标为:2013年西宁市新建商品住房价格涨幅低于我市城镇居民人均可支配收入实际增长水平。新建商品住房销售价格以统计部门发布的价格统计指标为依据。

西宁市人民政府办公厅
二〇一三年三月三十一日

(材料来源:http://www.gov.cn/zwgk/2013-04/03/content_2369369.htm。)

材料二

**关于发布2013年度武汉市
新建商品住房价格控制目标的通告**

　　根据《国务院办公厅关于继续做好地产市场调控工作的通知》(国办发〔2013〕17号)精神,为了继续做好我市房地产市场调控工作,促进房地产市场平稳健康发展,经市人民政府研究决定,我市2013年度新建商品住房(不含保障性住房,下同)价格控制目标为:新建商品住房价格同比增幅低于人均可支配收入实际增幅。

武汉市住房保障和房屋管理局
二〇一三年三月三十一日

(材料来源 http://www.gov.cn/zwgk/2013-04/03/content_2369213.htm。)

材料三

长春市人民政府办公厅文件
长府办发〔2013〕13号

**长春市人民政府办公厅关于2013年度
长春市新建商品住房价格控制目标的通知**

市政府各委办局、各直属机构:

　　按照《国务院办公厅关于继续做好房地产市场调控工作的通知》(国办发〔2013〕17号)文件精神,

(续表)

为保持房价基本稳定,制定长春市2013年度房价控制目标是:"2013年度长春市新建商品住房价格增幅低于城镇居民家庭人均可支配收入实际增幅。"各有关部门要坚决贯彻落实国家和本市调控措施,各司其职、协同配合,切实承担稳定房价、稳定市场的责任,确保目标任务完成。

长春市人民政府办公厅
二〇一三年三月三十一日

(材料来源:http://www.gov.cn/zwgk/2013-04/02/content_2368636.htm。)

材料四

地方政府文件

● 市人民政府办公厅关于公布银川市2013年新建商品住房价格控制目标的通知(2013-04-03)

● 海口市人民政府办公厅关于海口市2013年度新建商品住房价格控制目标的通告(2013-04-03)

● 成都市城乡房产管理局关于公布2013年度我市新建商品住房价格控制目标的通知(2013-04-03)

● 关于公布西宁市2013年新建商品住房价格控制目标的公告(2013-04-03)

● 昆明市人民政府办公厅关于做好2013年新建商品住房价格稳定工作的通知(2013-04-03)

● 贵阳市住房和城乡建设局 贵阳市物价局关于公布2013年新建商品住房价格控制目标的公告(2013-04-03)

● 关于发布2013年度武汉市新建商品住房价格控制目标的通告(2013-04-03)

● 呼和浩特市人民政府关于2013年度新建商品住房价格控制目标等有关事宜的通知(2013-04-03)

● 福州市人民政府办公厅关于公布2013年度福州城区新建商品住房价格控制目标的通知(2013-04-02)

● 关于公布2013年度新建商品住房价格控制目标的公告(2013-04-02)

● 合肥市人民政府关于2013年度全市新建商品住房价格控制目标等有关问题的通知(2013-04-02)

● 关于发布2013年度乌鲁木齐市新建商品房价格控制目标的通知(2013-04-02)

● 长春市人民政府办公厅关于2013年度长春市新建商品住房价格控制目标的通知(2013-04-02)

● 南京市人民政府关于公布南京市2013年度新建商品住房价格控制目标的通知(2013-04-02)

● 石家庄市人民政府关于公布新建商品住房价格控制目标的公告(2013-04-02)

● 哈尔滨市人民政府办公厅关于公布2013年度我市新建商品住房价格控制目标的通知(2013-04-02)

● 西安市人民政府办公厅关于印发西安市2013年新建商品住房价格控制目标的通知

(2013-04-02)

(材料来源：http://www.gov.cn/zwgk/bmdfwj_df.htm。)

以上四则材料的内容相同，都是关于公布2013年度新建商品住房价格控制目标，17个市政府办公厅都发布了相关公文，其中有3个市政府办公厅使用了公告，2个市政府办公厅使用了通告，其余12个市政府办公厅使用了通知。根据这个情况，请谈谈你的看法，并对照分析三种公文的异同。

第五节 通 报

一、文种概述

1. 通报的适用范围

《党政机关公文处理工作条例》第二章第八条规定："通报适用于表彰先进、批评错误、传达重要精神和告知重要情况。"

2. 通报的特点

（1）通报及时。通报的内容一般都是近期发生的事情，对当前的工作具有积极的指导意义和促进作用。

（2）内容真实。通报的内容必须客观真实，否则会引起公众不满甚至抵触情绪，造成不良影响。

（3）事件典型。通报的事情有普遍的教育意义，不能滥用通报。

3. 通报的作用

通报主要是上级机关将先进经验、严重问题、有关重要精神或情况告知下级机关，起到交流经验、弘扬先进，纠正错误，沟通信息的作用，从而进一步推动工作。

4. 通报的写法

根据通报的内容看，通报大体上可分为表彰性通报、批评性通报和传达性通报。三种通报除正文部分内容不同外，其余的标题、发文字号、主送机关、发文机关和成文时间各要素的写法都是相同的。

1）标题

其标题一般由"发文机关＋发文事由＋文种"三项组成，如"上海市政府关于表彰教书育人楷模的通报"，也可以采用"发文事由＋文种"的两项式写法。无论是表彰还是批评，或者是传达重要情况，通报标题的内容要注意提炼好发文事由，要做到文字简洁且意思明确，使人一目了然。

2）发文字号

由发文机关代字、年份、发文顺序号组成。联合行文时，使用主办机关的发文字号。发文字号年份、发文顺序号用阿拉伯数字标注；年份应标全称，用六角括号"〔〕"括入；发文顺序号不加"第"字，不编虚位（即1不编为01），在阿拉伯数字后加"号"字。

3）主送机关

应当使用机关全称、规范化简称或者同类型机关统称。主送机关可以是一个，可以是多个，有多个主送机关时注意排序。如果是用于张贴或登报的通报，可以不写主送机关。

4）正文

正文是通报的主体，根据不同性质有不同的写法。

表彰性通报的正文一般写三个部分的内容：第一部分概述发通报的背景、写明先进事迹；第二部分分析先进的原因，并作出表彰决定；第三部分提出希望和号召。

批判性通报的正文一般写四个部分的内容：第一部分写明错误事实，应做到真实、准确、简要；第二部分写对错误事实的分析和评议，指出其危害性；第三部分写明处理决定；第四部分提出希望和要求，引以为戒。

传达性通报的正文主要由两部分内容组成：第一部分是通报情况，对于取得的成绩给予肯定，说明取得成绩的原因；对于存在的问题和不足，说明产生问题的原因；对于通报突发事件，应把突发事件的时间、地点、经过写清楚，并分析事件发生的原因和造成的影响。第二部分是提出要求，针对工作中存在的问题和不足或突发事件，提出改进要求或应注意的事项，要求多的，可以分条写，便于执行。

5）附件

如果有附件，就标明，若有多个附件，要标识序号和附件名称。如果没有附件，这项省略不写。

6）发文机关和成文时间

发文机关署全称或者规范化简称；日期署会议通过或者发文机关负责人签发的日期，联合行文时，署最后签发机关负责人签发的日期。成文日期中的数字用阿拉伯数字将年、月、日标全，年份应标全称，月、日不编虚位（即1不编为01）。

二、范文点评

范文1

	点评：
国务院办公厅关于对国务院第三次大督查发现的典型经验做法给予表扬的通报 国办发〔2016〕90号 各省、自治区、直辖市人民政府，国务院各部委、各直属机构： 　　为推动党中央、国务院重大决策部署贯彻落实，2016年8月下旬至9月底，国务院部署开展了对重大政策措施落实情况的第三次大督查。从督查情况看，各地区、各部门认真贯彻落实中央经济工作会议部署和政府工作报告提出的任务要求，勇于创新、真抓实干，敢于担当、主动作为，在促进经济平稳增长、推进供给侧结构性改革、抓好"三去一降一补"重点任务、推动大众创业万众创新、培育发展新动能、破解民生难题等方面结合实际创造性地开展工作，取得了积极成效，形成了一些好的经验和做法。 　　为进一步调动和激发各方面的主动性、积极性和创造性，推动形成干事创业、竞相发展的良好局面，经国务院同意，对北京市海淀区以建设双创示范基地为契机促进经济发展提质增效等32项地方典型经验做法和国家发展改革委、工业和信息化部积极推进钢铁煤炭行业化解过剩产能工作等17项部门典型经验做法予以通报表扬。希望	这是一份表彰性通报，格式规范。正文部分由三段组成，第一段概述实行最严格水资源管理制度取得的总体成效。第二段说明了表彰目的和对象，希望受表扬的地区珍惜荣誉，再接再厉。

(续表)

受到表扬的地区、部门珍惜荣誉，再接再厉，取得新的更大成绩。 　　各地区、各部门要按照党中央、国务院的总体部署，牢固树立创新、协调、绿色、开放、共享的发展理念，坚持稳中求进工作总基调，积极适应和引领经济发展新常态，振奋精神，铆足干劲，迎难而上，锐意进取，学习借鉴典型经验做法，主动破解经济运行和改革发展中的难题，全力推动党中央、国务院重大决策部署落地生效，实现经济社会持续健康发展。 　　附件：1. 国务院第三次大督查发现的地方典型经验做法（共32项） 　　　　2. 国务院第三次大督查发现的部门典型经验做法（共17项） 　　　　　　　　　　　　　　　　　　　　　　　　　国务院办公厅 　　　　　　　　　　　　　　　　　　　　　　　　2016年12月4日 （此件公开发布） 附件1　（略） 附件2　（略） （范文来源 http://www.gov.cn/zhengce/content/2017-01/03/content_5156026.htm。）	第三段是对各地区各部门的相关工作提出要求。这个通报是对受表彰地区、部门的认可，也是对未受表彰地区的鞭策，对进一步开展工作有积极的推动作用。

范文2

国务院办公厅关于江苏华达钢铁有限公司和河北安丰钢铁有限公司 违法违规行为调查处理情况的通报 国办发〔2016〕101号 各省、自治区、直辖市人民政府，国务院各部委、各直属机构： 　　以钢铁煤炭行业为重点推进去产能，是深化供给侧结构性改革、落实"三去一降一补"任务的重要内容。2016年以来，各有关方面贯彻落实党中央、国务院决策部署，认真履职、密切配合，大力推进钢铁行业去产能工作，目前已提前超额完成年度目标任务。但是，仍有一些地方政府对去产能工作部署落实不到位，执行政策规定不严格；一些企业对去产能工作的严肃性认识不深，对国家相关法规政策置若罔闻，违法违规生产"地条钢"建设钢铁冶炼项目，严重干扰行业正常生产经营秩序，影响去产能工作大局。 　　为严肃党纪国法、确保政令畅通，顺利推进化解过剩产能和淘汰落后产能工作，按照国务院常务会议的决定要求，国家发展改革委、工业和信息化部、国土资源部、环境保护部、住房城乡建设部、工商总局、质检总局、安全监管总局、银监会、钢铁工业协会等10个部门和单位组成国务院调查组，会同监察部在江苏省、河北省的支持配合下，本着依法依规、客观公正、实事求是的原则，对江苏华达钢铁有限公司（以下简称华达公司）违法违规生产销售"地条钢"、河北安丰钢铁有限公司（以下简称安丰公司）违法违规建设钢铁冶炼项目开展了调查处理工作。经国务院同意，现将调查处理情况通报如下： 　　一、华达公司违法违规生产销售"地条钢"调查情况和处理决定 　　（一）调查情况。华达公司是位于江苏省徐州市新沂市的钢铁企业，于2010年8月注册成立，注册资本金2 680万元。截至2016年7月底，该公司拥有3条轧钢生产线，具备年产钢材30万吨能力，共有职工128人（均未办理任何社会保险）。华达公司用于生产建筑钢材的设备是国家明令淘汰的落后装备，2010年以来累计生产"地条钢"17.5万吨，销售收入约6.4亿元。2016年7月底中央电视台曝光后，徐州市、新沂市政府拆除了华达公司全部生产线。	点评： 　　这是一份批评性通报，格式规范。正文部分由四部分内容组成：第一部分（第一自然段）简明扼要说明万华油品公司爆燃事故事实。第二部分（第二自然段）分析事故原因。第三部分（第三自然段）指出事故企业存在的问题。第四部分（第四至第十二自然段）对各地区提出引以为戒的具体要求。通报内容层次清楚，有理有据。

(续表)

另外，根据钢铁煤炭行业化解过剩产能和脱困发展工作部际联席会议有关部署，江苏省对全省范围生产销售"地条钢"情况作了进一步排查，共发现"地条钢"企业63家，合计产能1 233万吨。这些企业主要分布在徐州、连云港、淮安、宿迁、盐城、泰州、镇江、常州、无锡、苏州等10个地市。江苏省对排查出的"地条钢"企业开展了治理整顿，目前已全部整治到位。

（二）主要问题。
略。
（三）处理决定。
略。
二、安丰公司违法违规建设钢铁冶炼项目调查情况和处理决定
下略。
（此件公开发布）
（范文来源：ttp://www.gov.cn/zhengce/content/2016-12/30/content_5155015.htm）

范文3

国务院办公厅关于2016年第二次
全国政府网站抽查情况的通报
国办函〔2016〕68号

各省、自治区、直辖市人民政府，国务院各部委、各直属机构：

为进一步加强全国政府网站信息内容建设，更好地发挥其政务公开和服务群众主平台作用，国务院办公厅组织开展了2016年第二次全国政府网站抽查。现将有关情况通报如下。

一、总体情况

2016年6月，按照《国务院办公厅关于开展第一次全国政府网站普查的通知》（国办发〔2015〕15号）确定的检查标准，国务院办公厅随机抽查了各级政府网站746个，大部分政府网站内容保障水平显著提升，"僵尸""睡眠"等现象明显减少，总体抽查合格率85%，比一季度有所提高。国务院部门（含内设、垂直管理机构）政府网站抽查合格率为98.5%；北京、辽宁、青海等地政府网站抽查合格率达100%，广东、湖北、山东、浙江、四川、湖南等地政府网站抽查合格率超过90%。

此外，按照《国务院办公厅关于加强政府网站信息内容建设的意见》（国办发〔2014〕57号）中做好国务院重要政策信息转载的有关要求，本次抽查还对71个国务院部门网站、32个省级政府（含新疆生产建设兵团）门户网站转载中国政府网发布的国务院重要信息情况开展了专项检查。90%以上的省级政府门户网站在首页显著位置开设了国务院重要政策信息专栏，超过80%的网站能够在国务院重要信息发布后24小时内进行转载。

二、抽查发现的主要问题
下略。
（此件公开发布）
（范文来源：http://www.gov.cn/zhengce/content/2016-07/25/content_5094407.htm）

点评：

这是一份传达情况的通报，格式规范。正文主要包括四个部分内容：第一部分是主送机关下的第一段，概述了通报的原因和目的。第二部分是总体情况，主要说明抽查中发现的有进步和做得好的情况。第三部分着重梳理了抽查中发现的问题。第四部分是针对问题提出的整改工作要求。最后一段对提交整改书的截止时间作了具体要求。与前两个范文不同的是，这份范文在正文后有三个附件，附件的标识方法需要注意。

拓展阅读

1. 通报与通知、通告的区别

第一，告知的范围不同。通报和通知属于机关内部公文，一般都有主送机关，传播范围有限。通告则是

普发性的公文,可以张贴、广播,需要更多人的知晓。

第二,告知的内容不同。通报可以用来表彰先进、批评错误,通知和通告不适用。通知可以用来转发、批转公文,通报和通告则不适用。

第三,告知的时间不同。通报的内容只有事情发生之后才能告知,通告和通知的告知的事项是事前。

2. 主送单位常见错误

除命令和令、通告、公告、纪要外,通知、通报等公文要标明主送机关,并使用全称或者规范化简称。一是排序和顿号、逗号用错。下行文可以有多个主送单位,排列顺序遵循"先上后下、先外后内"的原则;不同系统、不同级别的主送单位之间用逗号隔开,同一系统、同一级别的主送单位之间用顿号隔开。如国务院办公厅的通知、通报等公文的主送机关一般是:"各省、自治区、直辖市人民政府,国务院各部委、各直属机构",如果写成:"国务院各部委,各直属机构,各省、自治区、直辖市人民政府"就不对了。二是编排不正确。要求编排于标题下空一行的位置,居左顶格,回行时仍顶格,最后一个机关名称后标全角冒号。

3. 简报

简报是机关、团体、企事业单位内部使用的一种简要的工作报告或情况报道,用来反映情况、沟通信息和交流经验。简报种类较多,常用的名称有工作简报、工作动态、信息快报等。简报的作用与报告相近,都是反映工作情况的。他们的不同之处是:一是简报用来及时反映情况和信息,不一定由单位主要负责人签发,不是正式公文,不在《党政机关公文处理工作条例》中的公文种类之列;报告是用来向上级部门反映情况的,是正式公文,是《党政机关公文处理工作条例》中的公文种类之一。二是简报简短灵活,可以上报下达,也可以公开发表;报告只是向上级单位行文,报告情况。

思考与练习

1. 根据下列材料写一份通报。

2016年5月1日,重庆市武隆县县城江北西段发生高切坡垮塌事故,致使一幢建筑面积为4 061平方米的9层楼房被摧毁掩埋,造成79人死亡、4人受伤。经调查认定,这起地质灾害事故的发生,有地质原因,也有诸多人为因素,教训非常深刻。为此,国务院决定对这起地质灾害事故人为责任调查处理情况给予通报。国务院要求,重庆市政府和建设部也要认真总结教训。通报还将经国务院第102次总理办公会议讨论通过的《关于重庆市武隆县地质灾害事故人为责任调查处理意见的报告》印发给相关部门。

2. 根据表彰性通报的特点和写作要求,选择一个你认为值得通报表彰的事迹写一份通报。

第六节 报 告

一、文种概述

1. 定义及历史

报告是向上级机关汇报工作、反映情况、答复上级机关询问的文种,是一种陈述性的上行文。

我国古代的书、章、奏、表、议、呈等公文文种名称都是下级官员向上级官员反映政事政情、提出弹劾或建议的上行文，都带有报告性质，如李斯的《谏逐客书》就是他向秦王写的一篇报告。

2. 类型及适用范围

报告主要有以下五种：综合报告、专题报告、情况报告、回复报告、报送报告。

综合报告是指向上级机关汇报本机关某一时期全面工作的报告。写作内容通常包括基本情况、主要成绩、经验教训和改进工作的意见等方面，如各级政府工作报告。

专题报告是指围绕某一工作、某一时间、某一方面的问题而写的报告。例如，城乡建设环境保护部《关于整顿建筑市场的报告》围绕过去一年整顿建筑市场的情况及学习中央领导同志的批示，向国务院汇报查出的问题、取得的成效等。

情况报告是指当本单位发生重大问题，如自然灾害、突发事件、重要会议召开等，需要向上级机关及时地汇报，有时先用电话报告，然后再书面汇报。一般按"情况—原因—教训"这三部分去安排写作内容，如《铁道部关于193次旅客快车发生重大颠覆事故的报告》。

回复报告是指答复上级查询与了解某项工作或事项的报告。例如，上级领导对群众来信来访中反映的问题或文件材料中反映的问题，批示下级机关调查办理，或询问有关情况；下级机关调查办理完毕，需用书面形式答复上级机关，所以也称答复报告。

报送报告指向上级机关报送文件、物品时所写的报告，如《广州市财政局关于报送2013年财务分析的报告》。

3. 结构和写法

报告的结构包括标题、主送机关、正文、落款、署时。

（1）标题与一般公文标题的格式相同，由发文机关、事由、文种三项构成，或省略发文机关。

（2）主送机关一般只有一个，不要越级报告。

（3）正文包括报告缘由、报告事项和结尾三部分。

首先要用准确、概括、简要的语言说明报告的依据、原因，即为什么要写报告。然后用"现将有关情况报告如下"的承启语转入报告事项内容。缘由不宜太长，因为报告事项才是正文的核心，是上级机关需要了解及认可的具体内容。

报告事项可以分层次、部分去写，或分条列项去展开，点面结合、突出重点、逻辑条理清晰。主要运用陈述性的语言，据实直陈、直截了当、不用曲笔。

结尾有约定俗成的写法：如汇报工作的报告，用"如有不妥，请示"；反映情况的报告，用"特此报告"作结，如前已有"现将有关情况报告如下"的提示语，结尾也可不再重复，自然收尾。但切勿与请示混淆，出现"以上报告当否，请批示"这样的期请性语言。

（4）落款、署时与一般公文格式相同。

4. 写作特点

1）行文要及时

报告工作，反映情况，答复询问，其主要任务是供上级了解信息、指导工作，所以要讲时效，不能慢吞吞地进行。时过境迁的报告已没有太大意义。

2) 立意要新颖

报告要在分析研究大量材料的基础上,提炼新鲜的观点与主题。如果不去研究新情况、新问题,不注意从新的角度去反映现实、提炼新观点,向上级汇报工作时只会简单地罗列材料,提不出有实际价值的看法,这样低效无能的表面文章就没什么价值了。

二、范文点评

范文 1

<table>
<tr><td>

国家知识产权战略实施工作部际联席会议办公室
关于 2011 年国家知识产权战略实施工作总结的报告

国务院：

经国家知识产权战略实施工作部际联席会议联络员会议讨论并征求成员单位意见,形成 2011 年国家知识产权战略实施工作总结。现报告如下：

2011 年是"十二五"时期实施《国家知识产权战略纲要》的第一年。联席会议办公室按照国务院部署和联席会议要求,组织各成员单位共同制定了《2011 年国家知识产权战略实施推进计划》,提出了 7 个方面 176 项具体措施。一年来,各部门认真执行并完成了计划各项措施,开展了大量卓有成效的工作,推动知识产权战略实施工作取得新成效。

一、工作进展情况

据统计,联席会议 28 个成员部门全所共制定改革措施 38 项,同时还开展了大量的对外交流活动。主要举措和成效体现在以下五个方面：

（一）知识产权政策体系进一步完善

做好知识产权"十二五"规划。

积极制定各项战略配套政策。

知识产权保护环境进一步改善。

打击侵犯知识产权专项行动重拳出击。

加强保护知识产权长效化制度建设。

（二）知识产权创造运用能力进一步提高

加紧战略性新兴产业知识产权工作部署。

支持企业运用知识产权实现创新发展。

知识产权创造能力进一步提高。

（三）知识产权服务能力进一步提升

推动知识产权服务业加快发展。

发展知识产权信息服务。

知识产权服务平台建设。

规范中介行来发展。

（四）人才培养、文化宣传和对外交流工作取得新进展

加强知识产权人才培养。

推进知识产权文化宣传。

扩大知识产权对外交流。

此外,联席会议办公室协调服务工作进一步深化。

二、主要问题

2011 年,联席会议办公室组织成员部门对战略实施三年来的主要情况进行全面总结,并委托国务院发展研究中心对战略实施效果进行了初步评估。结果充分显示战略实施以来所取得的明显成效,但同时也反映出以下问题和困难。

一是知识产权战略实施工作中不平衡现象仍然比较突出。各知识产权领域工作存在不平衡……各环节不平衡……重视程度不平衡。

二是从现有战略实施工作进展看,全国实现《纲要》五年目标难度较大。一方面尽管我国专利和商标申请注册总量位居世界前列,但知识产权质量总体水平不高,境外

</td><td>

点评：

这是一篇典型的综合报告。

标题由发文机关＋事由＋文种组成。

承启语转入报告事项。

先总述基本情况。

分三个步骤论述：第一是主要成绩；第二是存在问题；第三是改进计划。

主要成绩分五方面叙述,每个段落要有主旨句。

问题比成绩要少一些,分两点来谈。

略分析一下产生问题的原因。

下一年的改进计划,也是分条列项来写,具体内容可较略。

</td></tr>
</table>

(续表)

有效发明专利数量较少,国际知名品牌更少。另一方面,我国知识产权保护环境有待改善。全面实现上述目标时间紧迫,任务艰巨。

产生上述问题的主要原因:一是我国知识产权事业发展起步较晚……二是知识产权涉及多个领域……三是战略协调推进的力度有待提高。

三、2012年工作思路

2012年,是实施"十二五"规划承上启下的重要一年,也是实现《纲要》五年目标的关键之年。……重点围绕以下八方面重点任务开展工作。

一是提升知识产权质量。

二是运用知识产权促进战略性新兴产业发展。

三是促进知识产权运用。

四是加强知识产权保护。

五是发展知识产权保护。

六是提升知识产权管理能力。

七是培育知识产权服务业。

八是发展知识产权文化。

在知识产权战略组织实施方面,联席会议办公室将继续从机制建设、加强指导和督促落实三方面加大统筹协调力度,确保2012年度计划任务落到实处。

××××年×月×日(章)

范文 2

××钢铁公司
关于从落实责任制入手加强企业管理工作的报告

××市委:

前几年,为了避免工作责任不清的现象,我们公司建立了工人责任制和干部工作责任制。但是,每项工作要干到什么程度,达到什么标准没有具体的衡量尺度,实施没有标准,考核没有依据。工人和干部意见很大。为了克服这种现象,我公司从以下几方面制定了相应的措施,取得了很好的效果。现将具体举措报告如下:

一、制定岗位考核标准

我们对公司劳动管理和岗位责任制的现状进行了调查,然后根据各厂赶超国内先进水平的目标和多快好省的要求,制定了工人的岗位考核标准和干部的工作考核细则,要求做到"全、细、严"。……

二、严格按照标准考核

我们坚持从严考核,用一整套的定额、计量、原始记录和统计,精确地计算每个岗位和生产效果,科学地分析每项技术操作,使各项经济活动和生产技术操作规范化、标准化。……

三、根据考核结果实施奖惩

在严格考核的基础上,我们把考核同奖惩紧密结合起来,根据考核结果,做到奖罚分明。……

实践证明,制定岗位考核标准,严格按照标准进行考核和根据考核结果实行奖惩三位一体,是落实岗位责任制,把企业各项管理基础工作进一步扎根基层的行之有效的办法。

××钢铁公司(章)
××××年×月×日

点评:

这是一篇典型的专题报告。标题由发文机关+事由+文种组成。

第一段陈述前情,写明"为什么要写这个报告"。

转入报告事项,报告事项分三方面来写。三方面之间是逻辑先后顺序。

先制定"全、细、严"的标准,再按照标准考核,最后根据考核结果实施奖惩。

总结,提出报告的意义。

标题有发文机关,落款可有可无。

范文 3

铁道部关于 193 次旅客快车发生重大颠覆事故的报告

国务院：

5月28日16时05分，由济南开往佳木斯的193次旅客快车行驶至沈山线锦州铁路局管辖内的兴隆店车站（距沈阳43千米）时，发生颠覆重大事故，造成3名旅客和4名列车乘务人员受伤，报废机车1台、客车4辆、导车1辆，损坏机车1台、客车5辆、货车1辆和部分线路、道岔等设备，沈山下行正线中断运输近20小时，直接经济损失达170余万元。

事故发生后，东北铁路办事处和锦州、沈阳铁路局负责同志立即随救援列车或救护车赶赴事故现场，组织抢救、抢修工作。当地驻军、地方党政领导同志和部分社员、学生也投入抢救工作。辽宁省、沈阳市的领导同志及沈阳军区、辽宁省军区有关负责同志先后赶到现场，组织抢救伤员，疏运旅客。我部李克非副部长率安监室和运输、机务、车辆、工务、电务、公安各局负责同志也于当日连夜赶赴现场，指挥抢修工作，调查分析事故原因，慰问伤员，并对省市政领导和部队表示感谢。在省市领导和驻军的大力支持下，伤员的抢救和治疗工作安排得比较周密，受伤的旅客和列车乘务人员，除少数送入就近的新民县医院抢救外，其余的均由沈阳市和军队、铁路医疗部门派车接到沈阳，及时得到抢救和治疗。

经调查分析，造成这次事故的直接原因，是锦州铁路局大虎山工段兴隆店养路工区工人在该处做无缝线路补修作业时，违反劳动纪律和操作规程将起道机立放在钢轨内侧，擅离岗位，到附近的道口看守房去吃冰棍。当193次快车通过时，撞上起道机，引起列车脱轨颠覆事故。

这次事故是发生在旅客列车上的一次严重事故，又是发生在全国开展的"安全月"活动中，使国家和人民生命财产蒙受了巨大的损失，在政治上造成了极坏的影响，性质是非常严重的，我们的心情十分沉痛。这次事故的发生和最近一个时期安全工作不稳定的状况，说明了我们铁路基础工作薄弱，管理不善，思想政治工作不落实，反映了我们作风不扎实，对安全工作抓得不力，在安全生产中管理不严，职工纪律松弛的问题长期没有得到解决。

为了使全路职工从这起严重事故中吸取教训，我们于5月31日召开了有各铁路局、全路各工务段负责同志参加的紧急电话会议，通报了这次事故，提出了搞好安全生产的紧急措施。要求铁路各部门、各单位必须把安全工作放在第一位，各级领导干部要树立安全第一的思想，并向全体职工进行安全教育，使每个职工都牢固地树立起对国家、对人民极端负责的观念，认真落实岗位责任制，严格遵守劳动纪律，一丝不苟地执行规章制度和操作规程。各单位要针对近年来新工人比重不断增加的情况，加强对新工人的教育和考核工作，各行车和涉及安全生产的主要工种不经考试合格不得单独作业；对各种行车设备要进行一次认真检查，发现问题立即解决；同时，各单位要切实解决职工生活中应该而且可以解决的问题，解除职工的"后顾之忧"；动员广大职工干部迅速行动起来，以这次事故为教训，采取措施，堵塞漏洞，保证行车安全。

我们在6月份开展的"人民铁路为人民"活动中要把搞好安全生产作为重点，并在今后当作长期的根本任务来抓。党、政、工、团各部门要从不同的角度抓好安全工作，迅速改变目前安全生产不好的被动局面。

锦州铁路局对这次事故的主要责任者，已按照法律程序提出起诉，追究刑事责任，对与事故有关的分局、工务段领导也作了严肃的、正确的处理。铁道部决定对锦州铁路局局长董庭恒同志和党委书记李克基同志给予行政记过处分。这次事故虽然发生在下边，但我们负有重要的领导责任，为接受教训，教育全路职工，恳请国务院给我们以处分。

××××年×月×日

点评：

这是一篇典型的情况报告。基本按照"情况—原因—教训"这三部分来写。

第一段先总述事故概况，造成的人员伤亡和经济损失状况。

第二段详述事故发生后的紧急处理措施，涉及相关的各个部门，哪些领导同志到了现场，反应是否迅速等，不可遗漏。

第三段陈述调查而得的事故发生的直接原因。

第四段进一步分析事故发生的深层原因，表面现象、偶发事件的背后是否有结构性的问题或必然原因，要深挖以得出教训。

接下来详细叙述了铁道部针对深层原因已经采取了哪些行动，近期还计划开展哪些活动，以保证安全行车，避免再次发生悲剧。

最后回到这次事故上来，简单而清楚地叙述如何处理了相关责任人，并恳请国务院给铁道部以处分。

范文 4

关于网民留言督办通知的答复报告

市委督查室：

贵办转来省委网督字〔2013〕39号《网民留言督办通知》已收悉，我公司十分重视，现将具体情况汇报如下：

雁滩606号路南起603号路，北至607-1号路，道路全长1 577.86米，路幅宽度96米(含50米绿化带)，设计车速50千米/小时，I级城市主干道，路面结构采用沥青混凝土路面。工程内容包括道路、雨水、污水、照明、绿化、交通设施等。该工程于2006年批准立项，初设批复概算总投资11 190.62万元。项目于2007年开工建设，已完成500米道路沥青路面铺设，剩余1 000多米路段受建设资金及征地拆迁影响，暂无法实施。

一、存在问题

1. 经测算，要完成剩余征地拆迁及工程建设还需资金约5亿元，目前资金尚未落实。

2. 城关区检察院代征代拆的冷藏厂问题：经与检察院协调，检察院对代征代拆问题认可，但检察院提出资金紧张，无钱完成道路范围内代征代拆任务。城关区政府就此事也召开协调会，至今无结果。

3. 城关区政府家属院代征代拆的一户至今仍未拆除。

二、建议

由于国家宏观调控政策的限制和影响，自2009年以来，地方政府融资平台面临的融资环境极不宽松，特别是2012年年末，随着国家《关于加强土地储备与融资管理的通知》(国土资发〔2012〕162号)和《关于制止地方政府违法违规融资行为的通知》(财预〔2012〕463号)继续出台，国家对城投公司传统融资手段和模式作出了更加明确和严格的限制，自身没有收益的公益性项目更加难以融资，我公司面临的"融资难、难融资"情况十分突出。

市委、市政府针对雁滩道路建设也召开了专题会，根据中共兰州市委专题办公会议纪要第2期信访接待(2013)1号文件议定事项和中共兰州市委办公厅厅督发〔2013〕12号、中共兰州市委办公厅厅督发〔2013〕36号等文件精神。由市规划局抽人成立专门的小组，对雁滩地区已建设、正在建设和尚未开发建设的项目、土地、道路情况进行调查摸底，列出清单，并抓紧研究提出雁滩地区道路路网建设意见，对正在和尚未开发建设的小区和项目要全部叫停，将道路建设纳入项目整体开发之中，道路建设资金由开发商承担。同时，对已占有土地超过2年未开发的土地，要按照国家政策予以收回。

2013年，按照市委市政府的决策部署，我公司将全力多方筹措资金，确保南山路、深安大桥等重大城建项目的建设。待这些重大城建项目建成后，我公司将集中精力、全力以赴解决雁滩路网相关工程，争取早日启动606号道路建设，为该区域居民出行创造便利条件。

特此报告。

城投公司
2013年7月10日

点评：

这是一篇典型的回复报告。

答复报告有两个特点：一是行文的被动性；二是答复的针对性。

所以一开始就要明确是针对上级领导询问的什么问题来做答复的。从第一段可以推知，前情是网民在网上反映了道路建设存在问题，市委以通知的形式批示城投公司调查并答复。

答复报告要力求让上级机关了解事情的因果关系、来龙去脉，但也要避免节外生枝、答非所问等问题。

在本篇答复报告中，转入报告事项后，先是一段总的概述，然后列出了现在存在哪些具体问题，再针对这些问题，列出应对举措，即"建议"。

但建议部分的第一段讲城投公司融资难的问题应该调整到"存在问题"部分。

最后一段既诚恳表示了决心，也委婉地暗示近期无法解决这个问题，得等另外两项重大城建项目完成后，才能有人力财力来启动网民反映的这片区域的道路建设。

范文 5

××工程学院
关于报送2013年学院工作计划的报告

××省教育厅：

现报上《××工程学院2013年学院工作计划》一份，请审阅。

附件：××工程学院2013年学院工作计划

××工程学院(章)
二〇一三年十二月二十日

点评：

这是一篇报送报告。

主送机关是省教育厅。

附件是报送文件，和正文隔一行，空两格。

思考与练习

1. 请阅读材料后按要求进行写作。

材料：2015年1月14日晚7时40分，××市××区一所小学校的5间大教室突燃大火并先后坍塌。大火烧了两个多小时，过火面积达300平方米左右。所幸未造成人员伤亡。这所小学校共有两排平房，其中一排的5间教室被大火吞噬，房梁坠落，先后坍塌。消防队员经过一个多小时的全力扑救，于晚上10时左右，彻底扑灭大火。

要求：

（1）根据以上材料，代××市××区教育局向××市教育局拟写一份报告，汇报某小学的火灾情况。

（2）格式上要求有标题、主送机关、正文、发文机关及印章、成文日期。

2. 上海市教委要求上海大学将今年的招生计划上报，请你为上海大学写一份报告。

3. 请阅读下面这篇专题工作报告，指出它在写作中存在哪些问题，并加以改写。

××县气象局关于"气象法规"检查情况的报告

××县人大：

我局目前执行的法律法规主要有《中华人民共和国气象法》和《××省气象条例》（以下简称"气象法条例"）。根据省、市、县人大安排，现将我县气象法规执行情况汇报如下：

1998年9月《××省气象条例》颁布实施以来，县人大、县政府对此十分重视，县政府专门下发了《××县人民政府关于加强人工增雨防雹工作的通知》，并成立了县人工增雨防雹指挥部，总指挥由当时分管农业的副县长担任。特别是2000年1月1日《中华人民共和国气象法》颁布实施后，我县气象事业依法进入了良性发展的轨道，地方气象事业有了新的进展。2002年10月份县编委落实地方气象事业机构两个（人工防雹增雨防雹工作室、农业综合信息分中心），编制8人；县财政将地方气象事业经费预算由过去的1万元增加到2万元。1998年以来，县政府在防御雷电灾害管理、升空气球管理、气象探测环境保护等方面，先后4次下发紧急通知。更可喜的是，1998年9月《××省气象条例》颁布实施以来，我县的气象探测环境恶化得到了有效遏制，特别是2000年1月1日《中华人民共和国气象法》颁布实施后，我县的气象探测环境未发生新的恶化。

县政府对气象事业的重视，县财政对气象工作的支持，为我县气象工作服务、服从于地方经济的发展起了重要作用。但在检查过程中，我们也发现了一些工作中存在的问题：

比如，按照"气象一法一条例"，建筑物图纸的防雷部分应由气象部门审查，但我县此项工作尚未开展。另外，对部分单位的防雷管理处于失控状态，雷电损失巨大。如电力部门，每年仅雷击变台就达数十台，直接经济损失在数万元，还可能危及人身安全，间接损失更大。建议在政府有关领导的协调下，城建、安检等部门配合气象部门开展防御雷电灾害管理工作。根据省政府所发《××省防御雷电灾害管理办法》（×政发〔1999〕38号）和市政府所发《关于开展防雷设施安全大检查的通知》（×政办发〔2003〕27号）文件精神，要求相关部门要相互配合，共同做好防雷安全工作。

又如，县政府对气象事业的支持毋庸置疑，但对照"气象一法一条例"的要求，我县地方气象事业未列入地方国民经济和社会发展计划；地方气象事业所需经费应在8万元以上，但目前实际到位不足3万元。因此，县政府应大力发展地方气象事业，不断增加对气象事业的投入。还有，我县人工防雹增雨、防汛抗旱、农业综合信息中心等地方气象事业编制8人，事业费8万元，也应列入财政预算。

此外，电视天气预报是气象服务的重要窗口，是我县基础设施建设和投资环境的重要方面，按照"气象法条例"要求，天气预报应由当地气象台站制作，广电部门定时播发，广告画面不得影响预报效果。但由于广告收入分配问题，我县气象、广播未能很好合作，因而，电视天气预报至今未开播。

以上报告，请审阅。

二〇〇三年十月十二日

第七节 请 示

一、文种概述

1. 定义及历史

请示，是下级机关向上级主管部门请求指示、批准的上行文。

它的前身是1931年《苏维埃地方政府的暂行组织条例》中的"报告书"，当时的"报告书"包括报告与请示两方面的用途，直到1993年修订的《公文处理暂行办法》才明确把它们分开，作为不同类别、不同用途的文种。

2. 类型及适用范围

请示根据目的不同可分为以下四种：

（1）请求批转执行：当业务主管部门或职能部门制定了解决问题的办法或措施，不能直接要求其他行政机关执行，必须通过请求上级党委或政府认定、同意后形成上级机关指挥性的批转文件，方能下达执行的意见。

（2）请求解答问题：下级机关在工作中遇到疑难，比如对上级制定的文件精神把握不准，有些界限不很明确等，需要用请示去请求上级给予解释或指示。

（3）请求审批事项：有些情况特殊、关系严重的事项本单位无权决定或处理，如机构设置、编制安排、人事任免、决策制定等，需要请求上级机关审核批准后再办。

（4）请求支持帮助：下级机关在工作中碰到了困难，如因缺少人力、物力、财力，难以办成某事，需要请求上级机关给予帮助支持；或者碰到需要解决的问题不完全在自己的权限范围内，需要请求上级机关加以协调处理。

3. 结构和写法

请示的结构包括标题、主送机关、正文、落款、署时。

（1）标题一般由发文机关、事由、文种三项构成，发文机关也常省略，如《关于本科宿舍安装空调的请示》。

(2) 主送机关,即负责答复、处理请示的机关。请示只能有一个主送机关,下级机关根据隶属关系,向上一级机关或主管部门行文,不能多头请示,以免造成工作中相互推诿的现象,也不能越级请示。属双重领导的单位——如县公安局在业务上归市公安局领导,行政上归县人民政府领导,那么所请示的问题由哪个上级机关负主要责任,就主送给哪个上级机关,另一个上级机关可采取抄送的办法。

(3) 正文,包括请示缘由、请示事项、请示要求三部分。

首先,要把写请示的背景或依据重点写得清楚、合理、充分,引起上级领导机关对问题重要性、迫切性的重视,以利于批复。

其次,把需要上级机关审批的事项写清楚,并指出具体明确、切实可行的看法或处理意见。

最后,用规范的请求语表达要求,如"以上意见是否妥当,请批示""特此请示,请批复""以上意见如可行,请批转有关单位执行"等。请示要求是请示中不能缺少的内容。

(4) 有的请示为了让上级领导机关或主管部门更全面了解请示内容,会附有背景材料,可将它作为附件,在正文之后、落款署时之前注明。

(5) 落款、署时。如标题写了发文机关,落款可省略。

4. 写作特点

(1) 既要注意切实为上级分忧解难,不要事事请示;同时也注意把握分寸,该走的程序一个也不能少。

(2) 请示必须事前行文,不能先斩后奏。

(3) 请示内容要具体单一,即一文一事,必须提出明确的请求事项。如果一文数事,上级机关可能有的能同意,有的不能同意,就不便批复了。

(4) 请示与报告在使用中不能混淆。它们的主要区别有以下三点:

第一,请示是用于向上级机关请求指导、批准的,上级接文后一定要给予批复;报告则用于向上级机关汇报工作、反映情况、提出建议,供上级了解情况,为上级提供信息和经验,上级机关接文后,不一定给予批复。所以在报告中不能写入请示事项,出现请求上级批复的语言。

第二,请示的写作包含起因、事项和结语,三部分缺一不可。报告则内容较广泛,可一文一事,也可反映多方面情况,结构安排不拘一格,因文而异。

第三,请示对时间性的要求比报告强。报告涉及事项大多已过去或正在进行中,可以事后行文,也可以事中行文。

二、范文点评

范文 1

关于请省政府办公厅转发省民政厅等六部门
《关于进一步做好城市流浪乞讨人员中危重病人、
精神病人救治工作的实施意见》的请示
省政府办公厅:
  根据贵厅 1 月 17 日关于请省民政厅、公安厅、财政厅、劳动保障厅、建设厅、卫生厅贯彻落实民政部等六部委《关于进一步做好城市流浪乞讨人员中危
	点评:
	  这是一篇请求批转的请示。
	  国务院民政部、公安部、财政部、劳动保障部、建设部、卫生部

(续表)

重病人、精神病人救治工作的指导意见》（〔2006〕政字000027号）的批示,我厅认真学习文件精神,并结合工作实际,提出贯彻意见,同时就工作中的难点问题,如:无力解决医疗费用的非救助对象,在救治中产生的医疗费用如何处理的问题;谁牵头负责清理、核实、追讨非救助对象的医疗费用的问题等,两次请公安、财政、劳动保障、建设、卫生厅有关负责人来我厅进行协商,对文稿进行了三次征求意见和修改,目前已达成一致意见。 　　为加大贯彻该意见的力度,建议由省政府办公厅转发省六部门贯彻意见。 　　当否,请指示。 　　附件:关于进一步做好城市流浪乞讨人员中危重病人、精神病人救治工作的实施意见 　　　　　　　　　　　　××省民政厅 　　　　　　　　　　××××年×月××日	六部委共同下发了一个《关于进一步做好城市流浪乞讨人员中危重病人、精神病人救治工作的指导意见》,直接下发到省政府办公厅,省政府办公厅又批转给省民政厅,组织相关部门商议,最后形成了落地的具体实施意见,再请求省政府办公厅转发给相关下级机关。

范文2

关于实施科教兴国战略 **加快建设中关村科技园区的请示** 京政文〔1999〕35号 国务院: 　　为贯彻科教兴国战略,根据中央领导的指示,我们从1998年8月开始研究中关村地区的进一步建设问题,期间与中科院、清华大学、北京大学等单位多次研究讨论,并同国务院有关部、委协商,已对加快中关村建设的若干重大问题形成共识。5月21日,国务院开会研究加快中关村建设问题,李岚清、温家宝副总理对认真贯彻江泽民总书记在北京市考察工作时重要讲话精神,创建有我们自己特色的科技园区问题作了重要指示。根据会议精神,我们对原方案做了进一步调整,起草了中关村科技园区发展规划。现将有关情况和请示的问题报告如下: 　　一、中关村区域优势及发展的战略意义 　　(一)中关村区域优势 　　中关村是全国智力资源和科技人员最密集的地区,其智力密集度在世界亦属罕见。中关村地区有以北京大学、清华大学为代表的各级、各类高等院校68所,在校学生30万人,有以中科院研究院所为代表的各级、各类科研机构213家,两院院士人数占全国院士总数的36%,每年产生辐射全国的高水平科研成果数千项。1988年,我国第一个国家级高新技术产业开发试验区在中关村建立。10多年来,中关村地区高新技术企业不断发展壮大,目前已达4 000多家。高新技术产业已成为首都经济新的增长点,去年中关村地区销售收入总额达451亿元,其中软件产业销售额占全国的43%,全员劳动生产率达到20万元。 　　在这一地区,科技、教育、文化与高新技术产业相互渗透,某些领域中的基础研究、应用研究、高新技术研究与开发相互衔接,国际范围的学术交流、商务往来以及经济合作日趋广泛,具备了发展知识经济的明显优势和巨大潜力。 　　目前,中关村地区高新技术产业发展仍存在一些亟待解决的问题。主要表现在:面向市场经济的改革滞后,科技与产业结合不够紧密,有效发挥科技人员作用的激励机制尚未建立,导致对优秀人才缺乏吸引力,科技创新动力不足;支撑高新技术产业发展的风险投资体系尚未成熟,各种市场力量发育滞缓,制约了科技成果的转化和创新型企业的成长;中关村地区交通拥挤、信息	点评: 　　这是一篇颇长的请求审批事项的请示。从发文字号可知是北京市政府1999年第35号文件。 　　有几点需要注意: 　　第一,这篇内容丰富的请示提醒我们请示不是走流程,请示的行文质量其实要求很高。如果事项的重要性、迫切性阐述得不够清楚和充分,直接影响到请示的结果。这篇请示虽然时间较早,但事关科教,内容翔实,所以仍然值得被仔细解读研究。 　　第二,从承启语可以看出,在实际应用中,这篇请示其实兼有报告的性质,但由于有请求事项的需要,所以还是应该选择请示这个文种,报告的内容则作为请示的依据、背景来处理,如"中关村的区域优势和发展的战略意义"。 　　第三,整篇行文的

(续表)

网络建设相对滞后，人居环境不尽如人意。要发挥中关村地区巨大的人力资源优势和科技潜能，就必须下大决心进行深层次的科技、教育、经济体制的综合配套改革，制定有利于科技创新的政策，同时要对中关村地区的软硬环境进行彻底改造。 　　长期以来，党中央、国务院十分重视中关村地区的建设和发展，投入了大量教育科研经费。江泽民总书记多次到这里视察，并做过许多重要指示。今年2月10日，江总书记在北京考察工作时又特别强调："北京市具有人才、科技、知识优势，高科技产业的发展有一定的基础，要加快发展。中关村地区就有这样的条件。要注意借鉴国外创建科学城的有益经验，成功地创建有我们自己特色的科技园区，为全国高新技术产业的发展发挥示范作用。"朱镕基总理对北京市发展高新技术产业一直非常关注，并给予了大力支持。国务院其他领导同志也多次听取北京市政府和科技部关于加快中关村地区建设的汇报，作出了具体指示。中央领导同志的指示与关心，为加快建设中关村科技园区指明了方向。 　　（二）建设中关村科技园区的战略意义 　　当今世界科学技术日新月异，知识经济初见端倪，综合国力竞争日趋激烈。综合国力竞争的实质，是科技与人才的竞争，是抢占21世纪知识经济制高点的竞争。当前，国际政治、经济以及军事发展态势进一步反映了加快高科技发展的现实性、紧迫性。作为国家跨世纪发展的重大战略措施，继20世纪80年代设立深圳等经济特区、90年代开发开放浦东之后，21世纪中国知识经济的发展必将从建设中关村科技园区开始。 　　加快建设中关村科技园区是超越科技、教育和高新技术产业自身发展的重大决策，中关村不单是北京的中关村，也是全国的中关村。按照社会主义市场经济规律，制定科学、全面、长远的中关村科技园区发展规划，形成有利于科技创新的机制，有利于科技、教育发展的内外环境，不仅是实施科教兴国战略、迎接知识经济的挑战，推动产业结构升级、增强国际竞争力的一项重大决策，而且对实现我国在下世纪中叶达到中等发达国家水平的宏伟目标，提高中华民族的创新能力和在世界科技领域中的地位，具有重要的现实意义。 　　二、中关村科技园区建设的目标 　　（略） 　　妥否，请批示。 　　　　　　　　　　　　　　　　　　北京市人民政府 　　　　　　　　　　　　　　　　中华人民共和国科学技术部 　　　　　　　　　　　　　　　　　一九九九年五月二十六日	逻辑顺序是"现有的优势与存在的问题—建设目标—已经完成了哪些工作—近期正在实施哪些规划—还需要政府给些什么优惠政策"，描画出中关村建设的一个全景图，成绩斐然，一步步推导出最后的请求事项。 　　第四、第五大点乍看起来有九条请示事项，似乎违背了一文一事以便上级机关批复的请示写作要求。但这九条其实都属于跟政府要政策，有可能国务院会统一批复。并且就这么一篇大规模的请示而言，一一针对批复也并不为过。

范文3

××第三人民医院关于扩建住院大楼工程立项的请示 粤××〔××××〕××号 ××市发展和改革局： 　　我院是一所精神病专科医院，担负着××地区精神病患者的精神疾病门诊及住院治疗、精神病社区防治、科研教学、司法鉴定、心理咨询、心理治疗以及艾滋病美沙酮维持治疗门诊等业务。 　　根据精神病流行病学调查数据，我市有各类精神病人4万多人，并呈逐年上升趋势。其中有一半左右的重症患者需要住院治疗，而受服务能力、家庭经济、医疗保障制度等因素制约，绝大部分精神病人无法接受住院治疗。对照《广东省精神卫生工作体系实施意见（2009—2015）》"到2010年重性精神疾病	点评： 　　这是一篇请求审批立项的请示。 　　第一段简单介绍发文单位，然后阐述请示的依据和背景。这部分写得可圈可点。首先是善用数据，特别是强调一半左右的重症患者无法得到治疗

(续表)

患者获得有效管理治疗的比例达到60%，2015年达到80%"的目标要求，我市精神病患者获得有效管理治疗的比例还很低，当务之急是加快基础设施建设，提高医院综合服务能力。 　　由于我院现有病房建设时间早、规模小、设计不合理、结构不安全，在连续遭遇两次超百年特大洪灾后，病房出现地基下陷、梁柱变形、墙面剥落、钢筋锈蚀等重大险情。为进一步满足人民群众对精神卫生服务需求，改善住院环境，提高医疗质量，确保医疗安全，病房改造工程刻不容缓。 　　住院大楼工程建设计划： 　　项目名称：××第三人民医院住院部大楼工程 　　建设规模：设置床位××张，建筑面积约××××平方米 　　概算投资：××××万元 　　资金来源包括：(1)中央扩大内需精神卫生防治体系建设专项投资资金，(2)省、市政府配套建设专项资金。 　　经过医院领导与专家的反复论证，对病房改造项目的技术、资金、管理、效益等可行性进行了考核评估后认为，该项目是急需的，也是可行的(详见：××第三人民医院住院大楼项目可行性研究报告)。 　　精神病人是社会弱势群体中最弱势的人群，保障精神病人的健康和权利，为精神病患者提供良好的医疗服务，是落实科学发展观的具体行动，也是政府的职责所在。 　　现申请医院住院部大楼工程立项，请批复。 　　　　　　　　　　　　　　　　　　　　　　　　××××年×月××日	使问题显得特别急迫，不容置疑。其次是善于描写，病房经历两次洪灾后的破败现况也不容忽视。"当务之急""刻不容缓"等用词也显出发文机关的急迫感。 　　接着清楚明确地写出项目计划的各方面情况，各种数据要具体，表明资金问题已经解决。 　　最后再次列出附件强调该项目的必要性和可行性("××第三人民医院住院大楼项目可行性研究报告"也可以附件的形式列在正文之后)，提出请示要求。

范文4

关于要求追加我省自然灾害救济款的请示 　　　　　　粤府〔××××〕×号 国务院： 　　今年我省自然灾害频繁，损失严重。上半年我省十多个市遭受寒潮、霜冻、龙卷风、冰雹和洪涝灾害；下半年第二、第九、第十五、第十六、第十八、第二十三号强台风先后在我省五个县(市)登陆，台风伴随暴雨，造成洪涝灾害，损失严重。据统计，全省受灾人口××××人，死亡×××人，伤×××人；倒塌房屋×××间，损坏房屋×××间，受灾粮食作物×××公顷，其中成灾××公顷，绝收×××公顷，交通、通讯设施和工商业等损失也很严重。因灾直接经济损失×××元。夏粮减产×××吨，初步估算秋粮减产××××吨。 　　国务院对我省灾情非常重视，今年已经拨给我省救灾补助款××××万元；11月5日我省赴京汇报后，国务院初步确定再增拨给×××万元救灾款。我省各级政府正按照国务院领导的指示精神，安排好国家补助的经费，继续部署救灾救济工作，广泛发动群众生产自救。但是，由于受灾面积广、人口多，需要救灾救济款数额大，无法全都解决灾区群众的困难。鉴此，除继续发动灾民生产自救和依靠各级地方、政府财政支持外，恳请国务院再拨给我省冬令救济款××××万元。 　　以上请示，请批复。 　　　　　　　　　　　　　　　　　　　　　　　　　　广东省人民政府 　　　　　　　　　　　　　　　　　　　　　　　　　　××××年×月×日	点评： 　　这是一篇请求帮助的请示。 　　第一段陈明请示依据和背景。灾害频繁、损失惨重的景象通过并列短语的罗列，显得既清楚简洁，也给人层层叠加、确实招架不住的感受。统计数据也是表明受灾程度的严峻，为接下来提出要求追加救济款做好铺垫。 　　大概描述了一下之前已经得到多少补助，并且如何部署使用了。再陈述困难，明确请示还需要拨款的数额。

范文 5

关于邀请省政府领导 参加省国土资源信息化工作会议的请示	点评：
省政府办公厅： 　　为贯彻落实全国国土资源信息化工作会议精神，加快全省国土资源信息化建设步伐，促进国土资源管理事业的发展，我厅将在南京召开全省国土资源信息化工作会议。会议拟于6月27日报到，6月28日开会，会期一天。请省政府领导到会指导并讲话，会议还将邀请国土资源部信息化领导小组办公室的主要领导到会指导。 　　以上请示，请批复。 　　　　　　　　　　　　　　　江苏省国土资源厅 　　　　　　　　　　　　　　　2012年6月9日	从广义上来说，这也是一篇请求帮助的请示，需要省领导出席指导。值得注意的是，标题中出现了邀请字样，但却不可用邀请函的文种。因函是适用于不相隶属机关的平行文，而邀请上级机关领导出席则需要用请示这种上行文。

思考与练习

1. 下面这则公文在格式及内容上均有错误，请分析指出存在的问题。

××中学关于要求解决教具问题的请示报告
××字(2000)12号

市教育局、市人民政府：
　　我们学校是全镇人民集资兴办的一所中学，由于地处山区，交通不便，又是新建学校，师资力量薄弱，不能很好地满足教学上的需要，故请求市教委领导给予支持并解决问题，以保证这所学校教学工作的顺利开展。
　　以上问题是否可行，请予答复。

　　　　　　　　　　　　　　　××县××中学（印章）
　　　　　　　　　　　　　　　2005.12.16

2. 请分析下面这则请示的内容存在哪些问题？并加以改写。

××县人民政府关于防治农田鼠虫害所需经费的请示

××市人民政府：
　　由于今春干旱少雨，我县农田鼠虫害严重。为了确保农业生产，我们加大力气进行防治。但苦于经费不足，具体防治工作中困难重重，现请求上级机关下拨专项防治经费，以解燃眉之急。
　　专此请示，请予批示。

　　　　　　　　　　　　　　　二〇〇四年四月十二日

3. 某区某街道的下水道因设施不配套，造成大量积水影响环境与交通，而铺设下水道的市政所不属该街道办事处管，街道办事处只能请求上级机关区政府帮助解决。请替街道办事处写一份请示。

第八节 批 复

一、文种概述

(一) 批复的适用范围

《党政机关公文处理工作条例》第二章第八条规定:"批复适用于答复下级机关请示事项。"它是用于答复下级机关请示事项的公文,是机关及企事业单位应用写作活动中的一种常用公务文书。

同时《党政机关公文处理工作条例》也规定:请示"适用于向上级机关请求指示、批准"。由此看来,请示与批复的关系非常密切,但请示与批复并不是一一对应的关系。在公文写作与处理实践中,答复下级机关请示事项时,不仅文种多样,答复请示的主体和渠道也不唯一。

(二) 批复的特点

1. 行文具有被动性

批复的写作以下级的请示为前提,它是专门用于答复下级机关请示事项的公文,先有上报的请示,后有下发的批复。

"批复"是与"请示"相呼应的一个文种,是典型的下行文,也是最常见的一种答复请示事项的形式。批复的主送机关就是请示的发文机关,批复的发文机关与主送机关之间存在上下级的隶属关系,批复的事项就是请示的事项。批复一般是专门就某一事、某一问题的答复,内容都比较单一,并且是先有来自下级机关的请示,才有上级机关的批复,正所谓"有请示才有批复""谁请示批复给谁"。一来一往,被动行文,这一点与其他公文有所不同。

例如:

国务院关于同意建立促进展览业
改革发展部际联席会议制度的批复

国函〔2015〕148号

商务部:

你部《关于建立促进展览业改革发展部际联席会议制度的请示》(商服贸发〔2015〕329号)收悉。现批复如下:

同意建立由商务部牵头的促进展览业改革发展部际联席会议制度。联席会议不刻制印章,不正式行文,请按照国务院有关文件精神认真组织开展工作。

国务院
2015年9月23日

以上例文是国务院针对商务部的请示所进行的答复,收发文机关之间是上下级关系,批复文中主要有批复的根据和批复内容两部分,有时还有批复要求。批复的根据,即引叙来文

的请示事项,一般是先引来文标题,后引发文字号。

2. 内容具有针对性

批复要针对请示事项表明是否同意或是否可行的态度,批复事项必须针对请示内容来答复,而不能另找与请示内容不相关的话题。因此批复的内容必须明确、简洁,以利下级机关贯彻执行。

3. 效用的权威性

批复表示的是上级机关的结论性意见,下级机关对上级机关的答复必须认真贯彻执行,不得违背,批复的效用在这方面类似命令、决定,带有很强的权威性。

4. 态度的明确性

批复的内容要具体明确,不能有模棱两可的语言,否则会使请示单位不知道如何处理。

一般来说,批复的核心内容是就请示的内容、问题表示上级机关态度,是同意还是反对,有不同意见等,都要在批复中直接申明。批复具有政策的刚性,决不容许模棱两可。

(三)批复的分类

根据批复的内容和性质不同,可以分为审批事项批复、审批法规批复和阐述政策的批复等三种。此外,也可以分为肯定性批复、否定性批复和解答性批复三种。

(四)批复的结构

批复的结构包括标题、主送单位、正文、发文机关等部分。

1. 标题

标题包括批复机关、批复事项和批复文种三个部分,如《燕山市文化局关于〈文运国际文化交流公司举办"怀素杯"书法大赛的请示〉的批复》。也可只写批复事项及批复文种两部分,如《关于成立三峡大学学术委员会的批复》。

2. 主送单位

主送单位即来文请示的单位。其位置在标题之下、正文之上。批复是有针对性的,所以不可缺少主送单位。

3. 正文

正文分为开头、内容和结语三部分。

开头一般注明批复的依据,用以说明是针对哪个请示所作的批复,要求写得严谨、明确。例如,"《文运国际文化交流公司关于举办'怀素杯'书法大赛的请示》(文运字〔1994〕14号)收悉"。然后,一般写如"经局长办公会议研究,现批复如下""经研究,批复如下"等。注意不可简单写成"××××年×月×日来文收悉",因为有许多来文,究竟是哪份,很不清楚。

请示的内容决定批复的写法。下级机关只就某个具体事项请示,批复的内容亦简单明了,可直接表态,同意的就写肯定意见,不同意的要提出有根据的、有针对性的缘由。有的批复具有一定的普遍性,则需上级机关较为详细地写明批复态度,充分阐明理由。还有些批复可在同意的前提下,原则性地提出希望,如"希望在弘扬民族文化、促进民族文化与国际文化交流方面,在发扬我公司的企业文化传统方面,作出贡献"。

结语使用的语言要简短,语气要坚决,态度要鲜明。批复意见是针对请示中提出的问题所作的答复和指示,意思要明确,语气要适当,什么同意,什么不同意,为什么某些条款不同意,注意事项等都要写清楚。批复要求(其实可以单独算做结尾),是从上级机关的角度提出的一些补充性意见,或是表明希望、提出号召。如果同意,可写要求;不同意,亦可提供其他解决办法。

所以,对请示的批复一般分三种意见:完全同意,不完全同意,完全不同意。

意见不同写法也不同。完全同意的批复可以不写同意的理由,只明确表态。如:"你局水字〔2017〕8号请示收悉,经研究,同意银水湖旅游度假村提前开工(日期为2017年5月1日)。"下级单位的请示,受政策和具体情况限制有时不能得到完全同意的批复。在写此类不完全同意批复时先说明同意部分,再讲清不同意部分及其原因。如:"你院财〔2017〕3号请示收悉,经研究同意购置苹果四核电脑100台,但囿于经费所限,暂不同意购制轻型印刷设备。"完全不同意的批复,一定要讲明不同意的理由和根据,因为对下级的请示有完全不同的理解。

4. 发文机关

这部分写在批复正文右下方,署成文日期并加盖公章,成文日期用阿拉伯数字。

二、范文点评

国务院关于汕头市城市总体规划的批复	点评:
国函〔2017〕39号	(1)《国务院关于汕头市城市总体规划的批复》的标题的写法是最常见的,即完全式的标题,由发文机关、事由和文种构成。在事由中,一般将下级机关及请示的事由和问题写进去。 (2)这一批复注意到了行文的针对性。下级机关请示什么事项,上级机关就批复什么事项。 (3)批复的观点明确。作为审批性的批复,国务院发文的态度明朗,表明了涉及城市发展、建设和管理以及城市历史风貌保护等方面需要注意的事项,没有只是原则规定,更没有
广东省人民政府: 　　你省关于报请审批汕头市城市总体规划的请示收悉。现批复如下: 　　一、原则同意《汕头市城市总体规划(2002—2020年)(2017年修订)》(以下简称《总体规划》)。 　　汕头是我国经济特区,海上丝绸之路重要门户、粤东中心城市。《总体规划》实施要深入贯彻党的十八大和十八届三中、四中、五中、六中全会及中央城镇化工作会议、中央城市工作会议精神,认真落实创新、协调、绿色、开放、共享的发展理念,认识、尊重和顺应城市发展规律,坚持经济、社会、人口、环境和资源相协调的可持续发展战略,提高新型城镇化质量和水平,统筹做好汕头市城乡规划、建设和管理的各项工作,逐步把汕头市建设成为经济繁荣、和谐宜居、生态良好、富有活力、特色鲜明的现代化城市。 　　二、重视城乡区域统筹发展。在《总体规划》确定的2 245平方千米城市规划区范围内,实行城乡统一规划管理。加强城中村和城乡结合部地区的规划建设管理,城镇基础设施、公共服务设施的建设应当统筹考虑为周边农村提供服务。根据市域内不同地区的条件,重点发展县城和基础条件好、发展潜力大的重点镇,优化村镇布局,加强对村镇建设的指导,促进城乡一体化和基础设施共建共享。加强与潮州、揭阳分工合作,推进汕潮揭一体化发展。 　　三、合理控制城市规模。到2020年,中心城区常住人口控制在222万人以内,城市建设用地控制在205平方千米以内。要贯彻落实城乡规划法关于先规划后建设的原则,禁止在《总体规划》确定的建设用地范围之外设立各类开发区和城市新区。要根据汕头市资源、环境的实际条件以及《总体规划》确定的城市空间布局,划定城市开发边界,加强边界管控,促进城市紧凑布局。增强城市内部布局的合理性,提升城市的通透性和微循环能力。坚持节约和集约利用土地,严格控制新增建设用地,加大存量用地挖潜力度,合理开发利用城市地下空间资源,提高土地利用效率,切实保护好耕地特别是基本农田。	

	(续表)
四、完善城市基础设施体系。要按照绿色循环低碳的理念规划建设城市基础设施。进一步完善公路、铁路、机场、港口等交通基础设施，改善城市与周边地区交通运输条件，加强城市内外交通衔接。发展轨道交通，建立以公共交通为主体，各种交通方式相结合的多层次、多类型的城市综合交通体系，方便不同交通方式的换乘。做好停车场规划布局，推动城市停车场建设。坚持先地下、后地上的原则，统筹规划建设城市供水水源和给排水、垃圾处理等基础设施，积极有序地开展地下综合管廊建设。划定基础设施黄线保护范围，加强对各类设施用地的规划控制和预留。高度重视城市防灾减灾工作，加强灾害监测预警系统和重点防灾设施的建设，建立健全包括消防、人防、防洪、防震和防地质灾害等在内的城市综合防灾体系。 下略。 　　　　　　　　　　　　　　　　　　　　国务院 　　　　　　　　　　　　　　　　　2017年3月20日 （此件公开发布） （范文来源：http://www.gov.cn/zhengce/content/2017-03-27/content_5181105.htm。）	模棱两可，以免使下级机关无所遵循。 　（4）批复的行文言简意赅。做到言止意尽、庄重周严，以充分体现批复的权威性。

思考与练习

一、判断题。

1. 请示具有强制回复的特点，且具有主动性，而批复不具有主动性。（　）
2. 请示和报告都不要求强制回复。（　）
3. 请示要求在事前行文，报告则不一定。（　）
4. 请示和批复主体部分的结构都是由"标题＋主送机关＋正文＋落款"组成的。（　）
5. 任何时候都不得以机关名义向上级机关负责人送达请示。（　）
6. 下级机关向上级机关送达请示一般不准越级请示，如因特殊情况越级请示时须抄送被越过的直接上级领导机关。（　）
7. 请示是上行文，正式行文时按规定须标识签发人。（　）
8. 批复开头部分的引据是指"你×《关于××的请示》（×××〔××××〕第×号）收悉"。（　）
9. 上级领导机关答复下级机关请示事项主要是以指导性、原则性意见为主。（　）
10. 请示的正文通常由请示缘由、请示事项、请示结语构成。（　）
11. 请示、批复标题一般由发文机关代字、事由、文种三要素组成。（　）
12. 国务院根据山西省人民政府的请示事项作出针对性答复，应使用批复。（　）
13. 请示要求一文一事，一事一请。（　）
14. 请示、报告一般都要写主送机关。（　）

二、举例说明批复有哪些特点。

三、阅读下列公文，回答问题。

临汾市人民政府文件
临政发〔20××〕8号

签发人：

关于成立临汾市职业技术学院的请示

山西省人民政府：

鉴于我市至今尚无一所高职院校，经市政府办公会议研究，拟将市卫校、市农技校等三所学校合建为临汾职业技术学院。在校生规模暂定为8 000人。学制三年，招收高中毕业生。

妥否，请批准。

临汾市人民政府（盖章）
20××年×月×日

---

1. 指出公文中的八处错误并改正。
2. 根据修改后的公文写一篇回复性公文（注意文种、发文字号、成文日期）。

四、评改下面批复的主体内容。

关于××镇粮站建房需要增加资金问题的批复

××镇粮站：

你站《关于建房需要增加资金问题的请示》收悉。××镇粮站的营业室、办公室、职工住房改建大修，经我两局××××年联合下文批复，计面积1 400平方米，资金10万元（其中大修费5万元、改建资金5万元）。由于物价变化，钢材、木材等多系议价，加上建筑税、配套费用等，致使超出原批计划，目前房子还未修好，尚差资金3.76万元。鉴于这一实际情况，同意增加计划3.76万元（包括粮站内部安装），其资金由粮食局拨自有资金1.5万元，本站动用发展生产基金2.25万元。营业办公室的水电安装费用，可以列入企业管理费报销。特此批复。

××县粮食局（盖章）
200×年×月×日

第九节　函

一、文种概述

（一）定义及历史

函是适用于不相隶属机关之间商洽工作、询问和答复问题、请求批准和答复审批事项的公文。在行政组织系统中没有上下级关系的机关称为不相隶属机关，如财政部和中国人民银行、广东省人民政府和长沙市人民政府等。它们之间若需商洽工作、询问和答复问题、请求批准和答复审批事项时，便会使用函。所以大多数函是平行文。

"函"自汉代以来就与文书相联系，但都是指私人书信，辛亥革命后开始作为公文名称使用。中华人民共和国成立后经历了一段"函"与"便函"在公文中同时存在的时期，1981年才删去"便函"，只把"函"列入公文。但在日常事务性工作的处理中便函依然在使用，只是不属于正式公文，没有公文的格式要求，可以不用发文字号，有时甚至没有标题。但只要内容有关公务,即使是以双方领导机关的领导人名义签署的,也应该作为公务文书处理,加以具体办理,并记载备考。

(二) 类型及适用范围

从行文目的及内容来看,可以将函分为以下四种。

1. 商洽函

商洽函是指不相隶属机关之间商洽工作、联系有关事宜的函,如人员商调、联系参观学习等。商洽函可以要求对方给予工作上的协助,可以向对方提出共同办理某事的愿望,可以向对方提出处理某一问题的意见,写作范围较广。

2. 问答函

问答函是指不相隶属机关之间相互询问和答复有关具体问题的函,可再划分为"询问函"和"答复函"。它还包括机关单位对个人的事务联系,如答复群众来信。问答函涉及的多数是问题而不是具体的工作。

3. 批请函

批请函是指用于不相隶属机关之间请求批准和答复审批事项的函,又可划分为"请批函"和"审批函",即向无隶属关系的业务主管部门请求批准有关事项和业务主管部门答复审批无隶属关系的机关请求批准的事项。

4. 告知函

告知函是指告知不相隶属机关有关事项的函。

(三) 结构和写法

正式的公函由标题、发文字号、主送机关、正文和落款五部分组成。

1. 标题

公函的标题一般有两种形式:一种是发文机关、事由和文种三要素齐全。如《山东省人民政府关于济南新机场名称的函》,另一种是由事由和文种构成,如《关于商请派车接送学生的函》。

2. 发文字号

发文字号与其他公文类似,只是要在机关、单位代字中加上"函"字。如"川政函〔2012〕08号",表示是四川省人民政府2012年第8号函件。

3. 主送机关

主送机关即受文并办理来函事项的机关单位,于文首顶格写明全称或者规范化简称,其后用冒号。

4. 正文

(1) 正文开头主要说明发函的缘由,一般要求概括交代发函的目的、根据、原因等内容,然后用"现将有关问题说明如下"或"现将有关事项函复如下"等过渡语转入下文。复函的缘由部分,则首先引叙来文的标题、发文字号,然后再交代根据,说明发文的缘由。

(2) 主体部分则主要说明致函事项。函的事项部分内容单一,一函一事,行文要直陈其事。无论是商洽工作、询问和答复问题,还是向有关主管部门请求批准事项等,都要用简洁得体的语言把问题、意见叙写清楚。如果属于复函,还要注意答复事项的针对性和明确性。

(3) 结尾一般用礼貌性语言向对方提出希望,或请对方协助解决某一问题,或请对方及时复函,或请对方提出意见,或请主管部门批准等。

（5）落款

结语通常应根据函询、函告、函商或函复的事项，选择运用不同的结束语，如"特此函询（商）""特此函告""请研究后函告我们""请查照办理见复为荷""特此函复"等。有的函也可以不用结束语，如便函，可以像普通信件一样，使用"此致敬礼"。

（四）写作特点

1. 内容简洁，开门见山

为了提高办事效率，函的内容应简洁明了，只有简洁才能确保问题、事项处理得迅速及时；只有明了才能在较短的时间内准确传递信息。一般公函大多三五百字，有的甚至只有一句话。但也有篇幅较长的函，长函要善用主旨句，以使内容表述清晰、有条理。

2. 语气平和有礼

平行或不相隶属机关之间的通函，应本着真诚合作的态度，以平等协商的口吻行文。有些事即使不能同意，也不要生硬拒绝，而是用"未便同意，敬请谅解"等词语委婉礼貌地表示出来。

二、范文点评

范文1、范文2

××市人事局关于商借课室的函

××市××中学：

我局为贯彻国家公务员制度，拟对全局公务员进行××××××培训。因培训人员较多，场地不足，所以想向贵校借用5间课室，时间为今年6月的双休日，每天上午9时至下午6时。每次上完课后，我局会派人打扫卫生；此期间所消耗的水电费等相关费用，我局将如数支付。这次培训，关系到提高在职干部的素质，希望能得到学校支持。是否同意，请研究后及时答复我们。

××市人事局（公章）
××××年×月×日

××市××中学关于同意借用教室的复函

××市人事局：

贵局来函已收悉。借用教室之事与提高在职干部素质有关，作为本市的一所中学，理应全力支持。经研究同意贵局的要求，具体事宜请派工作人员来我院商洽。

特此函复。

××市××中学
××××年×月×日

点评：

（1）这两篇例文是一组商洽函，市人事局发函借教室，某中学给予函复。

（2）这两封是便函，所以结语比较口语化，还可以像普通信件一样用致敬语，而不是正式的"特此函询"。

范文3

国务院办公厅关于同意建立公平竞争审查工作部际联席会议制度的函

国办函〔2016〕109号

发展改革委：

你委关于建立公平竞争审查工作部际联席会议制度的请示收悉。经国务院同意，现函复如下：

点评：

（1）这两份都是审批函，按规范要先引用请批函的名

(续表)

  国务院同意建立由发展改革委牵头的公平竞争审查工作部际联席会议制度。联席会议不刻制印章，不正式行文，请按照国务院有关文件精神认真组织开展工作。

附件：公平竞争审查工作部际联席会议制度

国务院办公厅
2016 年 12 月 22 日

（此件公开发布）

附件

公平竞争审查工作部际联席会议制度

  为贯彻落实《国务院关于在市场体系建设中建立公平竞争审查制度的意见》（国发〔2016〕34 号），切实加强对公平竞争审查工作的协调指导，推进公平竞争审查制度有效落实，经国务院同意，建立公平竞争审查工作部际联席会议（以下简称联席会议）制度。

  一、主要职责

  （一）在国务院领导下，统筹协调推进公平竞争审查相关工作。对公平竞争审查制度实施进行宏观指导，协调解决制度实施过程中的重大问题；

  （二）加强各地区、各部门在公平竞争审查制度实施方面的信息沟通和相互协作，及时总结各地区、各部门实施成效，推广先进做法和经验；

  （三）研究拟定公平竞争审查制度实施细则，进一步细化审查标准，明确审查程序，推动工作不断完善；

  （四）完成国务院交办的其他事项。

  二、成员单位

  联席会议由发展改革委、教育部、科技部、工业和信息化部、民政部、财政部、国土资源部、环境保护部、住房城乡建设部、交通运输部、水利部、农业部、商务部、文化部、卫生计生委、人民银行、国资委、税务总局、工商总局、质检总局、新闻出版广电总局、食品药品监管总局、知识产权局、法制办、银监会、证监会、保监会、能源局等 28 个部门和单位组成。

  联席会议由发展改革委主要负责同志担任召集人，发展改革委、财政部、商务部、工商总局分管负责同志担任副召集人，其他成员单位分管负责同志为联席会议成员（名单附后）。联席会议成员因工作变动需要调整的，由所在单位提出，报联席会议确定。联席会议可根据工作需要，增补相关部门为成员单位。

  联席会议办公室设在发展改革委，承担联席会议日常工作，完成召集人、副召集人交办的其他工作。联席会议设联络员，由各成员单位有关司局负责同志担任。

  三、工作规则

  联席会议根据工作需要定期或不定期召开全体会议，由召集人或召集人委托副召集人主持。成员单位可以提出召开全体会议的建议。研究具体工作事项时，召集人或召集人委托的副召集人可召集部分成员单位参加会议，也可邀请其他部门和专家参加会议。联席会议以纪要形式明确议定事项，经与会单位同意后印发有关方面并抄报国务院。重大事项要及时向国务院报告。在联席会议召开之前，由联席会议办公室组织召开联络员会议，研究讨论联席会议议题和需提交联席会议议定的事项及其他有关事项。

  四、工作要求

  发展改革委要会同财政部、商务部、工商总局等部门切实做好联席会议各项工作。各成员单位要密切配合、相互支持、形成合力，认真落实联席会议议定事项，充分发挥联席会议作用，形成高效运行的长效工作机制，推动公平竞争审查制度平稳有效实施。联席会议办公室要及时向各成员单位通报情况。

称及发文字号，便于受文者查阅与处理相关公文。

（2）因为教育部与广东省人民政府是不相隶属的关系，所以不能用请示和批复的文种，而是用函。

（3）这是一封正式的公函，发文字号完备。

范文 4

教育部关于同意湛江师范学院更名为岭南师范学院的函
教发函〔2014〕100号

广东省人民政府：

　　《广东省人民政府关于请求批准湛江师范学院更名为岭南师范学院的函》（粤府函〔2014〕22号）收悉，经研究，同意湛江师范学院更名为岭南师范学院。特此函告。

教育部（公章）
2014年4月21日

范文 5

财政部对政协十一届全国委员会第二次会议第3318号
（财贸金融类498号）提案的答复

×××委员：

　　您提出的关于用高端产品替代进口产品的提案收悉，经研究，现将有关意见答复如下：

　　您提出的通过政府采购支持国产高端产品替代进口产品的建议，符合《中华人民共和国政府采购法》的精神，也是深化政府采购制度改革的重要内容之一，对我们的工作具有积极的促进作用。

　　根据政府采购法第二十二条，参加政府采购的供应商应具备六项条件，没有任何对国内企业的限定，而且还明确"不得以不合理的条件对供应商实行差别待遇或歧视待遇"。同时，第十条规定，政府采购应当采购本国货物、工程和服务。因此，政府采购本身不仅是公开、公平地面对各种符合条件的供应商（包括国内外供应商），而且在政策上明确要求购买国货。

　　由于我们国家尚未出台国货标准，针对采购活动中某些领域国内产品和国内企业处于劣势的现实情况，××××年12月，财政部制定了《政府采购进口产品管理办法》（财库〔××××〕119号），通过建立政府采购进口产品审核管理制度，对国家机关、事业单位和团体组织使用财政性资金采购进口产品的行为予以规范，凡是国内产品能够满足使用需要的，一律不得采购进口产品。该制度客观上有利于保护国内产品，提升国内企业的技术创新能力，为其打开国内市场提供了帮助。当前，我们正在加紧研究制定国货标准，推进政府采购法实施条例出台，力争更好地发挥政府采购支持国内民族产业发展的作用。

　　关于您提出的"国有企业、国资控股企业、财政拨款的事业单位的采购行为，应参照《政府采购法》执行"的建议，我们认为，目前世界上大多数国家，尤其是市场经济发达国家，国有企业和国有控股企业的数量很少，基本上都将其纳入了政府采购的范围。但由于我国国情特殊，政府采购的主体范围只是包括国家机关、事业单位和社会团体，国有企业和国有控股企业是在《政府采购法》管辖范围之外。但随着政府采购制度改革的深入，政府采购范围逐渐扩大，我们将积极借鉴国际经验，结合我国实际，考虑将国有和国有控股企业纳入政府采购范围之内，从而更加广泛地通过政府采购支持替代进口战略。

　　感谢您对财政工作的关心和支持，欢迎再提宝贵意见。

财政部
××××年8月25日

点评：

　　这是一封答复函，由财政部发出，对政协委员提案的答复。

　　其鲜明的特点是态度平和有礼。首先对对方的提案表示肯定和鼓励，其次就现在已有的一些政策，可能提案人还不太了解的作了细致入微、有理有序的解释和说明。最后针对对方提案中的建议部分委婉而有礼地作出回应，表示政府将来会考虑。结尾段也算是一种固定句式，适用于政府部门回应人民的建议。

范文 6

关于支持全国第九届残疾人运动会自行车比赛的函

××师范大学：

根据中国残联办公厅、国家体育总局办公厅联合下发的《关于印发2014年全国残疾人体育各竞赛项目规程的通知》的赛事安排，中华人民共和国第×届残疾人运动会自行车比赛将于2014年5月6日至14日在××大学城举行。为确保赛事的顺利进行，经××市公安局同意，组委会定于2014年5月11日8：00—17：30,5月12日至13日8：00—13：00在大学城外环东路至外环西路设置全封闭赛道（详见附件）。贵单位是赛道沿线单位之一，现烦请贵校安排学院人员和来访人员绕道出入并注意安全。给贵校在日常工作和生活中带来的不便，我们深表歉意，希望予以谅解，并请予大力支持残疾人事业为盼！

附件：比赛路线图

××省残疾人联合会
2014年4月23日

联系人：陈×× 13×-××××××××；×××-××××××××

点评：

（1）这是一封告知函，叙事清楚简洁，语言谦恭有礼。先表明赛事安排是有国家政府机关通知依据的，再明确时间、地点，并有附件说明。最后以礼貌用语结束。

（2）为了沟通工作方便，公函有时需要注明联系人。联系人的位置可以在正文末尾，也可以在附注的位置。这是一封便函，联系人的信息就放在公文附注的位置。

范文 7

关于邀请参加第三届京交会
中国国际会展业发展大会等重点活动的函

各省、自治区、直辖市、计划单列市及新疆生产建设兵团商务主管部门，有关会展行业组织、研究机构和企业：

第三届中国（北京）国际服务贸易交易会（简称京交会）将于2014年5月28日至6月1日在北京举行。京交会定位于国家级、国际性、综合型的服务贸易交易会，是商务部和北京市人民政府共同主办的重点会展活动。

本届京交会会展服务板块将围绕"中国会展业的市场化道路"的主题，通过举办中国国际会展业发展大会、会展数据开发与应用专题讲座（活动简介附后）等系列重点活动，为国内外会展业界搭建良好的交流平台。

现诚邀你单位有关领导率团出席中国国际会展业发展大会；并请组织相关会展活动主办单位参加会展数据开发与应用专题互动讲座。为确保交流效果，讲座活动限30人参会，每省市限1人。

具体事宜欢迎致电详询，并感谢大力支持！

联系人：高×× 13×-××××××××；×××-××××××××
传　真：×××-××××××××
电子邮箱：××××××@mofcom.gov.cn

附件：第三届京交会会展板块重点活动简介

商务部
北京市人民政府
2014年3月17日

点评：

（1）这是一封政府部门的邀请函。与商业、学术等社会各界所使用的邀请函在标题、称呼、用语上还是有些差别的，但对邀请事项的介绍可以借鉴。

（2）主送机关比较多的情况下，要注意不同类型、不同级别的主送机关之间用逗号隔开，同一类型、同一级别的主送机关之间用顿号隔开。

（3）在邀请函中联系人信息较为重要，所以放在正文末尾的位置。

思考与练习

1. 请根据下面提供的材料，撰写一则公函。

广东省交通厅为做好今年的春运工作，及时运送在本省工作的外省民工回家过年，拟组织民工运送专门车队，但由于自己运力不足，车辆不够，估计不能满足民工的要求，需请求湖南省派出大型客车20辆，与本省组成运送民工车队，负责运送湖南省在广东省工作的民工。请发函给湖南省交通厅商量此事。

2. 某小学校门口有处公交站台，由于公交车辆频繁靠站，乘客下车拥挤，严重影响小学生进出学校的安全。学校决定与公交公司交涉，写了份《关于要求公交站台移位保障师生安全的报告》，公交公司收到"报告"，立即向学校发出《关于对要求公交站台移位保障师生安全的报告的批复》。请问，这样是否妥当？为什么？如不妥当，请代这两个单位各起草一份规范的文书。

3. 下面的函在写作上有什么问题，请分析并修改。

请求支援煤气的函

××市政府办公厅：

据悉，贵市供应居民生活用的煤气充足，我市则很紧张，已严重影响我市的工农业生产与居民生活。为此，特致函请求支援。请贵市发扬社会主义大协作的精神，迅速给我们支援生活用煤气×××吨。望能照此办理，并尽快复函。

××市人民政府办公厅
××××年×月×日

拓展阅读

公函的语言特色

公函与便函虽然在格式上区别较大，但在语言上则有共同的要求，都具有庄重、稳妥、朴实、凝练的特色。公务信函与私人信件的这种显著不同，通过使用敬词、单音节词、介词结构和习惯用语来得到体现。

一、敬词

为了表示礼貌和上下级的关系，公务信函常常使用敬词。例如：

(1) 来函谨悉。

(2) 遵照公司企字(05)第19号文件的指示精神，我们将开展高档家用电器的售后服务工作。

(3) 经研究，购买该机拟由各单位的自有资金支付。请你单位根据自己的需要和财力考虑是否征订。

(4) 承蒙贵厂大力支持和帮助，我们表示由衷地感谢。

(5) 由于以上原因，关于借房问题，我们未便同意，请予谅解。

(6) 兹有我厂总工程师王玉晨同志去你处参加产品设计会议，请予接洽为荷。

(7) 现将单据三张随文附呈，请鉴核。

二、单音节词

为求文字的简洁、庄重、凝练，公务信函常常将双音节词变为单音节词使用。例如：

(1) 顷接来函，所询事项答复如下：

(2) 我厂基建工程业于八月上旬竣工，不日即可投产。

将双音节词变为单音节词有一些约定俗成的规律,不可随意简略。如"请迅速办理"可改为"请速办",如改为"请迅理",就让人费解了。

三、介词结构

大量使用介词结构,并由此形成较为稳定的表达句式,也是公务信函语言的一大特点。例如:

(1) 关于你厂提出租用我厂沙窝库房一事,经研究,我们已原则同意。

(2) 为了提高文秘人员素质,加强办公室建设,适应深化改革的需要,应广大文秘人员的要求,我院决定举办文秘人员培训班。

(3) 根据你局有关规定,特申请办理营业执照。

(4) 现将《财政部关于国内不准互相赠送年历、月历的通知》转发给你们,请遵照执行。

(5) 在各有关部门、单位和学会的大力支持下,增补中国科学院学部委员的工作,目前已基本结束。

(6) 随着人民生活水平的提高,对于眼镜的需求已向多样化、高档化发展了。

介词结构在私人信件中较为少见,而在公务信函中则频频出现。正是这种将范围、方式、目的、根据、对象等繁复内容纳入简单的介词结构之中的笔法,使得公务信函的语言简练而严密。

四、习惯用语

公务信函还有一些常见的习惯用语,包括:

(1) 称谓用语:第一人称用"本(局)""我(部)",第二人称用"你(公司)",第三人称用"该(处)"。

(2) 经办用语:经、业经、兹经,说明工作处理过程的已然时态。

(3) 引叙用语:前接、近接、悉,在引叙来函时使用,如"来函谨悉"。

(4) 期请用词:表示期望、请求的用语,根据上下级关系不同有细微差别。"即请查照"用于平级或不相隶属机关,"希即遵照执行"是下行函的语气,"请""希"上下行可通用,"拟请"有协商语气,"恳请""烦请"用于上行和平行函,"务请"则用于下行函。

(5) 表态用语:照办,同意,不同意,可行,不可。

(6) 征询用语:当否,是否可行,可否,是否同意。

(7) 期复用语:请批示,请批准,请回复,请指示。

(8) 综述过渡用语:为此、对此,用在总叙之后,起过渡作用。

(9) 结尾用语:"为要"表示重要的意思,一般用于下行函,不太适合用在平行和上行函中,如"正确执行物价政策,事关安定团结的大局,望认真研究解决为要";"为盼"带有盼望的意味,如"请贵厂协助查询并将收据尽早寄来为盼";"为感""为荷"都有表示感谢的意思,如"请予接待为荷"。

第三章 计　划

第一节　概　述

一、计划的定义、特点

（一）计划的定义

计划是国家党政机关、企事业单位、社会团体以及个人在日常生活、生产、学习中,为实现未来一段时期的工作和任务,预先拟定目标,制定措施,确定方法和步骤,提出要求,以便如期完成工作或学习任务所形成的一种事务性文书。概而言之,就是在实际工作当中,为了圆满完成单位、团体或个人某一时期的奋斗目标,所预先作出的筹划和安排,其关注的核心是在未来一个时期内要"完成什么任务""实现目标任务的方法、步骤""达到的目标""取得的效果"等。

我们通常说的计划,是一个宽泛的概念,一般是对"规划""纲要""工作要点""安排""打算""设想"等的统称。

狭义的计划,是以文种存在,与上面提到的宽泛意义上的计划文种并存的一种文种形式(此处"狭义的计划"的概念指的是与纲要、打算、设想并称的文种,如:学期工作计划)。

（二）计划的特点

1. 科学的预见性

计划是先于行动谋划制定的,不是事后对既定事实的客观描述。它必须建立在科学预测判断的基础上,是在对现实情况、主客观条件、内外部环境等进行客观冷静分析的前提下,对未来工作目标、任务进程、采取的方法、措施及结果的设想和策划,着眼于对未来工作的规划和安排。因此,只有对发展趋势、所能达到的目标、可能出现的问题、所面临的困难等充分估计、理性分析、科学预判,提出切实可行的解决方案,才能确保计划目标任务的顺利完成。

2. 操作的可行性

制定计划的最终目的是将目标任务落到实处。计划重在付诸实施,实现目标任务。计划制定要实事求是、符合实际、具体明确、切实可行,既不能过于保守,也不能要求过低。要在深入调研,充分占有资料,了解各种因素,充分结合实际的基础上,确定科学的指标任务,采取有效的措施,明确恰当的步骤,增强计划实施的可操作性。

3. 明确的指导性

计划是未来一定阶段的具体行动纲领,具有明确的指导性。计划制定要充分听取各方面意见建议,一经确定,就要认真贯彻执行,对完成目标任务的现实活动起到指导作用。工作的开展、时间的安排、采取的方法措施等,都要严格按照计划进行,以计划为指导,照章行事,只有这样才能确保目标任务的实现。

二、计划作用和分类

(一) 计划的作用

《礼记·中庸》中说:"凡事预则立,不预则废。"科学合理、切实可行的计划,对于完成一定时期的工作任务,往往会起到事半功倍的效果,具有十分重要的现实意义。

1. 计划是行动的纲领,具有指导作用

制定计划,就是厘清思路,统一思想的过程。确定了计划,就明确了目标、确定了工作方法、弄清了实施步骤,形成了统一的实践纲领。工作就可以有准备、有组织、有秩序、按要求、依进程有序推进,增强了主动性,减少了盲目性,提高了工作效率和成功几率。

2. 计划是检查的依据,具有推动作用

计划明确了工作中具体的数量、质量、时间节点、考核标准等,对计划实施人员具有约束和指导作用,为检查工作进度和进行工作质量考核提供了依据,也为检查评比确定了标准。管理者可以依此进行对照检查和考核,确保目标任务保质保量完成,使计划成为提高工作效率的重要手段,推进工作前进的动力。

(二) 计划的分类

计划是我们日常生活中使用频率较高的一种事务文书。宽泛意义上的计划包含的种类很多,分类标准也不尽相同,按不同的标准,一般可以分为以下几种:

(1) 根据内容不同分为生产计划、学习计划、会议计划、销售计划、教学计划等。

(2) 根据范围不同分为国家计划、部(委)计划、地方计划、部门计划、科室计划、个人计划等。

(3) 根据时间不同分为长期计划(计划期一般在5年以上)、中期计划(计划期一般在5年以下,3年以上)、短期计划(包括年度计划、季度计划和月份计划)等。

(4) 根据性质不同分为综合计划、专项计划等。

(5) 根据体式不同分为条文式计划、表格式计划、文表结合式计划等。

第二节 计划的写法

一、计划的结构、写法及相关要求

(一) 计划的结构和写法

一份完整的计划,在结构上应包含标题、正文和落款三部分。

1. 标题

标题,顾名思义就是计划的名称。完整的计划标题,包括制定计划单位名称、适用时限、内容和文种四个基本要素。

一般计划标题分为完整式标题和省略式标题。

1) 完整式标题

其由制定计划单位名称、适用时限、内容和文种四要素构成。如《××大学2016—2017学年教学计划》《××公司2017年会计人员培训计划》等。

2) 省略式标题

省略式标题是相对完整式标题而言的,即对计划标题中的制定计划单位或使用时限两个要素有所省略的标题写作方式。

(1) 省略时限式标题,如《××大学教学计划》《××公司销售计划》。

(2) 省略制定计划单位名称式标题,如《2017年工作计划》《"十三五"市政建设规划》。

(3) 省略制定计划单位和使用时限式标题,如《业务考核计划》《干部培训计划》。

2. 正文

正文是计划的具体内容。计划正文一般包括前言、主体、结尾三部分。

1) 前言

前言是计划的开头部分,一般要简明扼要地说明制定计划的指导思想、依据、背景、意义等。即说明"为什么要制定计划""依据什么制定计划""为什么要这样制定计划"等。该部分具有提纲挈领的作用,要用高度概况的语言说明缘由、目的和意义。通常用"为了""根据""依据""鉴于"等介词来引起全文,用"为此,制订计划如下""制定本行动计划"等来过渡,引出主体部分。

2) 主体

主体是计划的核心,主要包括目标、措施、要求等内容,即要阐明"计划做什么""实现计划的方法和步骤""计划完成相关要求"等。

(1) "计划做什么"。

其回答的是"做什么"的问题,包括计划的总体目标和具体任务。总体目标是计划指向的实践内容,是各方面综合指标的体现。具体任务要详细说明计划在数量、质量、时间等具体明确的指标内容和达到的标准。该部分内容要切合实际,主次分明、重点突出、具体明确、一目了然,让人看完就知道要做什么,明白计划要追求的目标任务。

(2) "实现计划方法和步骤"。

其回答的是"怎么做"的问题,包括为完成计划,采取的方式方法、实施措施、具体分工、相关责任等,是计划是否具有可操作性,是否具有现实指导性的关键所在。该部分内容要结合实际、科学合理、切实可行,具有可操作性,让人一看就明白应该怎么做,只要这样做就能实现目标任务。

(3) "计划完成相关要求"。

其回答的是"什么时候完成""完成计划需要注意的事项"等。其包括完成计划拟采取的哪些步骤、有几点需要注意的事项、计划进展要求和完成相关步骤要注意的时间节点等,是计划实施过程中切实需要注意的事项、要强调的具体要求,也是检查计划完成情况的相关标准依据。该部分内容要考虑周全、简明扼要、条理清晰、便于检查,让人明了"什么时候,做到何种程度",完成计划要注意的哪些事项,有哪些具体要求。

为了做到条理清楚,结构分明,主体往往采取标序的方式进行表述。行文时,为了强调"目标任务""措施步骤",可采取分列式或杂糅式进行写作。分列式即把"目标任务""措施步骤"按照逻辑顺序,分层次表述;杂糅式即把"目标任务""措施步骤"根据实际需要,糅合在一起进行表述。制定计划时,结合实际,灵活使用。

3) 结尾

结尾是计划的收尾,要简短有力地提出号召、发出希望;或表达完成计划的决心;或展望未来前景;或强调工作的重心等。根据计划内容表述需要,确定是否需要撰写结尾。有时主体部分已将相关内容描述清楚、表述完毕,就不再另写结尾。

3. 落款

落款一般包括署名和日期,写在正文右下方。

署名即写上撰写计划单位名称或个人姓名。日期用阿拉伯数字写全年、月、日。如果标题中已标明单位名称,或标题下方注明了成文日期,则署名和日期也可以省略不写。

此外,有些与计划相关的材料、数据、图表等,不便在正文中一一表述,可以作为附表、附图、附件等附在正文后面,对正文进行补充说明。

(二)计划写作的相关要求

计划是指向未来的行动纲领,制定计划要结合实际、统筹考虑、深入谋划,科学决策,确保计划上承要求、下接地气、目标合理、便于操作、切实可行、顺利完成。

1. 服从全局,统筹兼顾

计划制定要坚持全面的原则,要具有大局意识,要处理好当前与长远、局部与整体、内部与外部的关系,要深度调研、结合实际、集思广益、考虑周全。制定计划要下级服从上级、局部服从全局、个人服从整体,确保制定的计划既符合国家大政方针、相关政策,又结合单位或个人实际,能指导具体工作,做到统筹兼顾。

2. 结合实际,实事求是

计划是对未来一定时期目标任务的科学谋划,对当下工作具有重要的指导意义。制定计划要从单位、个人实际出发,科学求实,按规律办事,做到尽力而为、量力而行;做到既适度超前,又不盲目保守;做到实事求是,务实可行。

3. 突出重点,主次分明

计划往往涉及多方面的内容,要完成的事情很多。制定计划要强化重点,明确目标任务的先后顺序,先做什么、后做什么、主要目标任务、次要目标任务等。做到目标任务分先后、事情分轻重、情况分缓急,点面结合,有条不紊,有序推进。

4. 目标明确,表述准确

计划是目标任务的展开,是要在实际中认真执行的。制定计划要将目标任务、方法、措施、步骤、要求等写得具体明确,做到层次分明,表述准确,便于操作和检查,利于计划落到实处。

二、范文点评

范文1

中国遏制与防治艾滋病"十三五"行动计划

为落实《"健康中国2030"规划纲要》和深化医药卫生体制改革部署,进一步推进艾滋病防治工作,切实维护广大人民群众身体健康,制定本行动计划。

一、防治现状

"十二五"期间,各地区、各部门认真贯彻党中央、国务院决策部署,落实艾滋病防治各项措施,取得了显著进展。艾滋病检测力度持续加大,经注射吸毒传播、输血传播和母婴传播得到有效控制,艾滋病毒感染者和病人(以下简称感染者和病人)发现率提高68.1%,病死率降低57.0%,重点地区疫情快速上升势头得到基本遏制,全国整体疫情控制在低流行水平,受艾滋病影响人群生活质量不断提高,社会歧视进一步减轻,基本实现了《中国遏制与防治艾滋病"十二五"行动计划》总体目标。

目前,我国艾滋病流行形势依然严峻,防治工作中新老问题和难点问题并存,防治任务更加艰巨。尚有一定数量的感染者和病人未被检测发现,性传播成为最主要的传播途径,男性同性性行为人群感染率持续升高,青年学生感染人数增加较快,卖淫嫖娼等违法犯罪活动、合成毒品滥用及不安全性行为在一定范围存在等诸多因素加大了艾滋病传播风险,社交新媒体的普遍使用增强了易感染艾滋病行为的隐蔽性,人口频繁流动增加了预防干预难度。部分地区和部门对防治工作重视不足,政策落实不到位,防治技术手段有限,防治能力尚不能满足工作需要,社会组织等社会力量参与防治的作用发挥还不够充分,仍需要长期不懈地做好艾滋病防治各项工作。

二、总体要求

(一)指导思想。全面贯彻党的十八大和十八届三中、四中、五中、六中全会精神,深入学习贯彻习近平总书记系列重要讲话精神,紧紧围绕统筹推进"五位一体"总体布局和协调推进"四个全面"战略布局,认真落实党中央、国务院决策部署,牢固树立和贯彻落实创新、协调、绿色、开放、共享的发展理念,坚持正确的卫生与健康工作方针,全面落实法定防治职责,巩固当前防治成果,充分利用新技术、新方法,进一步提高防治成效,不断降低艾滋病疫情流行水平,保障人民群众身体健康,奋力推进健康中国建设。

(二)工作原则。坚持政府组织领导、部门各负其责、全社会共同参与;坚持预防为主、防治结合、依法防治、科学防治;坚持综合治理、突出重点、分类指导。

(三)工作目标。最大限度地发现感染者和病人,有效控制性传播,持续减少注射吸毒传播、输血传播和母婴传播,进一步降低病死率,逐步提高感染者和病人生存质量,不断减少社会歧视,将我国艾滋病疫情继续控制在低流行水平。

1. 居民艾滋病防治知识知晓率达85%以上。
2. 男性同性性行为人群艾滋病相关危险行为减少10%以上,其他性传播危险行为人群感染率控制在0.5%以下。
3. 艾滋病母婴传播率下降到4%以下。
4. 经诊断发现并知晓自身感染状况的感染者和病人比例达90%以上。

三、防治措施

(略)

(资料来源:http://www.gov.cn/zhengce/content/2017-02/05/content_5165514.htm,有删改。)

点评:

这是一篇综合性计划。标题由制定计划单位名称、适用时限、内容和文种四要素构成。正文由前言和主体两部分构成。前言用非常概述性的语言,说明了计划制定的依据。主体部分写了五个方面的内容,分别为:防治现状、总体要求、防治措施、保障措施、督导与评估,分别回答了"做什么""怎么做""要达到的效果"等计划核心问题。整个计划内在逻辑关系严谨,语言简明扼要,结合实际,针对性强、可操作性强,便于实施。由于该计划摘自通知文件,已注明计划制定单位和日期,故署名和日期予以省略。

拓展阅读

计划类文书各文种之间的比较阅读

计划是指对全局工作或某项具体工作进行相对细致的安排;时间范畴一般为全年或半年。

规划是对全局性、整体性、方向性工作进行的相对宏观的指导;时间范畴一般为1年以上5年以下。

纲要是指对全局性或某一重大领域制定的带有思想性、政策性、指导性、纲领性的规划;时间范畴一般为5年及以上。

方案是对某一专项工作制定的具有较强针对性、可操作性、相对具体化实施方案;时间范畴一般在计划之后。

要点时指用简明扼要的语言,从宏观上,对单位或部门主要工作目标进行概述;时间范畴一般为1年。

安排是对较短时间内某一单位工作提出明确的目标任务,拿出具体实施措施的一种部署;时间范畴一般为短期。

打算是近期拟做的事情,但并没有形成周全的措施、方案,只有较为粗略的要点式想法;时间范畴一般为近一段时间。

以上计划类文种在运用时,要结合实际,灵活使用。

思考与练习

1. 新学期开始了,请结合计划写作要求,根据自身实际,制定一份个人计划,如学习计划、旅游计划、锻炼计划等。

2. 选择一篇规范的"总结"例文,尝试改写成"计划"文书,仅列出计划提纲即可。

3. ××旅行社为加快发展,进一步拓展公司业务,全面融入××省国际旅游岛建设规划,2017年决定要制定一份指导今后一段时期旅行社发展的计划类文书,应选择什么样的计划类文种?其下属的分旅行社,根据这个总体要求制定年度工作安排,应该选择哪一计划类文种?如果短期内落实某一项具体任务,应该选用哪一计划类文种?

第四章

总　　结

第一节　概　　述

各级机关、单位、团体或个人开展工作,都要事前计划、事后总结,这本身也是其工作的重要部分,是提高工作效率和管理效能的重要工具,是开展各项工作的重要环节。从文体的形成、使用及功能来看,总结属于工作事务文书。

一、总结的含义

总结是各机关、单位、社会团体或个人对某项工作、任务或对过去一定时期内工作、学习、生产、研究的回顾检查、分析研究、归纳整理,从中发现问题、吸取教训、找出规律性的东西,并作出客观评价,以肯定成绩与经验,指导今后工作的归纳概括性的事务文书。机关单位一般都以工作总结的形式撰写成文,大致包括单位工作总结和个人工作总结。撰写总结一般都要结合当初计划中提出的目标、任务、要求、措施、时限等要素,作出客观的分析、判断和评价,从中总结经验,找出规律,最后概括提炼形成书面文章。简而言之,总结就是对过去一段时期的工作、学习实践的理论概括和升华,是对工作、学习和研究进行自我认识和评价的书面材料,如工作总结、小结、述职报告等。

二、总结的特点

总结是在工作、学习和研究实践中形成的应用文体,其特殊的形成背景、使用功能使其呈现出目的性、客观性、理论性、承接性等鲜明特点。

(1) 目的性。无论哪一种总结,它都具有明确的目的。宏观而言,总结是一种能为人们更好地认识自我、认识事物、认识世界的有效工具。人们撰写总结,宏观的目的就在于促进单位、部门或个人认识世界、认识事物、认识自我。微观而言,总结能为单位和个人认清形势、认识工作、提高效率、提升水平,能为将来的工作、学习和研究提供参考和服务。

(2) 客观性。总结作为一种事后撰写的书面应用文种,其依据就是工作计划、工作实践及工作成效。因此,其内容、观点具有客观性、真实性的特点。总结是人们对工作、学习和研究实践的真实的反映,其中的结论、观点是根据实践总结、提炼概括出来的认识和规律,不是笔者的主观想象。

(3) 理论性。总结不是对实践的简单记录,不是实践过程的"台账",而是对单位或个人一定时期内的工作、学习或研究的认识、总结和概括。从目的来看,它要能为今后的工作、学习和研究提供理论指导。因此,总结除了具有目的性、客观性以外,还应该具备较强的理论性。这是其是否能对今后的实践起到促进和指导作用的关键所在。所以,总结既要写"做了什么""如何做的""做得怎样",还要阐明"为什么这样做",从而实现从感性到理性、从实践到理论的升华。

(4) 承接性。总结是一种具有前后承接和照应的实用文书,承接性也是它的一个重要特点。也就是说,总结都是对前一阶段实践活动或工作、学习、研究等具体工作的回顾,分析工作得失往往需要对照工作计划、对照此前的工作。与此同时,总结也要发挥其理论指导的作用,它也要给未来工作提供借鉴和引导,为今后的工作计划提供参考依据。因此,发挥承前启后功能的总结就显示出鲜明的承接性特点。

三、总结的分类

从不同的角度可以把总结分成不同的类别。一般可以从内容、时间、主体等几个角度对总结进行分类。

(1) 从内容来看,总结可分为工作总结、学习总结、科研总结、思想总结、生产总结、销售总结、会议总结等。

(2) 从时间来看,总结可分为阶段(1～3年)总结、年度总结、季度总结、月份总结、特定时段总结等。

(3) 从主体来看,总结可分为行业组织或部门总结、单位总结、部门总结、班组总结、个人总结等。

总结的内容和主体不同往往使其写作重点和功能不同。如果是某单位或组织内部各部门的年度工作总结,它的主要功能是向上级汇报工作。因此其侧重点就是该部门1年内主要完成的工作内容、工作成效和经验,这种总结内容上类似于报告。如果是单位内部各部门负责人的任期述职总结,其主要功能是向上级组织部门、人力资源部门或上级领导汇报任期工作业绩,它的侧重点应是工作成效、对所在岗位的认识、对不足的反思、对未来工作的新思路。如果是某行业社会组织结构1年或一段时期内的总结,其主要功能是向社会或者是国家管理机关呈现本行业发展状况、行业已取得成绩、当前或未来面临的主要挑战或问题等。如果是个人年度的工作总结(或年度工作小结),主要用于向本单位领导或群众汇报自己1年来工作的情况,其侧重点是个人过去1年中所完成的主要工作内容、成效以及对工作得失的认识。

第二节 总结的写法

一、总结的格式与结构

总结与计划是工作和实践的两端,总结是事后为之,计划是事前为之。因此,撰写总结的基本方法和步骤相类似,其内容与结构格式也有诸多相似之处。下面就以工作总结这一常用文书为例,对总结的基本写作步骤、结构格式进行阐述。

(一)总结的写作步骤

与写作报告、计划等常用公务文书一样,撰写总结不能凭空想象,要在工作实践的基础上,通过收集材料、分析材料、撰写提纲、总结提炼,结合工作实际和总结的目的进行撰写。撰写总结的基本步骤大致可分为四个阶段。

1. 收集材料

毛泽东曾说,"没有调查就没有发言权"。因此,写作总结首先要深入调查,广泛收集材料。这是写好总结的基础和提出正确观点的前提条件。首先,写作者平时要注意材料的收集和积累。要结合工作计划掌握工作进程,要善于积累工作实践进程中遇到的新问题、新情况等有关信息;要注意将平时工作中的具体做法、效果、经验体会、教训及反思、典型事例、典型问题等信息记录下来;此外,还要注意收集计划、简报、汇报资料、专项工作总结、重要的会议记录等相关资料。其次,写作者要广泛听取群众意见,领会领导的工作思路和想法。

2. 分析材料

材料只是写作的原材料和基础,但并非所有收集到的材料都要"堆进"文中。只有经过作者思考并处理、分析、组织后才能纳入文章。也就是说,只有材料还不能发挥总结和指导的作用,还需要撰写者经过思考,在分析的基础上对其进行重新组织和架构,这样的材料才能成为总结的有机组成部分。在具体的写作过程中,作者要对所收集到的材料进行整理归类、甄别真伪、去伪存真、去粗取精、提炼分析,要能够从纷繁的材料中选取有用的材料,并从中分析其蕴含的意义、揭示其反映的规律,从而写出有思想深度和理论高度的总结。

3. 撰写提纲

在对材料进行整理、选择和分析的基础上,撰写总结一般还需要撰写提纲。也就是作者对写作内容进行条理化、系统化安排的过程。其作用是确保总结的逻辑结构严密,确保作者思想观点鲜明突出。作者根据所掌握的材料和初步的分析,确定总结中所需要呈现的观点和内容的主次关系,确定主要论点与分论点及其支撑材料对应关系,列出文章的基本结构框架。提纲一般应包括题目和一级、二级标题、观点及其层次关系、经验与教训、结论与预判等内容。

4. 总结提炼

实践是认识的基础。因此,要写好总结,除了要收集和分析资料以外,同时还要深入实践调查,熟悉工作内容、工作过程和工作成绩,根据写作目的和写作提纲进一步总结概括,提炼观点,找出规律,得出结论并精心论证。在此基础上对其进行分析,阐述部门、单位、个人等各主体对工作的认识。即在基本成型的文本基础上,进一步总结提炼观点、锤炼语言,力图做到总结理论性、真实性与可读性的有机统一。

(二)总结的格式与写法

工作总结的基本格式与写法类似于工作计划,包括标题、正文和落款三部分。

1. 标题

工作总结的标题一般有两种形式:一种是公文式标题,另一种是新闻式标题。

(1)公文式标题。完整的公文式标题由单位名称、所总结事项的时间、内容和文种名称组成,如《×××有限公司××××年财务工作总结》《中国工商银行×××分行××××年信贷工作总结》。此外,公文式标题还可以同时省略单位、时间或省略其一。省略单位和时间的如《金融工作总结》,省略单位的如《二〇一七年扶贫工作总结》,省略时间的如《中国证监会郑娟监管工作总结》等。

(2) 新闻式标题。新闻式标题包括单标题和双标题两种。单标题就是用一句话或两句短语概括总结的主题或总结提出的基本规律或对工作的定性概括,如《精准扶贫给我们带来了什么》《改革为先锐意进取》。双标题即由正标题和副标题构成的标题。一般正标题概括的是总结的主题,副标题限定总结的范围和时限。如《求实、高效、创新、廉洁——交通银行××分行××××年工作总结》。

2. 正文

总结的正文主要包括基本情况、成绩与经验、不足和教训、未来设想四个方面。

(1) 基本情况。基本情况就是对要总结的工作、事项进行概要性的介绍。如年度工作总结,其基本情况一般可以结合年度工作计划及其重点,从工作背景、工作主要环节或主要条线着手,写明工作的主要阶段及其时间、本单位班子及员工对工作的认识、工作的主客观情况、工作总体成效等内容。

(2) 成绩与经验。这一部分是总结的主干部分。如果是工作总结,写作时可以根据工作内容或工作主要环节,概括工作各阶段、各方面取得哪些主要成绩,积累了哪些可供借鉴的经验。如果是专题总结,写作时可以围绕专题的主要成效及亮点展开,在展示亮点的同时要融入客观的事实、真实的例子或数据,说明获得的原因、具体的做法等。此外,还要总结取得成功经验的原因。

(3) 不足与教训。总结正文的内容一般都不能一路"高唱凯歌",而是要既能看到成绩、总结经验,又能看到问题和不足。也就是要一分为二地看待已经完成的工作,要看到工作的正面,也要看到其反面。因此,在内容上,紧随经验和成绩,还需要对工作存在的问题、不足及其教训进行分析。这部分一般应包括具体的问题与不足、问题的主客观原因、问题对今后工作的不利影响、解决问题的基本想法等内容。

(4) 未来设想。总结的价值不仅体现在对已完成工作的概括提炼,更要体现其对未来工作的指导意义。因此,总结一般还需要在文尾对未来工作作适当的设想和规划。其内容主要包括结合工作趋势预判、今后工作设想及打算。该部分对工作起着承前启后的作用,也是总结的重要组成部分。

3. 落款

总结的落款包括单位和成文日期。其位置比较灵活,可以置于文末,也可以置于文前。对于标题中省略总结单位名称的情况,落款需要标明总结单位,可置于标题下一行(用圆括弧)居中,也可置于文尾居右,与正文之间空行。成文日期同样可以放在标题下(放总结单位之后,用圆括弧),也可置于文尾居右。

二、撰写总结的总体要求

总结不是凭空的概括和提炼,而是在深入实践、全面掌握工作和事实的基础上的系统概括和总结归纳。要写作一篇好的总结,大凡应按照如下要求和注意事项展开。

1. 实事求是,深入实际

实事求是是开展工作的基础,也是总结的总要求。毛泽东同志在《改造我们的学习》中曾指出:"'实事'就是客观存在着的一切事物,'是'就是客观事物的内部联系,即规律性,'求'就是我们去研究。我们要从国内外、省内外、县内外、区内外的实际情况出发,从其中引出其固有的而不是臆造的规律性,即找出周围事变的内部联系,作为我们的向导。"我们进行工作总结,要理解毛泽东同志对"实事求是"的实质概括,更要能将实事求是的思想贯彻到工作总结实践中。因此,撰写总结首先要深入实际,以实事求是的精神和严谨认真的态度去研究工作的全过程,即研究过去的工作、现在的工作和将来的工作,研究工作中事物之间的联系,探究现象背后的规律。文章的结构、观点的提炼、材料的取舍、问题的查找和分析、工作设想的提出,都要坚持实事求是的原则,力求呈现事实不夸不压,肯定成绩务实不虚,分析问题不以偏概全,提出思路切实勿空。

2. 结构严谨,逻辑严密

一篇好的总结,不是对工作的简单回顾和罗列,而是具有严谨结构、严密逻辑的系统性、概括性应用文书。无论是综合性的总结还是专题性的总结,写作时一般均按照写明工作依据、呈现工作内容、介绍工作方法、提炼工作经验和工作特色、分析问题及原因、提出设想和措施的逻辑结构关系展开。即撰写工作总结不能东一榔头西一棒,不能只是简单的罗列和堆砌,而要有条不紊地或按照时间进程或按照工作条块进行撰写。写作中一般需要根据总结单位的大小、所总结工作的繁简、工作内容的广狭等情况,来确定具体应该采取横式结构、纵式结构或纵横交叉等三种结构中的哪一种结构格式。无论采用哪一种结构格式,都要求条理清楚、逻辑严密。其主体结构的内容一般围绕"五问"展开,即围绕:工作的依据是什么?工作的内容和任务是什么(做了哪些工作)?怎么做的?取得哪些成效及有哪些经验和教训?为更好地完成和推进今后工作有何打算和想法?

3. 重点突出,特色鲜明

总结的主要目的或为汇报工作,或为推广经验,或为宣传提高认识。无论其出于什么目的,一篇好的总结都要求重点突出、特色鲜明。因此,写作时要根据总结的功能和内容,做到介绍工作内容和措施详略得当,评价工作客观真实、有理有据,总结经验谦虚平实,分析问题深入浅出,提出建议设想求实勿夸。与此同时,撰写总结还要结合工作计划、单位实际,并根据工作内容,侧重于重点工作、重点环节、突出问题和典型事例,分析概括出最能反映工作本质、最能揭示事物规律的经验和教训,这样才能确保缩写的总结重点突出、特色鲜明。

4. 观点清晰,支撑有力

总结和计划都是机关、企事业单位、社会组织机构和个人工作实践中的两种有利于提高认识、指导工作的适用文书。但就文本写作而言,总结与计划最主要的区别就在于其理论性较强。即总结是一种理论性强、材料丰富的应用文书。一篇总结既要有鲜明的观点,又要有丰富的事实和材料作为支撑。总结所提出的观点要清晰明了,分析概括要言之有理,佐证和支撑观点的事理要典型、数据要真实可靠,做到观点统摄材料,材料支撑和证明观点要有力,做到观点与材料统一。在具体写作过程中,一般要根据总结的性质选择合适的结构撰写,综合性总结的观点及其结构常采用"总—分—总"的结构,即先提出总的观点并以典型事例和代表性数据说明支撑,然后再提出若干个分观点并以事实和材料佐证说明,最后再进行概括性的强调总观点。专题性或内容较单一的总结一般就直接提出观点并用典型事例和数据佐证和说明即可。

5. 叙议相协，语言精炼

总结不是空泛的议论工作，而是客观、真实的概括工作，有针对性地分析和评价工作，并在此基础上总结经验教训，提出利于推进工作的规律性的理论依据和指导。因此，撰写总结要叙述与议论相协调。叙述工作依据、工作内容、工作方法、工作成效要直接，避免绕弯子，避免繁复。选取事例或案例要典型。评价工作和总结经验要客观，分析问题要透彻。提出意见或设想要结合实际、尊重事物发展的规律。此外，撰写总结语言要精炼，避免拖沓冗余之词，避免大话、空话。

三、范文点评

范文 1

×××银行年度工作总结[1]

去年是我行实施"超常规、跨跃式发展战略"的开局之年，也是实现三年发展规划的第一年。在分行党委的正确领导和关心支持下，我支行制定了周密的工作计划和工作措施，坚决贯彻年初支行工作会议所制定的"五个更"的工作思路，确保开好局，起好步。一年来全行干部职工团结一心，奋力拼搏，取得了丰硕的成果。

一、业务经营呈现出超常规的发展态势

跟往年相比，今年我行发展已走上快车道，各项业务屡创新高，走出了一个发展的上升通道。

（1）各项存款快速增长。至年底本外币总存款余额预计超过×××亿元，比年初增加×××亿。其中预计：人民币对公存款增加×××亿、人民币储蓄增加×××万、人民币同业存款增加×××万；外汇存款增加×××万美元。全年日均比去年日均增×××亿；外币对公存款增加成为我行存款增长的一个重要来源，同业存款和储蓄存款也大幅增加，这种存款增长速度是过去所没有的。

（2）贷款规模增加，结构不断优化。年末各项贷款约超过×××亿元，比年初增加×××亿，主要增投于优良客户和按揭、消费贷款等低风险贷款；如×××、×××、×××等大项目；信贷资产总体上仍保持较高质量，不良贷款占比低于××%，尤其是今年第一季度、第二季度不良贷款余额都比去年下降；但从存量上分析，呆滞贷款有所增加；表内收息率预计达××%以上，综合收息率预计达×××%，收息水平居全辖前列。

（3）经营利润成倍增加。至年末，我行创利水平预计可达×××万元（含结售汇收入），其中人民币利润约为×××万，外汇利润约为×××万美元，结售汇手续费收入约为×××万元。人均利润达×××万元。同过去几年的创利水平相比，今年我行的利润水平实现了跨越式的发展。

（4）中间业务大幅度增加。今年我行国际结算和结售汇总量稳居全辖第二位，已逼近第一位。预计全年将完成国际结算量×××亿美元，结售汇约××亿美元。外汇业务收手续费收入有较大的增长，预计可达×××万，相当于我利润的20%左右。银行承兑汇票业务和票据贴现业务也有大幅增长，成为另一个新的利润来源。

点评：

该总结是农行某支行的一篇年度工作总结。在结构体例上可谓中规中矩，标题采用"单位＋时间范围＋内容＋文种"这一完整的公文式标题格式；结构包括标题和正文两个部分，没有落款。

内容安排上结合本单位工作实际对支行一年的主要工作进行提炼概括。正文分为四大部分，包括基本情况、主要工作业绩、主要措施及经验、工作中存在的问题或不足等。其中，基本情况提纲挈领式的介绍了本单位年度工作的背

---

[1] 这是农业银行某支行的年度工作总结，文中涉及具体单位、项目名称和具体的数据采取了省略的形式。

二、主要工作措施和成功经验

（一）以业务经营为中心，突出重点，采取切实有效的措施，全方位推进各项业务工作快速发展。

1. 细分市场，准确定位，抓住重点，积极营销批发业务。××××年，我行将对公市场细分为"五个一"，即一个港口、一条大道、一个房地产、一批项目及一个信托公司。明确了目标定位后，我们建立了一套反应灵敏、决策快速、攻关有力、服务到位的市场营销机制，创造性地开展工作，全方位拓展市场。具体做法有：提升经营层次，对规模大、要求高的重点优良客户将责任主体提升到业务部，×××万美元以上的项目直接由行长负责攻关和谈判；组建强有力的攻关小组，把全行攻关能力较强的人员集中起来组成强力攻关小组，对不同特点的企业选择合适的人员进行组合，集团作战，上下联动，精兵攻坚。突出竞争优势，抓住我行深入推行企业文化建设的契机，在服务上大做文章，以优质的服务吸引客户，大力营销总分行推出的新业务品种，为客户提供一揽子服务方案，争取在服务的深度及广度上优于他行；行领导以身作则，带头攻关，保证至少一半的时间用于走访客户，重点客户坚持每月拜访一次，重视改善和提高银企关系。通过不懈的努力，今年我行新争取了一批有价值上档次的客户，如×××、×××、×××等重点客户，同时还储备了×××、×××、×××等一批有潜力的项目，为我行今后两三年的业务迅速发展打下了坚实的基础。

2. 坚持品种创新和服务创新，多方位发展零售业务。今年我行抓住代客理财资金归集、农电改造代缴费、推行VIP服务等重点工作，抓好本外币储蓄存款攻坚战，以争取有价值的私人客户为重点，大力营销零售业务。一是开展规范化服务流程演练，提高服务水平，为储户提供标准化的服务；二是加大吸收理财资金力度，抓住理财资金主要靠努力的特点，全行动员，针对周边的商户、村户和老客户，有效地吸收理财资金。三是对×××大户进行摸底，动态跟踪，吸收股市回流资金。四是推出了私人业务VIP服务方案，开设VIP优先通道，建立VIP客户档案，实施差别式服务，为有价值的私人大客户提供一揽子理财服务方案；五是加大宣传力度，借×××改造东风，开展"走进千家万户活动"，历时一个月，各网点积极参与，以×××改造缴费一卡通为宣传重点，以电影下乡和业务宣传为媒介，全行总动员，走进城乡的每一个角落，加大我行对农村业务市场的渗透力度，宣传了我行的业务，提高了我行的社会知名度。通过一系列富有成效的工作，至年末，我行各项储蓄余额约为×××亿元，约比年初增加×××万元，完成分行下达的任务，增幅为历年来的最高水平。

3. 加大贷款营销力度，扩大贷款规模，不断优化信贷结构。下略。

（资料来源：http://zongjie.yjbys.com/nianzhongzongjie/83986_2.html。）

景、抓手和总体成效。随后，从单位贷款业务、存款业务、经营利润、中间业务四个方面概括工作实绩，佐证总体情况中提出结论性判断，即工作"取得了丰硕的成果"。在此基础上，以较大的篇幅阐述取得以上工作成效的主要措施和经验。最后按照工作总结的常用体例，对工作中的不足进行分析，提出克服不足的改进措施与设想。 从文章的结合层次和论证来看，其结构层次严谨合理，总结工作重点突出，经验介绍和例证案例典型。

拓展阅读

一、述职报告

（一）述职报告的含义

述职报告是总结的一种，即个人工作总结。它是个人向主管领导、上级主管部门、人事部门或本单位（部门）全体员工，汇报自己在一定时期（1年或一个任期）内履行岗位职责、完成工作任务、实现工作目标总体情况的自我评述性的报告文书。

从其功能来看，述职报告是党政机关、企事业单位加强干部管理与考核的重要参考文书。各机关、事业单位在工作管理中采取述职报告的形式，有利于加强管理和干部队伍建设，有利于提高管理队伍的整体素质，从而提高管理效能和工作效益。

（二）述职报告的特点及种类

除了与工作总结一样具有客观性、目的性和理论性之外，述职报告还具有总结性、自述性、自评性和汇报性四个特征。

1. 总结性

述职报告本身属于总结的一种,它具有总结的全部特点和性质。因此,总结性是其重要特点之一。写作时述职人要将自己任期或年度内的工作业绩、工作经验、工作体会、存在问题及不足作全面回顾和总结。

2. 自述性

述职报告的撰写者,以第一人称的身份对自己一定时期内履行岗位职责的总体情况向上级领导、有关部门或单位员工汇报。即报告人对照职责、要求和工作计划,围绕工作任务、工作效率、工作成果、工作目标等重点,作自我陈述和汇报。

3. 自评性

述职报告的撰写者对照岗位职责,从个人德、能、勤、绩等维度,对自己任期内的工作进行自我评估和自我评价。评估和评价应该坚持实事求是的原则,本着严肃、严谨、认真的思想,以客观真实的态度对自己履职情况和工作成效作恰当的评价。评价要有理有据,忌讳自诩和夸张。

4. 汇报性

述职报告一般都要通过会议,要求述职人面向领导、单位员工进行口头汇报。述职人往往以被考核、接受评议和监督的身份,向相关部门和员工报告自己任期内或年度履职的总体情况,以便上级部门和单位员工掌握和了解其工作成效,衡量其是否称职。因此,撰写述职报告偏向于使用口头语体,语言要得体;内容注重实在,忌讳空泛。

从不同的维度可以将述职报告分为不同的类型。从内容上可将其分为综合性述职报告和专题性述职报告。综合性述职报告,是对工作进行全面、综合的陈述、评价及汇报,其内容具有全面、综合的特点。专题性述职报告,是指个人针对岗位中某项专题性工作或个人工作的某方面进行专题汇报的报告。从时间上可将其分为任期述职报告、年度述职报告和临时性述职报告。任期述职报告,是述职人对其任期内履职情况和工作总体情况进行全面汇报的报告。年度述职报告,是一年一度的履职情况报告,即述职人一年工作履职的总体情况汇报。临时性述职报告,一是指担任某个临时性职务、承担某一临时性专项任务后的述职报告;二是为配合上级相关部门或上级领导临时性的考查而进行汇报述职的报告。

(三)述职报告的结构与写法

述职报告的结构和写法与总结相似,一般包括标题、署名、抬头和正文四个部分。

1. 标题

述职报告标题一般有公文式标题和文章式标题两种形式。公文式标题常用的就有"述职报告"或者"述职时限+述职报告"(如《任期述职报告》《××××年度述职报告》)、"述职人+所述职务+述职时限+文种"(《×××任×××公司总经理职务的任期述职报告》)三种格式,这三种格式分别称为完全省略式、部分省略式和完全式标题。工作中对于普通个人而言,常采用完全省略式标题。文章式标题就是由正标题和副标题组成的标题,正标题一般是对履职期间对岗位、工作总认识的判断性话语,副标题一般包括述职时限和文种等内容,如《精诚服务与创新改革缺一不可——×××银行信用卡管理部经理×××述职报告》。

2. 署名

述职报告的署名可以置于标题下一行居中;也可标注在文尾落款处,即置于正文右下方。

3. 抬头

述职报告的抬头就是述职报告所面向的对象,一般为述职人所述职位的管理单位,如"×××党委""×××组织部""×××人事处"。

4. 正文

述职报告的正文一般由开头、主体和结尾三部分组成。开头就是引言,这部分一般是交代述职人及其岗位职责,包括个人在本岗位任职时间、对本岗位的认识体会、个人履职的整体自我评价等内容。主体部分主要围绕岗位职责和岗位目标，阐述工作实效、突出成绩、具体做法、经验、教训、体会、问题等。这部分是报告的核心，内容要具体、充实，评价和判断要客观，要有理有据，分析原因和总结经验教训要条理清楚。

（四）述职报告的写作要求

撰写述职报告不应面面俱到，而要结合岗位职责及工作实际，将个人履职情况客观、恰当地呈现出来，写作时总的要求是要注意以下三点。

1. 介绍岗位情况要简洁

述职报告是一种汇报性的文书，听取汇报的人一般都熟悉述职人的岗位职责。因此，述职人在介绍岗位基本情况时，一般只需简要说明个人在该岗位任职的起止时间、时长，履职期间对岗位的总体认识和体会、工作业绩的总体成效和评判，不应面面俱到、拖泥带水。

2. 呈现工作要突出实效

述职报告主要是要告知个人履行岗位职责所取得的工作业绩。因此，写作时要注意抓住主要职责及其工作成效，重点介绍对应主要工作职责完成哪些工作、取得哪些成绩、有哪些经验和启示、存在哪些问题和不足。对于零星琐碎的工作，可以概要性地简单介绍即可。

3. 自评自鉴要恰当

写作述职报告，述职人对其履职和工作进行自我评价和自我鉴定是其中不可缺少的内容。但自评自鉴要遵行实事求是、客观真实的原则，不能夸大自己的功劳，也不宜过谦虚甚至自贬，要准确恰当、掌握分寸。由于听取会报的人主要都是本单位相关主管部门或本部门员工，所以写作时重点突出数据和事实，功大功小自由听者判断，以免给他人留下自夸或自诩的印象。

二、总结与报告的异同

要分析总结和报告的异同，就要先厘清二者的关系。它们既有区别又有联系。同时还需要指出的是：这里所说的报告并非公文报告，而是调查报告。

总结与调查报告的主要区别主要可以从内涵、功能、写作主体、取材范围、写作内容和侧重点五个方面分析。

1. 内涵不同

总结是机关单位或个人用于汇报、展现本单位、本部门（本人）一段时期内工作的总体情况、成效、经验教训和未来设想的实用文书，主要是写作主体对本单位、本部门或本人工作的回顾、分析、概括以及对未来工作的设想和展望。报告则是写作主体根据实际需要，在深入调查的基础上对某种现象、事物、问题探索、分析，并找出其中蕴含的规律，提出具体的措施、方案以为他人提供决策依据和指导的实用文书。

2. 功能不同

总结主要承担汇报工作、宣传思想、指导工作、交流经验的功能，报告主要承担决策咨询、信息宣传、科学研究的功能。就总结而言，各机关单位的年度总结或个人年度总结主要的功能就是向上级主管部门或主管领导（本单位员工）汇报工作，机关单位或企事业单位的报告性总结则起着汇报工作、宣传思想、部署和指导工作的功能，经验交流性总结的功能是交流经验。就报告而言，针对新情况、新现象展开调查的报告，其功能是反映情况，针对工作或社会新问题进行调查的报告，其功能是反映问题、揭示规律，针对典型事例的调查报告，其功能是总结经验、探索规律和提供指导。

3. 写作主体不同

总结的写作主体是本单位、本部门（或本人），写作是以第一人称的身份来进行的。调查报告则不同，其写作主体往往由上级或本单位委托的第三方。即使是科学活动中的调查，写作者与调查对象、使用调查结果一方之间的关系也属第三方。因此，作者是以第三人称的身份来写的。其调查得出的结论和方案措施，常以参考依据的形式提供给特定的单位、组织、大众或个人。

4. 取材范围不同

从写作取材范围来看，总结取材基本限于写作主体本地区、本单位、本部门或本人工作范围。调查报告的取材则不限于此，它可以突破本地区、本单位、本部门或本人工作范围的限制。

5. 写作内容和写作侧重点不同

总结写作主要围绕工作依据、工作内容、具体做法、工作成效、经验教训和未来工作打算和设想等几个方面进行，且根据其功能不同侧重点各不相同。即汇报性总结的重点放在"做了什么""成效如何"上，经验和体会可以淡化甚至省略；报告性总结重点放在典型单位、典型人物的成绩、经验或教训，分析和评价并指示和引导；经验性总结重点则放在富有特色的工作以及具体的方案、步骤、做法、经验和体会上。调查报告主要则是围绕调查目的、调查对象、调查范围、调查方法、调查结果分析、调查结论六个方面展开，且重点在于调查方法、调查结果分析和调查结论三个方面。

就相同点而言，首先，总结与调查报告都属于各机关单位、企事业单位和个人工作中常用的文书，写作都要求深入实践，要求重视实际、重客观、重真实。其次，二者的政策性强，都强调政策方针的指导性。再次，二者的目标具有一致性，即都有提高认识、掌握规律、有效推进工作的价值目标。

三、工作总结与工作报告的异同

工作总结和工作报告都属于总结类应用文书，都是机关、单位或个人对已完成工作的回顾、总结与概括，二者都具有客观真实性、目的明确性和逻辑理论严密性等基本特征，文章的结构格式相似。其不同点主要表现在如下三个方面。

1. 内容侧重点不同

工作总结内容上着重介绍完成工作的方法、工作成效、工作经验和教训，并找出规律，为今后工作提供指导。工作报告是在回顾概括前期工作的基础上，重点阐述今后工作的任务、方针和方法。

2. 其主要功能不同

工作总结主要用于向上级相关部门、上级领导或本单位员工汇报本单位、本部门或本人一定时期内工作完成情况和工作绩效，它具有提高本单位人员的认识水平，指导今后工作的功能。工作报告主要是上级机关在总结前一阶段工作的基础上，对下级指示和布置今后工作；同时还具有向社会公众汇报工作，以便社会公正知晓并监督总结撰写单位或集体的工作，政府工作报告的这一功能特点最为突出。

3. 应用范围不同

工作总结的应用范围比工作报告广泛。工作总结可以用于各类机关、企事业单位、社会团体、区域、行业或个人回顾和总结一定时期内的工作。工作报告主要用于较高行政机关在一定时期内履职和工作的总结汇报，如政府工作报告；此外也可以用于个人工作的汇报和总结，如述职报告。

思考与练习

1. 总结有哪些特点？
2. 总结与计划在写作内容上有哪些主要差别？
3. 请分析总结与报告的相同点和主要差异。
4. 政府工作报告与总结有什么关系？请比较二者的异同。

第五章

调查报告

第一节 概述

一、调查报告的界定

调查报告是一种"认知文体"。其主要功能是通过定性定量总结分析的方法,用亲自调查获得的真实信息反映客观情况、经验、问题或规律性的东西,满足读者的认知需要。由于有大量的第一手材料,反映比较及时,因此,调查报告有较高的情报价值和一定的新闻性。

调查报告是目前使用频率很高的一种文体。它在工作中发挥着重要的作用。它可以作为我们党制定正确路线、方针、政策的重要依据,也是宣传党的方针、政策的有力武器;它可以反映社会客观情况,促进各系统、各部门间相互了解;它可以反映人民愿望,推动工作的改进;它还可以揭露问题,打击歪风邪气,成为树立社会主义新风尚的舆论手段。

二、调查报告的分类

按不同功能可将调查报告分为:情况反映型、典型分析型、探讨研究型。

情况反映型调查报告,主要功能是反映真实情况,向读者提供客观信息,材料翔实、丰富,极少议论。它既可用文章形式,也可用图表加说明的形式。

典型分析型调查报告,主要功能是及时反映现实生活中的典型个案、经验和问题。它不仅有丰富的调查材料,还要从材料中提炼出规律性东西,形成作者的认识和主张,但主要用事实说话,一般又可分为总结经验和揭示问题两种,它具有初级论文的特点。

探讨研究型调查报告,主要功能是总结作者的调查研究成果,有较强的科学性、理论性和一定的创新性。它的特点:一是除有大量调查材料外,必须有研究获得的较新鲜的观点、主张、方法等成果;二是常常采用理论推导、数学模型等分析方法,可引用其他文献资料展开必要的论证。广义而言,任何一个行业或一项工作,都需要调查与研究,因而也就需要调查报告,所以调查报告的具体写作样式可以多元化,但是从写作规矩上来讲,它又是一个十分规范、严谨、独立的文种,比如:调查报告与调研文章绝不能混为一谈。

三、调查报告的特点

（一）调查目的的明确性

调查报告总是从领导和管理工作的需要出发，通过对客观实际的调查，以揭示出事物的本质和规律，从而促进工作的开展。它的目的性、针对性是很强的。在改革开放的时代，许多新事物有待通过调查研究来认识，许多新经验有待通过调查来推广，许多新问题有待通过调查来解决。可见反映社会生活、公务活动的调查报告与时代总是息息相关的，这也反映出它针对性强的特点。

（二）材料的真实具体性

调查研究必须一切从实际出发，客观事实是调查报告的基础。无论是总结先进经验，还是揭露问题真相，或者反映情况，调查报告总是凭借大量确凿的事实来说话。因为真实地反映了不断发展变化的、丰富多彩的社会生活实际，调查报告的各种作用才得以发挥。

（三）报告的科学系统性

调查报告不仅注重反映调查得来的事实材料，也注重通过对材料加以分析、探索、研究而揭示客观规律。调查报告既是调查成果的反映，也是研究成果的反映。作者对调查到的材料进行一番去粗取精、去伪存真的改造制作工作，经过深入分析、综合提炼，方能揭示出事物发展的内在规律，对推动工作有着重要的指导意义。

四、调查报告与工作总结的区别

（1）调查报告注重事实的报道，选材要典型，常常是寓经验、问题于事实的阐述之中。工作总结在叙述事实方面较为简略，着重从事情的过程中归纳若干经验、体会和问题，带有汇报情况的作用。

（2）调查报告往往站在全局的角度，对调查对象进行了解、研究，得出客观的结论，因此多采用第三人称的手法。工作总结通常由本单位本人自己撰写，多采用第一人称的手法。

第二节　写　　法

一、调查过程

一般来说，调查报告的完成应该包括以下几个步骤：明确具体的调查目的——制定调查方案——搜集资料——整理分析资料——提出调查报告。没有周密系统的调查研究，调查报告的写作就无从谈起，调查活动和调查过程应有科学性，因此调查必须能遵循客观性、全面性、实效性、计划性的原则，进行认真细致的调查研究。调查过程有如下四个阶段。

（一）准备阶段

选题确定后，就应开展调查研究。但为了确保调研的质量，取得预期效果，在调查之前还应做好一系列准备工作，否则调查就难免带有盲目性，就难以取得好的结果。

调查前的准备工作主要应围绕课题需要,从理论和实践两方面进行。首先,要收集与调查有关的各种信息资料,了解调查课题已有的研究成果和调查对象的基本情况;学习与本次调查有关的方针政策和专业理论知识,避免调查中提外行问题;周密制订调查方案,确定调查的提纲等。其次,要组建调研班子,准备调研手段方法,拿出调研方案。具体来说,调查之前必须研究和准备的问题至少有七个方面:

(1) 确定课题,明确指导思想、意义和目的。
(2) 确定调查的详细提纲。
(3) 确定调查的对象、范围、起止时间。
(4) 确定和准备调查的方法、手段和技术。
(5) 确定制发调查问卷、表格等。
(6) 确定人员、经费、组织形式等。
(7) 收集整理与调查有关的多种信息资料。

(二) 调查阶段

该阶段主要任务:按设计调查要求,做好现场调查工作。

(三) 研究阶段

该阶段主要任务:审查、整理资料,统计分析和思维加工。通过调查获得了资料,这仅仅是为研究工作准备了必要条件,就是为"加工"准备了"原材料",还不能解决理论或实际问题。只有通过研究,就是把"原材料"变成"制成品",把感性认识上升为理性认识,才能引出观点,发现矛盾,得出结论,解决问题。马克思说:"科学就在于用理性方法去整理感性材料"(《神圣家族》)。用理性方法去整理感性材料,是一个很科学的系统工程。

(四) 总结阶段

该阶段包括调查结果阐释(形成调查报告),调查结果评估,调查结果应用。

上述四个阶段的划分有两点需要说明:第一,各阶段的划分是相对的;第二,调查项目和研究项目不同,其调查的程序也不尽相同,不能否认有些性质的调查有其特殊性。

二、调查方法

调查方法实质上就是调查信息、资料的收集方法。信息资料的收集是调查研究的重要环节,要想在调查中获得真实、详尽的资料,就必须正确运用获取资料的方法。

(一) 访问调查法

访问调查法就是按照预先设计好的题目,有目的、有计划地与被调查对象进行访谈,直接收集信息的方法。访问法按照访谈对象的多少可以分成个别访谈和集体访谈。

1. 个别访谈法

个别访谈指调查员单独与被调查对象进行的访谈活动,具有保密性强、访谈形式灵活、调查结果准确、访问表回收率高等优点。根据访谈内容的不同,个别访谈又可以分成两种:标准化访问法和非标准化访问法。

标准化访问法也称结构访问,是指按照事先设计好的有一定结构的访问问卷进行访问,整个访问过程是在高度控制下进行的。非标准化访问法指调查员与被调查对象进行自由交谈,问题的提出和多少都没有限制,也不规定问题的答案,完全由调查员根据调查的进展灵活掌握,这一方法便于反映深层次问题,类似于记者的深度访问。

2. 集体访问法

集体访问法就是类似于公众座谈会的一种集中收集信息的方法,一般由组织的一名或几名调查员与公众进行座谈,以了解他们的意见和看法。集体访谈法是一种了解情况快、工作效率高、经费投入少的调查方法,但是对调查员组织会议能力的要求很高。集体访谈会开始前,调查员必须用简洁的语言向参加者说明会议的目的,并善于控制会场上的气氛,调动与会者积极发言。在交谈的过程中,参加者可以通过信息的交流相互启发,相互补充,对复杂问题展开说明。同时,通过集体的讨论,收集信息的过程也可以变成一个集思广益、寻找解决问题方案的过程。但是,如果调查员控制技巧不佳,在集体访谈的场合,则可能导致被调查对象的观点相互影响,不能正确反映每个人的真实意见。另外,集体访谈法也不适合调查某些涉及保密、隐私、敏感性的问题,因为在人数众多的场合,这类问题不便说出口。集体访谈的工作形式类似于非标准化访谈法,以自由交谈为主,会议的组织者要及时、准确地记录各位与会公众的发言,并在会后整理成完整的调查报告。

(二) 问卷调查法

问卷调查法是标准化、间接的、书面的访问,具有客观、标准、设计范围广等特点,且可控性强,便于信息的量化和统计。问卷调查法的关键在于问卷的设计,应做到提问标准化、规范化,能使被调查者对所提问题作出正确的理解和回答;提问要单一具体;问卷中的文字要简明扼要、浅显易懂,调查问卷中的提问和答案,要尽量避免使用含义不确切的模糊概念。提问要尽量客观,不能有暗示、诱导性的倾向,最好不提令人窘迫、禁忌、敏感性的问题。提出的问题宜先易后难。

(三) 文献调查法

文献调查法是指调查人员通过查阅各种文献,对媒介所传播的有关组织形象或组织发展信息进行调查统计分析的一种间接的调查方法。这是一种传统的间接收集资料的调查方法,就是通过调查文献以获得资料的调查方法。司马迁和马克思都是这种调查的典范。文献调查的作用在于:有助于形成对调研对象一般的认识,为调查打好基础;避免重复劳动,有助于启发思维;能得到现实情况的比较资料,有助于认识对象的全貌和本质。文献调查的途径一般是:

(1) 分析调研课题,以便确定文献调查的范围。

(2) 选定查找方法。比如根据文献发表时间顺序查找的顺查法、递查法,还有追溯法、循环法等。

(3) 选定查找检索工具。即选定工具书,如年鉴、手册、年表、图谱、政书、类书、百科全书、书目索引、报刊索引等。

(四) 实验调查法

实验调查法也称试验调查法,就是实验者按照一定实验假设,通过改变某些实验环境的时间活动来认识实验对象的本质及其发展规律的调查。实验调查的一般程序是:以实验假设为起点设计实验方案——选择实验对象和实验环境——对实验对象前检测——通过实验激发改变实验对象所处的社会环境——对实验对象后检测—通过前检测和后检测的对比对实验效果作出评价。

（五）个案调查法

个案调查法又叫个案调查，即"解剖麻雀"的方法，选择有代表性的对象来调查，从一斑窥全豹。这种方法较深入细致，但它是从个别认识一般，而且这个"个别"是否典型，往往因人而异，材料的客观性常受到限制。"个别"调查前一般应全面收集资料，对调查对象进行初步的分类研究，然后根据调查目的，选择典型，通过对个别有代表性的地方或单位的调查，求得对普遍情况的了解。例如，第二次国内革命战争时期，毛泽东的《寻乌调查》，就是对寻乌县的阶级状况、经济生活等作详细解剖，以求得对中国农村的普遍性认识。运用"解剖麻雀"的方法，也就是通过个别把握一般，提出对同类事物的指导性意见。

（六）抽样调查法

从研究对象总体中抽取部分对象（样本）进行调查。它是普遍调查与典型调查的结合，兼有此两种方法之长。运用这种方法，分类要全面、合理；选取样本应排除主观性以保证调查的客观性。抽样调查，是非全面调查中最完善、最有科学根据的方法。抽样调查是一种省时省力而又能得到对总体的认识的非常有用的方法。抽样的方式，有随机抽样和非随机抽样两大类。

1. 随机抽样

随机抽样又叫概率抽样。它是按照概率理论来抽取样本的。随机抽样方式又分为五种：简单随机抽样、分层抽样、等距抽样、整群抽样、多级段抽样。

（1）简单随机抽样也叫纯随机抽样。就是从总体中不加任何分组、划类、排队等，完全随机地抽取调查单位。其特点是每个样本单位被抽中的概率相等，样本的每个单位完全独立，彼此之间无一定的关联性和排斥性。简单随机抽样是其他各种抽样形式的基础。通常只是在总体单位之间差异程度较小和数目较少时，才采用这种方法。

（2）分层抽样也叫类型抽样，就是将总体单位按其属性特征分成若干类型或层，然后在类型或层中随机抽取样本单位。其特点是由于通过划类分层，增大了各类型中单位间的共同性，容易抽出具有代表性的调查样本。该方法适用于总体情况复杂、各单位之间差异较大、单位较多的情况。

（3）等距抽样也叫机械抽样或系统抽样，是将总体各单位按一定标志或次序排列成图形或一览表式（也就是通常所说的排队），然后按相等的距离或间隔抽取样本单位。其特点是抽出的单位在总体中是均匀分布的，且抽取的样本可少于纯随机抽样。等距抽样既可以用同调查项目相关的标志排队，也可以用同调查项目无关的标志排队。等距抽样是实际工作中应用较多的方法，目前我国城乡居民收支等调查，都是采用这种方式。

（4）整群抽样就是从总体中成群成组地抽取调查单位，而不是一个一个地抽取调查样本。其特点是调查单位比较集中，调查工作的组织和进行比较方便。但调查单位在总体中的分布不均匀，准确性要差些。因此，在群间差异性不大或者不适宜单个地抽选调查样本的情况下，可采用这种方式。

（5）多级段抽样是指在进行大规模的调查时，常把抽样过程分为几个阶段，将以上方法结合起来使用。

2. 非随机抽样

非随机抽样是指抽样时不是遵循随机原则，而是按照研究人员的主观经验或其他条件来抽取样本的一种抽样方法。它有四种情形：偶遇抽样、判断抽样、配额抽样、滚雪球抽样。

（1）偶遇抽样，又称方便抽样或自然抽样，是指研究者根据现实情况以自己方便的形式抽取偶然遇到的人作为调查对象，或者仅仅选择那些离得最近的、最容易找到的人作为调查对象。

（2）判断抽样又称立意抽样，就是按照调查者的主观判断选择调查样本。在市场调研实践中常用的典型调查或重点调查，其实质即判断抽样的具体应用。使用判断抽样方法，要求调查者对调查总体的特征有所了解，并具有相关的知识、经验和分析能力。判断抽样的代表性和准确性，取决于调查者的判断能力和对调查对象的了解程度。

（3）配额抽样又称定额抽样，就是按照一定的标准（如地区、职业、年龄、收入等），据其在总体中的比例分配样本的数额，调查者在分配额度内任意选择样本。配额抽样的实质是分类判断抽样，是对任意抽样和判断抽样方法的改进和提高，适用于一般的市场调研。

（4）滚雪球抽样以若干个具有所需特征的人为最初的调查对象，然后依靠他们提供认识的合格的调查对象，再由这些人提供第三批调查对象，依此类推，样本如同滚雪球般由小变大。滚雪球抽样调查的优点是调查费用大大减少，然而这种成本的节约是以调查质量的降低为代价的。整个样本很可能出现偏差，因为那些个体的名单来源于那些最初调查过的人，而他们之间可能十分相似，因此，样本可能不能很好地代表整个总体。另外，如果被调查者不愿意提供人员来接受调查，那么这种方法就会受阻。

（七）普遍调查法

普遍调查法又叫全面调查，对调查对象总体的每个部分都进行调查。其优点是覆盖面大，获得的材料全面。其缺点是耗费大。一般仅用于非如此不可的课题，如人口普查。

三、调查报告的结构

（一）调查报告的标题

其用来标示调查对象和点明调查主题。其构成方式或只有正标题，或兼有正副标题，副标题一般用来表达调查的对象和范围。可以适当运用设问、反问、比喻等修辞性语句。

（二）调查报告的引言

其主要用来介绍调查研究和调查报告写作的基本情况，让读者对本文涉及的主要对象和范围先有初步的了解，如调查目的、调查对象概况、调查过程、调查分析方法、调查队伍组成情况、调查结果和结论、调查存在的问题等。选择介绍哪些基本情况应根据写作目的和主题确定。引言要简明扼要，不要面面俱到。引言的分量很重时，可作为正文的第一部分。有时也可不写引言，而将引言要介绍的情况分别放到正文的各部分说明。

（三）调查报告的主体

引言之后、结语之前的文字，都属于主体。这部分的材料丰富、内容复杂，在写作中最主要的问题是结构的安排。其主要结构形态有三种：用观点串联材料；以材料的性质归类分层；以调查过程的不同阶段自然形成层次。

（四）调查报告的结语

调查报告常在结尾部分显示作者的观点，对主体部分的内容进行概括、升华，因此，它的结尾往往是比较重要的一个部分。常见的结语写法有下述三种：概括全文，明确主旨；指出问题，启发思考；针对问题，提出建议。

四、调查报告的文本形式

（一）文章式

这是调查报告最常用的文本形式，把内容组织成结构完整、思路清晰的文章。

（二）报道式

报道式多见于在报刊发表的调查报告，又称为新闻调查、新闻观察、新闻访谈。这种调查报告也是一种新闻文体。

（三）报告式

报告式采用公文报告或科研报告的形式。前者主要用于行政部门内部汇报，兼备调查研究文体和公文文体的特点、功能。后者多为实证研究成果，主要发表于专业学术刊物。

（四）图表式

专业调查公司常采用这种形式。它全部或基本采用图表体现实证调研结果，很适合用计算机统计处理。

（五）混合式

这种调查报告的信息形态既有文字，也有图表。混合式调查文本的运用有越来越多的趋势。

五、调查报告写法提要

（一）写作过程

（1）开展调查：确定对象、把握事实、收集资料。

（2）分析调查结果：归类、整理、统计，大量调查材料需要借助计算机软件。

（3）撰写调查报告的文稿。

（二）材料定位分析过程及其方法

（1）学习和运用有关理论知识及自己的经验，从各方面探寻与调查主题关系密切的因素，并将它们一一列出。

（2）根据调查目的和实际情况确定选择相关因素的原则。

（3）运用确定的原则，选择调查的主要因素，并逐层对主要的子因素进行分析，直到选择的因素满足调查目的为止。

（三）用事实说话

（1）用综合材料和典型材料说话。

（2）用具体材料和概括材料说话。

（3）用统计数据和对比材料说话。

（四）调查问卷设计原则

（1）主题明确。

（2）结构合理。

（3）通俗易懂。

（4）控制节奏。

（5）方便整理。

六、范文点评

范文 1

2016 年中国网络新媒体用户研究报告（节选）

中国网络新媒体用户洞察概览

A 新媒体正在逐步取代传统媒体成为使用率最高的媒体形态

常使用的媒体形态中，使用视频类网站/客户端/App 的新媒体用户从五年前的 24.7%，提高到最近三个月的 64.9%；新闻客户端从五年前的 15.1% 提高到近三月的 58.6%。相比之下，以纸质报纸，纸质杂志，电视，广播电台等传统媒体的用户使用比例下跌明显。

B 社交媒体、新闻客户端成为日益重要的资讯通道

60.8% 的新媒体用户将微信，微博等社交媒体作为近三个月中获取新闻资讯的主要方式，用户日益养成依赖社交媒体获取信息以及表达诉求的习惯，同时 58.9% 的用户将手机新闻客户端作为获取新闻资讯的主要方式，42.6% 的用户将电视新闻作为获取新闻资讯的主要方式。

C 新媒体跨屏使用行为普遍，多屏互动有较大发展

68.5% 的新媒体用户在观看视频的同时"玩手机"，38.5% 的新媒体用户选择同时使用笔记本电脑或者台式电脑。看电视时"多任务"现象的普遍存在，在观看视频的同时，互联网用户会用其他设备进行在社交网络交流等行为。

中国网络新媒体行业发展现状

■ **中国互联网及移动互联网的发展逐步成熟**

根据艾瑞整理 CNNIC 最新数据显示，截至 2015 年 12 月，我国网民规模近 6.9 亿，全年共计新增网民 3 951 万人，增长率为 6.1%，较 2014 年提升 1.1 个百分点。我国互联网普及率达到 50.3%，超过全球平均水平 3.9 个百分点，超过亚洲平均水平 10.1 个百分点。

同时，移动互联网经过多年发展已经进入相对成熟阶段，移动网民增速远超过整体网民增速，中国整体网民的增长已经由 PC 网民增长转移到移动网民的增长。相对于无法实时随身携带的 PC 电脑，用户对于移动端依赖性越来越高。

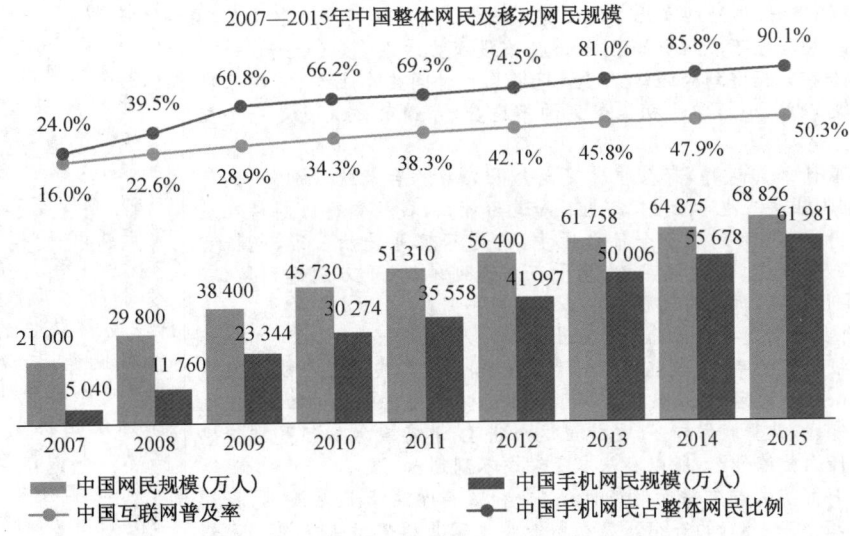

2007—2015 年中国整体网民及移动网民规模

来源：网民规模来源为 2015 年，CNNIC 发布的第 37 次《中国互联网络发展状况统计报告》

下略。

（作者：刘一萱，艾瑞咨询微信公众号，2016/06/22）

点评：

调查报告是带着一定目的，采取社会化的调查工作方法，在调查取得资料、进行分析研究的基础上，写成的有事实、有观点、有结论的书面报告。调查报告的基本内容是：反映问题现状、陈述事件经过、分析问题或事件、做法的影响、危害、作用、意义，总结经验教训、提出对策建议。调查报告的基本框架可采用以下模式：是什么—为什么—怎么办；调查背景—调查方式—调查内容—调查结果—应对之策；调查背景—存在问题—解决对策。范文虽是一篇节选的调查报告，但从节选部分可以看出，写好一篇高质量的调查报告并不简单，需要有丰富的材料、扎实的数据，所以调查报告动笔前的调查工作一定要细致周密，这是写作调查报告的重要前提。

范文2

中国小留学生海外生存状况调查报告(节选)

中国已成为全球最大的留学输出国。中国教育国际交流协会公布的《2011 中国出国留学趋势报告》显示，高中生出境学习人数已经占中国总留学人数的 22.6%。随着出国热日益升温，低龄出国汇成了一股浪潮。从 2009 年起，在美就读高中的中国留学生人数直线上升，中国已在 2011 年超过韩国成为美国高中留学生第一大生源国。中国成为全球低龄留学生的主要生源国。

小留学生的海外生存状况

根据我们在美国期间对小留学生的观察和访谈，我们发现如下几个问题是小留学生必然要经历的过程和关口，同时也反映了小留学生实际的学习和生存状况。

（一）寄宿家庭问题

小留学生初来乍到第一个问题是寄宿家庭的问题，根据美国法律未满18岁的青少年需要有法律意义上的监护人，如果留学生不选择寄宿学校，就要有一个寄宿家庭作为监护人。近年来的低龄留学潮使寄宿家庭问题越来越凸显出来，根据我们在美国对小留学生的访谈和在国内与留美学生家长的接触，发现这个问题处理不好就会成为小留学生在异国他乡的第一个噩梦。

我没满十八岁，我需要 homestay，homestay 的妈妈要去别的地方去工作，她会一周只给我们做一餐，放在冰箱一周，我们交的是一天两顿的饭钱。

吃不好是一方面，我记得吃完饭我们会直接把碗洗了，但她嫌我们这样会太浪费洗洁精，就让我们放着。

我不用她们家的餐具，但有一次我拿了她家一次性的碗和筷子，她瞬间就说你放回去你不能用。homestay 的妈妈态度不是很好，但你得忍下去，因为以后你还得在那里待下去。

不过我换了 homestay 后更夸张，坐公交车去要一个半小时。早上 homestay 妈妈会带我们去，但晚上我们得自己回来，可是我有个朋友比较好，会带我回来，但我室友有时候真的没有办法，要（花）一个半小时。我第二个家庭是墨西哥人，挺好的，我病了也照顾我。

我 homestay 的妈妈很好，但她的女儿心理上有点扭曲。有一天那女孩准备割腕自杀，送到医院去了，警察也不准她妈妈陪护，我室友没有办法忍受，我还好。

除了小留学生在寄宿家庭遭到冷遇、吃不饱、花很长的时间坐车上学、寄宿家庭自身有各种各样的问题以外，小留学生初来乍到的不适应、亲情的缺失也是一个显著的问题。

前半个月到美国看什么都新鲜，有人冲我笑我会很兴奋。后来就特别想家，什么地方都不想去啊，别人出去我也不出去，我也不知道为什么，我就觉得我想待在屋子里哭一哭。后来快开学前，都到了一个什么地步，就是不想再接触人了，包括室友。不想跟她们说话。包括进门，我都害怕，想千万别遇到她们，千万别遇到她们，就很害怕遇到人、很害怕说话，那段时间就想在房子里哭一哭。

当然，小留学生自身的问题也会因此而暴露出来。

在那个天主教学校短短的半年，我就换了三个 homestay。其实这几个寄宿家庭对我都很好，不是 homestay 的问题，是我被惯坏了。我那时候太自我为中心、太任性了。我妈妈从小就很宠我，就算我做错了，也就说这个错了，其实我做错了是期待妈妈说我的。然后我要什么就给什么，所以我基本上考虑不到别人。

寄宿家庭问题是小留学生首先要面对的问题，在和留美学生家长访谈时，我们发现这个问题很普遍，遇到一个好的寄宿家庭在留美学生家长群里仿佛就像中了彩票一样稀罕，有些留美学生家长在孩子赴美第一年一直在处理孩子寄宿家庭的问题。美国寄宿家庭大多是低收入家庭，自身素质不高，对小留学生缺乏关爱，甚至自私、苛刻、变态，对有些小留学生的身心造成了长远伤害，留下难以磨灭的记忆。

点评：

这是一篇典型的情况反映型的调查报告。其所用的主要调查方法为访问调查法。文章插入了大量的访谈资料，既有现场感，又具说服力。通过六大问题的反映，在结论部分自然而然地引出了极具价值的思考，这也是此篇调查报告的意义所在。

从本调查报告对小留学生的调查和研究来看，需要从根本上改革中国教育中存在的一系列问题：一是改变应试教育的单一评价方式，真正减轻大多数学生沉重的学业负担，通过尊重教育规律实现教育本身的分层；二是改革中国的高等教育，在教育目标、教学方式、教学评估上与国际接轨，有利于人才的国内培养，减少家长的教育投资；三是创造一个公平的社会分配机制，实现人人平等的资源分配环境，这有利于实现宽松的教育环境。

(续表)

（二）语言与文化融入问题 　　很多家长以为让孩子早一点留学，会更容易融入当地的生活与文化。然而，事实并不如家长们希望的那样，小留学生们在异国他乡，常常会因为语言和文化差异而很难融入西方文化之中。 　　美国人说我们抱团封闭，不愿和他们交往。其实我们说不是的。就是因为口语不行，不敢说。我们说中国人很害羞，不想开这个口。 　　下略。 　　（摘自《教育蓝皮书：中国教育发展报告(2016)》，社会科学文献出版社，作者：程平源。）

拓展阅读

调查报告写作"四招"

　　一篇调查报告从动笔到最后定稿，需要经过起草、修改、审稿、定稿等多个环节。作为调查活动的有形产品，调查报告越来越广泛地应用于行政管理、社情分析、学术研究、商业营销等各个领域。调查报告写作水平体现着写作者的综合素质。针对调查报告的基本写法和注意事项前人论述较多，本文试结合实例谈一谈调查报告"起草"环节的写作"四招"，希望对相关写作者有所裨益。

　　第一招：巧用数据。数据是由数量概括了的客观事实。几乎所有的调查报告都有数据，少则几个，多则几十个甚至上百个，因此数据的巧用就成为调查报告写作的"一招"。适量、适度、适当运用一些数据，客观准确地进行定量分析，有助于作者恰当地表达观点，使调查报告所呈现的内容更直观、更具体。当然，过分堆砌数据则会冲淡主题，失去它应有的作用，使文章枯燥乏味，使读者迷失在数据的海洋中。因此，数据的使用并非越多越好，特别要注意筛选与主题密切相关的、最能反映本质、最具有说服力的数据，并避免数据过分集中，使人应接不暇、难以消化。不能不用大量数据说明问题时，可采用表格式表达。经过归纳、精选的数据在调查报告中常会收到画龙点睛、举一反三的效果。

　　在《北京市居民时间利用情况调查报告》中有一段统计居民常规工作日和常规休息日所用时间的数据：

　　调查表明，我市居民人均常规工作日工作时间为 7 小时 35 分钟，占一天时间的 31.6%，剔除与工作有关的交通活动时间，实际工作时间为 6 小时 12 分钟；个人生活必需时间 11 小时 10 分钟，占一天时间的 46.5%；家务劳动时间 1 小时 46 分钟，占一天时间的 7.4%；可以自由支配时间 3 小时 29 分钟，占一天时间的 14.5%。我市居民人均常规休息日工作时间为 2 小时 43 分钟，占一天时间的 11.3%；个人生活必需时间 12 小时 13 分钟，占一天时间的 50.9%，其中，睡眠时间 9 小时 23 分钟，比常规工作日长 51 分钟；家务劳动时间 3 小时 19 分钟，占一天时间的 13.8%；可以自由支配时间 5 小时 45 分钟，占一天时间的 24%，其中，"娱乐休闲"5 小时 3 分钟，比常规工作日长 1 小时 55 分钟。

　　这些量化的数据再配以图表，既增强了文章的客观性，容易令人信服，又让读者对北京市居民常规工作日和常规休息日的时间利用情况一目了然。且这些数据都是围绕居民时间利用情况这一主题罗列的，与主题紧密相关，很好地体现了主题。

　　但《××县春耕备耕工作情况的调查报告》中的一段数据就让读者无法厘清头绪了。原文如下：

　　认真抓好农资筹备、调运及农资打假工作，满足春耕生产需要。现全县共储备杂交水稻良种 110 吨，已销售 100 吨，储备杂交玉米 135 吨，已销售 132 吨。储备各种化肥 7 060 吨，已销售 4 400 吨，其中氮肥储备 4 220 吨，销售 2 360 吨，磷肥储备 900 吨，销售 880 吨，钾肥储备 1 520 吨，销售 1 160 吨。储备农药 40 吨，销售 15 吨，储备农膜 50 吨，销售 45 吨。

这里的数据又多又乱、杂乱堆砌，且化肥的吨数和销售数量与春耕备耕情况并无太大关系，冲淡了主题，也使文章枯燥无味。

第二招：设置悬念。悬念可以引起读者的期待，吸引读者的注意力去追根溯源。调查报告中也可以使用这一招来引出调查对象、点明文章主旨、进行过渡等。一篇优秀的调查报告，不仅要善于选择事实，更要善于将事实进行排列。把一些异常或者与目前应有情况不符的事实列在开篇，进行提示或暗示，将原因、详情暂时隐藏，用疑问的方式为读者设置悬念，诱发读者的探索欲，然后再在下文中为读者一一抖出缘由与实情。这样的调查报告不仅使读者产生阅读快感，增加与读者的心理互动，也可生发文章的深层意蕴，从而最大限度地实现文体功能。

例如，《农民工返乡就业调查报告》这篇文章的开头：

目前，我国就业形势总体良好，但也出现不少新情况。由于国际金融危机的影响不断加深，国内部分企业生产经营遇到困难，造成部分农民工提前、集中返乡，出现了新型的农民"冬闲"现象。返乡农民工的就业问题，直接关系农村经济发展和农民增收，关系经济社会发展全局。农民工返乡呼唤更加积极的就业政策。国家及地方在扩大内需过程中新开工的一系列项目，其吸纳农民工就业的能力究竟怎样？各地如何因势利导，帮助返乡农民工重新就业？各地怎样扶持农民工积极创业和出现哪些创业典型？记者深入安徽、江西、重庆等地，展开了深入调查。

作者将"我国就业形势总体良好，但也出现了农民集中返乡的'冬闲'现象"这一基本情况简要概述后，将原因、详情暂时隐藏起来，三个疑问句为读者设下疑团，诱发读者的探求欲望，直到后文将扩大内需项目对农民的吸纳力、各地如何帮助返乡农民工重新就业等缘由、实情一一为读者揭开，由此农民工返乡后的就业情况也就跃然纸上了。

第三招：善用对比。对比包括横向对比和纵向对比。将两组或更多对象的基本情况进行介绍，并加以横向对比，得出原因或启示，结构简明，主题鲜明。将同一个对象的过去和将来的基本情况进行介绍，并进行纵向对比，分析发生变化的原因或经验、教训。这两种对比都可以使调查报告起到既总结了经验、揭露了问题又给人以启示的功效。

例如，《同一地区的农村经济为什么发展有快有慢？——廊坊市郊区二百个村的调查》这篇调查报告的开头，用数字简介经济发展快的一百个村和经济发展慢的一百个村的基本情况：

最近几年，河北省廊坊市郊区村庄的经济发展有快有慢，拉大了距离。发展快的村人均收入已达千元，慢的只有一两百元，甚至更低。为了弄清原因，实行分类指导，市委办公室组织了近百名干部，对经济发展快的一百个村和经济发展慢的一百个村进行了调查比较。

第二部分从五个方面将发展快慢百村加以对比：

经济结构不同，劳力结构不同，产业结构不同，经济发展速度不同，群众生活水平不同。第三部分分析对比产生以上差距的原因，归纳出五个不一样：

（一）领导班子的状况不一样；（二）发展乡镇企业的劲头不一样；（三）对智力开发的认识和态度不一样；（四）优势发挥得不一样；（五）流通领域的状况不一样。

通过这种横向对比，对经济发展速度不同的两类典型进行调查、分析、比较，揭示农村经济发展的客观规律。

《关于党报发行情况的调查报告》这篇文章，将党报近5年的发行情况进行罗列，接着用纵向对比的方式找出党报党刊发行逐年下降的原因。这些原因包括：非党报党刊的冲击，农村税费改革的影响，改制企业拒订现象严重……

这些原因是对党报发行量逐年下降这一现象进行纵向对比而得出的，据此可找出解决问题的方法和对策，主题突出，结构简明，较好地达到了调查研究的目的。

第四招：引用俗语。俗语包括谚语、歇后语、惯用语、方言土语、民谣等，这些语言大多数是劳动人民创造出来的,反映了人民的生活、经验和愿望,简练而形象,是一种高度浓缩了的生活变迁的形象反映,具有时代特色。在调查报告中适当使用,可以使材料更为生动活泼。在调查报告中适当引用俗语,有助于克服调查报告单调乏味和概念化的倾向,使文章生趣盎然;同时还可还原事物本色,凸显调查报告的真实性。

例如,《昔日荒山变绿洲——山西省右玉县绿化山区的调查》的开头是这样写的:

山西省右玉县地处雁北地区的北端,北隔长城,与内蒙古自治区毗邻。全县总面积296万亩,中华人民共和国成立前到处荒山秃岭,森林覆盖率仅0.3%。由于植被稀疏,水土流失严重。"一年一场风,从春刮到冬"。每逢风沙之日,室内白昼点灯,耕地被刮去表土。气候恶劣,环境荒凉,土地贫瘠,劳动人民挣扎在死亡线上,过着"男人走口外,女人挖苦菜"的悲惨生活。

作者用了两个民谣,将右玉县中华人民共和国成立前恶劣的自然环境和人民穷困的生活景象如特写镜头一样呈现在读者面前,还原了实际情况,增强了文章的感染力,更凸显了调查报告的真实性,使文章趣味盎然、生动真实。

同时,在调查报告的写作过程中,还要注意观点与材料的统一,处理好叙述和议论的关系,做到结构完整,语言准确、简洁、通俗,这样写出高质量的调查报告就为期不远了。

(陈娅、杨红星:《秘书之友》,2014年第9期。)

思考与练习

一、调查报告选题训练

(一)当代大学生关注的社会热点很多,你认为哪些社会热点适合做一篇调查报告的选题呢?

(二)如果让你以学校周边商家为调查对象,请拟一个调查报告的题目。

(三)请结合自己所学专业或今后的就业方向,拟一个调查报告的题目。

二、调查报告调查训练

(一)如果以学校学生宿舍的安全管理为调查报告选题,你打算如何安排你的调查工作?

(二)如果让你组建一个调查团队,以学校的绿化工作为调查报告选题,你该如何安排团队的调查工作?

三、调查报告写作训练

(一)请写一篇关于本班级同学体育锻炼情况的调查报告。

(二)请写一篇关于本班级同学课外阅读情况的调查报告。

(三)请写一篇关于本班级同学公益活动情况的调查报告。

四、调查报告情景训练

(一)根据下面情景假设,填写后面表格。

情景假设:有A、B、C三个学生都要对学生消费情况进行调查。A是团委书记,他发现部分学生的消费情况反映了精神文明方面存在的问题,想通过调查写一篇文章发表在校刊上;B是经济专业学生,在学习有关消费结构的知识后,老师要求他们通过调查分析学生消费结构特点;C是学生会社会实践的负责人,他想通过调查写一篇报告发表在学生会主板的勤工俭学简报上。

学生	调查目的	写作目的	调查主题	读者对象	文本类型	适用语体
A						
B						
C						

(二) 按以下要求进行材料定位分析。

1. 根据有关知识和经验,围绕"大学生消费现状"这个中心进行发散思考,并用主题词或语句写出 10 条以上与中心问题有关的情况、问题、看法,然后将写出的内容归纳为几个方面,确定应调查哪些主要情况。

2. 请根据题(一)的表格,从 A、B、C 中选择一个自己打算扮演的角色,确定自己应该主要调查哪些情况。

第六章 消 息

第一节 概 述

一、消息的概念

所谓新闻就是及时报道新近发生或发现的有价值的事实的一种实用类文本。狭义的新闻专指消息，它是对新近发生的有社会意义并引起公众兴趣的事实的简短报道。广义的新闻从结构而言包括消息、通讯、访谈、特写、调查报告等，其中消息、通讯和访谈是主要的三种类型。本文的消息指狭义的新闻，是一种只报道事情的概貌而不讲述详细的经过和细节，以简要的语言文字迅速传播新近事实的新闻体裁，也是最基本、最广泛、最常用的新闻基本体裁，是新近发生的、大众关系的、重要的事实的报道或传播。

消息是以最简洁的文字和最快的速度报道新近发生的、有价值的和民众最关心的事实的文体，是世界上发表数量最大、读者最多的一种文体。由于它报道迅速、传播面广、篇幅短小，在新闻报道中被广泛使用，成为新闻体裁的代表。作为一种文体，消息有如下特征。

（一）真——内容真实，事实准确

事实，是消息的本源。内容真实、用事实说话是消息的特点和优势。消息报道的力量就在于真实。真实有两层含义：一是事实的真实，一是本质的真实。所谓事实真实，即所写的人名、地名、时间、事件经过、周围环境、历史背景、引语数字、细节描写、人物心理活动以及报道中所涉及的自然科学和社会科学知识等都要准确无误。所谓本质真实，即消息所写的应是能反映事物本质的、有普遍意义的事实。

（二）新——内容新鲜，具有价值

新闻贵在新。所谓新，不仅是指别人没有报道过的事实，而且要求对于广大读者具有新的认识意义和指导意义。为此，消息不仅要把新事件、新人物、新经验、新创举等新鲜事物报道给人们，给人以新的信息，而且要选择有价值的材料，能给人以新的思想、新的认识和启迪。

（三）快——迅速及时，讲求时效

迅速及时地报道群众须知而未知的事实，是消息的又一鲜明特点。"今天的新闻是金子，昨天的新闻是银子，前天的新闻是垃圾"。当然，消息的"快"，要注意合乎时宜，要注意以

事实的新鲜和真实为前提。

（四）短——简明扼要，篇幅短小

由于报纸版面、广播时间或网络空间的限制，消息的文字量不宜大。同时，短，才能使广大读者在极短的时间里，能更多地听到、看到他们所需要的各种信息。短，也才能"快"。为使篇幅短小，报道内容要力求集中、单纯；取材要典型，能"以一当十"；用词造句要概括精练，力求用尽可能少的文字表达出重要而充实的内容。

二、消息的特征

（一）真实性

童话、小说和一般记叙文可以有虚构。新闻报道的事情必须真正发生过。新闻"真实"的相对性：一是"合理的想象"。例如，苏联记者第二次世界大战后采访老工人的通讯，报道中有这样的细节："他早早地起来了，穿上了节日的盛装，刮了刮脸，仔仔细细地梳了梳头发。"二是可能出现不同的解读。对于2003年的伊拉克战争的报道，美英军方通过电视媒体大量转播联军在战场上节节推进的场面，并大肆渲染高技术武器的巨大打击威力，以此对伊拉克官兵进行威慑，使之丧失斗志。此外，联军利用新闻发布会和接受采访的机会经常散布一些虚实难辨的消息，迷惑伊军以配合联军军事行动的展开。而伊拉克官方则更多地宣传美英空袭造成的平民伤亡和受伤人员的惨景，不断宣传伊人民反对战争，反对美国入侵的愤怒画面，争取世界舆论的支持；此外，伊方还在电视画面上播放美军战俘的画面，一度对联军士气造成了沉重的打击。

（二）时效性

简单地说，时效性就是新和快，应该是新近发生的或发现的，而且报道的速度要快。上午的头版，就是下午的末版；今天的新闻，就是明天的历史。

新闻的时效性是新闻报道的价值核心。以"9·11"事件为例，2001年9月11日，美国时间8：45，恐怖分子劫持的飞机撞击美国纽约世贸中心和华盛顿五角大楼，造成了3 000多人丧生。这是一个突发的重大的新闻事件，中国香港凤凰卫视在事件发生5分钟后，就作出了直播报道，是世界上最先作出报道的新闻媒体之一，为华人媒体在世界面前赢得了尊严。

（三）重要性

重要性决定新闻报道的顺序。2008年5月12日14时28分，四川省发生里氏8级强烈地震，全国大半地区有明显震感，震中位于阿坝州汶川县，地震造成了严重的生命和财产损失。中央电视台停播当天所有节目，汇集各方信息，对汶川地震进行24小时的全方位报道，并派出大量记者亲赴现场，创造了央视有史以来最成功的一次新闻直播报道。

三、消息的分类

按照不同的类别对消息进行分类，主要有以下几种。

（1）消息按事实性质分为：事件性新闻和非事件性新闻。
（2）消息按报道内容分为：经济新闻、社会新闻、人物新闻和政治新闻等。
（3）消息按写作特点分为：特写式消息、目击消息、解释性报道和背景报道。
（4）消息按篇幅长短分为：简讯、一句话新闻和标题新闻。

（5）消息按其他样式的分类分为：有公报式消息、答记者问。

（6）消息按西方新闻界对消息的分类分为：硬新闻、软新闻、纯新闻。

（7）消息按照记者的报道手段分为：现场新闻、视觉新闻。

（8）消息按不同的写作特点分为四大类：动态消息、经验消息、综合消息和述评消息。

事件性新闻是指以一个独立的新闻事件为核心而展开的新闻报道，其事物变动的时态是突发性或跃进性的。事件性新闻包括大量动态消息、现场特写（新闻素描）等。因具体情况的不同，事件性新闻还可进一步分为突出性事件新闻和可预见性事件新闻。

非事件性新闻是指与事件性新闻相区别的新闻报道，即对一段时间或若干空间发生的情况、经验或问题等概貌性或阶段性的反映，其时态往往是渐进性的。非事件性新闻包括典型报道、深度报道、经验性消息、述评性消息等。

现场新闻是记者在新闻发生的现场采访，及时报道事件发生发展具体状况的新闻。其特征是：事件性、时效性和现场感。现场新闻重点在采访，追求的是纪实性、实证性、可信性（权威性），写的是此时此地的此情此景。现场新闻则重在对事件的动态的表述，具有突发性、变异性、进行式，稍纵即逝。现场新闻包括：现场目击、现场见闻、现场察访和踏访。

视觉新闻只是报纸等纸质媒体应对电视以及电子媒体等现场新闻对文字新闻的挑战而采取的一种报道手段。现场新闻大多数都有资格称为视觉新闻，视觉新闻并不都有资格称为现场新闻。视觉新闻重点在写作，追求的是新闻的生动性、形象性、可读性，写的内容是此情此景。视觉新闻较多的是对事实的静态描述，所表现的事物往往是恒久存在的。

现场新闻和视觉新闻的区别在于：一是视觉新闻重点在写作，追求的是新闻的生动性、形象性、可读性，写的内容是此情此景。现场新闻重点在采访，追求的是纪实性、实证性、可信性（权威性），写的是此时此地的此情此景。二是视觉新闻较多的是对事实的静态描述，所表现的事物往往是恒久存在的，现场新闻则重在对事件的动态的表述，具有突发性、变异性、进行式，稍纵即逝。

动态消息也称"纯新闻"，是最常见的消息类型。它迅速及时地报道国内外正在发生或新近发生的新闻事实，是反映新事物、新情况、新动向的主要的消息体裁。它有两种不同情形：一种是对刚刚发生的或新近发生的单独事件的报道；另一种是对在较长的一段时间内具有一定持续性变动事件的报道。其特点是能给人以动态感，强调反映事物的最新动态；讲究"时间"要素，特别注重时效；短小精悍，一事一报。

经验消息是反映某地区或某单位在执行党和国家的路线、方针、政策中，所取得的典型经验、成功做法及其显著效果的一种新闻体裁。它是典型报道的一种，用以推动全局，指导工作。

经验消息中经验的选择遵循如下原则：第一，应当具有新闻性。第二，要选取新鲜的、富有特点的经验。第三，要先取针对性强、能解决当前突出的实际问题的经验。第四，要选取具有启迪和指导作用的、具有普遍意义的、经过实践检验的、比较成熟的典型经验。第五，不用面面俱到，抓住最主要的经验。

综合消息是围绕一个主题思想、从不同侧面概括反映某个事件、问题的全局性情况，或综合报道不同地区、单位具有同类性质又各有特点的多件新闻事实的一种新闻体裁。综合消息有如下特点:第一,不受空间的限制。第二,由多地、多件新闻事实组成。第三,从不同侧面表现共同主题。第四,报道面广,声势大。

四、消息的要素

消息作为一种以叙事为主的文体,它的基本要素和我们语文界常用的记叙文的六要素是一致的。教材把它们概括为"5W+1H",即:谁(Who)、何时(When)、何地(Where)、何事(What)、为何(Why)、过程如何(How)。换一种说法就是:人物、时间、地点、事件、原因、发生过程。如果把这六要素串起来,概括成一句话,就是一句通俗易懂的句子:

某人某时在某地由于某种原因做了某事出现了某种结果。

一篇新闻报道,无论是消息,还是通讯、特写,一般都包含这些因素。

通过对这六要素的把握,我们面对一篇新闻,可以很迅速地把握其主要内容。这对于每天接触大量信息的现代人,快速筛选有用信息,提高阅读效率,无疑是有帮助的。

第二节 消息的结构

消息的结构通常指两个方面的意思:一是指消息的构成,即一篇消息稿内容上的结构成分,一般由标题、导语、主体、背景、结尾和背景五个部分组成。前三者是主要部分,后两者是辅助部分。二是指消息的结构形式,即作者对已过滤的新闻材料进行总体性安排或布局的方式。消息的各个部分有如下基本要求:

标题:高度概括,抓人眼球。

导语:用来提示消息的重要事实,使读者一目了然。

主体:随导语之后,是消息的主干,是集中叙述事件、阐发问题和表明观点的中心部分,是全篇新闻的关键所在。

结语:一般指消息的最后一句或一段话,是消息的结尾,它依内容的需要,可有可无。

背景:是事物的历史状况或存在的环境、条件,是消息的从属部分,常插在主体部分,也插在导语或结语之中。

一、消息的标题

消息的标题有下面三种结构形式。

(一)单一型结构

只有主标题,没有辅助标题。单一型结构的标题多数是一行题。

(二)复合型结构

除主题外,还有辅题,即引题、副题或两者都有。复合型结构的标题都是多行题。引题的作用:交待背景、烘托气氛、揭示意义、提出问题、说明原因(目的)、长句短化。副题的作用:交代事情结果、补充次要事实、印证主题中的观点、解释主题的概括。

（三）标题的结构安排应注意的问题

一是单一型结构的标题必须是实题，意义必须完整。二是复合型结构的标题各部分之间的内在逻辑关系要正确，标题的虚实结合要恰当，标题分行要合理，主题意义必须完整。

二、消息的导语

消息的开头称作导语，导语是以简练而生动的文字介绍新闻事件中最重要的内容，揭示消息的主题，并能引起读者阅读兴趣的开头部分，它往往是最精炼、最重要的部分。消息的导语发展经过了三个阶段。

（一）第一代导语

这种导语也称六要素导语或全型导语，就是消息六要素齐全的导语，它常被用在动态消息，政策性强、内容单一的短消息以及突发事件等新闻当中。例如：

［本报上海9月22日电］记者吕网大报道：我国优秀跳高运动员朱建华今天下午在上海虹口体育场举行的第五届全运会田径决赛中，跳过2.38米，打破由他本人保持的2.37米世界男子跳高纪录。（《人民日报》）

新华社驻美国记者任毓骏、王如君报道：9月11日上午9时48分，一架飞机撞到了纽约世界贸易中心大楼，飞机把大楼撞了个大洞，在大约距地面20层的地方冒出滚滚浓烟。就在楼内人员惊慌失措之际，18分钟后，又有一架飞机撞上了世贸大楼，这架飞机是从大楼的一侧撞入，由另一侧穿出，并引起巨大爆炸。

六要素导语的长处是具体、完整。它可以独立成一条消息，但内容太多，主次不分，重点不突出，就像挂满手帕、裤衩到衬衣、领带一应俱全的一根晒衣绳，罗列的事实过于繁琐，行文的风格过于拖沓，故有人讥之为"晒衣绳"式导语。

这一类导语开门见山、一语中的，把最重要的信息首先传递给受众，满足受众渴望获得信息的需要，是最常用的导语表现形式。这种导语在写作手法上突出写实、用词凝炼、笔法简约，很少运用感情色彩强烈的词句，曾被前人奉为新闻导语写作的典范，然而由于它的局限性，容易使文章听来呆板、苍白，陷入"千篇一律"的格式里，因此，第二代导语也就应运而生了。

（二）第二代导语

第二代导语也称微型导语或部分要素导语，即指导语中只包含"六要素"中的部分要素。只把五个"W"中的最重要的因素置于导语中，只有两个或三个"W"。该类导语通常突出"六要素"中最能激发人们兴趣的，或者内容最重要的就可以了。这种导语因为形式多样、写作手法灵活而被新闻工作者广泛使用。例如：

今天下午，朱建华以他有力一跳，飞过2米38横竿，再次成为全球跳得最高的人。

（三）第三代导语

第三代导语也称丰富型导语。在第二代导语突出部分要素的基础上，第三代导语与之一脉相传，把落脚点放在了"如何去突出这些部分要素"上。例如：

他平缓而有节奏地飞跑到最佳点，突然背向横竿凌空跃起，巨大身躯拖着收拢的双腿向前飞去,以这样优美和谐风姿跳过 2 米 38 高度。一个新的男子跳高世界纪录诞生了。

既然第二、第三代导语都强调突出处理"部分要素",那么我们自然会问,究竟哪些要素需要在导语中加以突出呢?

同一新闻事件的六要素中,判断哪个最为关键和重要,并无固定和绝对的标准,有时和记者所在的新闻机构的性质、观点、倾向有关,有时随整篇报道的侧重点和角度的不同而转移。所以,同一个新闻事件在不同的记者看来,需要强调和突出的重点也是不同的。比如,同是一起盗窃案,有的记者会突出"Why"——保安的玩忽职守;有的记者会突出"Who"——窃贼竟是公安人员;也有的记者可能会突出"When"——"两打"专项斗争中的一个大白天。

(四)导语的写作技巧

导语写作贵在开篇有物,切忌空洞,充满概念和口号,也不能有太多人名、头衔、单位名称,否则会挤掉或冲淡重要新鲜的新闻事实。

在决定了导语中必须包括什么内容之后,如何在一个句子中尽可能着重地表述它,这就是关于导语语言的问题。"导语不但是个句子,更是个强调性的句子。"这意味着必须把导语构思成对想要表达的主题具有最强的冲击力和最大的吸引力。在导语写作中,最有强调性的技能应包括以下几个。

1. 词序

和消息的"倒金字塔结构"的旨趣相同,如果把关键信息一直保留到导语末尾,那就可能失去读者,所以把一条新闻的六要素中最重要的那个因素置于最前就很重要。这里我们比较两组导语的写作:

数千名外国游客今天同北京市民一道欢度中秋节,其中还有一名曾经登上月球的美国宇航员××××。

20 年前登上月球的美国宇航员××××和数千名外国游客今天同北京市民一道欢度中秋节。

我们发现,第二组导语一下子就点出了"Who"这个因素,引起人们对宇航员的注意,而在这里人物的特殊性正是整个消息最具新闻价值的地方。

2. 巧用动词

新闻是"新近发生事实的报道",这一定义的本质就决定了新闻语言多用动词和动词短语。在任何句子中,动词都是让句子富有生命力的关键。通过挑选生动的、有表现力的动词,使句子获得最大限度的流动感和跳跃感,为所表达的主题造成最强的冲击。美联社 1974 年修订的《编辑手册》中对记者的新闻写作提出了 10 个要求,其中第 6 条明确规定:"要牢记,一个句子中至少有一个实体动词,而这个动词应当是句子中最重要的词。"有效的新闻写作所选用的动词,不仅告诉读者发生了何事,而且还能告诉读者是如何发生的。优秀的记者会说拥挤的车辆"窒息了"而不是"塞满了"市中心,龙卷风"蹂躏了"而不是"破坏了"庄稼,罢工的工人"大叫大嚷地推翻了"而不是"拒绝了"对方提出的一套和解方案。例如:

今天下午格林尼治时间 7 时中国爆炸了一枚原子弹,从而闯进了核俱乐部。(路透社北京 1964 年 10 月 16 日电)

这条导语的后半部分本来可以写成"从而成为又一个掌握了核技术的国家"或"从而使中国加入核技术领先的行列中"。"成为""加入"虽然是动词,活性却不强,而"闯"字一下子就显得形象化,动感十足。

当然,需要指出的是,固然动词的巧妙使用会令导语活色生香,但记者不能为获得此类效果而背离新闻事实。在寻求说明事实的动词时,新闻的真实性和用词的准确性仍是第一位的。

3. 多用短句

用短句,这是新闻句式的重要特征。新闻界把新闻语言的简洁作为一种追求目标和新闻写作最基本的规则。在《美联社写作手册》中,"简洁"作为其中专门的一条规定:"学不会把文字写得简洁有力的人,不必想为美联社写作。"在具体的报道中,简洁明快的语言随处可见,而在一句话导语中最为明显。例如:

欧洲大战于昨天拂晓爆发!

日本投降了!

今天,最后一个美国兵离开了越南。

这样的导语可谓是简洁有力、惜墨如金的典范之作。

三、消息的主体

消息导语之后,结尾之前的这部分内容,它所涉及的内容要比导语详尽、充实、丰满,篇幅要比导语长,同时要受新闻导语的制约。消息导语写作固然重要,但消息躯干部分的写作切不可轻视。古人为文时,把文章的开头、中间、结尾喻为"凤头、猪肚、豹尾",即特别强调中间部分的充实饱满。

主体是新闻的主要部分。它承接导语,阐述导语所揭示的主题,或回答导语中提出的问题,对新闻事实作具体的叙述与展开。写主体要注意如下几点:一是主干突出。新闻的主体是主干,典型材料要用在主干上。要去头绪、减枝蔓,与主题无关的要舍弃,次要材料要简略。二是内容充实,回答导语中提出的问题,其内容必须具体、充实,这样才有说服力。导语提出什么问题,主体就要回答什么问题,这样才能紧扣中心,突出重点。三是结构严谨,层次分明。要恰当地划分段落,有条不紊地展开叙述,安排层次有以下几种顺序:①时间顺序,按事情的发生、发展、结束的先后顺序安排层次;②逻辑顺序,就是根据事物的内在联系来安排层次;③时间顺序和逻辑顺序相结合,这样写严密而有条理,活泼而不紊乱。

四、消息的结尾

所谓消息的结尾,就是消息的主体部分已经将新闻事实的来龙去脉交代清,写作者从新闻事实的整体和阐明主题的需要做一个"结"的工作,即从全盘考虑作出进一步的总结、概括、说明或补充。它有时作为消息的最后一段,有时是消息的最后一两句话。例如:

《马寅初错案彻底平反》

[新华社北京7月25日电]新华社记者杨建业报道:7月中旬的一个上午,往日静悄悄的北京总布胡同32号宅院顿时热闹起来:中共中央统战部副部长李贵专程来到这里,拜访了

98岁的著名经济学家马寅初先生。

……

20多年的是非终于澄清,冤案终于平反。实践宣布了公允的裁判:真理在他一边。

(1979年7月26日《新华社新闻稿》)

消息的结尾一般要做到紧扣主题,不能画蛇添足;要力求精练,切忌空谈阔论,力避重复、啰嗦;要自然,忌生硬。有些消息并无结尾,事实说完了,也就结束了。

五、消息的背景

消息的背景就是用来对新闻事实进行解释的所有事实材料。西方一位新闻学者说:"新闻背景就是用来解释新事实的旧事实。"我们知道任何事物(新闻事实)都不是孤立的,它总跟周围的事物有着千丝万缕的联系,为了使受众明了消息中所报道的事实,就必须交代背景;为了使消息深化,就必须交代背景;为了使消息增加信息量,就必须交代背景。会不会使用背景材料,是一名记者够不够格的标志之一,善于不善于使用背景,是一名记者成熟不成熟的标志之一。胡乔木说:"你得在你的新闻里,每一次供给他详细的注释,纵断面和横断面的背景,色、香、声、味,呼之欲出,人证物证一应俱全。这样你的新闻就叫做'立体化'了,就叫做让人明了了。"

背景材料的种类及其作用有以下几点。

(一) 对比性背景材料

对比性背景材料就是用来跟新闻事实做的事实材料,如古今比、中外比、正误比前后比等。不比不知道,比了才明了,对比是证明和说服的有力手段,对比性背景材料的作用在于:可以显露新闻事实的特点和意义;可以阐明新闻的主题;可以表达记者的观点。例如:苏联赫鲁晓夫上台时,大骂斯大林。一位西方驻莫斯科记者,为了揭露赫鲁晓夫的两面派嘴脸,曾巧妙地使用了一段对比性材料,说"就是这个赫鲁晓夫,在他担任乌克兰共产党第一书记时,曾说过斯大林同志如同我亲生的父亲。"

(二) 说明性背景材料

说明性背景材料就是来说明和解释新闻事实产生的原因、条件、环境以及人物的身份、特点的事实材料。它包括新闻中有关的时代背景、历史演变、地理环境、物质条件和人物的身份、资历、性格特征等的事实材料。所以,有人又把这类背景材料分为历史背景材料、地理背景材料、人物背景材料以及事物背景材料。它们的作用在于:可以使新闻更容易理解;可以使新闻更全面深刻;可以使新闻的意义更突出。例如:

1987年,里根任美国总统期间,曾提出了一项超过1万亿美元的预算。美联社记者为了加强公众对这个数字的理解和印象,在一条简短的消息中就专对1万亿美元作了形象化的注释。

[美联社1月6日华盛顿电]里根总统昨天向国会提出的预算,被新闻界称作美国的第一个万亿美元预算。

实际上这个预算是1.024 0万亿美元。1万亿实际上就是1 000个十亿,或者100万个百万。月亮离地球25万英里远,从月亮到地球200万个来回才能达到1万亿英里这个数目。1万亿英里还意味着从地球到太阳5 376个来回。如果这1万亿难以用美元来表述的话,听听里根总统是怎么解释的。他在1981年2月18日向国会发表的演讲中说,1万亿美元意味着用一千美元面值的钞票垒109千米那么高。1万亿美元足以使全世界每个人分得250美元。它还意味着占美国国民生产总值的四分之一。

第三节　消息的结构形式

　　消息的结构形式是指消息中新闻材料安排结合的方式。消息除了有标题,还有导语(有些新闻带头的括号里的内容,如"北京日报6月14日讯")、主体、背景和结语组成。但不是每篇新闻都具有这5个部分,有的新闻就没有导语和背景。消息常见的结构形式是:倒金字塔体、时间顺序体、新华体、华尔街日报体、散文体等。

一、倒金字塔体

(一)定义

　　倒金字塔式结构是一种头重脚轻、虎头蛇尾式的结构,它把最重要的材料放在篇首,最不重要的材料放在篇末,从导语至结尾按重要性程度递减的顺序来组织安排新闻材料。

　　倒金字塔式是针对消息内容而言的,就是把最重要、最新鲜、最精彩、最能吸引读者的信息放在最前面,然后才介绍比较重要的信息,一般的信息则放在最后,而不是按照时间的发展顺序安排内容的结构。也即新闻写作中重要的材料放在导语中,次重要的材料放在稍后的段落,最次要的材料放在篇末,从导语到结尾,新闻材料的重要性呈递减趋势的一种消息结构形式,按时间顺序,依次叙述。

(二)特点

　　(1)根据事实的重要程度来安排材料;决定段落层次的顺序,常呈现为"重要""次重要""次要""更次要""补充""进一步交待性材料"的顺序。

　　(2)把最重要、最新鲜或最精彩的新闻事实放在导语中,其他事实也是按照先重后轻、先主后次的顺序来安排;打破了记叙事件的常规,在材料的时间特征上,往往呈现以下公式:首先是"总体性倒叙"。即将最后结果或后发生的却富有吸引力的材料,置于篇首。其次是"局部性倒叙",即"倒叙中的顺叙",即在局部性倒叙中又用顺叙说明过去一段时间内,"开始如何,后来又如何"。最后是"总体性顺叙",即"现在正在如何,进一步又如何"。

　　(3)它的导语常是直叙型的部分要素导语,导语中只突出某个要素,只讲主要事实。它包含了最重要的事实,又往往具有相对独立性,可独立成章,变成"简明新闻"或"一句话新闻"。

　　(4)对事件过程的叙述比较简略,每段文字都比较简练。

(三)优点与缺点

　　(1)便于读者迅速掌握全篇的精华和消息中的重要内容,同时也满足读者尽快获得最新消息的心理要求。

(2) 线索清楚，与人们认识事物的习惯相吻合，能迅速地把最新鲜、最重要的事实，开门见山地告诉读者，使读者一目了然，节省读报时间。

(3) 便于记者迅速报道新闻，把最重要的新闻事实最先发出来。

(4) 便于编辑快速选稿（是否录用）、分稿（用在哪个版面）、组版（安排在什么位置）、删节（如果版面不够可以从后往前删，不必调整段落）。但它也易于造成程式化、单一化的毛病，而且，它比较适宜写时效性强、事件单一的突发性新闻，而用它来写非事件性新闻、富有人情味、故事情节强的新闻，就不太适合。

（四）写作难点

倒金字塔式的写作难在准确掂量构成新闻事实的各种材料的分量，排列出材料的主次。记者观察角度不同、记者立场不同对材料的轻重主次都有不同的认识，尤其是政治材料的前后次序安排，往往与记者的政治理论水平有很大关系。

这种结构难在捕捉事物发展各个阶段的关键性材料，即关键性的冲突、关键的人物及其言行、关键的场面。只有捕捉好了，才能使消息既有头有尾又避免繁冗，而且生动感人，有吸引力。

二、时间顺序体

（一）定义

时间顺序体也叫编年体，是按新闻事件发生始末、发生发展的时间顺序来安排结构，即依时间顺序安排材料的一种消息结构形式。事件的开始和结束，就是新闻的开头和结尾。

（二）特点

时间顺序式结构通常不一定有单独的导语，往往按时间顺序来安排事实，先发生的放在前面，后发生的放在后面。按事件发生的时间顺序自然地进行记录，比较适合故事性强、以情节取胜的新闻，尤其是现场目击记，运用其他结构反而支离破碎，失去了故事性。

（三）优点和缺点

这种结构叙事条理清晰、现场感强，且很适合写那些故事性强、以情节取胜的新闻，尤其适合写现场目击记。

其缺点是开头平淡，难以一下子吸引受众；消息的精华也可能淹没在长篇的叙述之中；新闻程式化、单一化，比较枯燥，最重要的材料往往不在开篇，多数在消息的中间和结尾，读者必须看完整篇报道后才能了解其基本内容。所以，一些重大的新闻性很强的突发性事件不适宜采用这种结构。

三、新华体

新华体指的是新华社早年报道新闻时通常使用的一种写作形式，特点是速度快、有时效性，并且篇幅短小。但是文字枯燥、生硬。

新华体是倒金字塔与金字塔的结合式写法。由于新华社作为国家通讯社的权威性、公信力和影响力，其整体风格是庄重严肃；在内容上，"新华体"表现为"真实、客观、公正"；在形式上则表现为"严谨、稳健、清晰"，既有简洁生动的文章，也有规格化的公报新闻。因此新华体又被看为是一种党报文体。新华体的特点是：消息简洁，文字精炼、篇幅短小；善于用事实解释事实,很少空发议论;层次清晰,尽量做到一个事实一段,消息中段落过渡自然;稳健中见权威,该快则快,该慢则慢,注重通稿的信誉;善于抓大问题、关键性问题,重大事件的报道多有令人耳目一新的角度,主题开掘深刻。

(一) 新华体的基本格式

首先,把事件中最重要的部分在导语中简明地体现出来。其次,在第二段进一步具体阐述导语中的这个重要部分,形成支持,不至于使受众在接受时形成心理落差。因而,第二段实际上是一个过渡性段落。再次,按照事件发展的时间顺序把"故事"讲下来。

"新华体"是一种中外结合体,是在吸收倒金字塔结构的优点的情况下诞生的,是倒金字塔和金字塔的结合,在导语点题,主体部分按照时间的顺序从头说起(倒金字塔结构:以事实的重要性或受众关心程度依次递减来安排消息内容,犹如倒置的金字塔或倒置的三角形,它多用于事件性新闻。金字塔结构:依据事件发展的顺序来写,文末才把事情的结果、最重要的材料显示出来)。我们国家的新闻报道一般是遵循时间顺序,但是这种"讲故事"的写法已经不适合受众的阅读习惯(一般人没有时间听你讲长篇大论),所以"新华体"在吸收中外新闻报道之长的情况下诞生了。它是"我国新闻媒介报道语言几十年一贯制的老面孔"的代表。

(二) 新华体式的会议消息写作

新华体最典型的是会议消息。这种会议消息写作,在导语交代会议的时间、地点、出席领导、核心内容之后,第二段一般情况为开会的背景或原因,第三段开始罗列领导们的精辟语录,第四段总结会议的精神,展望会议之后的美好前景(优点:中庸,不容易出错;缺点:读起来死板枯燥,会议内容、重点不够突出,隐藏在新闻主体里,读者不容易得到最重要的信息)。

四、华尔街日报体

从与重大新闻事件有关的某一有趣的小故事写起,在小故事讲完后再用一个过渡段将小故事与新闻事件联系起来,待新闻事件写完后再把笔锋折回到开篇时讲的小故事。这种体例是《华尔街日报》的记者首先使用的,故称华尔街日报体。

五、散文体

散文体就是用散文手法写的消息,吸收散文在结构和表达等方面的特点,材料和层次安排自由、灵活,语言表达不拘一格,特点是形散而神不散。最重要的材料往往不在消息的开头,而是根据表达主题的需要灵活安排,适用于情感色彩比较浓的新闻,一般说来以文笔优美取胜。

散文体写作注意事项:
(1) 巧设文眼。
(2) 善于用绕过贯穿成文。
(3) 注意捕捉细节,用生动传神细节描写,使得人物鲜明饱满、事物栩栩如生。
(4) 内容真实,不虚构。

第四节 消息写作中辞格的运用

纸媒新闻的标题是增强新闻吸引力的第一要件,有多种方法和技巧可以增加新闻标题的吸引力,对偶、回环、设问、复辞等辞格的使用较为常见。

一、新闻标题中的对偶辞格:短小精悍,形式匀称

新闻标题一般分为引题、主题、副题三部分。是否具有吸引力是衡量新闻作品好坏的重要标尺之一,而新闻标题又是增强新闻吸引力的第一要件。有多种方法和技巧可以增加新闻标题的吸引力,对偶辞格的使用是其中之一。

与纸媒新闻相比,网络新闻的标题和正文分离,标题必须吸引读者注意以提高点击阅读率,所以宁实毋虚。而且,网络新闻标题多采用单行,更注重标题的简洁精练,因此对偶辞格在网络新闻标题中使用相对较少。

(一) 平行对居多,出对句较短且对偶从宽

① 转作风　促发展(《中国体育报》2013年3月11日)
② 巍巍峡江景　历历小盆中(《湖北日报》1982年10月3日)

例①由三字格的动宾短语构成正对,简洁有力。例②"峡江景""小盆中"结构从宽,兼用叠音辞格。亦有极少数例子是以流水对或较长的对偶句作为标题。例如:

③ 破解转型难　方见生态美(《人民日报》2013年3月10日)
④ 牌出多门:红牌,黄牌,见钱发牌　管无章法:你管?他管?谁都不管(《长江日报》1986年8月29日)

例③是条件关系的流水对,标题即已将新闻内容和主旨暗含其中。例④主标题是散行从宽的长对形式,对引题中关于某些三轮车主敲诈顾客及管理无序的情况进行呼应,读来流畅自然,韵律感强,且以问句引发思考。

(二) 特色词语使用巧妙

① 三十一位同窗友　二十五年祁连月(《光明日报》1983年10月30日)
② 房前绿水哗哗笑　屋后青山步步春(《大众日报》1982年6月18日)
③ 往年二龙抢珠　今岁三雄鼎立(《新民晚报》1982年5月1日)
④ 榜上无名　脚下有路(《中国青年报》1980年7月10日)

例①的数字分别指人数和新闻主人公扎根山区的时间,形式工整匀称。例②标题大胆避实就虚,借新山村如画美景歌颂党的惠农政策,选词精致,色彩浓郁。例③有时间词成对,并借用两个嵌有数字的很有民族特色的成语预告象棋比赛的情况。"往年"与"今岁"自然形成对比。例④方位词"上""下"入对,与"有""无"构成两处反义词,形式简练,易懂易记,给人启迪。

（三）常套用其他辞格

① 能人教众人　众人变能人（《中国农民报》1982年6月17日）
② "金鸡"报喜　"百花"盛开（《羊城晚报》1981年5月24日）

例①是规则重字对，兼用回环辞格，巧妙体现了两句之间的因果联系。例②是正对，以"金鸡""百花"来借代两个电影奖，并用拈连手法表明电影奖评比揭晓，整个标题生动活泼，喜气洋洋，有助于引起读者的阅读兴趣。

（四）虚实结合，形式与内涵的统一

① 绿了章古台　白了少年头（《辽宁日报》1983年11月16日）
② 看不到万家灯火　为的是万家团圆（《解放军报》1989年2月6日）

例①独具绘画美感的色彩词相对，有特殊的视觉效应，描绘了科技人员黑发变白与章古台沙漠由黄变绿的相互映衬，语句简洁工整，对照鲜明。例②是结构宽对，驻守黄海海洋岛的三军将士除夕夜坚守岗位，上句写现实处境，下句写崇高精神，质朴而又深情。

二、新闻标题中的复辞辞格：同形复现、同音叠响

简洁精炼、新颖奇巧、通俗平实是新闻语体的语言特征。新闻语体语言要求言简意赅、辞约意丰，简洁精炼。而新闻语言的新颖奇巧更是新闻得以传播的条件之一。新颖奇巧的语言可以引起受众的注意，带给受众喜闻乐见的美感。同时，新闻的传播特点还要求语言通俗平实，易懂易记。新闻语言，尤其是电视语言、广播语言，语音往往稍纵即逝，受众要求过耳不忘。复辞在这几方面都可以发挥自己的修辞能量。

（一）接连式：与间隔式复辞合用

① 美丽决赛美在场内　人气大战战于场外（《澳网女单决赛"另类"比拼》标题，《新民晚报》2008-01-27，A10版）
② 三朝元老不言老　十年磨剑剑出鞘——上海两将携手出战奥运现代五项赛（《新民晚报》标题，2008-01-09，A21版）

上面两例都是第一句为句法变换但意义没有变化的接连式复辞，第二句是间隔式复辞。其中，"美丽决赛美在场内""三朝元老不言老"中，第一个复辞项"美""老"是词素，第二个复辞项"美""老"是词。两例都是句法变换但意义没有变化的接连式复辞和充当不同句法成分或意义也发生变化的间隔式复辞的合用。这种多种反复中的变化美的合用给读者留下的印象深刻，让人过目不忘。同时，两式并呈，美感更强。复辞都是反复中又有变化，而其变化的形式可以多种多样，灵动活泼。

（二）间隔式：变而不变的复现美

1. 复辞项为主语、宾语或修饰语等不同成分

复辞项为主语、宾语或修饰语的复辞非常普遍，或者主语（主语的修饰语）与谓语相同，或者主语和宾语的修饰语相同，或者复辞项为词或词素且分别位于主语部分和宾语部分，或者复辞项为词或词素且分别位于主语部分和谓语部分且意义也发生变化，或者复辞项为词且主语的中心语和宾语的中心语相同，或者复辞项为词且主语的修饰语和宾语的修饰语相

同。例如：

① 央视评郭美美高调复出：丑闻是丑闻制造者的通行证（央视《新闻1＋1》标题，2011-09-14）

② 大家小书——大家写给大家看的书（《新世纪青年》编辑部标题）

③ 身份忽真忽假，选票忽多忽少，哨子忽硬忽软
CBA联赛，到底"忽悠"谁？（《新民晚报》标题，2008-01-09，A20版）

例①主语与宾语的修饰语相同，词语意义不变，只是句法作用变了。例②主语与宾语的修饰语都是"大家"，但是词语意义和语法意义都变了。"大家小书"，是一个很俏皮的名称。此所谓"大家"，包括两方面的含义：第一，书的作者是大家，即名家、大手笔；第二，书是写给大家看的，是大家的读物。所谓"小书"者，只是就其篇幅而言，篇幅显得小一些罢了。若论学术性则不但不轻，有些倒是相当重。其实，篇幅大小也是相对的，一部书十万字，在今天的印刷条件下，似乎算小书，若在老子、孔子的时代，又何尝就小呢？"大家写给大家看的书"中，第一个"大家"是指书的作者是知识渊博者，第二个"大家"是指大众。例③复辞项"忽"先是在引题中连接不同成分形成是鼎足对，又在主题中作为词素形成方言词"忽悠"，与引题相呼应。虽然前后意义发生了变化，但是不变的"忽"的运用使标题同中有变，多种审美并呈融合。上面几例有时是成分变，有时是意义变，体现的是不变而变的复现美和奇趣美。

2. 复辞与谐音相结合使用

① 看好中国足球前景和钱景（广州《新快报》标题，2008-11-21）

② 退役不退志退伍不褪色（《贵州日报》标题，2010-08-03）

③ 时事观察："首都"变"首堵"京城大堵车背后的思考（新华网标题，2010-09-21）

④ 要真相不要想象（央视《社会与法》频道评论广告语）

词素也可以和词相结合使用，同时复辞和谐音相结合使用，如上例中的复辞项"景""退""首""要"，结合使用谐音词"前"与"钱""退"与"褪""都"与"堵""相"与"象"形成"音"之复辞。这种用法显得新奇而巧妙。

3. 复辞与回文相结合

① 2011年央视春晚精彩对白抢先看：没有房产别进产房（《天津网——每日新报》标题，2011-01-24）

② 北上广深房价停涨引热议网友：是涨停不是停涨（《中国经济网》标题，2011-08-20）

③ 名人戏说人名（《新华每日电讯》标题，2010-12-03，第15版）

例①中"房产"和"产房"、例②中"涨停"和"停涨"、例③中"名人"和"人名"这种回文式（即严式的回文）复辞，两个复辞项意义完全不同。但是在一个短短的句子中，这种同中有异的复辞，把反复美与回环美融通为一，别具情趣。

4. 两个复辞项意义相对立

① 就是这种要命的程序，非得把正常的事逼成不正常的不可，要不哪来寻租空间。（《每日一评：如此走程序，是拿工作当游戏》，《新华每日电讯》标题，2009-09-02，第3版）

② 在平凡的岗位上创造不平凡的业绩(《东方网——文汇报》标题,2010-01-30)

③ 空碗不空——读姚育明新著《手托一只空碗》(《新民晚报》标题,2008-02-03,B6版)

以上几例复辞都是一个词前面加"不"形成的,例如"不正常""不平常""不普通""不平方""不空"。这种在一个短小的句子中复辞项意义相对立的复辞不变中有变,是反复美的特别形式。

5. 复辞与不同修辞格兼合

① 侯麦的所有电影,与文学有关,与想象有关:那是依傍着文学的爱情,是爱情的想象与想象的爱情。(《爱情的可能与可能的爱情》,《文汇报》2010-01-13)

② 考爹是拼爹的变种(《广州日报》标题,2011-06-14)

③ 稳中求进:稳为基础重在求进(《新民晚报》标题,2013-12-15)

④ 能人教众人　众人变能人(《中国农民报》标题,1982-06-17)

例①为复辞与回环合用,"爱情、想象"及"爱情、可能"分别充当定语和中心语。例②为复辞与仿词相结合运用,"考爹"是仿词,和"拼爹"分别处于主语部分和宾语的定语部分。例③为复辞与总分合用,复辞项由一个句子扩展到两个句子中。例④复辞项"众人"相顶真,复辞项"能人"相环顾,且又形成对偶,是多种辞格的兼用。

6. 对偶间隔式

① 大腕大牌垫脚　有模有样踢球

香港明星队与申花俱乐部过招(《新民晚报》标题,2008-01-24,A21版)

② 牌出多门:红牌,黄牌,见钱发牌

管无章法:你管?他管?谁都不管

(《长江日报》标题,1986-08-29)

③ 中超赞助商来一个伤一个　皮夹子捡一只少一只(《新民晚报》标题,2008-01-10,A10版)

这里例①、例②、例③都是对偶式与意义、词性不变而连接不同成分的复辞相结合而成的,其使反复富于匀齐美和对称美之中。

(三) 同语式

同语式复辞有多种类型。这里主要说判断同语式和施受同语式,可以说都是主语和宾语相复而成的复辞。例如:

① 仪式不仅仅只是"仪式"(《新民晚报》标题,2008-01-18,B2版)

② 纽约还是纽约美国还是美国(《环球时报》标题,2010-09-14,第7版)

③ 面对你们会看到,他打他的,我打我的。(《东方早报》2013-11-04"体育·斯诺克")

④ 李宁反思李宁(马钺《中国企业家》标题,2013-07-08)

例①、例②是判断同语式,例③、例④是施受同语式。例①是"N不是N"式复辞,例②是对举的"N1是N1,N2是N2"式复辞。这种判断式同语复辞,句子是刻意强调某种意涵,读者会心解读,能感受到言简意丰之美。例③略有变化,是"NVN的"式,即宾语是主语复辞加

"的"而成,在这句里两个谓语动词都为复辞,更是多重反复。例④这种"NVN"式复辞前后两个复辞项意义有变化,第一个"李宁"是作为人名出现的,第二个"李宁"是作为公司名出现的。这种主语宾语相重,句首句末同样,看似简单的往复,实是有深意存焉。

(四)兼合式复辞的广泛运用

① 李豆罗说自己做官就是三板斧,有问题,就解决,行就行,不行就不行,干脆利落。解决不了就解释;解释不通,就要发脾气。(《南昌老市长退休后回乡创业5年建成生态景区》新浪新闻,2015-06-21)

② 上梁不正下梁歪,主梁不正倒下来(《新民晚报》标题,2008-11-09,A10版)

③ 羊教授羊年话羊(《人民日报》标题,2015-01-23)

例①"行就行,不行就不行"是动词相对复用的联动式同语复辞,表示的是断然之意;"解决不了就解释"是间隔式复辞,复辞项为词素"解";复辞项"解释"是顶真。例②第一句"梁"是间隔式复辞,又是同腰复辞"不正""下"。例③第一个"羊"是教授的姓,与后两个"羊"意义不同。第一个"羊"和第三个"羊"是主语的一部分和宾语相同的间隔式复辞,第二个"羊"和第三个"羊"是状语的修饰语和宾语相同的间隔式复辞。在一个短小的句子中容纳如此多的复辞,使句子含义丰满、情趣生动,把复辞反复中的变化美发挥得臻于极致。

三、新闻标题中的回环辞格:同形复现、同音叠响

现当代新闻标题中的回文例时有涌现,回文手法已非古代诗词曲赋的专利,开始进入广阔的语体领域。

① "多了多了少了少,少了少了多了多"
农业要警惕再走秧歌的老路(上海《新民晚报》新闻标题,转引自庄关通《辞格群》)

② 马歇尔歇马,华莱士来华(《人民日报》海外版新闻标题,1988年8月13日)

③ 上海自来水来自海上,中国长生果生长国中(报纸标题,转引自刘焕辉《修辞学纲要》)

例①上一行是肩题,作者也用引号标出,系借用一位农村问题专家在记者采访时所引用的"歌词"。下一行是正题。此标题兼用复叠手法,回环与音美结合。例②马歇尔是20世纪40年代后期的美国国务卿。国共两党和谈时,曾至中国"调停",偏袒蒋介石一方,"调停"未果,对联讥之为"歇马"。华莱士是抗日战争期间美国的副总统,当时来华行侵略之实。此例兼具讽刺、嘲弄之情趣。例③为句内回文。

四、广播新闻中的比喻辞格:形式多样、通俗易懂

广播是现代社会的产物,广播中经常使用的文体是通讯、新闻报道等。有学者提出广播语体这一概念,认为"广播语体修辞与书面语体修辞有着诸多的不同。广播语体的运用途径是通过说出来(或者先写出来再说出来)实现的。"正因为如此,广播中的运用比喻,首先考虑的是要让人听得懂,让人有形象感,所以广播中的比喻也具有通俗美和形象美的特征。例如:

① 唉!跟过去不一样了,好像和老百姓隔着一堵墙似的。不像过去那样,警察和你握握手,敬个礼,完了喊声再见,没那一说了。

(河北台1988年5月8日播出,新闻专稿《公路线上的"梗阻症"之一》)

② 有一次他晕倒了,发高烧,站起来就像踩在棉花上一样轻飘飘的。

(中央台1991年5月17日播出,录音通讯《蒙古族儿童心上的花朵》)

③ 因为在咱们国家,差不多从孩子起,就知道中国的版图像只高唱的雄鸡,它的面积是960万平方千米。

(中央台1989年10月17日播出,长篇录音报道《深情的黄土地》第一集)

④ 20世纪50年代留下的这批知青,他们的一生就像一株胶树一样,从第一天出胶到生命衰老,胶水不断,却是一滴一滴流的。

(中央台1988年1月9日播出《午间半小时》节目)

⑤ 许振中没有走,他舍不得离开集贤村,就像种子离不开土地,他要报答这片土地,报答乡亲们。

(黑龙江台1985年8月13日播出,通讯《"傻子屯"的"傻书记"》)

⑥ 5.19的事件,也确实像一把尖刀插在中国球迷和沈阳球迷的心头,感到中国足球前途太渺茫了。

(辽宁台1988年7月30日播出,录音报道《沈阳球迷风采录》)

例①用"隔着一堵墙"比喻警察和老百姓不正常的关系。例②用"踩在棉花上轻飘飘的"比喻生病后站立不稳的情形。例③用"高唱的雄鸡"比喻中国的版图。例④用胶树一滴一滴地流着胶水,直至衰老,比喻知青默默奉献的精神。例⑤用"种子离不开土地"比喻许振中不愿离开集贤村。例⑥用"尖刀插在中国球迷和沈阳球迷心头"比喻中国球迷和沈阳球迷对中国足球的忧虑和痛心之情。这些比喻的一个共同特点就是口语化、通俗化、形象化。

五、新闻评论中的设问辞格:错综变化、声韵和谐

相对于诗歌、小说、散文、戏剧等文学语言而言,当代社会日常语言的类型空前多样化,功能空前复杂,语言传播的途径和环境也日新月异。就文体而言,当代社会新出现了一些应用文体(或准文体),这些文体分布于不同的领域,形成不同的领域语言,如政论与新闻传媒语言、手机短信等网络载体语言、广告语言等。需要说明的是,这些新兴应用文体,有的尚不成熟,但已具雏形,且与传统的诗歌、小说、戏剧、散文在外延上可能都有一定的交集,我们也就是在这个意义上说其为"准文体"。此外,这些应用文体之间的界限也未必是泾渭分明的,在逻辑外延上有时也呈现一定的交叉。但因为其新,且具有一定的影响力,并带有一定的综合性,故我们将其与诗歌、小说、戏剧、散文等传统文体并列起来讨论。事实上,这些应用文体也用到了一些设问,其设问所体现的新奇美、变异美和错综美也值得关注。

与传统文体诗歌、小说、戏剧、散文相比,当代其他新兴文体总体上使白话文进一步加强,更富有表现力。并且,由于其新,与生俱来地带有新奇美。我们不妨首先关注新闻评论中的设问。例如:

① 目前,我国正处于跨越"中等收入陷阱"并向高收入国家迈进的历史阶段,矛盾和风

险比从低收入国家迈向中等收入国家时更多、更复杂。难走的路是上坡路。不做通盘考虑、缺乏妥善应对,如何走出成长的烦恼、转型的阵痛?不拿出那么一股子劲儿乘势而上,何以牢牢抓住机遇,在激烈的国际竞争中脱颖而出?"苟日新,日日新,又日新",在这辞旧迎新之际,我们更加感到责任之重大、任务之艰巨、实干之迫切。(人民日报评论员:《从最坏处准备,向最好处努力》,《人民日报》2014年01月06日01版)

②再如,通过转型升级释放发展潜力的同时,中央也深刻揭示了中国经济的强劲内生动力:城镇化每提高一个百分点,将有1 000多万农村人口进入城镇,这将释放多么巨大的消费潜力?中国新一代劳动者成长为素质更高、视野更广、技能更强的现代化、专业化人才,这将又是多么巨大的人才红利?在财政收支矛盾突出的背景下,民生改善力度不减反增,还有什么比这更能激发社会创造活力?正是看到"中国经济爆发出来的可持续能力",一度唱衰中国经济的外国投行,在2013年下半年纷纷调高中国经济增长预期。而中国1年来的发展,也进一步印证了这种乐观预期。(人民日报评论员:《稳定社会预期,增强发展信心》,《人民日报》2014年01月08日01版)

③不愿分类、不会分类、不敢分类,"左右一个样,上下一般粗",最终的结果是只搞些共性问题照搬照抄,不敢把个性问题放上手术台,本质上还是一种形式主义。一分类,就具体,必然影响到某些局部利益;一具体,就深入,就会触及某些现实矛盾。没有自我开刀的勇气、没有动真碰硬的果敢,只会是"脚踩西瓜皮,滑到哪里算哪里",怎么可能由表及里、由浅入深?(人民日报评论员:《更加注重分类指导》,《人民日报》2014年01月20日01版)

④敢于吃螃蟹,敢于涉险滩,敢于破藩篱,敢于担责任,何愁不能突破利益固化的藩篱、冲破思想观念的障碍?(人民日报评论员:《拿出逢山开路的闯劲儿》,《人民日报》2014年02月10日01版)

⑤处身当前,学点哲学的意义更为昭彰。很少有哪个时代像我们这个时代一样,主流与支流如此纠结,现象和本质如此复杂,特殊与普遍又如此微妙,领导干部可说时时事事都面临哲学的考题。比如,"邻避效应"看似普通,却有个别利益和公共利益的碰撞;"钉子户"诉求表面简单,也需要主要矛盾与次要矛盾的辨析。改革发展过程中,不管是群众的教育、医疗、养老,还是国企改革、简政放权,无不有主有次、有源有流、有点有面,如果没有哲学的系统论、过程论、矛盾论思维,怎么胸怀全局、洞察大势,主持好一个领域的工作,领导好一个地方的发展?(人民日报评论部:《学点哲学,洞察大势》,《人民日报》2014年06月30日05版)

⑥习近平总书记早就强调,绝不能用自我感觉代替群众评价。"四风"方面潜伏着哪些真问题?开展批评是不是动真碰硬?整改落实有没有知行合一?第一批活动的经验表明,坚持开门搞活动,请群众全程参与和监督,我们就有了一把客观评价活动的尺子。群众最反感自拉自唱的官样子,最厌恶光说不练的花架子。自说自话、自弹自唱,闭门修炼、体内循环,怎能做到对接现实、有的放矢?只要创造条件,以诚相待、敞开大门、虚心倾听、从善如流,何愁听不到真意见,摸不到真情况,解决不了真问题?(人民日报评论员:《更加注重发挥群众积极性》,《人民日报》2014年01月14日01版)

以上数例均摘自《人民日报》这一严肃的正式的党的机关报,其用设问的新奇由此可窥一斑。又如《中国青年报》等相对活泼一些的报纸,更是新鲜灵便地使用设问。例如:

⑦诚然,创业不易成功更难,2014年,每天中国有1万家新公司登记注册,近2.5万家个体商户注册,但也有1万多家企业和个体商户停业注销。问题是,是不是怕噎着就不吃饭了?最关键是有眼光,如果有意愿又有能力,有准备又能抗压,为何就不能创业?创业的创,是开创也是创新,还有闯一闯的意味,年轻人不就该闯一闯吗?既然是创业,肯定有失败,但年轻人有的是时间和精力,失败了再站起来嘛。(热点·热议《比尔·盖茨和乔布斯都是从小公司起步》,《中国青年报》2014年12月12日02版)

⑧但在笔者看来,所谓"苦日子过怕了"不过是他"好面子"的另一种表现,想用"抹黑"自己从前的"苦日子"来为自己的贪欲遮羞。这让许多从真正"苦日子"里走出来却爱惜自身羽毛、干干净净做事的人情何以堪?(廖德凯:《警惕"寒门巨贪"中的腐败出身论》,《中国青年报》2014年12月12日02版)

⑨乍一看,这种"雷人厂规"是为了引导员工节约粮食,初衷是好的,却经不起推敲。如何知道哪个员工碗里剩米了?难道还要请个兼职数米粒的员工?(玖昆仑:《"雷人厂规"雷的是劳动者权益》,《新华日报》2014年12月01日02版)

以上数例均出自报纸,均为比较"严肃"的评论,但其设问都比较接近口语,而又有书面语的风致,这与古代的政论文、策对等的一板一眼不太一样,或者说,当代报纸评论中的新奇美正是基于此而言的。当然,政论和新闻评论中也有十分严肃的设问,这种情形的设问主要凸显的是一种力量和气势,尤见于军事外交领域。例如:

⑩南海是非常宽阔的,中方在自己的岛礁上部署必要的防卫设施就被指责为"破坏航行自由",那么日方在狭窄的与那国水道,这样一条连接东海和西太平洋的国际水道周边,加强军事部署,这样的行为又该叫做什么?(http://www.mod.gov.cn,2016-03-31 17:17,国防部网责任编辑冯玲玲)

上例是国防部新闻局局长、国防部新闻发言人杨宇军大校于2016年3月31日15点至16点15分在3月国防部例行记者会上回答记者某一个问题时的一段话语,其中的设问,语气铿锵,有理有据,气度不凡,既有利于提请广大受众注意,又有理有力。

第五节 视觉新闻的写作技巧

伴随着近年来我国新闻事业改革、发展与竞争的需要,"视觉新闻"(有人也称之为"现场短新闻")在报纸上出现的频率有日渐增多之势,社会影响力越来越大。尽管目前国际上对"视觉新闻"尚无统一的定义,我们不妨这样理解:"视觉新闻"专指纸质媒体运用形象化、立体化的表现手法,在篇幅精短、时效性强、社会价值较高的文字报道中通过抓取一些典型细节或生动画面,使广大读者在阅读时感觉有声有色、兴趣十足,进而对新近发生的新闻事实的真实面貌获得视觉效果的一种新闻写作样式。

与传统新闻稿件写作方法相比,"视觉新闻"在写作时更追求生动性、形象性,并力求使所表现的事实具有永恒性、持久性。纵观近百年中外新闻发展史,可以看出,"视觉新闻"是纸质媒体应对电子媒体挑战而蓬勃发展起来的报道手段,它克服了过去报纸稿件"立体的东西平面化,形象的东西概念化"的毛病,使新闻报道日益趋向深入化、立体化。

一、描写要有次序,使读者感觉生动具体,并设法引起相应的联想

新闻描写应该符合大多数人的认知习惯,或从左到右,或从外观到内里,清晰明白。许多读者心中都有多年积累、埋藏已久的情感记忆,如能加以唤醒并产生普遍的心理共鸣,新闻描写就能具有震撼人心的力量。在部分专业性较强的新闻稿件中,如经济新闻稿件,记者尤其要善于引导广大读者从已知推导出未知,如为描绘一个钻井平台的面积,你可以把它与足球场相提并论。

二、"变动性"是衡量新闻事件价值的一个重要指标,为细致描绘出正在激烈变动中的新闻现场,记者应恰到好处地运用动词

汉语动词量极为丰富,仅表现手部动作的词语就有抓、挠、打、揪、掐、掰、拉、扯、拽、捏、扛等几十个,而且通常有相对固定的感情色彩,只要运用得当,足以展现人物思想或行为的细微差别,如果恰到好处地运用动词,把描写重点放在变动中的事物上,能使整篇报道"活"起来。

三、写好"视觉新闻",还要解决好变静为动、动静穿插等问题,使新闻人物的现场动作、事件过程的叙述语言和事件历史背景介绍等情况有机融合

美国著名记者霍·比加特 1945 年 9 月 2 日采写了新闻名篇《日本签字投降》,其主要情节就是日本外相重光葵代表该国在投降书上签字这样一个比较单调的画面,没有多少人物语言。但比加特的高明之处,就是通过细致观察、精心构思,把这个只有短短几分钟的签字仪式变成了一组形象逼真、动静穿插的"特写式镜头"。他是这样写的:"重光葵步履蹒跚,拖着木质假腿走到铺着粗呢台布的桌子旁,桌上放着投降文件,等着他签字。——他把全身重量都压在手杖上,好不容易才坐下来。他把手杖靠在桌子旁,然而,在他签字的时候,这手杖倒在了甲板上。

麦克阿瑟代表对日作战的国家签字受降,乔纳森·温赖特中将和珀西瓦尔中将在他两旁肃立。温赖特中将在科雷吉多尔岛失守后被俘,长时期的战俘生活,把他折磨得憔悴不堪。珀西瓦尔中将在大战中另一个不幸的日子里放弃了新加坡,向日军投降。

两位中将在场,使人们不由得想起,1942 年上半年,我国处在几乎无可挽回的失败的边缘。"

正是通过对日本外相重光葵签字仪式的动态描写和美、英两位败军之将战俘生活的回顾,使这篇新闻顿添了几分历史厚重感,引导读者深刻理解日本投降所蕴含的重大意义。

四、根据实际需要,可采取白描技法或排比、比喻、拟人、拟物等多种修辞方法,对主要人物或新闻现场进行全方位、多角度的描写

在采写新闻时,我们必须随时调动所有感觉器官去捕捉各种有用的信息。经验表明,初学新闻写作的人大多只写自己看到的景物,这远远不够:回想我们漫步海边的情景吧,除了

看到的景致,你一定还记得徐徐拂面的海风,涛声依旧,你的唇边留着海冰的咸味,那沙粒也曾抚摸过你的双脚——要使所描绘的事物在人们的多种感官引起反响,必须进行全方位、多角度的描写,使"视觉新闻"具有形象性、立体感和变动感。

由于新闻报道具有客观性,许多记者在采写"视觉新闻"时常用白描手法,不加烘托,不事渲染,寥寥几笔勾勒出事物或者人物的形象。根据需要,记者们在"视觉新闻"写作时抓住新闻现场的景象、气氛、布置,或抓住被报道人物足以说明问题的行动、言谈,在有限篇幅内传递出尽可能多的信息量,展现精彩的新闻细节,并根据实际需要灵活运用排比、比喻、拟人、夸张等多种修辞手法。

第六节 叙述者主体表达与新闻意义建构

"叙述者的主体表达"指的是叙事中叙述者通过使用话语手段,调整事件元素和结构,将自身视角、情感、认识融入所叙之事,从而在话语中留下个人印记的一种表达方式。

国外关于"语言主观性"的研究表明,语言具有"命题表达"和"主体表达"双重功能,"命题表达"部分提供客观信息,"主体表达"部分表达话语主体对命题或言说对象的立场、态度和情感,两者共同作用,使语言能够全面反映客观世界及人类对客观世界的认识,并促使言说对象产生某种行为,如此,语言才能全面满足人类信息传递、交流沟通、自我表达、构建意义等多重需要。叙事作为人类最基本的言语活动和话语事件,是人类组织人生经验的重要方式,它是叙述者的观念作用于客观世界的产物。

现实生活中发生的事件在未被讲述之前,以"实示"的方式向我们敞开。"实示"是客观实体(包括处于静止状态的事物及处于运动状态的事件)默默显示自身存在的一种方式,是与"被指称"相对的一个概念。处于"实示"状态的事件是纯客观的存在,具有客观性。叙事中,叙述者通过使用特定词语、句法、篇章等手段,使话语的焦点从句子主语转移到"言者主语";话语的意义从"所言"转移到说话人对"所言"的主观信念、态度和评价,从而将自我融入所叙之事,完成对"实示事件"的重构,这一过程,既是叙述者自我显示的过程,也是人类识解世界的基本路径。新闻叙事作为对现实生活中新近发生的有时间或因果关系的一个或一系列事件的符号再现,除传播信息这一基本功能之外,还承担着引领舆论导向、塑造社会共识等社会功能,而其社会功能正是通过叙述者的主体表达实现的。

一、新闻叙事中主体表达的手段

法国结构主义叙事学家热奈特曾指出:"叙事"包括故事、话语和叙述三层含义。笔者认为,在新闻叙事中,"故事"指的是现实生活中发生的具有时间或因果关系的一个或一系列事件;"话语"指的是用于再现新闻故事的语言;"叙述"指的是用话语再现新闻故事的行为及过程。新闻叙事中的主体表达是叙述者在"叙述"中通过"话语"作用于"故事"的结果,它渗透于新闻话语的词汇、句法、篇章各个层面。

（一）词汇层面：叙述者通过使用特定词汇手段实现主体表达

首先是使用包含褒贬色彩义的名词和动词。叙述者将情感和认识通过名词和动词的色彩义表现出来，使客观事物、事件中融入了叙述者的价值判断。例如，"恐怖分子""有识之士""爱国同胞""国际友人"等名词中就包含了叙述者对事物的态度和情感。

其次是使用形容词。形容词包含了概念意义之外的色彩意义，带有话语主体显性的立场、态度和情感。新闻学界一贯不主张使用形容词，认为形容词"意味着插入记者的意见，而这是新闻报道所不允许的"。但从笔者的统计来看，形容词并未被新闻叙述者"拒之门外"。笔者曾以《人民日报》《解放日报》《南方都市报》《新民晚报》为语料源建立了长度为1 002 010字节的新闻语料库，在该语料库中，形容词共出现50 471个次；而以同一时期《小说月报》为语料源建立的长度为1 000 103字节的小说语料库中，形容词出现57 841个次。这一数据说明，形容词在新闻叙事中的使用频率仅略低于小说叙事。不同于小说叙事的是，新闻叙事中较多使用表达积极意义的形容词，而较少使用表达消极意义的形容词。

再次是使用情态词。情态表达说话人对命题的观点和态度。谢佳玲将华语情态词分为认知、义务、动力及评价四类。认知情态传达说话者对命题真实性的确信程度，如"可能""也许"等；义务情态传递对别人行动的许可与要求，如"必须""要"等；动力情态传递主语是否希望或愿意某事为真，如"想要""乐意"等；评价情态是对已认定为真的命题提出看法，如"幸亏""偏偏"等。新闻叙事中表义务和认知的情态词用得比较多，这说明，新闻叙事中的情态词主要起到"以言行事"的作用，即叙述者要求或许可受者做某事，或引导受者产生某种行为。

最后是使用指示语。新闻叙事中由指示语构建的是一个"我—这里—现在"的主体定位系统，它们暗含"我在看—我在听—我在说"的叙事模式。指示语包括：时间指示词如"昨天""明年"，空间指示词如"这里""北京"，人称指示词如"记者""季老"，趋向指示词如"来""去"，方位指示词如"上""下"，等等。这些词语或以说话人为基点，或表示以自我为中心来观察周围的世界，叙述者通过指示语将自我嵌入新闻事件中，在完成命题表达的同时完成了自我表达。与小说叙事中时空独立于生活之外、与现实时空不重合相区别，新闻叙事中的指示语所指示的是现实世界中的真实存在。时间指示语指示的是现实时间轴中的一个时点或时段，人物指示语指示的是受者听说过或与之密切相关的某人。为此，新闻叙事中的指示语往往能激活受者对某一人物、某一时空的联想或情感，并影响受者对新闻事件的接受与重构。

（二）句法层面：叙述者通过语序、句式等手段实现主体表达

首先是语序的排列。语序指叙述者根据表情达意的需要，在符合语法规范的前提下确定的语句中词以上语言单位的排列顺序。郑远汉指出：位置的先后"反映主题意义和语意重心的不同，有时还涉及情感意义"。"汉文化中，位置居前的一般地位也比较尊，父子、母女、师生、夫妻等合成词就反映出这种关系"。新闻叙事中并列结构的排列常遵循"我方前置原则"及"地位优先原则"。"我方前置原则"是指根据事件参与主体与叙述者的接近度排序，一般来说，与叙述者处于同一利益集团的事件主体前置；"地位优先原则"是指根据事件参与主体的地位排序，一般来说，职级高的事件主体前置。叙述者通过排序划分出人与人之间的长幼尊卑等层级，并由此表达出对人物、事件重要度的区分，反映出叙述者对人物事件的价值判断。

其次是句式的选择。根据句子的体式特征,可以将句子分为叙述句、描记句、诠释句和评议句四类。叙述句用于陈述事物的行为、动作、活动、变化。描记句反映事物的性质或呈现出的情景、状态。新闻中以叙述句和描记句为主,但这两类句子并非完全客观地陈述,而是通过聚焦特定事件参与者和特定动作行为表明叙述者的立场、态度和情感。此外,新闻叙事中还存在部分诠释句和评议句,典型的诠释句如"是"字句,通过将自身携带的凸显功能附加到其后续成分上,表明其后续成分是需要凸显的重要信息。典型的评议句如以能愿动词充当谓语的句子,表明话语主体对事件的态度。此外,新闻叙事中大量使用由"意味着/标志着"等词充当谓语的句子,表达叙述者对事件的价值判断。

(三)篇章层面:叙述者通过特定篇章结构及篇章隐喻实现主体表达

首先是篇章结构。新闻叙事常常打破常规的时间顺序,而代之以按事件的重要性来排列,形成"核心—附属"篇章组织模式。消息中,置于最前面的是最重要的事件,即"核心事件",其余部分是对核心事件的补充,包括核心事件引发的后果、核心事件的背景及周围人对核心事件的评价等。各附属事件独立成段,共同解释、补充核心事件,段落与段落之间不注重起承转合的关系,可以根据版面的需要删减或重新组装,这就是我们常说的倒金字塔式结构。现实世界中发生的事件并没有冠以"重要""不重要"之名,新闻叙述者选择特定事件充当"核心事件",实际上是为混沌一片的客观事件划出了层级,选择哪一事件作为核心事件取决于叙述者对事件的认识及媒体表达特定情感、立场的需要。

其次是篇章隐喻。隐喻指的是将 A 事物或事件的部分特征映射到(projectonto)B 事物或事件上,为人们认识、了解 B 事物或事件提供一种新的视角,使 B 事物生动形象、别具意趣。新闻叙事中常以生动、新颖、有视觉冲击力的事件来喻指当前的新闻事件,从中暗含话语主体看待事物的视角、认识事物的方式以及对事物事件的价值判断,这一隐喻常常是整篇新闻立意的基础。

二、新闻叙事中主体表达的特征

相对于文学叙事而言,新闻叙事的一个独特之处在于,新闻的所叙之事是客观世界新近发生的真实事件,不是叙述者杜撰、虚构的事件。文学叙事可以虚构,叙述者可以介入事件影响或推动故事的进程。可以说,文学叙事是"创造"故事从而表达"意义"的过程。而新闻叙事却不能这样。新闻所叙之事是客观世界的真实存在,新闻的首要任务是如实记录下事件并告知受者。新闻叙事的这一特殊性决定了叙述者不能虚构事件,不能根据"意义"表达的需要在原事件之外生造情节或细节;不能介入事件影响或推动事件的进程。简言之,新闻叙事是"还原"事件并使事件按照社会共识逐渐显露其意义的过程。"还原事实"的要求使新闻叙事中的主体表达受到种种限制,具体表现在:

主体表达必须建立在"还原事实"的基础之上。信息传递是新闻叙事的首要任务,不论叙述者对事件如何加工和剪裁,事件的基本信息是不能改变的,这些不变的信息包括事件时间、地点,事件主体及主体的核心行为,它们是新闻叙事的"基本要素"。而"主体表达"只是在还原事件的过程中主体作用于客体的结果,它不会也不能影响基本信息的有效传递,这就是为什么在针对同一事件的不同报道中,虽然叙述者的视角和立场不同,但只要不是虚假报道,受者仍能根据不同的报道还原基本事实。

"真实性"使新闻叙事中主体的出场、干预受到种种限制。叙述者为了更好地展现事件原貌,常常会采用"实录"的方式,像摄影机一样记录所见所闻,而避免直接介入事件发表评论,例如,回避使用"我"这一主体在场的显性词语,而代之以第三人称化的词语"记者";回避使用评价情态词等,其目的是为了营造新闻的客观真实感。当然,"还原事实"的要求并未堵住新闻叙事中的主体表达之门,正如上文所述,新闻叙事中总是不可避免地留下叙述者的"自我印记",这是叙述者无法跳出自身语言框架、认知模式而使叙事带上的不可磨灭的烙印,也是新闻构建意义以实现社会功能的需要。只是由于受到"真实性"的制约,新闻叙事总体表现出"含而不露"的低主观度特征,从而形成与文学叙事中的主体表达迥异的风格。

(一)新闻叙事中一般采用低主观度表达方式,高主观度表达方式的出现频率远低于文学叙事

"主观度"指的是话语中所包含叙述者立场、态度、情感的高低程度。感情有强弱深浅之分,对于不同事物,可以表现出十分喜欢/十分讨厌——比较喜欢/比较讨厌——不太喜欢/不太讨厌等程度不等的情绪,当喜爱/讨厌的情绪处于两极时,主观度就高,当情绪处于中立状态(既不喜欢也不讨厌)时,主观度就低或接近零。同样,对事件的评价也可以表现出十分赞同/强烈反对——赞同/反对——不太赞同/不太反对——既不赞同也不反对等态度强弱的变化,当态度十分强烈时,主观度就高;当态度中立时,主观度就趋于零。本文第一部分所述词汇、句法、篇章三个层面的主体表达方式中,其主观度表现出词汇＞句法＞篇章的递减趋势,这是因为语言中,词汇的意义最具体因而也最容易被感知,分布在词汇层面的主观性因素最明显,其主观度相对较高。句法的意义相对比较抽象,分布在句法层面的主观性因素比较隐蔽,不太容易被感知,所以其主观度相对较低;篇章结构的意义需要通过受者的归纳、分析才能获得,加之其占据的篇幅最长,从认知的角度来说,事物的时间跨度越长、所占据的空间越大,要获取与该事物有关的信息就越困难,所以要从较长的篇章中提炼出主观性因素最难,因而其主观度最低。即使同为词汇层面的主体表达方式,其主观度也有高低强弱之分,以下词类的主观度较高:包含褒贬色彩义的名词和动词;状态形容词,即形容语素前加修饰性成分的形容词;带叠音后缀的形容词或重叠式形容词;表评价的情态词。而表认知和义务的情态词主观度相对较低。指示词和非谓形容词的主观度最低。笔者对《汉语形容词用法词典》(商务印书馆 2003)中的 1 063 个形容词在新闻叙事中的使用频率进行了统计,发现总数为 100 万字的新闻中,形容词用到 50 471 个次,其中 81 个形容词用到 41 361 个次,占形容词出现总次数的 91.86%,这 81 个形容词都为性质形容词和非谓形容词。而小说叙事中则大量使用状态形容词、重叠形容词和带叠音后缀的形容词,这些形容词通过修饰性成分或叠音成分,表达"程度深"的含义,其意义相当于"程度副词＋性质形容词",比如"认认真真"的意义相当于"很＋认真"。因此,从形容词的使用情况来看,小说叙事的主观度高于新闻叙事。从情态词的使用情况来看,新闻中表义务情态的词语使用频率高于小说叙事,而表意愿情态、认知情态、评价情态的词语使用频率都低于小说叙事,这一情况进一步证实了新闻叙事的"低主观度"特征。

(二)新闻中叙述者很少直接介入事件发表评论,而是采用"用事实说话"或"用事件人物说话"的方式间接表达意见

如果从事件的角度来寻找判断主观度高低的标准,我们认为,包含在事件中的主体表达

方式主观度较低,而在事件之外添加的评论主观度较高,这是因为前者是将观点隐藏在事件中,而后者是直陈观点。新闻叙事中很少直陈观点,而常常采用间接表达观点的叙述模式。例如,"寓观点于事实之中",即"用事实说话";引用他人的观点,即让事件人物"说话"。由于叙述者直接介入事件受到限制,新闻叙事中常会借用事件人物(即文中的叙述者,又称次叙述者)之口表达的观点。值得注意的是,新闻中的叙述者并非新闻作者个人,叙述者通过所叙之事表达的立场、态度和情感也并非作者个人的立场、态度和情感,而是融合了采编者的思想、反映一定时期社会语境下媒体综合意志的"集体表达"。

三、主体表达在新闻意义构建中的作用

新闻的"意义"即新闻通过叙事实现的构建社会知识、形成社会规范、塑造社会共识的功能。强调新闻的社会功能是中国传媒界的一大传统,这种传统,源于中国几千年来居于主导地位的文艺理论核心思想——"文以载道"。被誉为"中国新闻理论创始人"的洪仁玕在《资政新篇·太平天国之办报条陈》中提出:要通过报纸"昭法律,别善恶,励廉耻,表忠孝";王韬创办《循环日报》之初也明确表示:"是报之行专为裨益我华人而设。"梁启超更是强烈呼吁"报馆有益于国事"。新闻的"载道"功能是通过叙述者的主体表达实现的,主体表达主要从以下三个方面影响新闻的意义建构。

(一) 引导大众按照叙述者的视角识解事件

视角是"说话人对客观情状的观察角度,或者是对客观情状加以叙说的出发点",也即从谁的角度投射出视线,来感觉、体察和认知事件与场景。处于实施状态的事件是绵延不断的时间流,在时间上,它是无限延伸的,在空间上,它是事件所涉及的全部空间。但如果仅从一个角度投射出视线,所看到的就仅仅是在经过切割的时空中发生的事件。因此,从不同的角度对同一事件进行观察,由于所切割的时空不同,就会形成不同的观察结果。以"A 打 B,B 受伤"这一事件为例。这一事件中包含了两个人物:A 和 B;两个分事件:打(动作行为)和受伤(动作结果)。不同的叙述视角聚焦不同的人物和分事件,会形成不同的叙述方式:(1)A 打了 B,B 受伤了。(2)A 把 B 打伤了。(3)A 打得 B 受伤了。(4)A 打伤了 B。(5)A 打了 B。(6)A 伤了 B。(7)B 被 A 打了,B 受伤了。(8)B 被 A 打伤了。(9)B 被 A 打得受伤了。(10)B 被打得受伤了。(11)B 被 A 打了。(12)B 被打了。(13)B 受伤了。上述例(1)由两个分句构成,两个分句分别以 A 和 B 作为事件的主体,既叙述了事件行为,又叙述了事件结果,是由并列的两个分事件组成的最完整的叙述。例(2)、例(3)、例(4)、例(5)、例(6)都是以 A 作为事件主体,突出 A 的"肇事者"身份,但对事件的选择存在着差异。例(2)中把事件人物 B 作为受事,把"打"作为主要事件,"伤"作为主要事件的附属事件(结果),更强调"打"这一行为;例(3)把"打"作为事件,"他受伤了"作为整个事件的结果,更强调结果;例(4)把"打伤"作为一个整体事件,B 作为事件对象;例(5)把"打"作为事件,B 作为事件对象,"伤"这一动作结果被叙述者删除了;例(6)把"伤"作为事件,"打"这一动作被删除了。而例(7)至例(12)则把 B 作为事件主体,突出 B 的不幸遭遇,A 有时出场,有时被删除,"打"与"伤"的情况也是如此。同一个"A 打 B,B 受伤"事件,由于叙述视角不同,可能产生了不同的叙述方式,而不同的叙述方式则意味着对人物和事件选择的差异。受众跟随叙述者的眼光获知及识解事件,其对事件的解读也局限在叙述者的视角中,自然不知不觉地受到叙述者视角的引导及

影响。

（二）传递特定情感影响受众

情感包括感情、情绪、意向、态度等。沈家煊指出："人们从周围交往的人和社会环境中获取感情信息来帮助理解不确定的信息，并作出相应的反应。例如，儿童不能确定摆在面前的新玩具是否会伤害自己，就转而看父母的表情，以此来决定自己的行为。成人也是如此，要借助社会语境中的感情成分才能成功地参与社会交往。"实际上，个体在认同自己属于某一社会集团或群体的同时，也会认同这一群体的信仰、价值和行为取向，受这一群体共同情感体验的影响。新闻叙事在传播信息的同时，也通过使用词汇、句式等话语手段，实现其情感传播的功能，引导受众褒善贬恶，激发受众的社会荣辱感，以促进良好社会风尚的形成。遗憾的是，当前主流媒体的情感传播功能并未得到充分发挥，究其原因，一方面是新媒体的兴起使大众获得了更为便捷的情绪宣泄渠道；另一方面也源于主流媒体长期以来模式化的情感表达方式，使其与大众的情感诉求越来越远，难以让大众从中找到情感的共鸣和皈依。如何担负起"情感传播"的责任，扭转新媒体带来的谣言四起、负面情绪扩散事件等不良影响，是当前主流媒体应着力解决的问题。

（三）表达对事物的认识以塑造社会共识

认识（epistemic modality）是说话人对所叙之事的主观认识。说话人的认识往往通过情态词体现，如下例：（1）下雨了。（2）看来会下雨。（3）昨晚好像下过雨。（4）下午肯定会下雨。上述四个例子中，除例（1）是客观叙事之外，例（2）、例（3）、例（4）都包含叙述者对"下雨"这一事件的主观认识，其中例（2）是叙述者主观认为"下雨"这一事件即将发生；例（3）是叙述者对"下雨"这一事件已经发生的非肯定性推断；例（4）是叙述者对"即将下雨"这一事件的确定性判断。叙述者通过使用"看来""好像""肯定会"等表情态的词语传达自身对事件的认识，并以此影响听话者。新闻叙事中叙述者通过情态词表达自身对事件的认识来构建社会知识、塑造社会共识。如有关"社会主义核心价值体系""科学发展观""构建和谐社会"的知识通过叙述者的反复肯定和强调，便逐渐成了社会的共识。当然，叙述者"塑造社会共识"的能力取决于媒体的公信度及长期以来树立的话语权威，一个广受喜爱与好评的大众传媒能够引领大众思潮并进而促进社会公共秩序的形成。一个不受喜爱与信赖的大众传媒则会适得其反。所以，提高媒体公信力，树立媒介话语权威，是新闻叙事能正确引领舆论导向的关键。

第七节　消息的写作要律

一、消息的写作技巧

消息要具有新闻价值、正确的格式、动人的标题、简洁切要的内容、平易友善的叙述、高度可读性，篇幅以1~2页为宜（1页尤佳）。

消息的写作技巧：清晰简洁、段落分明、使用短句、排版清爽，切忌偏离事实、交代不清、内容空洞。一篇好的新闻稿除了必须具有新闻价值、把握主诉求与正确的格式外,行文应力求简洁切要,叙述应有事实基础,文稿标题则以简要、突出、吸引人为原则,用字要避免冷僻艰深,以提高文稿的可读性。

二、范文点评

范文1

谢泽宇主持召开市政府务会议和市长办公会议

(标题:刻板、无新意,对重大新闻事件的信息点概括少,会议布置的工作没有体现出来。)

8月25日,百色市市长谢泽宇主持召开市政府常务会议和市长办公会议。(导语:×××人在×××地方主持×××会议,生硬无味,无新意。)

百色市政府常务会议听取了百色市财政局关于百色市上半年财政运行情况汇报,对2008年财政收入任务调整方案进行了讨论,要求各级、各部门提高认识,加强领导,按照自治区调整下达的任务,采取切实有效的措施,确保财税收入任务的完成。

会议还就打击煤矿非法盗采、盗运和非煤矿山的整治工作进行了部署,要求各煤矿生产企业加强安全生产整改工作。针对百色市一些地方煤矿和非煤矿山非法盗采、盗运问题突出的实际,要求各县(区)和百色市国土、安监、经委等相关部门,按照第二个安全生产百日督查专项行动方案的要求,组织力量进行打击和整治。

百色市长办公会议讨论了《百色市组团参加第五届中国——东盟博览会工作方案》和举办第二届中国百色国际山地户外挑战赛有关事宜。

百色市政府领导梁兵、韦纯良、王健、杨艳阳、谭锡春、李建文、邓智明等出席会议。

(正文一事一段,行文清晰。但整篇新闻局限于新华体的写作格式,平淡,个别字句如"主持召开""会议听取"的使用显得会议味很浓,刻板单调。没有从会议中提炼出与读者生活密切相关的信息,用读者喜闻乐见的语言形式进行报道。)

(来源:新华网广西频道。)

书 信

古人称书信为"书""信",原本指送信的人,近代以来才开始习惯称书信为"信"。书信还有许多别称,如函、简、尺牍、素、鱼雁等,它们或是以书信的物质形式来借代书信,或是背后有着美丽的故事。从古至今,人们在沟通思想情感、维系社会关系、交流信息、协调行为、商讨问题、处理事务时,都离不开书信。它在帮助人们广泛地参与社会政治、经济、文化生活方面,发挥了不可取代的作用。

书信有许多种,从本质上来说公函也可算其一,但因其已被列入党政机关公务文书,本章不予涉及。其余的书信我们大致可以分为两类。一类是日常书信,主要是在日常生活中,处于各种亲缘与社会关系中的个人与个人之间在交往时写的书信。如家书、情书、友朋、师生之间的问候信、请教信等,虽情由各殊,但亦有规则暗藏其中。另一类是专用书信,主要是在工作中使用的,单位对单位,或个人因参与社会事务而写给某些单位的书信,如为找工作而写的求职信、自荐信、推荐信,以及投向单位或媒体的申请书、建议书、批评信、表扬信、感谢信、邀请信,还有作为凭证的证明信、介绍信等。本章择两类中使用频率较高的文种加以讲解。

第一节 日 常 书 信

一、文种概述

(一)定义及适用范围

杜诗云:"烽火连三月,家书抵万金"。这里的"家书",就是一种主要的日常书信。以往子女到外地上学、当兵、工作,父母总是说:"多给家里写信"。家书告知家人自己是否平安,以及在外地生活、工作、学习的各种情况。身处异地的老同学、老朋友,两地分居的夫妻,师生之间的请教问候,也都靠书信来互通情况,表达情谊。现在虽然通讯工具发达了,电话、E-mail使沟通更加迅捷方便,但一方面,E-mail依然承袭了书信的内容,应该按照书信的格式来写;另一方面,冷冰冰的 E-mail 和打印字体永远产生不了"见字如面"的亲切感。而且,日常书信的格式是其他各类书信的基础。所以,掌握日常书信的写作依然很有必要,倡导重新提起笔来写信也是恢复人与人之间亲密关系的一种方式。

(二)结构和写法

一般日常书信的结构都是一样的,主要包括称呼、正文、落款、附言四部分。

1. 称呼顶格写

现代书信的称呼主要有以下几种写法。

(1) 有亲缘关系或师生关系的用关系称谓,不可用职务称谓和一般尊称,否则显得不敬和疏远。

(2) 对只有一般社交关系或工作关系的受信人,则用职务称谓和先生、女士等一般尊称。

(3) 姓加称谓,是一般客气,如"赵先生";名加称谓,则比较亲近,如"元任先生";姓名加称谓,则显得郑重有余亲切不足,如"赵元任先生"。

2. 正文从信笺的第二行开始写,前面空两字

正文是书信的主体,还可分为开头、主体、结尾三个部分。

(1) 开头最常见的是问候语,但切莫千篇一律地都写"你好""您好",甚至再重复询问"一切都好吗?""你好"是一句普通的客气话,适合于不太熟识的人之间使用,对家人、挚友并不合适。因为家人、挚友不需要客气,需要的是亲切、关心。对一般关系的收信人,也不宜每次都说"你好",成了例行公事就显得缺乏真诚了。

开头除了问候以外,还可根据真情实感,或以表达思念之情开篇;或就对方挂念的事让对方放心、勿念开头,如对方寄来的信与物品是否收到且完好等;或致以谢意,或宽慰对方心情,或就拖延回复或事未办成表示歉意等。

(2) 书信的主体部分各不相同,写法上也无须一律,但一般说来,应先谈有关对方的事情,表示关切、重视或谢意、敬意,然后再谈自己的事情。

(3) 主体内容写完以后,结尾有几种写法。郑重的可以向收信人致敬,即在正文结束时用"此致敬礼"。"此致"可以紧随在上一行文字之后,也可以另起一行空两格,敬礼则要顶格写。这是沿袭旧式书信"顶格表示恭敬"的传统。所以另一种结尾方式"祝颂语"的基本书写位置与"此致敬礼"相同,"祝"或"恭祝""敬祝"通常是随上行,也可另起一行、空两格,祝愿的内容"健康""福乐"等则视双方关系,若是长辈、平辈则顶格写,若是晚辈则不用顶格,可随在"祝"字后面。

祝愿的内容是多种多样的,可以从对方的生活、学习、工作的某个方面祝愿,如学习进步、生活愉快、工作顺利;可以结合对方的某种特定处境祝愿,如新婚愉快、旅途平安、早日康复;可以联系节日、时令祝愿,如新年快乐、暑期愉快。同时有两个方面的祝愿词的情况也较常见。

致敬与祝愿的结尾并非每封信都非有不可,关系亲密、书信往来频繁的人之间也可以意尽言止,自然结尾,没有那么多客套。

古时书信,祝颂语大都融贯在正文中,至近代才逐渐形成祝辞独立一栏。所以,书信正文中如已包含祝福内容,或者本身就是祝贺信函,那么祝辞一项便可省去。还有,信一开头就称"你好"的,如果信末再写祝好之类,便显得累赘,应注意避免。

(4) 结尾之后可以有代问的内容,包括代别人问候,如"某某问你好",以及委托收信人向别人问候,如"请代我问候某某""代问全家都好""并祝阖家安好"等,都写在致敬或祝颂语的下面,另起一行空两格代问。

3. 落款

落款署名时家人、亲戚按照亲缘关系如实自称,称谓加上名,但不能加上姓,如"侄 勤

业",而不能说"侄 李勤业"。师生、朋友要自谦,如"您的学生某某"。一般关系只通报姓名,但也可以分出亲疏,姓名全写,则意味郑重,只写名,则比较亲近。

署名后还有表行为的用语,今天习惯用的是"启""上",再根据不同关系、年辈在前面加上"敬""谨"等字。称谓、姓名、行为词语三者之间最好留一点间隔,如"女 淑英 敬上"。

署名的位置一般与正文隔一行,写在靠右的半行。日期一般写在署名之下,独占一行。

4. 附言

正文写好后,如发现内容有遗漏,可补充写在结尾后面,或写在信右下方空白处。并在附言之前加上"另""另启""再启""又及"等字样,或在附言的前后写上"又及"或字样。

(三) 写作特点

(1) 家书贵详,多写对方关心的事情。
(2) 以叙述说明为主,议论抒情自然生发,有机结合。

二、范文点评

范文 1

苏轼《答秦太虚书》

轼启:五月末,舍弟来,得手书劳问甚厚。日欲裁谢,因循至今。递中复辱教,感愧益甚。比日履兹初寒,起居何如?轼寓居粗遣。但舍弟初到筠州,即丧一女子,而轼亦丧一老乳母,悼念未忘,又得乡信,堂兄中舍九月中逝去。异乡衰病,触目凄感,念人命脆弱如此。又承见喻,中间得疾不轻,且喜复健。

吾侪渐衰,不可复作少年调度,当速用道书方士之言,厚自养炼。谪居无事,颇窥其一二。已借得本州天庆观道堂三间,冬至后,当入此室,四十九日乃出。自非废放,安得就此?太虚他日一为仕宦所縻,欲求四十九日闲,岂可复得耶?当及今为之。但择平时所谓简要易行者,日夜为之,寝食之外,不治他事。但满此期,根本立矣。此后纵复出从人事,事已则心返,自不能废矣。此书到日,恐已不及,然亦不须用冬至也。

寄示诗文,皆超然胜绝,骎骎焉来逼人矣。如我辈亦不劳逼也。太虚未免求禄仕,方应举求之,应举不可必。窃为君谋,宜多著书,如所示论兵及盗贼等数篇,但以此得数十首,皆卓然有可用之实者,不须及时事也。但旋作此书,亦不可废应举。此书若成,聊复相示,当有知君者,想喻此意也。

公择近过此,相聚数日,说太虚不离口。莘老未尝得书,知未暇通问。程公辟须其子履中哀词,轼本自求作,今岂可食言。但得罪以来,不复作文字,自持颇严,若复一作,则决坏藩墙,今后仍复衮衮多言矣。

初到黄,廪入既绝,人口不少,私甚忧之。但痛自节俭,日用不得过百五十。每月朔便取四千五百钱,断为三十块,挂屋梁上,平旦用画叉挑取一块,即藏去叉。仍以大竹筒别贮用不尽者,以待宾客。此贾耘老法也。度囊中尚可支一岁有余,至时别作经画,水到渠成,不须预虑,以此胸中都无一事。

所居对岸武昌,山水佳绝,有蜀人王生在邑中。往往为风涛所隔,不能即归,则王生能为杀鸡炊黍,至数日不厌。又有潘生者,作酒店樊口,棹小舟径至店下,村酒亦自醇酽。柑桔椑柿极多,大芋长尺余,不减蜀中。外县米斗二十,有水路可致。羊肉如北方,猪牛獐鹿如土,鱼蟹不论钱。岐亭监酒胡定之,载书万卷随行,喜借人看。黄州曹官数人,皆家善庖馔,喜作会。

点评:

日常书信写作时并没有标题,现在的题目是后人整理书信时加上去的。

旧式书信的格式比较多样,也随意一些。鉴于苏轼是秦观的师长辈,所以这里用了最普通的启事语开头。

正文起始有释念、致歉、问候。然后择生死大事讲一下自己的近况。遂自然转入保养调摄之法,"自非废放,安得就此"使得苏轼旷达自适、随遇而安的性情跃然纸上。

接着略夸奖秦观诗文两句,从师长身份出发,示意他在应举同时可考虑其他渠道谋出仕,如著书进献给当权者,而他可以帮忙。

接下来就无甚要事了,仿佛小品文般将他如何节俭度日、结交了哪些有意思的当地人、品尝到哪些当地美味娓娓道来,与秦观分享,本该失意的日子写得别有意趣。

太虚视此数事,吾事岂不既济矣乎?欲与太虚言者无穷,但纸尽耳。展读至此,想见掀髯一笑也。 子骏固吾所畏,其子亦可喜,曾与相见否?此中有黄冈少府张舜臣者,其兄尧臣,皆云与太虚相熟,儿子每蒙批问。适会葬老乳母,今勾当作坟,未暇拜书。晚岁苦寒,惟万万自重。李端叔一书,托为达之。夜中微被酒,书不成字,不罪,不罪。不宣。轼再拜。	最后一段则兼有两种代问,"不宣"代表言有未尽。 苏轼的启禀词"再拜"适用于平辈,秦观虽与他有师徒之分,但两人年龄只差一轮,算亦师亦友,也是谦逊的表示。

范文2

《周作人书信集》序信 小峰兄: 　　承示拟编书信,此亦无不可,只是怕没有多大意思。 　　此集内容大抵可分为两部分,一是书,二是信。书即是韩愈以来各文集中所录的那些东西,我说韩愈为的是要表示崇敬正宗,这种文体原是"古已有之",不过汉魏六朝的如司马迁杨恽陶潜等作多是情文俱至,不像后代的徒有噪音而少实意也。宋人集中别列尺牍,书之性质乃更明了,大抵书乃是古文之一种,可以收入正集者,其用处在于说大话,以铿锵典雅之文词,讲正大堂皇的道理,而尺牍乃非古文,桐城义法作古文忌用尺牍语,可以证矣。 　　尺牍即此所谓信,原是不拟发表的私书,文章也只是寥寥数句,或通情愫,或叙事实,而片言只语中反有足以窥见性情之处,此其特色也。但此种本领也只有东坡山谷才能完备,孙内简便已流于修饰,从这里变化下去,到秋水轩是很自然的了。大约自尺牍刊行以后,作者即未必预定将来石印,或者于无意中难免作意矜持,这样一来便失了天然之趣,也就损伤了尺牍的命根,不大能够生长得好了。 　　风凉话讲了不少,自己到底怎么样呢?这集里所收的书共二十一篇,或者连这篇也可加在里边,那还是普通的书,我相信有些缺点都仍存在,因为预定要发表的,那便同别的发表的文章一样,写时总要矜持一点,结果是不必说而照例该说的话自然逐渐出来,于是假话公话多说一份,即是私话真话少说一分,其名曰书,其实却等于论了。但是,这有什么办法呢?我希望其中能够有三两篇稍微好一点,比较地少点客气,如《乌篷船》,那就很满足了。 　　至于信这一部分,我并不以为比书更有价值,只是比书总更老实点,因为都是随便写的。集中所收共计七十七篇,篇幅很短,总计起来分量不多,可是收集很不容易。寄出的信每年不在少数,但是怎么找得回来,有谁保留这种旧信等人去找呢?幸而友人中有二三好事者还收藏着好些,便去借来选抄,大抵选不到十分之一,计平伯的信三十五封,给启无的二十五封,废名承代选择,交来十八封,我又删去其一,计十七封。挑选的标准只取其少少有点感情有点事实,文句无大疵谬的便行,其办理公务,或雌黄人物者悉不录。挑选结果仅存此区区,而此区区者又如此无聊,覆阅之后不禁叹息。没有办法。这原不是情书,不会有什么好看的。这又不是宣言书,别无什么新鲜话可讲。反正只是几封给朋友的信,现在不过附在这集里再给未知的朋友们看看罢了。虽说是附,在这里实在这信的一部分要算是顶好的了,别无好处,总写得比较地诚实点,希望少点丑态。兼好法师尝说人们活过了四十岁,便将忘记自己的老丑,想在人群中胡混,私欲益深,人情物理都不复了解。行年五十,不免为兼好所呵,只是深愿尚不忘记老丑,并不以老丑卖钱耳。但是人苦不自知,望兄将稿通读一过,予以棒喝,则幸甚矣。 　　民国二十二年四月十七日,作人白。	**点评:** 　　周作人以一封信作为其书信集的序言,也是别出心裁。 　　这封序信正好讲到书与信的区别,可做一篇小论看。书是一种以严肃郑重的态度写下的信,如司马迁的《报任安书》、嵇康的《与山巨源绝交书》,其中都表达了他们的情志和思想,也成为传世名作,是可收入正集的古文。而信则是古人说的尺牍体,比较随意自然。 　　近代,也有不少文人以书信的方式来创作,或谈论学问,或作为抒情叙事散文发表,如朱光潜的《谈美书简》、冰心的《寄小读者》、奥地利诗人里尔克的《给青年诗人的十封信》等。 　　而信的那部分虽不像书这样刻意而为,却未必没有好作品,如《查令十字街84号》便是非常经典的书信结缘的一段佳话。书店经理弗兰克和美国女作家海莲一生未谋面,但英国绅士的拘谨和美国老小姐的直率幽默都跃然纸上,打动人心。 　　民国时书信格式也未完全一致,所以这封信的落款署时与现代书信有些差别。

范文3、范文4

傅雷致傅聪业师波兰钢琴家杰维茨基的信

亲爱的大师：

　　承蒙先生对小儿傅聪悉心教导，不胜感激。先生于音乐及琴艺方面所赐予之启迪，聪不时语带钦慕，辞溢挚情，于信中屡屡言及。

　　兹恳斯曼齐安卡小姐带上薄礼一份，此乃一现代画家之旧作一幅。菲薄之礼，实不足道，而先生之隆情高谊，不仅垂注小儿吾家，且惠及中国及全体音乐界，奉此菲礼，岂足言谢，聊表寸心已耳。

　　耑此　肃候

道绥

傅雷
一九五四年十一月二日

傅雷致姻亲、小提琴大师梅纽因夫妇的信

伊虚提
狄阿娜　双鉴：

　　久疏笺候，尚祈两位身体安康，不致过劳。数月来不知又曾到过哪些国家？闻悉你们对苏联音乐界近况之印象后，实深有同感。吾人处于知识及艺术界中，多少都身受其苦，而此界之种种缺陷，无一制度足以补救。

　　得知聪跟弥拉的婚姻生活渐趋美满，彼此之间日增了解，内子与我均深感欣慰。他们其实已在生命中跨出了一大步。因为我认为生活的艺术是所有艺术之中最难的一种，而夫妇之间和睦共处之道，就是吾人立身处世的根本所在。聪天真未凿，充满理想，他于三月间自美国来函，信中述及种种见闻，饶有趣味，惟独对自己演奏成绩却只字不提。虽然他伴作毫不在意，但心中仍充满种种幻想，使我不忍使之幻灭。任何人如欲生活得不太受罪，就必须如此，倘若身为恳挚真诚及极度敏感的艺术家，则更应如此。

　　西敏寺唱片公司自其英国代理人业务失败后，情况如何，尚祈见告，以释吾念。我深恐聪灌录唱片的心血，付诸流水。聪似乎迄今尚未与任何信誉超卓的公司签约，自一九五九年以来，他虽曾跟两家公司打交道，但都徒劳无功。

　　虽然我一直健康欠佳，但过去数月来所幸并无特别病痛，惟独视力越来越差，每日工作之余，只能稍作阅读，需浏览之书太多，而在晚上却被逼躲懒偷闲，诚为憾事。我译文的风格，令自己深以为苦，虽已尽全力，却永远达不到满意的完美程度。巴尔扎克、服尔德及罗曼·罗兰的英译本多数惨不忍睹，错误百出，无可原谅（时常整句漏译），我尽量尝试译得忠于原文，而又不失艺术性，务使译文看来似中文创作，惜仍然力不从心。翻译之难，比起演奏家之演绎往昔大师的杰作，实在不遑多让。

　　倘我常露沮丧之情，疲惫之态，幸勿见怪。这种心情，殊难掩饰，在知心朋友面前，尤其如此。

　　内子附笔问候，即祝

双福

傅雷
一九六三年四月十四日

　　又及：承蒙去冬从德国惠寄相片，特此致谢。

点评：

（1）傅雷写给杰维茨基和梅纽因夫妇的信原本都是法文，由金圣华教授译出。在翻译前他大费踌躇，"首先，这批函件语气彬彬有礼，主客分明，语气与写给爱子的书信大不相同，故必须以相当典雅的文体译出。其次，这批信件的对象，毕竟是西方人士，而内容又涉及许多西方文化特有的事物，故文体不能全用文言，适宜以文言为主、白话为辅，如此方能达到兼容并蓄的功效。"所以经再三斟酌之后，他是"参照《傅雷致黄宾虹书信集》的笔调，以及罗新璋译《傅雷致罗曼·罗兰函》的文体"来翻译的。

（2）与杰维茨基的信重点是表示感谢，送上礼物，兼示意傅聪也对老师情深意挚。

（3）给梅纽因夫妇的信二人名字重叠而置，用了"双鉴"的提称语。

　　虽亦未谋面，但既为姻亲，感觉关系自然亲近了许多，又都是大师级人物，文艺体验相通，所以傅雷的语言在亲与疏之间拿捏得很好。

　　开头问候近况，表达同情之感。然后讲述并询问一些双方主要关心的子女的事情。最后讲讲自己的情况。虽是尺牍，但亦有章法可循。结尾段的"知心朋友"更是聪明，让读信人阅之心契。

范文 5

傅雷写给傅聪的家书

好孩子：八月一日的信收到了，今天是十一日，就是说一共只有十天工夫。我们给你的信都有编号：

（波1）七月十九日发　航挂
（波2）七月二十九日发　航挂
（波3）八月八日发　航挂

大概大使馆转信不免耽些日子，下次来信希望报告一下收到了哪几封？

你的生活我想象得出，好比一九二九年我在瑞士。但你更幸运，有良师益友为伴，有你的音乐做你崇拜的对象。我二十一岁在瑞士正患着青春期的、浪漫底克的忧郁病：悲观、厌世、彷徨、烦闷、无聊；我在《贝多芬传》译序中说的就是指那个时期。孩子，你比我成熟多了，所有青春期的苦闷，都提前几年，早在国内度过；所以你现在更能够定下心神，发愤为学；不至于像我当年蹉跎岁月，到如今后悔无及。

你的弹琴成绩，叫我们非常高兴。对自己父母，不用怕"自吹自捧"的嫌疑，只要同时分析一下弱点，把别人没说出而自己感觉到的短处也一起告诉我们。把人家的赞美报告我们，是你对我们最大的安慰；但同时必须深深地检讨自己的缺陷。这样，你写的信就不会显得过火；而且这种自我批判的功夫也好比一面镜子，对你有很大帮助。把自己的思想写下来（不管在信中或是用别的方式），比着光在脑中空想是大不同的。写下来需要正确精密的思想，所以写在纸上的自我检讨，格外深刻，对自己也印象深刻。你觉得我这段话对不对？

我对你这次来信还有一个很深的感想。便是你的感觉性极强、极快。这是你的特长，也是你的缺点。你去年一到波兰，弹肖邦的风格立刻变了；回国后却保持不住；这一回一到波兰又变了。这证明你的感受力极快。但是天下事有利必有弊，有长必有短，往往感受快的，不能沉浸得深，不能保持得久。去年时期短促，固然不足为定论。但你至少得承认，你的不容易"牢固执著"是事实。我现在特别提醒你，希望你时时警惕，对于你新感受的东西不要让它浮在感受的表面；而要仔细分析，究竟新感受的东西和你原来的观念、情绪、表达方式有何不同。这是需要冷静而强有力的智力，才能分析清楚的。希望你常常用这个步骤来"巩固"你很快得来的新东西（不管是技术是表达）。长此做去，不但你的演奏风格可以趋于稳定、成熟（当然所谓稳定不是刻板化、公式化）；而且你的一般的智力也可大大提高，收到锻炼。孩子，记住这些！深深的记住！还要实地做去！这些话我相信只有我能告诉你。

……

罗忠镕和李凌都有回信来，你的行李因大水为灾，货车停开，故耽误了。你不必再去信向他们提。我认为你也应该写信给李凌，报告一些情形，当然口气要缓和。人家说你好的时候，你不妨先写上"承蒙他们谬许""承他们夸奖"一类的套语。李凌是团体的负责人，你每隔一个月或一个半月都应该写信；信末还应该附一笔，"请代向周团长致敬"。这是你的责任，切不能马虎。信不妨写得简略，但要多报告一些事实。切不可二三月不写信给李凌——你不能忘了团体对你的好意与帮助，要表示你不忘记，除了不时写信没有第二个办法。

你记住一句话：青年人最容易给人一个"忘恩负义"的印象。其实他是眼睛望着前面，饥渴一般的忙着吸收新东西，并不一定是"忘恩负义"；但懂得这心理的人很少；你千万不要让人误会。

点评：

写给孩子的信则完全是口语化的家常语言了。

（1）开头是让对方释念，并且教孩子给信编号备注的常用方法，以免信件丢失了也彼此浑然不觉。

（2）傅雷爱子情深，给傅聪写信其实并不随意，而是特别在意傅聪的感受。比如跟傅聪分享自己当年留学海外的体验，让傅聪更有自信心。在谆谆教导傅聪一通既要把别人的赞美报告给父母，也要有自我批判的功夫之后，再问上一句"你觉得我这段话对不对？"表示与儿子斟酌谈心，并非独断专行的态度。

接着又对儿子的感受性极快却不易稳固的特点苦口婆心地分析、提醒，尽显慈父心怀。

（3）后面一段提醒傅聪要给政府部门人士去信报告近况，因为他是公派留学的。这段可说是手把手地教儿子怎么写信、怎么说话，生怕别人误会傅聪是忘恩负义的人。我们也可以从中学习到以书信致意的态度，比如西方人一直很讲究在收到节日、结婚等礼物后，或者被盛情款待后，要及时写信道谢，否则极为失礼。

（4）最后几段就更为家常了，讲讲自己在家翻译的情况，一收到儿子的信马上丢下工作回信也表达了对儿子的重视。

然后关心儿子的生活实际问题，所谓"家函贵详"，做父母的关心子女饮食是否平安，钱是否够用，

	(续表)
这几天上海大热，三楼九十六度，我挥汗改译文，仍要到深夜。楼下书房墙壁仍没有干透，一个月内无搬下去的希望。今早一收到你来信，我丢下工作花了一小时写这封信。 　　来信提到一位将来的评判员，叫做 Lazara Revy，我从来没听见过这名字，他是哪国人？ 　　孩子，你真是个艺术家，从来想不起实际问题的。怎么连食宿的费用，平日的零用等等，一字不提呢？人是多方面的，做父母的特别关心这些，下次别忘了详细报道。乐谱问题怎样解决？在波兰花一大笔钱买了，会不会影响别的用途？ 　　我要工作了，不再多写。远远的希望你保重，因为你这样快乐，用不着再祝 　　你快乐了！ 　　　　　　　　　　　　　　　　　　　　爸爸 　　　　　　　　　　　　　　　　　八月十一日午前 　　妈妈这几日忙得要命，不再附笔了。她只是拿了你的信笑个不停。 　　刚才和李翠贞先生通电话，她也要我向你致意。史大正迄今没发榜，今天已是八月十一了，不知他究竟能否出国。 　　为了免得转信耽误日子，到克拉可夫后，有了确定地址，马上告诉我们！	跟学业、成绩是一样多的。 　　（5）祝颂语比较特别，虽说用不着，但其实还是祝了，"祝"字跟上行，"你快乐了"不能顶格，因为傅聪是晚辈，不必表示恭敬。 　　（6）日期下是附言。

思考与练习

1. 请分析下面这封信格式和内容上存在哪些问题。

尊敬的老师：

　　自某地一别，已有5载，我经历了人生的酸甜苦辣，心中苦闷一言难尽，罄竹难书……郁闷啊……

　　先是被发配到一所山区小学，到了谈婚论嫁的年龄，无奈"资源匮乏"……学校不大，师生总共不足百人……我感觉走到了人生的十字路口，希望尽快得到您的指点。

　　对了，您最近还好吧？还那么忙吗？师母的胃病好些了吗？春天到了，祝您有个好心情，天天晒太阳！

　　　　　　　　　　　　　　　　　　　　　　　　　学生李某草于某日

2. 进入大学一段时间了，请给你的母亲/父亲写一封信，汇报自己的学习、生活，说说心里话。

3. 一个学期快过去了，你对大学生活、专业学习是否有什么困惑和问题，请给你的指导老师写一封请教信。

拓展阅读

　　近日，上海大学戴世强教授的一篇博文流传甚广，引起了不少老师的共鸣，也值得同学们反思学习，引以为鉴。

学生怎样给老师发邮件

　　如果我说：现如今，很大一群大学生不知道怎样给老师发邮件、写信。你一定会说，不会是愚人节的玩笑吧！要是说"90"后大学生生活自理能力差一些，我信。不会发邮件？太夸张了吧！谓予不信，这里有数据资料为证。

去年秋季学期，我担任校内新生通识课"无处不在的力学"的任课老师。开学伊始就规定，写两篇小论文作为作业和考核依据，并公布了我的电子邮箱，让听课者把作业用电子邮件发给我。于是，我与学生通了500多封信，总共收到学生的电子邮件246个。我对这些邮件的合格性做了粗略的统计，结果如下：

（1）书写形式完全合格的邮件32个，约占邮件总数的13％。

（2）书写形式基本上合格的邮件79个，约占邮件总数的32％。

（3）书写形式不合格的邮件135个，约占邮件总数的55％。

这里采用的合格标准不高：有抬头，自报家门（写上姓名、学号），写明作业名称，有落款。可是，偏偏大多数听课学生没全部做到。主要问题有：

（1）没有任何信件说明，仅以附件形式发了作业。

（2）没有抬头，连一声"老师"都没有。

（3）没有落款，收到后不知此件为何人所发。

我收到邮件后，麻烦多多。最大的困惑是不知哪位学生给我交来了作业。查看发件人吧！学生们用的是花里胡哨的网名：善良死神、猪猪、一只特立独行的猪、小馒头、南昌炒粉、痛并快乐着、像三毛、流浪、龙行天下、你在我不离开、此生不换、冰力十足、非C°勿扰……千奇百怪，无所不有，也许他们的密友知道发邮件者是谁，却搞得我一头雾水。看完整个邮件，还是搞不明白谁发来的。不得不打开附件，才弄清小论文的作者是谁。改毕作业，要登录成绩，有附件打不开的还得与论文作者联系，又找不到主儿了。最后，想出一个"一劳永逸"的办法：在教务处发给我的学生名单上——记下每个学生的相应网名（有时还不止一个！）。就是这样，在登录成绩时还出了一些差错。

其实，如何给老师发邮件，我在课堂上交代过；收到一些问题邮件后，又讲了一遍，情况好了一点，但不少学生还是依然故我。

我认为，给老师或长辈发邮件应该遵守一定的礼仪规范，与给平辈知交或闺蜜发邮件大不一样。应该先有完整的称呼，加一个简单的问候语；接着，自报家门，并讲清相关事宜（如交上××作业），最后加一个致意的敬语并落款（学生最好写明学号）。

现时的学生可爱而有活力。一般来说，并非晓得了礼仪而不遵守，而是过去师长没有手把手地教过他们，或是学生本身漫不经心，对礼仪的必要性认识不足。

我在链接中隐名抄录了几个写得比较规范的邮件作为示范。以往做得不好的同学可以想一想，作为同龄人，他们能做好，我为什么做不好？

写于2012年4月1日晨

链接

几份来自学生的邮件

1. 来自一位理工类女生

戴老师：

　　您好！

　　我是您的通识课"无处不在的力学"的学生。非常抱歉，由于优盘丢失了，这么晚才交论文作业，附件是我的论文和心得体会，请查收。

×××
1112××××

2. 来自一位理工类男生

戴老师：

您好，我是通识课"无处不在的力学"的学生，之前已经交了纸质版，现在附上电子版作业，写得不好，请多多指点。

此致
敬礼

×××1112××××

3. 来自一位经管类男生

戴老师：

感谢您这学期的教导，也许我以后都没什么机会再细致地学习力学了，但是这学期的学习还是在我的人生中写下了清清楚楚的一笔，或轻或重，以后才知。我不会忘记我所收获的，也会永远记住您的教导。谢谢！

您的学生×××

4. 来自一位经管类男生

尊敬的戴老师：

您好！我是您"无处不在的力学"课的学生×××。我是社区学院经管大类的学生，我有幸选上您的课，感觉受益匪浅。感谢您的辛勤教导。上了您的课后，加深了我对力学的认识，谢谢老师在这段时间里给我上的力学课。您不仅给我上了力学课，还给我上了生动的人生课，明确了我人生的奋斗目标。因为我是经管大类的学生，可能以后再上力学课的可能性很小了，但我也很喜欢力学等理工学科，想在此问问老师经管转理工难度有多大，若要转我需准备什么？还有请问老师上大力学所的seminar论坛是否非力学专业的同学可以去听，具体时间地点在哪可见？我想在以后的学习中我会利用好力学这个利剑，运用力学方法，并努力提高我的知识面。望以后再听您的课，与您成为朋友。

祝您：
身体健康，万事如意！

×××1112××××

5. 来自一位理工类男生

老师好，这是我的对香蕉球的力学分析的论文，前一部分您可以粗略地看一下，后一部分是我提的两个问题，您看一下，期待着您的回复。

1112×××××

6. 来自一位人文社科类女生

戴老师：

才疏学浅，班门弄斧，见笑，见谅。

论文详见附件，请查收。

1112×××××

第二节 专用书信

一、求职信与自荐信

（一）文种概述

1. 定义

求职信是指求职者通过招聘广告等渠道清楚了解用人单位招聘的岗位及相关要求以后，向用人单位表达求职意愿，介绍自己的情况，并要求用人单位考虑答复的专用书信。它是有针对性地谋求一个明确的目标岗位的书信，也被称作应聘信。

自荐信是指求职者尚不清楚有关单位招聘岗位的情况下，主动写给有关单位、部门或者领导者个人推荐自己，有点投石问路性质的专用书信。需要用自身的优势、亮点吸引单位，让单位了解自己的特长，争取赢得机会。自荐信比求职信的适用范围更广，除了找工作以外，还可以用到其他方面，如自荐承担某项任务、出国留学或加入某种社团等。

2. 结构和写法

求职信的写作遵循书信体的格式，主要有标题、称谓、正文、结语、落款几部分构成。

（1）标题一般居中直接写"求职信"或"应聘信"即可。写作自荐信时，也可以采用双标题的形式，主标题表明主旨，副标题补充说明。

（2）如有明确的收文对象，求职信的称呼可以写招聘单位或人事部的负责人，一定要在姓名后加上职务。如求职者不知姓名，可以就写"尊敬的领导"，英文求职信可以写"Dear Sir/Madam"。自荐信侧重于对自己的推荐，有时写称呼，有时可省略。

（3）正文一般应该包括以下内容：

首先需要说明求职缘由，即招聘信息的来源，明示自己是要应聘什么职位。如"近日在《××报》上看到贵公司招聘广告，获悉贵公司正在拓展业务，招聘新人，我有意角逐经理助理一职……"。如果不知道对方是否招聘新人，想投石问路写封自荐信，那么开头可以这样写："久闻贵公司实力雄厚，声誉卓著，故冒昧写信自荐，希望加盟贵公司……"。

然后简要写出自己对这一职位内涵的理解，或者对招聘单位的认识，即"为什么要应聘这个职位或这家公司"。这部分是求职信中较能体现自由发挥的地方，需要简洁而切中要点，引起招聘单位的共鸣和肯定。

再陈述"凭什么应聘这个职位"，即展示自己能胜任竞聘职位的各种能力。这一部分是这类书信写作的核心，应要言不烦地展示自己适合这一职位的相关条件。这部分撰写的先后顺序也有讲究，一般遵循学习经历，所学课程与成绩，学习期间所受奖励及取得的其他成绩，工作经历（包括社会实践），与职业相关的性格、兴趣、爱好、品德等的顺序来写。切莫主次颠倒，逻辑混乱。

（4）结语主要是以诚恳的态度提出自己的愿望与要求，如希望对方能给自己一个面试的机会，盼望答复，静候回音等。然后写上表示敬意、祝福之类的词语，如"此致敬礼""祝贵公司财源广进""敬祝愉快安康"等。

(5)求职信一般还需要附件,在信后附上有关材料,包括简历和其他能够证明自己身份和能力的证明材料,如身份证、学历证书、职业资格证书、各种获奖证书的复印件等。附件要另起一行,分序号列在敬语之后、落款之前。

(6)落款,署上自己的姓名和成文日期。

自荐信的写法比较不拘一格,以期引起单位的注意,但也不可离题万里,要将自荐的目的、自己的基本情况、优势与特长、愿望与决心逻辑清晰、语言流畅地展现出来。

3. 写作要求

(1)突出个性与优势。

不少人事经理反映,求职信中最常见的问题是"千人一面"。面对着互联网上成千上万的职位,有的求职者采用了"天女散花"式的方式发求职信,但这种千篇一律、对招聘岗位没有任何针对性的求职信,招聘人员看得太多了,结果多以"广种无收"告终。所以,针对性和个性化很重要。求职人要根据用人单位的需求选择陈述内容,不要没有重点地泛泛而谈,如"本人爱好广泛,能胜任各种工作"之类。写作时一定要体现自己不同于别人的独特之处,根据用人单位的选拔条件突出技术专长,抓住重点,有的放矢。

(2)内容真实。

写求职信必须实事求是,不能夸大其词,掺杂水分,更不可虚构材料,编造历史。但同时也没有必要故作谦虚,只要真实客观地展示自己的才干即可。

(3)言简意赅。

求职信的功用只是争取一个面试的机会,不要冗长。招聘人员工作量很大,时间宝贵,求职信过长会使其有效度大大降低。1992年哈佛人力资源研究所的一份测试报告数据也证明,一封求职信如果内容超过400个单词,则其有效度只有25%,即阅读者只会留下对1/4内容的印象。

(4)勿与简历混淆。

求职信是一封书信,所以不要采用简历式的表格罗列方式,而是将相关要素有机、有序地融于文字叙写之中,上下文自然衔接。更详细的个人简历可以作为附件附在求职信之后。

(5)牢记"WIIFM"原则。

这是西方沟通学的黄金法则,即在沟通中,无论对方是否意识到,他都时刻在想 what's in it for me?(这对我有什么益处?)所以说话时要时刻为你的听众着想。写求职信亦是如此,要从用人单位的利益出发来考虑问题,自身是否满足用人单位的要求,自身能如何为单位带来价值,而不是自顾自地全方位介绍一些用人单位并不关心的情况。

(6)语气谦和诚恳。

求职者充满自信地推销自己是必要的,但要注意态度谦和、言辞恳切、不卑不亢、情真意切。实践证明,只有那些既有真才实学,又言词得体的求职者才受人欢迎,易被录用。

(7)文字通顺正确。

一份好的求职信不仅能体现你清晰的思路和良好的表达能力,还能考察出你的性格特征和职业化程度。所以一定要注意措辞和语言,写完之后要通读几遍,精雕细琢,切忌有错字、别字、病句及文理欠通顺的现象发生。因为它反映出求职者工作态度不严谨,给招聘方留下不好的印象。如果写得一手好字,手写的求职信更容易脱颖而出。

(二) 范文点评

范文1

求 职 信

尊敬的领导:

您好!从校园就业网站上获悉贵公司招聘商务秘书,特向您呈递我的求职申请。

我十分热爱秘书这一职业。在我眼中,秘书是组织联系内外、上下、左右的纽带,是组织经营管理的总枢纽,是让社会了解组织的一扇窗户,是组织内部综合性的办事部门。因此,我真诚地希望成为你公司的一名秘书人员,成为领导的得力参谋。

我毕业于××大学文秘专业。在校期间,我系统地学习了《大学基础写作》《大学应用写作》《秘书学》《文书学》《实用文秘写作》等课程,成绩优秀,通过了国家大学英语六级考试并获得国家秘书职业资格考试高级秘书资格证书。

学习之余,我积极参加社会实践活动。在××公司办公室实习期间,除了参与处理文书、为领导安排日程外,还配合工作人员对××问题进行了实地调研。社会实践使我熟悉了工作环境,学会了与人合作,并对秘书如何在从属中实现主动服务有了更深的了解。

我性格开朗,为人诚实,善于与人相处,有耐心,具有成功秘书所具备的性格素质。如果我能成为贵公司的一员,我将凭借自己一贯的勤奋与努力,为贵公司贡献我的所学和所能。如蒙慨允提供一次面试机会,我将十分感激。

附件:1. 简历
  2. 学历证书
  3. 国家秘书职业资格考试高级秘书资格证书

×××
××××年×月×日

点评:

标题居中;称呼顶格;亲切问候,开门见山,讲明招聘信息来源,明确应聘职位。

第二段简单阐述"为什么要应聘这个职位",对这个职位的理解。

第三段开始展示个人能力,遵循学习经历、社会实践、性格特点的顺序来写。

结语再次陈明主题,强调给公司带来价值。明确诉求,谦恭有礼。

范文2

自 荐 信

×××电子集团公司××总经理先生:

您好!

我叫×××,现在就读于××大学计算机应用专业,即将于2017年6月毕业。感谢您在百忙之中抽空阅读我的自荐材料。我非常希望能在贵公司找一份工作。

贵公司实行"人才+信誉"的经营方针,管理有方,选贤任能,办事效率高,工作氛围和谐,无论科研还是生产,都搞得生气勃勃,有声有色。今年上半年在贵公司实习期间,对此我深有感受。我想,在如此和谐、高效的环境里工作,不仅心情愉快,而且会早出成果。

我所修的专业是计算机应用。目前,全部学业已出色完成,成绩优秀。附上一份本人大学期间各科成绩一览表,供您参考。

在刻苦学习专业知识的同时,英语方面我已具有较强的口头表达与文字翻译能力。此外,我利用课余时间在几家公司兼职,从事计算机方面的

点评: 这是一封自荐信,求职者没有提出具体职位的要求,只是表达了加入该公司的渴望。

因为求职者在这家公司实习过,所以能够准确地表达对该公司经营方针、管理方式、工作氛围的认同,给用人单位以亲切感。

附上成绩表的做法简洁而有诚意,也充满自信。实践经历和性格特点

	(续表)
管理与维护,使我有了更多的实践经验。 　　我殷切希望,凭着自己的工作能力和务实进取的精神,在工作中施展自己的抱负。我坚信,您的知遇,定会鞭策着我为贵公司的蓬勃发展奉献我的青春! 　　信后附上我的个人简历、证书等复印件12份,供您参考。我静候您百忙之中的回音! 　　此致 敬礼 　　　　　　　　　　　　　　××× 　　　　　　　　　　　2017年5月16日	都写得文字生动自然,情感表达也恰到好处。 　　附件较多,就不需一一序号列出了,陈明总数即可。

思考与练习

1. 请比较以下四段求职信中对会计这一职位的理解和认识,指出它们各自是从什么角度来阐述这个职位的,并分析其优劣。

(1) 在我看来,会计工作关系着整个公司的财务运作与管理,会计是一项技术性较强、要求较高的职业。从事会计工作需要严谨、细心,同时,会计工作要求高效、与时俱进,需要灵活运用国家最新的财经类法规,为企业的账务处理保证其合法性,在会计实践中为企业谋求最大利益。

(2) 我非常向往会计这一职业。以我不成熟的看法,会计一职具核算、汇总、审计、制作报表等职能,是社会成分中不可或缺的一部分,承担着公司的计算总结任务。因此,我真诚地希望能成为贵公司的一名合格、优秀的会计人员,为贵公司的发展作出贡献。

(3) 会计,在我看来,不仅仅是反映企业财务信息与经营成果的一面镜子,更是监督企业诚信的一盏明灯,是确保企业高效运转的必不可少的一环。因此,我真诚地希望成为您公司的一名会计人员,成为一枚为企业贡献自我的螺丝钉。

(4) 对于助理会计的理解,我认为首先最重要的是坚持原则,具备良好的职业道德品质。其次是掌握一般的财务会计基础理论和专业知识,熟悉并能正确执行有关的财经方针、政策和财务会计法规制度。在外企中,英语口语显然也尤为重要。

2. 阅读下面这封求职信,看它的用语是否得体?结构和内容上是否欠缺什么?又是否有多余的内容?并改写。

××服装厂:

　　前天接到我的旧同学××的来信,说贵厂公开招聘生产管理员。我是××学校企业管理专业的毕业生,在校读书时,学习成绩优秀,爱好体育运动,是学校篮球队的成员。贵厂就设在我的家乡,我想,调回家乡工作正合我的心意,而且生产管理员的职务,也和我所学的专业对口。不知贵厂是否同意,请立即给我回信。

　　此致

敬礼!

　　　　　　　　　　　　　　　　　　　　　　　××谨上

　　　　　　　　　　　　　　　　　　　　　××××年×月×日

3. 请结合自己所学的专业和求职意向，写一封求职信。

二、邀请函与请柬

（一）文种概述

1. 定义

邀请函与请柬，是单位、团体或个人邀请有关单位或人员出席重要会议、典礼或重要活动时所用的，具有礼仪和告知双重作用的书信。

邀请函用于会议活动时，与会议通知的不同之处在于：邀请函主要用于横向性的会议活动，发送对象不受本机关职权所制约的单位和个人，也不属于本组织的成员，一般不具有法定的与会权利或义务，是否参加会议由对象自行决定。所以举行学术研讨会、咨询论证会、技术鉴定会、贸易洽谈会、产品发布会等，以发邀请函为宜。而会议通知则用于具有纵向关系（即主办方与参会者存在隶属关系或工作的管理关系）性质的会议，或者与会者本身有参会的法定权利和义务的会议，如人民代表大会、董事会议等。

2. 类型

按用途分，有会议类邀请函和请柬，用于庆祝会、纪念会、论坛、座谈会等；有活动类请柬，用于典礼仪式（包括婚礼）、活动宴请等。

请柬按设计形式分，可以分为横式和竖式两种。横式的比较现代，竖式的具有传统文化风格，可按活动性质选用。现在市场上有各种制作精美的请柬出售，通常在内页上已经印好了固定的格式，只须一一填空即可。而邀请函的信息量比请柬大，使用范围比请柬广，通常需要自行制作。

3. 结构和写法

邀请函和请柬主要由标题、称呼、正文、落款、备注五个部分组成。

1）标题

通常只居中标明"邀请函"或"请柬"字样即可。如果是较大型的活动，由会议、活动的名称和"邀请函"或"请柬"组成，如《婚礼请柬》《风腾公司成立三十周年庆典请柬》《鲁迅先生诞辰120周年（1881—2011年）纪念活动邀请函》。有时还可拟定个性化的活动主旨标语，如《沟通无限 中部六省城市信息化高级论坛 邀请函》。

2）称呼

顶格写被邀请对象。姓名后缀职务、职称、学衔或"先生""女士""小姐"等尊称，通常还要加上"尊敬的"之类定语。单位名称需用全称。如果是个人邀请对方一家，不需逐一写名字，可写"×××先生及其家人"或"×××先生全家"或"×××、×××伉俪"等。

3）正文

这是邀请函的主体部分，在称呼下一行，空两格，开头可向被邀请人简单问候。接着写明举办会议或活动的缘由、目的、时间、地点，并对被邀请方发出得体、诚挚的邀请，如"敬请光临""敬请参加""请届时出席"之类的敬语。如活动中对被邀请方有简单的特别要求，也可在此写明，如"请准备发言""请准备受奖"等。

如果是信息量较大的邀请函，则在表明邀请意愿后用过渡句转入下文，采用序号加小标题的形式写明具体事项及要求，最后写明联络信息和联络方式。结尾也可写明"此致敬礼"，亦可省略。

　　4）落款

　　因邀请函的标题一般不标注主办单位名称,因此落款处应当署主办单位名称并盖章。个人发出的邀请则署个人姓名。落款在正文右下方,在落款下方再署上成文时间。

　　5）备注

　　有的活动邀请有着装要求的,通常在落款以下、请柬的左下方注明。也可注明地点的具体地址和路线选择。

　　4. 注意事项

　　(1) "邀请函"三字是完整的文种名称,与公文中的"函"是两种不同的文种,因此不宜拆开写成"关于邀请出席××活动的函"。

　　(2) 作为一种礼仪类文书,邀请函的形式要美观大方,不宜用书信纸或单位的信函纸草草了事,而应用红纸或特制的请柬填写。

(二) 范文点评

范文3

请　　柬	点评:
尊敬的××先生: 　　兹定于2015年6月30日至7月5日8:00—17:00在南京图书馆一楼大厅举办近代书画名家作品拍卖会预展,恭候光临。 　　　　　　　　　　　　　××艺术公司(章) 　　　　　　　　　　　　　2015年5月25日	"兹定于"是请柬中的开头常用语,将时间、地点、内容以文言句式简洁写出。

范文4

请柬	点评:
纪念××大学建校一百周年 一九一四——二○一四 请柬 ××电视台: 　　为庆祝我校成立一百周年,特定于二○一四年五月十日上午八时,在我校大礼堂举行庆祝大会,届时恭请贵台派记者为盼。 　　此致 敬礼 　　　　　　　　　××大学(章) 　　　　　　　　　二○一四年四月十日	这是一个竖式的请柬。标题明示了活动主旨。邀请对象写的是单位,但并非邀请单位的所有人员来,末句写明了具体要求。

范文 5

邀请函

尊敬的××：

　　兹定于2015年3月28日（星期六）上午9:30～下午15:00在大学生广场华表前举办湖北民族学院林学园艺学院第二届"春华秋实，学在农学"主题系列活动之"关爱绿色，远离雾霾"现场趣味知识竞赛，诚邀您拨冗莅临指导！

湖北民族学院林学园艺学院学生会生活服务部
2015年3月24日

点评：

　　这是一封活动邀请函，注意末句的常用邀请辞。落款虽长，却不可分列数行，以免歧义。

范文 6

新年晚会邀请函

_____小姐/先生：

　　仰首是春、俯首成秋，××公司又迎来了她的第×个新年。我们深知在发展的道路上离不开您的合作与支持，我们取得的成绩中有您的辛勤工作。久久相伴，岁岁相长，作为一家成熟、专业的公司，我们珍惜您的选择，我们愿意与您一起分享对新年的期盼。故在此诚邀您参加××公司举办的新年晚会，与您共话友情、展望将来。如蒙应允，不胜欣喜。

地点：×××

时间：××××年×月×日 17:00～20:00

××公司
××××年×月×日

备注：1. 请男士着西装，女士着小礼服出席；
　　　2. 期间抽奖，请随赐名片。

点评：

　　这是一封商务礼仪活动邀请函，所以措辞更谦敬，情感色彩更浓。

　　时间、地点单独列出，更突出一些。

　　备注部分有着装等特殊要求。

范文 7

流动的江南：文献、意象与人物
第四届江南文化论坛
邀请函

尊敬的××先生/女士道鉴：

　　第四届江南文化论坛将于2015年10月24—25日于贵州师范大学召开，素仰台端在江南文化研究领域学术深厚，成就卓著，特诚邀您大驾莅临，共襄盛举。兹将会议有关事宜奉告如下：

一、会议宗旨

　　历史上的江南不仅是一个地理概念，更是文化概念；不仅是人文荟萃的文化鼎盛区域，更是古典中国诗书文明传播的能量所在。王阳明龙场悟道，成就一代豪杰；徐霞客山水游记，彰显黔中奇观；杨龙友得董其昌、陈子龙推奖，谢三秀得汤显祖、朱秀水、王谷香提携，赵翼、查慎行各以数百首诗题咏西南山水风物，莫与俦师从阮元、洪亮吉等，授乾嘉之学于友芝、郑珍，由秀水诗风而春海春圃，终于结穴于郑珍，"清诗三百年，王气在夜郎"……"江南"流动，文化西南，诸如此类，不胜枚举。

　　陈垣先生于1937年撰写《明季滇黔佛教考》一书，表彰万历以后，佛门宗风复振，江南为盛，西南被其波动；江南僧徒长于开辟，有功于滇黔拓殖，

点评：

　　这是一封内容丰富的学术会议的邀请函，措辞更加文雅，称谓后附提称语。

　　第一段明示时间、地点、会议名称，表达邀请意愿，然后以过渡句转入具体事项的罗列。

　　首先"会议宗旨"以古雅的文辞有理有据地解释了为何本届江南文化论坛会在非江南的地域召开的原因。江南与西南的文化因缘经此一番细说确实令人信服，其文化内涵也更能吸引被邀请对象的参与。

(续表)

尤为重要者,明季中原沦陷,滇黔犹保冠带之俗,成为避地之所。陈寅恪先生为之作序:"明末永历之世,滇黔实当日之徽辅,而神州正朔之所在也,故值艰危扰攘之际,以边徼一隅之地,犹略能萃集禹域文化之精英",正是点明了江南以一代人物、宗教文化开拓华夏新境,变边疆而为中心,化宗教而为政治的重大贡献。

因此,江南与西南的因缘与互动关系、江南文化向更南边的开疆辟土、保守人文,催动文明生机的课题,正是一个有待深耕的重要领域。职是之故,第四届江南文化论坛移师西南名城贵阳,从文献、意象、人物等角度,畅论江南与西南、江南与周边、江南的移动性等题,邀请江南与西南地区的名校专家教授共聚一室,并获国家图书馆大力资助,必将推动江南研究之新境界。

二、会议议题:
江南意象、江南人物、江南文献、江南与西南之文学因缘、滇黔汉文学文献。

三、相关费用:
本次会议不收会务费,专家往返差旅费自理,其他费用由会议方承担。

四、联系人:
××× 13501869553 zhaohoujun1974@sina.com (华东师大)
×× 14785540151 liuhaizhongguo1979@126.com (贵州师大)

五、敬请各位专家于2015年7月31日之前将会议回执发送到会议专用电子邮箱 jnwhlt@126.com,感谢您的支持与配合!

华东师范大学江南文学文献研究中心
国家图书馆出版社
贵州师范大学文学院
浙江师范大学江南文化研究中心
上海师范大学人文学院
二〇一五年五月十三日

学术会议通常会发两轮的邀请函,第一轮只有基本的时段、地点、费用、议题、论文要求等信息,附上回执,被邀请对象在指定限期内发还回执,确认是否参会。回执做法可参考本例。

然后举办方会在临近会期时再发第二轮的邀请函,有时就是会议通知,对下榻酒店、机场/火车站到酒店的路线、接待安排等会作更详细的说明。

第四届江南文化论坛(贵阳)
回执

姓　名		性别		是否与会	
职　称		职务			
单　位					
通讯地址					
邮　编		电子信箱			
电　话			手机		
论文题目					
备　注					

特别说明:请您于2015年9月30日前将参会论文发送到会议专用电子邮箱 jnwhlt@126.com,主办单位将根据您的参会论文奉寄更详细的会议通知。期待您的光临!

思考与练习

1. 下面是一篇病文,请写出修改稿。

请　束

××先生(小姐):

在您的帮助下,我厂生产的电视机在今年全国质量评比中获奖。现在确定于2015年7月10日在凤凰饭店开个庆功会,邀您赴会!

××电视机厂厂长(签字)
2015年6月15日

2. 重庆市求精中学为庆祝建校120周年,定于2011年10月19日上午8时在本校礼堂举行庆祝大会,特邀校友代表余牧远(现为本市人大副主任)参加并发言,请代学校拟一份请束。

三、申请书

(一) 文种概述

1. 定义

申请书是个人向组织、下级单位向上级单位或有关部门表达愿望、提出请求时所使用的一种专用文书。

2. 适用范围及作用

申请书的使用范围广泛,个人对党团组织和其他群众团体表述志愿、理想和希望,下级在工作、生产、学习、生活等方面对上级有所请求,都可以使用申请书。申请书把个人或单位的愿望、要求向组织或上级领导表述出来,让组织和领导加深对自己或下级的了解,争取组织和领导的帮助与批准,加强了上下之间、集体与个人之间的关系。

3. 类型

申请书从用途上划分,有以下几类:

(1) 思想政治生活方面的申请。其一般是指加入某些进步的党派团体,如申请加入中国共产主义青年团、中国共产党、少先队、工会、参军等。

(2) 工作学习方面的申请。求学或在实际工作中所写的申请,如入学申请书、带职进修申请书、工作调动申请书等。

(3) 日常生活方面的申请。日常生活中,我们常常会遇到各样问题,需要个人申请才可能被组织、集体、单位考虑、照顾或着手给予解决,诸如申请住房补贴、申请困难补助等。

4. 结构和写法

申请书一般都有固定的格式,其内容包括以下五个方面。

1) 标题

在首行正中写上申请书的具体名称。如"入党申请书""关于参加国外进修培训的申请书"等,也可只写"申请书"三个字,或简写为"申请"两个字。字体可比正文略大。

2) 称呼

即在标题下空一两行顶格处写出接收申请书的组织、机关、团体、单位的名称或有关负责同志的姓名,如"团支部""市工商联""××同志""尊敬的先生/女士"等。名称后面加冒号。

3) 正文

这是申请书的主体,一般应该包含三个方面的内容:

(1) 申请事项。

(2) 申请条件。有的申请本身是有要求条件的,要表示符合条件。

(3) 申请理由。如果理由比较多,可以归类分段来写。入党申请书的写作内容有特殊的要求,详见范文分析。

4) 结尾

一般写表达愿望和请求的话,如"恳请批准""请领导审核批准""敬祈核准""请求组织批准""请求组织考验"等。也可以写致敬语。

5) 落款

在正文右下方签署申请单位的名称或申请人的姓名,并另起一行在相应位置注明申请的时间,如果是单位的申请,还要在署名和日期处加盖公章。

5. 写作特点

(1) 申请理由要叙述充分,合情合理,有说服力。

(2) 语言准确朴实,简明扼要,让人感受到恳切的申请之心。

(二) 范文评点

范文9

入党申请书	点评:
敬爱的党组织:	这篇入党申请书符合以下要求,也是按照这个顺序来写的。
我志愿加入中国共产党,拥护党的纲领,遵守党的章程,履行党员义务,执行党的决定,严守党的纪律,保守党的秘密,对党忠诚,为共产主义事业奋斗终生,随时准备为党和人民奉献一切,永不叛党。在此,我向党组织交纳我的入党申请书。	(1) 表明申请入党的愿望,略写。
中国共产党是中国工人阶级的先锋队,同时是中国人民和中华民族的先锋队,是中国特色社会主义事业的领导核心,代表中国先进生产力的发展要求,代表中国先进文化的前进方向,代表中国最广大人民的根本利益。党的最高理想和最终目标是实现共产主义。中国共产党以马克思列宁主义、毛泽东思想、邓小平理论和"三个代表"重要思想作为自己的行动指南。每每翻开党章,以上文段都会成为我最先的关注点。看着它们,我会不断地想起许多事情,想起中国共产党的伟大。而其中最刻骨铭心的当属汶川大地震,这是一场巨大的灾难,它不仅掠去了数千亿人民的财产,更夺走了数万四川同胞的生命。显然,灾难不是我铭记的重点,历历在目的是中国共产党的先进事迹。面对这样巨大的灾难,党中央领导人第一时间站了出来。广大共产党员用实际行动抢救了受灾群众,更有甚者还因此献出了自己宝贵的生命。这就是我眼中的中国共产党,没有华丽的"外表",却拥有平凡的伟大。	(2) 阐明对党的认识,可以结合自己的成长过程或思想进步过程来写,说明申请入党的动机。这部分要详写,并且真诚详细。
正是这样的中国共产党,在我的心里烙上了一个印记,深深地吸引我朝党组织靠近。加入党组织不知不觉中已经成了我的一个梦想,我梦想着能有一天也能像他们一样为社会付出,为人民付出,以体现我生命的最大价值。	(3) 向党组织汇报自己的思想、工作、学习等情况。还可以介绍自己的简历及家庭状况,以便组织全面了解和考察。
从入少先队到入团,再到现在的向党组织靠近,我的身边总有他们在默默地支持着我。他们中有我的父母以及我的老师,也正是他们的谆谆教导,让我	(4) 对照党员的标准,具体分析自己的优点和缺点,说明成绩,找出差距,明确今后的努力方向。

的思想觉悟有了很大的提高。 　　升入大学以来，我一直在努力地奋斗，并在学习、思想、生活等各方面都有了很大的提高。为了规范自己的行为，指正思想的航向，我在思想上严格要求自己，在平时课余时间学习党章，多多关注时事新闻，争取做到身未入党、思想先入党。在学习上，我时刻牢记"学习是学生的天职"，对待学习不敢有一丝的怠慢，努力学习科学文化知识和自己的专业知识，把自己培养成为"又专又博"的优秀人才。在生活上，我时刻与同学保持良好的关系，相互之间和睦相处，注重寝室生活，以打造和谐寝室为己任，热心主动地帮助有困难的同学，同时要求自己朴素、节俭，发扬党员的优良传统。随时向身边的优秀的同学看齐，向优秀党员看齐，始终从党员的高标准来衡量自己的一言一行。 　　梦想还在远处的岸上，我深知按党的要求，自己的差距还很大，如处理问题不够成熟、政治理论水平不高等。因此，在未来的路上，我要竭尽全力去克服自己的这些缺点，以使自己更加靠近党组织。我将用党员的标准严格要求自己，完善自己，为人民服务，争取早日在思想上，进而在组织上入党。 　　请党组织在实践中考验我！ 　　　　　　此致 敬礼 　　　　　　　　　　　　　　　　　申请人：××× 　　　　　　　　　　　　　　　　　××××年×月×日	（5）表明自己的决心和态度，表达出希望得到组织帮助、教育、争取早日加入组织的迫切愿望。

范文 10

助学金申请书 尊敬的校领导： 　　您好！我是科技学院设计12-1班学生×××。作为我校的一名学生，我感到很荣幸，在这里我已经度过了快两年的大学生活。特别感谢院里的大力培养以及老师在专业方面的深入指导和同学们在工作、生活中给我的支持和帮助，在这两年中，我在各个方面都不断进步，综合素质得到了很大的提高。现因为家庭困难原因，特向领导申请校友助学金。 　　我来自××市的偏僻农村，家有6人，爷爷、奶奶、爸爸、妈妈、妹妹和我。爷爷、奶奶年老在家，妹妹在县城读高中，爸爸妈妈就靠在外打工供我们姐妹俩读书，虽然辛苦拮据，但也充满希望。不料今年年初的时候，我父亲打工时从工地的脚手架上摔了下来，脑部受伤，做了手术后劳动能力受到影响，难以恢复，家庭经济一下子陷入困顿，甚至难以支付我接下来的学费。 　　我切盼给父母减轻一些负担，在这种情况下，校友助学金成了帮助我继续学业的唯一希望。如果得到资助，我将继续努力学习，争取以优良的成绩来回报学校和爱心校友们对我的关心和扶持。今天我得到了帮助，我会在以后的日子里更加严格要求自己，学好专业知识，争取早日服务社会，为国家奉献一份力量。等毕业工作赚钱了，我也会用同样的方式去资助那些需要资助的同学。 　　恳请各位领导、老师审核批准为盼！ 　　　　　　此致 敬礼 　　　　　　　　　　　　　　　　　申请人：××× 　　　　　　　　　　　　　　　　　××××年×月×日	点评： 　　一封助学金申请书需要写这几方面的内容： 　　（1）先简单介绍自己是谁，哪个学院、年级的。 　　（2）然后表达对学校的感激之情，大概介绍下自己的学习情况，如何刻苦优秀，以及思想方面追求进步等，要真实。 　　（3）写家庭经济特别困难或遭遇突发事件，难以支付在校学习期间的学费或生活费。 　　（4）表述如果得到资助，自己的感激之情和将来对母校或社会的回馈。 　　（5）结尾再次表达愿望和请求。

思考与练习

1. 请指出下面这则申请书有什么问题,并加以改写。

申请书

××领导:

　　我想申请参加明年的委培硕士考试资格,以求得继续深造的机会。望领导批准。
　　此致
敬礼

申请人:××
××××年×月×日

2. 写一份加入某个你心仪已久的团体的申请书。

四、建议书

(一) 文种概述

1. 定义

　　建议书是指对工作中的某一问题给有关单位、部门或上级机关和领导提出自己主张的一种专用书信,也被称为建议信或意见书。有时是政府机关或单位公开征集建议,有时是公民主动行使民主权利,提出建议。书面形式的建议比口头说明更为郑重正式,所以重要的建议多采用书面的形式。我国古代有许多提建议的文章,如李斯的《谏逐客书》、贾谊的《论积贮疏》等。

2. 适用范围

　　建议书往往是针对工作中存在的缺点、错误而发,对这些问题,也可以写批评信。但批评信主要写错误事实,以引起有关部门的注意,即使谈到希望和要求也是很简略的,一般不涉及解决问题的具体办法。而建议书则恰好相反,概括、简略地写错误事实,写解决问题的方法、措施则十分具体。所以我们可以根据不同的情况和目的,来选择使用批评信还是建议书。

3. 结构和写法

　　建议书的写作格式与一般私人书信基本相同,不同之处是建议书有标题。标题可以就居中写"建议信"或"建议书"三个字。有时为了突出建议的具体内容,也可以在标题中概略明示。"建议"二字可放在开头,如《建议设立职工健康保险基金》《建议为加强师生交流增加场所》;也可放在最后,如《关于公费医疗制度改革的建议》《对城市防雾霾工作的几点建议》;还可以省略"建议"二字,用简短的句子把建议的内容表达出来,如《保留这个书报亭吧》《长途汽车站应设立母婴室》等。

　　顶格写称呼,接着另起一行,空两格写正文。

　　建议书的正文,一般由两部分组成:

　　(1) 建议的原因,即为什么要写建议,建议所针对的是什么问题。这部分以写事实为主,可以先简单肯定成绩,再谈问题,要把问题的严重性写清楚,使读信的人感到确实亟须改进。

(2) 建议的具体内容，这一部分是建议信的核心部分，要具体明确地提出解决问题的措施和方法。建议事项较多时，最好分条列项，用序码标出。各条内容应界线分明，不要互相牵扯，层次紊乱，以便于有关单位和领导逐条考虑，酌情处理。

正文写完后，一定要有落款。写建议书是光明正大的事情，不要写成了匿名信。由于建议书往往是个人写给单位的，所以署名也最好写上自己的单位名称，有时还需写明职务。

4. 写作特点
(1) 语言简明扼要，逻辑条理清楚。
(2) 建议的内容要有针对性和新颖性，将具体内容一一列出，并针对具体问题来谈，杜绝空话、大话、套话。
(3) 建议的内容要把握好分寸，实事求是，切实可行。

(二) 范文评点
范文 11

给北师大书记校长的建议信	点评：
尊敬的北京师范大学刘××书记和董×校长阁下： 　　欣闻贵校近期举行中国战略与管理研究会民间文物保护委员会、邱季端学长中国古陶瓷藏品捐赠仪式，成立北师大邱季端中国古陶瓷博物馆、中国古陶瓷与中国古代文明研究院的新闻，无比喜悦，也第一次听到了中国古代陶瓷研究的全新名词"京师瓷"。"京师瓷"入 1902 年创立的"京师大学堂师范馆"，想来对于这些珍贵的古陶瓷（"京师瓷"）而言的确是实至名归了。 　　前些日，京师东南郊"潘家园"市场因拆废迁移纠纷，搞得沸沸扬扬。我特别怀念多年来逛那里地摊的感觉。因此赶巧将 2007 年 12 月、2008 年 3 月拍摄的旧照片翻出来。恍然发现，市场中混迹流散了无数的疑似"京师瓷"。 　　不知能否建议刘书记和董校长借成立"北师大邱季端中国古陶瓷博物馆""中国古陶瓷与中国古代文明研究院"的东风，尽早将这些罕见珍贵的流散民间的疑似"京师瓷"抢救和保护起来纳入馆藏，使贵校的"京师瓷"收藏在现有邱季端先生捐赠 6 000 件的基础上，突破 12 000 件，这样将绝对奠定"北师大"成为世界第一的专业"京师瓷"收藏殿堂的基础。生怕一旦"潘家园"市场被强拆，这些疑似珍贵的"京师瓷"就流散各地了，必将造成巨大的文化损失。让如启功先生、陈垣先生等前辈先贤痛心疾首，于天国不安。保护"京师瓷""京师大学堂"责无旁贷。谨呈微意！ 　　此致 敬礼 　　　　　　一位对"京师"心怀敬仰的爱好者　　阎× 　　　　　　　　　　　　　　2016 年 7 月 19 日	这是一封市民自发写作的建议信。 　　称呼将现代书信的尊称和旧式书信的提称语合用，是可以的。 　　第一段从北师大学校自己近期的事情入手，容易引起注意，也是表示对北师大的尊崇之意。 　　第二段娓娓道来而又简洁迅速地讲明情况，发现市场中可能流散了许多"京师瓷"。 　　第三段是具体建议内容，针对这种情况，建议北师大出面购买收藏，从正反两方面来强调这件事的重大意义，以期引起重视。

范文 12

经济学家写给总理的金融改革建议书(节选)	点评：
近日，习近平总书记主持政治局会议分析研究宏观经济形势时，特别强调"宏观政策要稳、微观政策要活、社会政策要托底，努力实现三者有机统一"的重要性，值得欣慰的是，我们课题组也正是顺着这样的思路进行了深入的考察和研究，归纳出四大需要系统回答的重大问题和相关的政策建议：一是中国宏	这是一篇规模较大、涉及问题也比较重大的建议书。标题中注明了是写给总理的，

观经济部门和金融部门所面临的挑战是什么？二是摆脱内忧外患的改革瓶颈在哪里？三是怎样建立"金融为实体经济服务"的创新模式？四是与此相呼应的监管体系又该如何调整？

一、环境复杂：当下面临的最大挑战是"钱荒"和"钱多"并存的格局

（1）美日大搞"非传统的货币政策"把发达国家为主导的世界经济拖入了一个"超低利率"的时代，大大增加了外汇占款和人民币汇率大幅波动的压力，从而增添国内市场资金"短期化"运作的可能性。这就是游资增加所带来的"钱多"问题。

……

（2）未来全球经济的不确定性和"后危机时代"救市所引起的流动性泛滥问题很容易造成社会大众"预防性储蓄"（追求高收益的金融投资）行为强化而消费和生产意愿不足的现象，从而导致实体经济"钱荒"（也非常连累为实体经济服务最紧密的银行贷款和股市融资）和虚拟经济"钱多"（稀缺的土地、工业用的大宗商品和消费生产所需要的货币等今天都成了金融资本炒作的对象，产生了"物以稀为贵"的短期财富效应）并存的失衡格局。这严重地影响了中国经济健康发展的步伐和市场活力的复苏。

……

二、深化改革：市场活力重建的关键取决于中国金融体系的运作效率

今天中国经济转型发展的紧迫感已经来到了国内市场消费力量唤起的阶段，金融体系所发挥的作用越来越至关重要。但是，我们的"金融服务实体经济"的定位和运作机制还是在自觉和不自觉依靠银行体系（今天尤其是依靠大银行）来扶持企业投资（虽然无利可赚、效率低下，但政府压力无法逾越）和个人消费（虽然有利可图，但套现投资、过度消费现象却增加了金融风险和操作难度）。结果，这种银行低效率的运作模式却让"中国式的钱荒"变得更为严重。

（1）大银行的金融资源垄断地位和"政府过度保护"体制必定导致银行会陷入"一放就乱、一抓就死"的格局。（略）

（2）大银行主导的金融体系有利于实业投资所需的低廉稳定的大规模长期资金，却不利于大众财富收入增长和创新驱动的产业升级模式。（略）

（3）放松管制、完善制度和重视人才的"改革红利"才是中国金融体系发展的唯一出路。（略）

三、创新求进："价值链金融"体系符合中国的国情和转型发展的需要

从计划经济重视"产业金融"的低效率模式，一下子跳跃到高度市场化的"市场金融"（工具创新主导）的美国模式，根本无法解决中国经济今天这一发展阶段所凸显出来的"多元化"金融服务的需求。所以，探索今天"差异化"的金融服务模式是中国经济发展到今天这一阶段的必然选择。而且，这种服务模式已经产生了互相之间很好的互补效果。如果我们无视这种多元化的需求，还是依然如故采用我们过去银行那套标准化的服务模式，中国股市的造血功能还是依然受制于我们制度缺陷的约束，那么，实体经济的"钱荒"和虚拟经济的"钱多"两立的格局就无法打破，中国未来的结构调整计划就可能举步不前。

（1）中国产业升级的紧迫感和外在压力必须要让金融服务模式去开拓一条全新的"企业家（科技创新）金融"的服务模式。（略）

（2）解决中小企业融资难的关键要让中小银行走专业化金融服务的融资模式（又叫"关系性金融"），避免"同质化"所导致的过度竞争问题。（略）

（3）金融体系建设一定要把大众财富收入增长作为重要的努力目标。（略）

（4）消费金融业务的过度扩张会惹来严重的系统性金融风险，所以，在加强征信管理的基础上，需进一步提高资产证券化的创新能力。（略）

（5）"政府金融"服务体系更要提高专业化和市场化的运作方式和管理效率。（略）

（6）"全球化金融"服务模式的确立是中国经济发展和金融改革深化后的

所以没有用称呼的书信格式，更像是一篇长文。

第一段提出四大问题，为以下的建议打好针对性的基础。接下来的四个一级标题就是针对这四个问题一一对应的。

每个部分下面又再分条列项，显得层次清楚，论述严谨。其中第一部分相对较略，扼要谈谈当下的困难和挑战；第二、第三部分强调金融改革的重要性，试图说服总理看到金融改革对经济各方面的深刻影响；第四部分是具体建议，分量格外翔实厚重，对金融系统要发挥的六大基本功能作了充分的阐释。

由于整篇内容已经很丰富，最后收尾并没有再重复论述，而是简单总结，自然结尾。

(续表)

必然结果,而不能跳跃上述国内金融创新能力提高的环节,先去刻意追求她。(略) 　　四、稳中有为:"功能监管"是确保"价值链金融"服务体系高效率运作的重要前提 　　中国长期以来所推行的"维稳"监管模式——即通过强化管制或行政指导来确保金融体系稳定目标的实现这一做法,已经无法胜任今天金融为实体经济服务的改革要求,它表现出来的情况就是一个阶段"监管不足",而另一个阶段却"监管过度"。这种做法,很容易助长金融机构和市场力量形成道德风险的策略,也就是当国家放松管制促进增长的时候,他们就大肆赚政策红利的"空子",寻找监管缺失的投机天堂,造成过度放贷、过度投资的乱局,而把风险的责任推诿给政府的刺激政策,或运用"大而不倒"的铁律,挑战中国政府监管的底线。一旦政府无奈地叫停出了问题的金融业务后,中国金融机构和市场力量又表现出另外一种羊群效应的特征——他们瞬间失去了作为金融机构和专业化的投资团队应该发挥的正常的金融服务功能。这种"一抓就死"的局面,严重困扰了国家宏观经济调控政策运行的空间和效果。所以,我们的建议是,为了减少问题爆发时所采取的"头痛医头脚痛医脚"的做法——即避免凶手拿刀杀人后政府要求所有生产"刀"的流水线停止开工的做法,从而造成厨师因为失去了做菜的基本工具而无法满足国民正常的生活需求的尴尬局面,我们必须要引进功能监管的思路,及时发现混在厨师队伍中的杀人凶犯。具体而言,就是加强以下"六大基本功能"的监管: 　　一是价格发现功能的效率监管。(略) 　　二是流动性保障功能的效率监管。(略) 　　三是风险分散功能的效率监管。(略) 　　四是信息披露功能的效率监管。(略) 　　五是公司治理功能的效率监管。(略) 　　六是价值创造功能的效率监管。(略) 　　总之,检验中国金融改革和监管措施是否有效,关键在于要关注以下几个环节金融体系基本功能的发挥程度:首先,要判断金融服务的价值创造是否正确,然后要观察"价格发现"的市场环境是否到位,在此基础上,进一步衡量"金融创新、分散风险"的专业化本领是否得到充分体现;当然,在改革的过程中,尤其还要十分重视"信息披露充分、公司治理机制到位"的制度建设,这样才能确保市场越来越繁荣,流动性越来越充裕,而反过来它又会进一步打开金融创新和价值创造的发展空间,形成良性循环的最佳效果。一句话,千万不能再停留在以前"头痛医头脚痛医脚"的行政管理式的"维稳监管(问题业务"取舍")水平上。 　　(作者:复旦大学金融研究中心主任经济学院副院长孙立坚)

> **思考与练习**

　　1. 请以你自己的名义就某一门课的教学方法问题给任课教师写一封建议信。
　　2. 学校为了更好地服务师生,计划在新的一年要为师生办几件实事,让师生踊跃提建议,请你把握机会,给校长办公室写一封建议书。

五、贺信与贺辞

(一) 文种概述

1. 定义简介

　　为庆贺重大胜利、喜庆节日、寿辰、重要会议等而写的文章、书信和电报,称为贺词、贺信和贺电。它是从古代祝辞中演变而来的。

贺信是表示庆祝的书信的总称,是指党政机关、企事业单位、社会团体或个人向其他集体单位或个人表示祝贺的一种专用书信。它是日常应用写作的重要文体之一。今天,贺信已成为表彰、赞扬、庆贺对方在某个方面所作贡献的一种常用形式,它还兼有表示慰问和赞扬的功能。

贺辞一般是在隆重的集会上,当着受祝贺者的面宣读的。如果距离较远,则用贺信。如果要表示慎重,而且要快,则用贺电。

2. 类型

1) 根据祝贺事项的不同可以分为三类

(1) 祝贺寿诞。这包括老年人寿辰和新生儿满月、周岁等。

(2) 祝贺事业。这个涉及范围很广,如会议开始时祝其圆满成功,结束时祝贺圆满结束;活动开始时祝其取得较好的社会效应,结束时贺其达到了预期目的;考上大学,贺其金榜题名、鹏程万里;公司开业、商店开张、报刊创刊、学校建校纪念等,均可贺其已取得的成就,祝其今后事业的顺利发达。

(3) 祝贺婚嫁。贺新婚,祝今后婚姻和谐美满。

2) 根据祝贺者与受贺者的身份不同可以分为四类

(1) 上级给下级的贺信、贺电。有节日祝贺,或对工作成绩表示祝贺,最后都要提出希望和要求。

(2) 下级给上级的贺信、贺电。一般是对全局性的工作成绩表示祝贺,还要表明下级对完成有关任务的信心和决心。

(3) 平级单位之间的贺信、贺电。一般是就对方单位所取得的工作成就表示祝贺,同时还可以表明向对方学习的谦虚态度,以及保持和发展双方关系的良好愿望。

(4) 国家之间的贺信、贺电。当有外交关系的国家新首脑就职,或者友好国家有重大喜事时,一般要致贺辞,这是礼节上的需要。

3. 结构和写法

贺信一般由标题、称谓、正文和落款四部分构成。

1) 标题

贺信的标题有三种写法。第一种就是在第一行正中书写"贺信"二字;第二种是由致辞者、致辞场合和文种共同构成,如《周恩来总理在欢迎尼克松总统宴会上的讲话》;第三种是写明祝贺事由,如《贺紫金山国庆集体婚礼》。个人之间的贺信、贺电一般不写标题。

2) 称谓

顶格写明被祝贺单位或个人的名称或姓名。写给个人的,要在姓名前加尊称,姓名后加上相应的礼仪名称如"先生"。称呼之后要用冒号。有时候贺辞不一定有称谓。

3) 正文

正文一般由三项内容构成:

(1) 开头,说明自己代表何人或何种组织向谁及因何事项祝福贺喜,常用句式如"值此……之际,谨代表……向……表示诚挚热烈的祝贺"。根据情况,有时候还需结合当前的形势状况,说明对方取得成绩的大背景,或者某个重要会议召开的历史条件。

(2) 主体，重点评价受贺方取得的成就。如果是对方取得了突出成绩，则要充分肯定和热情颂扬，述评取得成绩的原因和意义，根据上下级关系或表示向对方学习，或提出进一步的希望；如果是祝贺会议，则侧重说明会议召开的重要意义及深远影响等；如是贺寿，要概括说明对方的贡献及其宝贵品质。

(3) 结尾，表示衷心、热烈的祝贺，还可以写些鼓励的话，展望未来美好前景。

4) 落款

写明发文单位的名称或个人姓名，并署上成文时间。

4. 写作特点

(1) 祝贺和颂扬要恰如其分，要切合要点，让对方感受到你的诚意。但不要夸大其词，以免谄媚之嫌。

(2) 贺信要热情洋溢，要使人感到温暖和愉快。

(二) 范文点评

范文 13

习近平致第二十二届国际历史科学大会的贺信	点评：
值此第二十二届国际历史科学大会开幕之际，我谨代表中国政府和中国人民，并以我个人的名义，向会议的召开，表示热烈的祝贺！向国际历史学会主席玛丽亚塔·希耶塔拉女士等与会的历史学家，表示诚挚的欢迎！ 人事有代谢，往来成古今。历史研究是一切社会科学的基础，承担着"究天人之际，通古今之变"的使命。世界的今天是从世界的昨天发展而来的。今天世界遇到的很多事情可以在历史上找到影子，历史上发生的很多事情也可以作为今天的镜鉴。重视历史、研究历史、借鉴历史，可以给人类带来很多了解昨天、把握今天、开创明天的智慧。所以说，历史是人类最好的老师。 中国人自古重视历史研究，历来强调以史为鉴，我们的前人留下了浩繁的历史典籍。每个国家、每个民族都有自己的发展历程，应该尊重彼此的选择，加深彼此的了解，以利于共同创造人类更加美好的未来。历史学家在这方面可以并且应该发挥积极作用。这次大会是一个很好的交流学问、加深理解的机会。希望这次大会能够推动各国的历史研究，帮助人们从历史的启迪中更好探寻前进方向。 这次大会的主题之一是"全球视野下的中国"，这是一个很好的题目。中国有着5 000多年连续发展的文明史，观察历史的中国是观察当代的中国的一个重要角度。不了解中国历史和文化，尤其是不了解近代以来的中国历史和文化，就很难全面把握当代中国的社会状况，很难全面把握当代中国人民的抱负和梦想，很难全面把握中国人民选择的发展道路。中国人民正在为实现中华民族伟大复兴的中国梦而奋斗，需要从历史中汲取智慧，需要博采各国文明之长。欢迎各位专家从对历史的感悟中为我们提供真知灼见。 祝大会取得成功！ <div style="text-align:right">中华人民共和国主席 习近平 2015年8月23日</div>	这是一封国家主席习近平写给国际学术会议的贺信。 没有称谓。第一段照惯例说明代表……向……表示祝贺和欢迎。 第二、第三段高度评价了这次会议召开的意义，并强调了中国人的历史传统，简单提出对这次大会的一些希望。 第四段从大会的一个主题过渡到中国问题，强调要了解中国的现在就必须了解中国的历史，突出中国梦。 结尾再次表示祝贺。

范文 14

朱镕基给陈岱孙的贺寿信	点评：
陈岱孙先生： 　　欣逢先生九五大寿，本已定于明日登门拜谒，敬贺寿辰，适因公须即日	陈岱孙先生是我国著名经济学家、教育家，这是

离京,未克践约,怅何如之。 　　先生年高德劭,学贯中西,授业育人,六十八年如一日,一代宗师,堪称桃李满天下。我于一九四七年入清华,虽非入门弟子,而先生之风范文章,素所景仰。清华经济管理学院成立后,始得求教于先生之机缘,得益良多。 　　今逢大寿,唯愿先生健康长寿,松柏常青。学生有幸,幸何如之。特此恭祝华诞! 　　　　　　　　　　　　　　　　朱镕基 　　　　　　　　　　　一九九五年十月十九日	时任清华大学经济管理学院院长的朱镕基祝贺老师寿辰的一封贺信。第一段解释自己不能亲自登门祝寿的原因,并表歉意;第二段表达对先生品德学养的赞美、景仰、感谢之情;第三段是祝颂词。

范文 15

水利部机关服务局2012年新春致辞	**点评:**
尊敬的领导,全体同志: 　　时维岁末,序属辰初。在这辞旧迎新的时刻,让我们稍作驻留,把一年来的紧张忙碌舒展,把一年来的成败得失筛检,尽情享受这欢乐时光,喜迎2012腾飞的龙年!在此,谨代表局党委和局领导班子向大家和仍然坚守在工作岗位上的同志们,致以最诚挚的问候! 　　岁月不居,天道酬勤。刚刚的短片,带我们回顾了机关服务局筚路蓝缕的发展历程,曾经的团结拼搏、挥洒的辛勤汗水、缔结的深厚情谊,恍如昨日,历历在目。机关服务局今天的辉煌成就,离不开部党组的坚强领导,离不开部领导的亲切关怀,离不开兄弟单位的理解支持,离不开全局干部职工的不懈努力。特别不能忘却的,是我们历任局领导,殚精竭虑、夙兴夜寐,为机关后勤的发展壮大作出了不可磨灭的贡献!我提议,让我们以热烈的掌声,向各位领导、各位朋友和所有为机关后勤事业作出贡献的人们,致以最衷心的感谢! 　　再度回首,感慨良多。刚刚过去的一年,是水利改革发展进程中极不寻常的一年,大事多、喜事多、难事多,我局后勤保障任务也凸显出时间紧、密度大、任务急、规格高的特点。一年来,我们切实抓好五大保障任务,支撑了机关安全、高效、有序运转;我们用心做好五大服务工作,保证了职工健康、和谐、文明生活;我们全面落实五大管理职能,发挥了机关窗口、形象和保障作用;我们着力加强五大建设,推进了我局全面、协调、可持续发展!陈雷部长以欣慰的笔触批示,你们"为保障部机关平稳高效运行,夺取防汛抗旱全面胜利和加快水利改革发展,作出了突出贡献"!李国英副部长以喜悦的心情写道,你们"出色地完成了后勤管理、保障、服务各项任务,取得了骄人业绩"!广大服务对象以赞许的口吻讲到,你们"工作水平的不断提高看得见、摸得着、感受得到"!口碑就是丰碑!这是授予我们所有新老后勤人最珍贵的勋章! 　　任重道远,继往开来。水利跨越新发展带给我们的,既有宝贵的机遇,也有空前的挑战。但是,我坚信,在部党组的关怀领导下、在兄弟单位的关心支持下,我们这支有着光荣传统、团结奋进、勇于拼搏、敢于攻坚的队伍,一定能够战胜一切困难,不断腾飞跨越,续写灿烂辉煌,为欣欣向荣的水利改革发展大业,打造最坚实安定的后方! 　　佳节将至,喜乐安康。在此,我代表局党委、局领导班子向机关服务局的新老朋友和全局干部职工,送上最美好的祝愿!祝大家身体健康、工作顺利、阖家幸福、新春快乐!	这是一封当场宣读的新春贺辞。开头喜气洋洋,语言流畅,真是有锣鼓喧腾之感。依然以代表……向……致以问候句式开始。 　　第二段先总的回顾、评价、颂扬本单位领导和职工取得的成绩。使全场气氛到达一个热烈的高潮! 　　第三段再稍稍平复下来,具体数算这一年来取得了哪些成绩,以排比的句式呈现,既清楚,又有强大的气势,增强了表达效果。引用上级领导、服务对象的赞誉,也能带给大家极大的荣誉感和自豪感! 　　第四段展望未来,表达决心和对美好前景的信心。 　　结尾段再照应新春佳节,再次热情洋溢地表示丰富全面的祝贺。 　　致辞以澎湃的激情读完即止,无须落款。 　　每一段都以八字句开头,使得全篇显得整饬有序。

> 思考与练习

1. 请给你最尊敬的一位老师或长辈写一封贺寿信。
2. 今年×月×日是你高中母校建校××周年校庆。请以一个毕业生的身份,给母校发一封贺信,信中要概述母校的历史,在教书育人方面的成绩,表达自己向有成就的老校友学习的强烈愿望,或发奋图强为母校争光的决心,对母校表达美好的祝愿。

拓展阅读

一、旧式文言书信礼貌用语

1. 称谓后附"提称语"

提称语是用来提高称谓的语词,也就是对受信人进行尊敬抬举的意思,如"父母亲大人膝下""××阁下""某公文席",有的提称语除提高称谓之外,还有请受信人察阅此信的意思,如某先生台鉴、母氏慈鉴等,现代文书信中的"××如晤"还保留了提称语的意味。

现将旧式书信中的常见提称语约略解释列表如下:

膝下——子女致父母的信,多以"父母亲大人膝下"起首。人幼时常依于父母膝旁,家书中用"膝下",既表敬重,又示出对父母的亲爱、眷依之情。

阁下——敬对高级官员。"古者三公开阁,郡守比古之侯伯,亦有阁。所以世之书题有阁下之称。"(唐·赵璘《因语录》)

足下——古代最初用为下对上的敬称,后来书信中多用于同辈之间。

麾下——敬对军队将帅。

垂鉴——敬对上级、长辈。鉴,即古代镜子,有审察的意思。用作书信提称语,就是请阅看的客气说法。垂,含居高临下之义。

赐鉴——敬对上级、长辈,上给予下叫做赐。如蔡元培致孙中山曰:"中山先生赐鉴"。

钧鉴——敬对上级、长辈,语气庄重。钧,制陶器所用的转轮,古以钧陶喻秉持国政。

尊鉴——敬对尊长,也可用乎平辈。

台鉴——适用较广,"台"有"高"义,对熟识或不熟识的尊长、平辈,皆可使用。

勋鉴——敬对身居高位、有功勋业绩者。

道鉴——敬对道德君子、望重学者。

大鉴 英鉴 伟鉴 雅鉴——大、英、伟、雅,含高尚、美好、不凡、不俗的意义,宜用于友朋往来书信。

惠鉴——但语意分量较"赐鉴"为轻,适用于一般书信,师长对已独立的后辈学子,也可用此客套。

爱鉴——致母亲,可称"慈鉴"。

俪鉴——用于给友朋夫妇二人之信。

芳鉴——用于给女子之信。

礼鉴——给居丧者信,用"礼鉴"。如爱国志士李公朴遇害后,周恩来等致其夫人唁函即称"张曼筠女士礼鉴"。

座右——敬对师长。如俞平伯致胡适曰:"适之先生座右"。

青览——姻长或世交前辈给晚辈或给交情深厚的朋友。

公鉴 共鉴 同鉴——用于致团体或多人的信函,可于所列人名之后,书"诸先生共鉴"等。

道席 讲席 教席 撰席 著席 史席—— 席,席位。道席,多用为学生对师长的尊称。讲席、教席,也是对从事教育、讲学者的敬称,但用于平辈间,写信人与受信人不必有师生关系。撰席、著席、史席、文席,都用作对文士的敬称,文人间也常互用。撰,即著述。史,指有著作传世垂史。

览阅 知悉——一般用于长对幼、前辈对晚辈的称呼之后。

提称语现在在知识群体中的书信来往中应用还比较普遍,正式的商务信函中也会使用"尊鉴""雅鉴"一类提称语。

2. 旧式书信开头的"启事语"

例如:

母亲大人膝下:敬禀者,海婴要写信给母亲,由广平写出,今寄上。(下略,鲁迅致母亲信)

子英先生大鉴:敬启者,前日奉到惠函,季市则亦于是日下午来寓,尚未见寄宁之函。(下略。鲁迅致陈睿函)

还有"谨启者""拜启者""专启者"等,都是表示或恭敬或谦逊地向对方禀告或陈述事情,请对方允许自己告诉下面所写的内容。但这类启事语,在文言书信中也只是一句套话,没有多大意思,早先使用的人就不多,现在就更不宜使用了,所以毋庸多讲。

3. 习用的开头应酬语

从内容上来讲,旧式书信开头与现在没有什么区别,也是表达问候、思念、宽慰、致谢、致歉等。只是文言书信有许多习用的开头应酬语,如"久未晤叙,甚念""顷接手示,甚欣甚慰""手教敬悉,词意深美,一启蓬心""承蒙馈赠,不胜感谢""久疏问候,时在念中""一别经年,弥添怀思""欣奉惠书,敬聆喜讯,不胜忭贺""接读手书,知君抱恙欠安,甚为悬念""尊恙新痊,唯自珍重",等等。

这类习用应酬语虽可采用,却不必拘泥,要根据具体情况而灵活运用表情达意。比如,现在不少人写信,习惯于一开头即用"你(您)好"二字,似乎不如此,这封信就没法往下写似的。先向收信者问候致意,原是不错的,然而如果封封信都是如此格局,则未免呆板单调了。

4. 习用的结束语

旧式书信中也形成了一系列常用结语套辞,现时各界文化人士的书简中,仍频见使用。这里罗列若干,供参考:

(1) 言犹未尽,权且收束:

书短意长,不一一细说。恕不一一。不宣。不悉。不具。不备。不赘。书不尽意。不尽欲言。临颖不尽。余容后叙。余容续陈。容后更谈。

(2) 请对方回信:

盼即赐复。翘企示复。伫候明教。时候教言。盼祷拔冗见告。万望不吝赐教。敬祈不时指政(正)。敢请便示一二。尚祈便中见告。如何之处,恭候卓裁。至盼及时示下,以匡不逮,无任感祷。

(3) 告诉对方不用劳神回信:

谨此奉闻,勿烦惠答。敬申寸悃,勿劳赐复。

(4) 答复对方询问:

辱蒙垂询,略陈固陋,聊博一粲而已。远承下问,粗述鄙见,尚希进而教之。上述陋见,难称雅意,亟祈谅宥。姑道一二,未必为是,仅供参考。不揣冒昧,匆此布臆,幸勿见笑。

(5) 请人应允:

所请之事,务祈垂许。以上请托,恳盼慨允。诸事费神,伏乞俯俞(允)。

(6) 表示关切：

伏惟珍摄。不胜祷企。海天在望，不尽依迟(依依思念)。善自保重，至所盼祷。节劳为盼。节哀顺变(用于唁函)。

(7) 表示感谢：

诸荷优通，再表谢忱。多劳费心，至纫公谊。高谊厚爱，铭感不已。

5. 习用的祝颂语

书信结束语之后，对收信人表示祝愿、钦敬或勉慰的短语，如"即颂近安""此致敬礼""祝你进步"之类。其中，"即颂""此致""祝你"等词，紧接正文末尾书写；"近安""敬礼""进步"等词，另起一行，顶格书写。如果祝颂语的文字较多，也可独立占行，空两字写起，不必分拆成两部分。如果信笺下方余地充分，或者为了突出祝辞，也可将"祝""颂""此致"等字样独占一行，空四格书写，而将"安""好""敬礼"等另行顶格书写。顶格书写的祝辞后一般不加标点符号。祝辞应根据具体情况恰当择用。

以下为常见祝辞：

(1) 书信内容主要是谈一件事的，可用：

专此，致 专此，祝 专此即请 专此布达，即颂 专此奉复，并祝(复信用)

(2) 一般书信，用于平辈、友朋之间，可用：

即颂 即请 顺效 顺祝；或为：此候 此请 顺致 顺颂 即候；

对尊长，可选用：恭叩 恭颂 恭候 敬叩 敬祝 故请 敬颂；

平辈间，为强调敬意，也可用：恭颂 恭请 恭候；

为强调郑重其事：谨祝 谨贺；

对晚辈：此询 顺祝 即问 祝(你)愿(你)盼 望；

旧式书信的颂语绝大多数由"绥""祺""祉""安"等几个字组合变化而成。"绥"表安好，可组成时绥、近绥、日绥；"祺"表吉祥，可组成春祺、秋祺、撰祺、教祺、编祺等；"祉"表幸福，可组成夏祉、冬祉、著祉、俪祉等；"安"表平安，如近安、冬安、暑安、文安、教安、学安、旅安、痊安等，使用最多。其他还有"起居安吉""行止佳胜"等颂语。

6. 署名后面的"启禀词"

署名，就是在正文结尾的右下方签署写信人姓名。如果是写给熟识的亲属友人的，可只写名字，不必写姓；或在名字前面，加上自己的称呼，如：弟、侄、晚等。称呼与名字之间，可略空半字地位；或者将称呼用小字写在名字的左上方。

署名的后面，可加写启禀词，也可不加。常用启禀词如下：

对尊长：叩 叩上 叩禀 敬禀；

对平辈：上 敬上 谨启 鞠启 顿首 亲笔 手肃；

对晚辈：字 示 白谕 手白 手谕；

在署名或启禀词后面，写上撰信的年月日，也可把日期写在下一行署名的右下方。另外，还可以在日期之后，写上撰信时的处所、氛围、心境等，如"舟中""灯下""万籁俱寂时"之类。

7. 附候或致意

如写信人的家属、近处朋友也和收信人熟悉，署名后一行或加上这些人的附候，如"某人嘱笔问候"。如应向收信人的家属、近邻亲友问候的，可加上"请向某某致意"。

二、书信礼貌用语

	收信人	称对方	自称	提称语	启事语	信末祝颂语	启告语
尊亲、长辈、师长	父亲的父亲 父亲的母亲	祖父、爷爷 祖母、奶奶	孙、孙儿；孙女	大人膝下、膝前（或省去）	叩禀者、叩肃者、谨禀者、敬禀者、谨肃者、敬肃者	敬叩、敬请、敬颂、恭祝→台安、金安、大安、福安 祝您→健康、长寿	叩、扣上、叩禀、谨叩、百叩、敬上
	父亲 母亲	父亲、爸爸 母亲、妈妈	男、儿；女儿				
	丈夫的父亲 丈夫的母亲	父亲、爸爸、公公、翁 母亲、妈妈、婆婆、姑	媳、媳妇	尊前、尊右、尊鉴、慈鉴、赐鉴、均鉴	敬启者、谨启者、谨呈者、敬陈者	恭请、顺请、敬请、恭叩、敬颂、敬候、敬祝→崇祺、崇安、近安、大安、安康、福绥、健安、台安、安吉、慈安、泰安	敬禀、谨上、肃上、谨呈、谨详、叩上、敬上
	伯父 伯母	伯父、伯伯	侄、侄儿；侄女				
		伯母、伯娘					
	叔父 叔母	叔、叔父、叔叔 婶、叔母、婶婶	侄、侄儿；侄女				
	母亲的父亲 母亲的母亲	外祖父、外公 外祖母、外婆	外孙；外孙女				
	妻子的父亲 妻子的母亲	岳父、爸爸 岳母、妈妈	婿、女婿				
	父亲的姐夫、妹夫 父亲的姐、妹	姑父、姑丈 姑母、姑姑	内侄；内侄女				
	父亲的朋友 父亲朋友的妻子	世伯、世叔 世伯母、世叔母	世侄；世侄女				
	母亲的兄、弟 母亲兄弟的妻子	舅父、舅舅 舅母	甥；甥女 外甥；外甥女				
	母亲的姐夫、妹夫 母亲的姐、妹	姨夫、姨丈 姨母、姨妈	甥；甥女 姨甥；姨甥女				
	师傅 师傅的妻子	师傅 师母	徒弟、徒			祝您→健康、安好	

(续表)

	收信人	称对方	自称	提称语	启事语	信末祝颂语	启告语
尊亲、长辈、师长	老师 老师的妻子 老师的丈夫	师、老师、先生、吾师 师母 先生	学生、受业、门生、晚	函丈、帐下、坛席、教席	同上	敬请、恭请、肃请、祗请、谨颂、敬祝→讲安、诲安、大安、教安、教祺、安康	同上
平辈	丈夫 妻子	夫,或写名字 妻,或写名字	妻,或写名字 夫,或写名字			敬颂、顺颂、即颂、此颂→台安、台祺、台绥、大安	上、启、谨启、谨复、手启、手白、手书、手复、敬述、鞠躬、上言、敬白、拜、拜上、叩、再拜、顿首(以上用于一般平辈);公启、同启、同具、同白、同上、同呈(以上用于多人具名);两知、两隐、知名不具(以上用于挚友,可不署名)
	哥哥 嫂嫂	哥哥、兄 嫂嫂、嫂	弟;妹				
	弟弟 弟弟妻	弟弟、弟 弟媳妇、弟媳	兄;姐;或写名字		启者、兹启者、迳启者、敬启者、专启者、兹复者、敬复者	敬候、此问、此祝、敬问、敬祝、谨祝→近祺、时祉、健安、安好、康吉、健吉、近佳顺问→近好此祝→工作顺利、进步、安好、健康、愉快、成功、幸福谨祝→春安、夏安、秋安、冬安、教安(对教师)、编安(对编辑)、著安(对作家)、文安(对文人)、学安(对同学)、痊安(对病人)、旅安(对旅途友人用)、暑安(夏天用)敬问→起居敬贺→年禧(过年用)祝→节日愉快、握手、紧握你的手此致→敬礼	
	姐姐,妹妹 姐夫,妹夫	姐姐、姐,妹妹、妹 姐夫、妹夫	弟,妹;兄、姐 内弟、兄;内兄、姐	足下、左右、台右、台鉴、惠鉴、大鉴、雅鉴、台览、惠览、砚右、如握、如晤、如见、如面			
	叔伯的儿子 叔伯的女儿	堂兄或堂弟 堂姐或堂妹	堂弟,堂妹或堂兄,堂姐				
	姑、舅、姨的儿子 姑、舅、姨的儿媳	表兄或表弟 表嫂或表弟媳	表弟,表妹或表兄,表嫂				
	姑、舅、姨的女儿 姑、舅、姨的女婿	表姐或表妹 表嫂或表弟媳	表弟,表妹或表兄,表嫂				
	妻子的兄弟 妻子的姐妹	内兄、兄,内弟、弟 姐姐,妹妹	妹夫、弟或姐夫、妻子的姐夫				
	妻子的妹夫	襟兄,襟弟	襟弟、襟兄				
	丈夫的兄或弟 丈夫的嫂或弟媳	哥哥、哥,弟弟、弟 嫂嫂、嫂,弟媳					
	一般朋友	兄、仁兄、先生、友、君;姊、小姐、女士	弟、友,或写姓名				

(续表)

	收信人	称对方	自称	提称语	启事语	信末祝颂语	启告语
平辈	较亲密的同事、朋友	兄，姊；写名字，或名字的最后一个字	写名字或写名字的最后一个字				
	同学或先后同学	学兄、学长、砚兄、兄；学姊、姊	学弟、弟；学妹、妹，或写姓名、名字				
晚辈	儿子 女儿	儿、吾儿 女、吾女	父、爸爸 母、妈妈	阅悉、亲阅、亲览、收阅、收览		顺询、此询、即问→近祉、近佳、近好、时祉 祝→进步、健康、愉快、顺利、快乐、幸福	字、谕、示、书、白、言、告、启、复
	儿媳 女婿	贤媳、儿媳 儿婿、婿	父。爸爸；母、妈妈 愚岳、岳父；岳母				
	侄儿 侄女	侄、贤侄 侄女、贤侄女	伯、伯父 叔、叔父 伯母、叔母				
	朋友的儿子 朋友的女儿	侄、世侄，世兄 侄女、世侄女	伯，叔 伯母，叔母				
	子女的朋友	侄、仁弟；侄女；或写名字	伯；伯母				
	学生	同学、学弟、仁弟、君；女弟	师；师母；或写姓名				

如表示亲切，称对方时，前面可酌情加"亲爱的""敬爱的"之类词语。
表示谦恭，自称前可加"愚"字。提及对方亲属，前面可酌加"令"字、"尊"字。
提到自己的亲属，可酌加"家"字、"舍"字等。

第八章 学术论文

学术类文体,即科学技术报告、学位论文、学术论文。中华人民共和国国家标准《科学技术报告、学位论文和学术论文的编写格式》分别定义如下:科学技术报告——描述一项科学技术研究的结果或进展或一项技术研制试验和评价的结果;或是论述某项科学技术问题的现状和发展的文件。学位论文——表明作者从事科学研究取得创造性的结果或有了新的见解,并以此为内容撰写而成、作为提出申请授予相应的学位时评审用的学术论文。学术论文——某一学术课题在实验性、理论性或观测性上具有新的科学研究成果或创新见解和知识的科学记录;或是某种已知原理应用于实际中取得新进展的科学总结,用以提供学术会议上宣读、交流或讨论;或在学术刊物上发表;或作其他用途的书面文件。[1]

广义的学术类文体还包括学术专著、科技实验报告、研究札记、学术会议演讲词等。对于大学生而言,所要面对的学术类文体主要是:学年论文、毕业论文、学位论文。毕业论文不一定是学位论文,如大专学历的毕业论文就不能称为学位论文,只有为了获得所修学位,按要求被授予学位的人所撰写的论文才是学位论文。根据《中华人民共和国学位条例》的规定,学位论文分为学士论文、硕士论文、博士论文三种。按照研究领域划分,学术类文体大致有两大类:自然科学类与人文社科类。有的数据库分类更细,如中国知网期刊数据库把学术类文体分为基础科学、工程科技、农业科技、哲学与人文科学等十大类。本章基于通识教育的需要,主要实训内容为:文献查询、学位论文写作、期刊论文写作三个方面。

第一节　文　献　查　询

文献查询是学术类文体写作中进行资料收集工作的首要步骤。已有的研究成果与一定时期的研究动态,是每个研究者都必须重视的参照系,因此掌握文献查询技术尤为关键。写一篇学术论文,离不开资料收集工作,一般来说资料收集有两种途径:直接收集与间接收集。直接收集常被称为"田野调查"或"科学实验",指通过实地考察、调查取样、观察实验、采样采访等实践性方法获取一定资料的途径。在信息化时代,文献查询则成为间接收集资料的重要途径之一。

---

[1] 参见:中华人民共和国国家标准(UDC 001.81),科学技术报告、学位论文和学术论文的编写格式,GB 7713—87。

一、文献查询概述

（一）一般查询

人们最常用的网络搜索引擎，如百度、谷歌等，就是一种文献查询的工具。不过作为大学生，不能只会用一般的网络搜索引擎来查询文献，还要掌握更多的查询方法。大学图书馆的资料保存，通常有两种方式，即纸质资料储藏和电子资料储存。查询这两类资料，只要掌握该图书馆的文献资料分类方法，便可以获得所需资料，如纸质图书、蓝光光碟等。过去的图书馆会将文献资料的信息卡片放入相应的小抽屉中，供读者查找，现在则方便多了，读者利用该图书馆的内部电脑进行检索，就能查找所需资料。

目前，我国图书馆通用的分类图书的工具是《中国图书馆图书分类法》（简称"中图分类法"），这种分类法根据图书文献资料的特点，按照从总到分、从一般到具体的编制原则，确定分类体系，在五个基本部类的基础上，组成二十二个大类。[1] 例如，A类图书文献为"马克思主义、列宁主义、毛泽东思想、邓小平理论"，往下细分为：A1 马克思、恩格斯著作；A2 列宁著作；A3 斯大林著作；A4 毛泽东著作；A49 邓小平著作；A5 马克思、恩格斯、列宁、斯大林、毛泽东、邓小平著作汇编；A7 马克思、恩格斯、列宁、斯大林、毛泽东、邓小平生平和传记；A8 马克思主义、列宁主义、毛泽东思想、邓小平理论的学习和研究。对于大学生读者来说，熟悉"中图分类法"有一个好处，那就是可以不依赖图书馆电脑，快速前往相关书架查找文献资料。对于留学、交流、访学的大学生而言，在海外图书馆查询文献资料时，还有必要了解国外常用的图书资料分类方法，常见的如：美国国会图书馆分类法（Library of Congress Classification，LC）、杜威十进分类法、国际十进分类法（UDC）、布利斯书目分类法等。

（二）电子数据库查询[2]

电子数据库查询是当下最常用、最便捷的文献查询方式，也是大学生必须掌握的文献查询方法。

1. 使用学术搜索引擎

国内常见的学术搜索引擎有：

（1）百度学术：http://xueshu.baidu.com/。

（2）CNKI 学术搜索：http://scholar.cnki.net/。

（3）读秀：http://www.duxiu.com/login.jsp。

（4）360 学术搜索：http://xueshu.so.com/。

（5）北大天网：http://maze.tianwang.com/。

2. 使用学术性的移动客户端

国内常见的学术性或部分带有学术气氛的 APP 有：

---

[1] 中图分类法五个基本部类：马列毛邓；哲学；社会科学；自然科学；综合性图书。二十二个大类：A 马克思主义、列宁主义、毛泽东思想、邓小平理论，B 哲学、宗教，C 社会科学总论，D 政治、法律，E 军事，F 经济，G 文化、科学、教育、体育，H 语言、文字，I 文学，J 艺术，K 历史、地理，N 自然科学总论，O 数理科学和化学，P 天文学、地球科学，Q 生物科学，R 医药、卫生，S 农业科学，T 工业技术，U 交通运输，V 航空、航天，X 环境科学、安全科学，Z 综合性图书。

[2] 此部分主要介绍通用的电子数据库，涉及少量专业类别电子数据库，完全根据笔者个人经验总结，不免遗漏，敬请补充。

(1) 手机知网。
(2) 万方学术搜索。
(3) 知乎。
(4) 豆瓣。
(5) 果壳。

3. 使用大学图书馆所购买的各种电子数据库

通常情况下,可由大学图书馆网页进入"电子资源"界面,在"电子资源"里,可看到电子数据库的大类菜单,如:中文数据库、外文数据库、电子图书、电子期刊、视频资源库、试用数据库、学术资源检索平台等,点击选项进入某大类数据库,会看到下一级分类的数据库。例如,点进"中文数据库",会有"中国学术期刊网""人大复印资料数据库"等次一级数据库的菜单选项,接着再点进这些次一级的数据库,基本上就可以查询文献了。

重要的中文数据库(或可查中文图书文献的数据库)主要有:apabi 数位资源,CREIS 中指数据,HyRead 电子书,HyRead 台湾全文资料库,Wind 资讯(金融终端及经济数据终端),"一带一路"数据库,二十五史全文阅读检索系统,人民日报图文数据库索引,大成老旧刊全文数据库,中文古籍书目资料库,中文古籍影像系统,中国社会科学引文索引(CSSCI: Chinese Social Sciences Citation),中文集献(Chinamaxx Digital Libraries),中文电子期刊服务(CEPS: Chinese Electronic Periodical Services),中文电子学位论文服务(CETD: Chinese Electronic Theses & Dissertations Service),中外文核心期刊查询系统,中草药化学图像数据库,中国人口普查数据库,中国人文名刊,中国工业企业产品产量数据库,中国工业企业统计数据库,中国古籍全录,中国企业进出口数据库,中国知识产权,中国统计年鉴数据库,中国博士学位论文全文数据库(CDMD: China Doctor Dissertations Full-text Database),中国期刊全文数据库(China Journals Full-text Database),中国资讯行,中国标准文献数据库,中国学术典藏图书馆,中国优秀硕士学位论文全文数据库(CMTD: China Master Theses Full-text Database),中华人民共和国国家统计局国家数据,中华数字书苑,中经网统计数据库,天下杂志群知识库,世纪期刊人文社科精品数据库(Century Journals Social Sciences, CJSS),北大法意,北大法宝,台湾人文及社会科学引文索引,台湾人文学引文索引,台湾文献汇刊,台湾博硕士论文知识加值系统(National Digital Library of Theses and Dissertations in Taiwan),台湾期刊论文索引系统,台湾档案资源整合查询平台,皮书数据库,全宋诗分析系统,全唐诗分析系统,易研网上信息阅读平台,法源法律网,香港文学资料库,香港教育文献数据库,特藏文献全文数据库,国学导航,国家哲学社会科学学术期刊数据库,国际科学引文数据库,国学宝典,港澳期刊网,华艺中文电子书,超星中文发现系统,超星书世界,超阅网(Super Bookcity),源远书艺文化系统,万方数据(有多个子数据库)(WANFANGDATA),万律,汉川草庐、汉斯(Hans Publisher),汉达文库 CHANT (CHinese ANcient Texts) Database,汉籍电子文献资料库,慧科(Wisers),慧科资讯平台,学苑汲古—高校古文献资源库,历代石刻史料汇编,澳门虚拟图书馆,澳门电子资源,瀚海典藏。

(三) 注意事项

(1) 一般查询与电子数据库查询的方式应配合使用,要知道并不是所有的文献资料都已经转化为电子版,纸质文献资料依然有其不可替代之处,而且很多电子数据也并不完整,要获得资料全貌,最可靠的方式还是找到原始文献。

(2) 大学图书馆一般有电子数据库使用的讲座,很多大学也开设文献检索的课程,相关讲座和课程都是我们学习使用数据库、学习文献查询的好机会。

(3) 电子数据库的文献查询方式,一方面带来了便利,另一方面也会造成海量数据的冲击。对于大学生而言,最好的方法是向相关专业的老师请教,既学习如何搜索本专业的学术文献数据信息,又学习如何在体量巨大、纷繁复杂的电子文献中择取有效、可靠的数据信息。

(4) 尽量避免使用大众化的网络搜索引擎工具,多尝试学术性的搜索工具,这与写作是一个道理,熟能生巧,当你熟练地掌握某种学术搜索工具或数据库检索方法之后,会让自己的学术搜索技能和文献查询能力迈上新的台阶。

(5) 文献查询不是查到了就完事,查到之后还有资料整理、数据统计、信息分析等一系列工作要做,这一系列工作同样重要,它们是拟定论文写作提纲、撰写论文的前提。

二、文献查询训练

(1) 请查询出学校图书馆所藏的 10 本有关学术类文体写作的纸质书籍,并利用学校图书馆的电子资源,找到其中 3 本书的电子版。

(2) 请利用学校图书馆的电子资源,找到 3 篇与"应用文写作"关系最密切的硕士学位论文。

(3) 请使用中国知网的相关数据库,下载一篇你认为对提高自己写作能力最有帮助的期刊学术论文。

(4) 请让专业课老师提供一篇学年论文选题方向和两个以上的关键词,试着用相关电子数据库检索出 15 篇以上的有效文献资料,最后请专业课老师指正你的检索结果。

(5) SCI(科学引文索引)、EI(工程索引)、ISTP(科技会议录索引)是世界著名的三大科技文献检索系统,A&HCI(艺术与人文科学引文索引)与 CSSCI(中文社会科学引文索引)则为人文社会科学领域的著名检索系统,请结合自己所学专业选取上述的一个检索系统,模拟检索毕业论文所需文献资料。

(6) 文献查询不仅是学术类文体写作过程中收集资料的必要环节,而且是了解学术成果和动态的重要途径,还可以发现违背学术道德的不良现象,请利用电子数据库,发现两篇及以上的相似度极高的文献,指出它们之间有哪些相似之处,并讨论:大学生如何树立正确的学术道德。

拓展阅读

图书馆资源与学位论文写作

(范丽、黄雪梅:《内蒙古科技与经济》,2016 年 7 月。)

学位论文是指高等院校或科研机构的毕业生为获得一定学位,用于考核和评审的学术论文,它是伴随着 1981 年国家实施学位制度而产生的。学位论文是学术论文的一种形式,学位论文根据所申请的学位不同,可以分为学士学位论文、硕士学位论文和博士学位论文 3 种。学位论文能够反映出毕业生对理论知识和专业技能的掌握情况,以及运用科学知识进行科学研究的能力。通过学位论文的撰写不仅可以提高毕业生收集和分析资料的能力,也可提高其分析和解决问题的能力,同时可为将来的学习、工作和科学研究奠定基础。

学位论文从选题到论文初稿的完成,主要包括4个环节,即选题、搜集和整理资料、科学实验和论文的撰写。其中搜集和整理资料是论文写作的基础也是高水平论文写作的关键环节。由于学位论文的撰写是对科学研究工作的分析、讨论与总结,具有一定的继承性和探索性,因此只有查阅大量的文献,才有可能写出高质量的论文。据美国科学基金会(National Science Foundation)的统计,科研人员平均花费在科技出版物上的时间为全部科研时间的60%,其中查找与消化科技资料为51%。英国科学家牛顿说过"如果说我比别人看得略远,那是因为我站在了巨人的肩膀上",所谓"站在巨人肩膀上"就是指充分占有和利用文献资料从前人的研究中找到自己研究的起点,从而在学术研究中取得突出成就。可见,文献资料的收集对学位论文的撰写工作至关重要。

随着网络信息技术的不断发展,学生们获得文献资料的途径也逐步多元和便捷,一些学生为了省去自己苦读和钻研的烦恼,在网上查阅相关资料,东拼西凑,大篇幅抄袭别人的文章,导致学位论文,尤其是本科学位论文的质量下降。对维多利亚(Victoria)地区6所大学第一学期论文的调查显示有超过8.3%的材料来自于互联网[1]。因此使用正确的方法查询和利用文献资料是我们下面将研究的问题。

图书馆是知识的宝库,是学习与研究的重要平台,它的职责在于服务学校的教学与科研,此外,高校图书馆还承担着培养大学生信息素养的教育职能,为大学生掌握"获取知识的知识"提供坚实的保证[2]。所以,高校图书馆应充分发挥信息素养的教育职能,不断提高学生的信息素养,增强其选择和利用信息的能力。学位论文的写作就是对信息资源的有效利用,它的起点源于图书馆,只有通过对大量文献资料进行分析和总结才能明确自己的研究方向,从而为写出优秀的学位论文奠定基础。

1. 图书馆信息资源与检索

图书馆拥有丰富多样的文献资源,但面对海量的文献资源,很多学生感到无从下手,查阅的结果也不尽如人意。因此下面将详细介绍图书馆的各类资源及相应的检索方法,帮助和引导学生正确且有效地利用图书馆资源。

1.1 图书资源及检索方法

1.1.1 纸本图书的查找

这是图书馆最基本的检索方式之一。检索方法如下:①进入图书馆的联机公共检索目录,即OPAC系统;②将检索类型选为图书,输入相应的检索关键词,通过题名、作者和出版社等进行检索;③检索相应的馆藏资源,在检索结果中查看所需书本的馆藏状态及馆藏位置。

1.1.2 电子图书的查找

随着数字图书馆的飞速发展,许多图书资源也电子化,使读者的查阅更方便快捷。大多数高校所具备的电子图书资源主要包括超星数字图书、CALIS的Educhin(全国高校图书资料)、书生之家、读秀知识库和方正Apabi数字图书等。最常用的是超星数字图书和Educhin,下面就以超星数字图书为例,介绍电子图书的检索方法。

超星数字图书馆是目前世界上最大的中文在线数字图书馆,是国家"863"计划中国数字图书馆示范工程项目。它为读者提供了大量免费电子图书资源,包括哲学、社会科学和自然科学在内的数百万册电子图书,并且每天在不断增加与更新。超星数字图书是通过扫描原书生成的电子图书,必须使用超星阅读器才能阅读。使用方法如下:①进入超星数字图书馆主页;②根据要求下载并安装超星阅读器;③在快速检索中直接输入关键词或在高级检索中将文献类型选为图书,选择搜索字段并输入相应的关键词进行检索;④在快速检索后将结果限定在图书中,有电子全文的可以直接点击本地下载,没有电子全文的可以通过图书文献传递获得,但每次传递不超过50页,且同一图书每周的咨询量不能超过全书的20%;⑤下载的图书可以直接通过超星阅读器进行阅读,文献传递的内容可以通过邮件直接阅读。

1.2　期刊论文及检索方法

1.2.1　直接获取途径

1.2.1.1　中文期刊论文的获取

这里所说的期刊论文主要为电子期刊论文,高校所具备的中文电子期刊主要包括:中国知网信息资源总库(CNKI)、万方数据库、维普中文期刊全文数据库、中国社会科学 引文索引(CSSCI)、中国科学文献服务系统(CSCD)等。这些数据库中的文献信息都需要通过 ADOBE READER 或 CAJ Viewer 阅读器进行阅读。根据相关调查研究,CNKI 是目前使用最广泛的中文全文数据库。

CNKI 是世界上最大的连续动态更新的中国学术期刊全文数据库,收录了包括学术、技术、政策指导、教育在内的 8 062 种重要期刊,内容覆盖哲学、自然科学、人文社会科学、农业、医学等各个领域,全文文献总量多达 2 200 万篇。文献类型包括:学术期刊、硕博学位论文、重要报纸、教育期刊、精品文化等全文库。收录年限为:自 1915 年至今出版的期刊,部分期刊回溯至创刊。检索方法:①通过图书馆 网页进入中国知网信息资源总库;②根据需要的文献类型选择相应的全文总库;③选择学科领域,通过简单检索、高级检索和专业检索选择相应的检索条件后输入检索关键词进行检索;④获得检索结果,可根据需要按主题相关性、发表时间、下载量和被引数对检索结果进行排序;⑤下载所需文献,通过 ADOBE READER 或 CAJ Viewer 阅读器进行阅读。此外,CNKI 还提供参考文献引文下载,将下载的引文用 CNKI E-learning 或 Endnote 进行管理,便于论文写作时方便快捷地使用引文。

1.2.1.2　外文期刊论文的获取

外文期刊,特别是最新发表的期刊,有助于我们了解学科发展最新动态、开阔学位论文写作的视野和提高论文的整体质量。此外,外文文献具有学术水平高、涉及范围广和前沿性强的特点。因此有效利用外文文献的能力在论文写作过程中特别重要[3]。但在学位论文的写作中(特别是本科)外文文献的利用率非常低。

外文文献主要包括外文图书、期刊、报纸、电子出版物等[4]。为了提高高校师生的科研水平,很多高校图书馆购买了外文数据库,使外文文献的查阅变得方便、快捷。外文期刊和数据库主要分为参考数据库(如 Web of Knowledge、Engineering Village、Science Abstract、Chemical Abstracts 和 Biological Abstracts 等)和全文数据库(如 Science Direct On Site、Springer Link、ProQuest、EBSCO 和 SAGE 等)。参考数据库只提供原始文献的来源信息,供读者查阅和检索,一般不提供全文下载。汤森路透集团的 Web of Knowledge,主要包括 SCI(Science Citation Index),SSCI(Social Science Citation Index)和 CICP(Conference Proceedings Citation Index)三大类。其中 SCI 不仅收录了全世界最具影响力的研究成果,也是高校科学研究成果评价的一项重要依据。英文数据库的检索方法和中文数据库类似,不再举例说明。为了提高外文文献的利用率,高校图书馆应举办外文数据库使用的相关讲座,引导学生使用外文数据库资源,提高论文的学术水平。

1.2.2　间接获取途径

有些文献资料(特别是外文资料)本校图书馆没有购买,读者可以通过馆际互借系统使用其他高校图书馆已经购买的资源,主要可以通过中国高等教育文献保障系统(CALIS)和中国高校人文社会科学文献中心(CASHL)获得。CALIS 是经国务院批准的我国高等教育"211 工程""九五""十五"总体规划中 3 个公共服务体系之一,通过该系统把高校丰富的文献资源和人力资源整合起来,实现信息资源共建、共知、共享,为中国的高等教育服务[5]。CASHL 是教育部根据高校人文社会科学的发展和文献资源建设的需要引进的,为全国高校人文社会科学教学和科研提供高水平的文献保障,是全国唯一的人文社会科学外文期刊保障体系[6]。通过 CALIS 和 CASHL 获得文献的步骤如下:①进入相应数据库系统进行注册;②到图书馆馆际互借员处进行确认;③通过简单检索或高级检索输出检索结果,选择所需的文献发送文献传递申请;④两三个工作日后通过邮件获得所需文献的下载地址。

2. 其他途径补充资料

随着网络技术的高速发展,图书馆资源已经不能完全满足学生对文献资源的需求,因此,学生可以通过其他途径(使用互联网)补充所需资料,如搜索引擎(Google学术搜索、百度学术搜索、搜狐搜索、Yahoo搜索、北大"天网"等)、学术论坛(科学网、小木虫、生物谷、丁香园等)以及博客(专业博客和学术博客等)。

3. 结束语

高校图书馆作为教学和科研的辅助单位,拥有各种文献资料,因此在服务学生学位论文撰写方面,高校图书馆责无旁贷。为了引导学生充分利用图书馆资源进行论文写作和科学研究,图书馆应该开设文献信息检索课、定期举行文献资源利用(特别是外文数据库的使用)的专业培训以及加大对图书馆资源的宣传力度,不断提高学生检索文献、分析和利用信息的能力,从而缩短论文写作周期和提高论文的写作质量及图书馆资源的利用率。

[参考文献]

[1] 冯相如.俄罗斯高等教育机构严查大学生论文剽窃[J].世界教育信息,2013(19):16.
[2] 江雪云.面向大学生毕业论文写作的高校图书馆主动服务策略[J].情报探索,2010(10):125~126.
[3] 冯雅萍.高校图书馆外文文献利用存在的问题及对策[J].图书馆理论与实践,2007(1):93~94.
[4] 郝桂珍,欣然.试论外文文献对大学生论文写作的价值[J].沈阳师范大学学报,2006,30(5):159~160.
[5] 肖珑.数字信息资源的检索与利用[M].北京:北京大学出版社,2003:346.
[6] 李军凯.从CASHL和NSTL看我国文献传递服务的模式和发展趋势[J].大学图书馆学报,2004(6):33~37.

第二节 学位论文写作

一、文种概述

学位论文即学士论文、硕士论文、博士论文。按国家标准,学士论文应能表明作者确已较好地掌握了本门学科的基础理论、专门知识和基本技能,并具有从事科学研究工作或担负专门技术工作的初步能力。硕士论文应能表明作者确已在本门学科上掌握了坚实的基础理论和系统的专门知识,并对所研究课题有新的见解,有从事科学研究工作独立担负专门技术工作的能力。博士论文应能表明作者确已在本门学科上掌握了坚实宽广的基础理论和系统深入的专门知识,并具有独立从事科学研究工作的能力,在科学或专门技术上作出了创造性的成果。

2012年我国颁布了《学位论文作假行为处理办法(中华人民共和国教育部令第34号)》,对于规范学位论文管理、推进建立良好学风、提高人才培养质量、严肃处理学位论文作假行为,提出了具体要求,这一办法有利于规范学位论文管理,维护我国学位制度的严肃性,有利于推动学术诚信建设,有利于提升学位授予单位的科学研究水平,有利于提高人才培养质量。学位论文写作,首先要树立正确的学术道德,这是每个大学生都应当谨记的学术规矩。

二、学位论文格式

学位论文的格式在不同的大学会有不同的要求,一般来说都包含如下几个部分:封面、声明、致谢、摘要与关键词(中外文)、目录、正文及注释、参考文献、附录、后记。下面具体说明。

(一) 学位论文封面

学位论文的写作与提交,是一件非常严肃的事情,最终提交给答辩委员会及学校保留存档的学位论文一定要有封面。封面包含如下要素:

(1) 论文分类号(按"中图分类法"或国际十进分类法编号)。

(2) 密级(按国家有关保密规定,在封面右上角注明密级,如系公开发行,不注密级)。

(3) 论文编号(一般根据所在院系规定填写)。

(4) 申请学位级别(如申请硕士学位,则应标注"硕士学位论文"字样)。

(5) 题名和副题名(即论文标题、副标题)。

(6) 学位申请者信息(姓名、学号、专业、研究方向等)。

(7) 指导教师信息(导师姓名、职称)。

(8) 论文完成时间信息(如系已完成答辩的论文,应以答辩通过时间为准)。

(9) 学校信息(学校名称及校徽标志)。

(二) 声明

1. 原创性声明

例如,本人郑重声明:所呈交的学位论文,是本人在导师的指导下,独立进行研究工作所取得的成果。除文中已经注明引用的内容外,本论文不包含任何其他个人或集体已经发表或撰写过的作品成果。对本文的研究作出重要贡献的个人和集体,均已在文中以明确方式标明。本人完全意识到本声明的法律结果由本人承担。

2. 论文使用授权声明

例如,本人完全了解某某大学有关保留、使用学位论文的规定,即:学校有权保留学位论文并向国家主管部门或其指定机构送交论文的电子版和纸质版,有权将学位论文用于非营利目的的少量复制并允许论文进入学校图书馆、院系资料室被查阅,有权将学位论文的内容编入有关数据库进行检索,可以采用复印、缩印或其他方法保存学位论文。

3. 声明人签名及日期

论文作者与导师应在上述声明下方手写签名并标注签名日期。

(三) 致谢

对求学期间与论文写作过程中,给予帮助的父母、老师、同学、朋友等关系密切的人,表达谢意。这一部分的写作比较灵活,作者可依自己情况来定,但不宜过于简略。

(四) 摘要与关键词(中外文)

1. 摘要

学位论文的摘要,是对论文研究内容的高度概括,是不加注释和评论的简短陈述,而且要方便别的研究者根据摘要检索出该篇论文。摘要通常包括:论文核心问题及研究目的描述、使用方法和研究过程的概述、研究结论或科研结果的概括等。摘要应具有独立性、自明性,即不阅读论文的全文,就能获得必要的信息。切忌将摘要写成论文全文的提纲。学士论文的中文摘要一般为200~300字,博硕士论文及特殊需要,可适当增加摘要篇幅。学士论文英文摘要(Abstract)以不少于250个实词为佳,切忌将中文摘要直接用翻译软件翻译成英文摘要。英文摘要常用第三人称和现在时态。

2. 关键词

关键词是为了进行文献标引,从论文中提取出来的最为关键的一组主题词,是用来描述文献资料主题,并提供文献检索便利的一组情报语言词汇。学位论文一般在中英文摘要之后,分别列出 3~5 个中英文的关键词。比如,有关博士学位论文格式要求的文章,中文关键词可以设定为"写作规范""排版格式""博士学位论文";英文关键词就是"Write Criterion" "Typeset Format""Doctor's Degree Paper"。通过检索这三个关键词,读者可以很容易地查找到这篇文章。中英文关键词的引导语是"关键词:""Key words:",不可省略。英文之外其他外语语种关键词的引导语,根据该语种的词汇确定。中文关键词请尽量用《汉语主题词表》等词表提供的规范词;Key words 应与中文"关键词"一致。

(五)目录

学位论文的目录一般由章、节、条、项、参考文献、附录、表格、图片等内容的序号、名称、页码组成,好的目录可以让读者清晰地了解论文的整体结构。

如果选用二级目录编排格式,常用的样式有两类:

(1) 例如:一、……;(一)……;(二)…… 依次类推。

(2) 例如:1. ……;1.1……;1.2…… 依次类推。

(六)正文

学位论文的正文应包括:标题、绪论(或引言)、本论、结论、注释。

1. 标题

标题是以最恰当、最简明的词语反映论文中最重要的特定内容的逻辑组合。标题一般不宜超过 20 字,应避免使用不常见的缩略语、首字母缩写词、字符、代号、公式等。如果正标题为研究的对象、课题,或结论、成果的概括,那么副标题则是对上述内容的补充或限制,或强调某一点内容,或是论文缘起;如果正标题已经清楚、明确、得体,那么副标题可不要。

2. 绪论

绪论的内容一般为:论文选题的起因,或论文问题的提出;论文选题的背景及意义;研究工作的目的和范围;研究设想、方法或实验设计、预期结果;文献综述;论文架构等。

文献综述是对本学位论文选题所涉及的相关资料及最新研究进展,进行综合性的介绍或阐述;是大量文献资料经过阅读、整理、分析后,提出新的见解和研究思路的评述性文字;不是已有学术研究成果或文献资料的堆砌罗列。

3. 本论

本论是学位论文的主体,是最核心的部分,占据最大篇幅。简单而言,就是将绪论部分提出的问题加以解决,将所研究的论题详细分析、论证,创造出新的研究成果或显示新的科学实验结果(亦可在结论部分陈述)。

4. 结论

结论或称结语,是在本论的理论分析、论题论证、实验结果基础上,所形成的研究课题的总观点,还应适当展望研究前景和指出论文的不足之处。

5. 注释

注释或称注解,不同于参考文献,分夹注、脚注、尾注三种形式。注释使用情形基本上分两类:一是释义性注释,即对论文的语汇、内容、背景、引文作介绍、评议的文字;二是引文注释,标示引文(包括观点、数据和材料等)的文献出处。

(七) 引文注释的格式

引文注释属于正文的内容,但为了便于表述,将其作为单独的部分,对其格式予以说明。每个学校对学位论文注释格式的要求会有差异,这里只针对普遍通行的情况,可作为一种参照供大家学习。

1. 注释的基本要求

所引文献的作者、编者、译者间用","间隔。作者、编者、译者少于3人的应全部写出,3人以上只列出前3人,后加"等"。作者、编者、译者为集体的,直接用该集体的名称标注作者、编者、译者。

2. 各类注释的具体说明

1) 引用著作类

引用著作类注释的基本内容及顺序:作者姓名、书名、卷次、版本(出版地、出版社名、出版年份)、页码。

(1) 中文专著与编辑著作。作者或编者:《专著或编著名》,出版地:出版者,出版年月,页码。

(2) 文选、选集。《文献名》,卷号(用阿拉伯数字表示),出版地:出版者,出版年月,页码。

(3) 译著。[国籍]作者:《著作名》,译者译,出版地:出版者,出版年月,页码。

2) 引用文章类

引用文章类注释的基本内容及顺序:作者、文章题目、引自何种出版物、出版时间、页码。

(1) 论文集析出文章。作者:"篇名",编者主编:《论文集名》,出版地:出版者,出版年月,页码。

(2) 期刊文章。作者:"篇名",《期刊名》,期刊号,页码。

(3) 报纸文章。作者:"篇名",《报纸名称》,期号,版号。(适用于署名文章或报道);"篇名",《报纸名称》,期号,版号。(适用于不署名文章或报道)

(4) 会议论文。作者:"篇名",提交"会议名称"的论文,会议举办地,会议举办场所,会议日期,页码。

(5) 学位论文。作者:"论文题目",所在学校或者科研机构博(硕)士论文,毕业年月,页码。

(6) 国际组织报告。涉及国际组织报告的注释应包括三项内容:报告题目、文件编号(包括发布机构)、发布日期。报告的题目用斜体,单段用Para,2段及以上用Paras。例如:United Nation Register of Conventional Arms, Report of the Secretary General, UN General Assembly Document A/48/344, October 11, 1993, para. 3. 1。

(7) 英文著作。英文专著的标注内容及顺序为:作者,书名,出版地:出版社,出版年份,页码。

作者姓名后面加逗号;书名用斜体;书名后加逗号,后注出版地,加冒号,后接出版社名称,再加逗号,然后注出版年份,再注出引用资料所在的页码,页码后加句号表示注释完毕；单页页码用 p. 表示；多页页码用 pp. 表示,意为 pages。著作名如有副标题,则以冒号将其与标题隔开。编辑著作注释方法与专著类注释方法基本相同,编者为多人时,只列出一人姓名,之后用 ed. 代替。

(8) 英文论文。论文集析出文章的标注内容及顺序为：作者,"文章名称",论文集名,出版地点：出版社,页码。文章名称用英文引号标识,文章名称后的逗号于引号内,论文集名用斜体。期刊杂志、报纸类文章的标注内容及顺序为：作者,"文章名称,"期刊(报纸)名,卷册及出版时间,页码。文章名称用英文引号标识,文章名称后的逗号置于引号内,期刊(报纸)名用斜体。

(9) 互联网资料。对于只在网上发布的资讯,如果可能,应标注作者、题目、网址网页、发布的日期、最后修改的日期或最后访问的日期。提供的网址网页应当完整,并且要求该网址网页在一段时间内能够保持稳定。

3. 再次引用和转引的注释要求

1) 再次引用

在上一条注释后再次引用同一资料来源的资料时,只需注出作者姓名、注释编号和资料所在页码；如在同一页且紧接同一资料来源的上一注释,可以用"同上注"代替作者姓名、著作名等。在上一条注释再次引用同一资料来源的英文资料时,如注释紧挨着,可以用 ibid. 代替作者姓名、著作名等。如果有间隔,可以只注出作者姓名、注释号和资料所在页码。

2) 转引

将原始资料出处按上述要求注出,用句号结束。用"转引自"表明转引,再把载有转引资料的资料出处注出。

4. 数字使用要求

(1) 年、月、日、时等,用阿拉伯数字。例如,2016 年 8 月 1 日 16 时 45 分；20 世纪 80 年代。

(2) 在约定俗成的情况下,某些专有概念、名词仍使用汉字数字,而不是阿拉伯数字,例如,第二次世界大战、"两学一做"。

(八) 参考文献

学位论文应在正文之后,列出本篇论文研究与写作过程中参考或引证的主要文献资料,表示对他人研究成果的尊重。参考文献按中文与外文的标准分类。其中,中文参考文献可再分为中文著作、中文论文两个子类,外文参考文献可再分为外文著作、外文论文两个子类。所有类型的参考文献,其序号均采用阿拉伯数字的格式连续编码。

1. 参考文献类型及载体类型标识

根据 GB/T 7714—2005《文后参考文献著录规则》的规定,以英文大写字母方式标识以下各种文献类型和电子文献载体。注意：电子文献不仅要著录文献类型标志,而且要著录文献载体标志。以纸张为载体的文献在引作参考文献时不必注明其载体类型。

1) 文献类型和标志代码

普通图书：M；会议录：C；汇编：G；报纸：N；期刊：J；学位论文：D；报告：R；标准：S；专利：P；数据库：DB；计算机程序：CP；电子公告：EB；其他未说明文献：Z。

2) 电子文献载体和标志代码

磁带:MT;磁盘:DK;光盘:CD;联机网络:OL。

3) 常用电子文献及载体类型标识

联机网上数据:DB/OL;磁带数据库:DB/MT;光盘图书:M/CD;磁盘软件:CP/DK;网上期刊:J/OL;网上电子公告:EB/OL。

2. 参考文献著录格式

1) 期刊类

[序号]作者. 篇名[J]. 刊名,出版年月,卷号(期号):起止页码.

示例:[1]陆建德,陈美霞. 不带理论的旅行——陆建德教授访谈[J]. 华文文学,2015(02):18-25.

2) 专著类

[序号]作者. 书名[M]. 出版地:出版社,出版年月,版本.

示例:[2]葛红兵. 文学概论通用教程[M]. 上海:上海大学出版社,2003年5月第2版.

3) 论文集

[序号]作者或编者. 题名[C]. 出版地或会议地点:出版者或会议主办方,出版时间.

示例:[3]世界华文创意写作协会. 世界华文创意写作协会高峰论坛会议论文[C]. 上海:上海政法学院,2016年7月.

4) 学位论文

[序号]作者. 题名[D]. 保存地:保存单位,学位授予年份.

示例:[4]谢彩. 中国创意写作学初探[D]. 武汉:武汉大学,2013.

5) 专利

[序号]专利所有者. 题名[P]. 国别:专利号,发布日期.

示例:[5]姜锡洲. 一种温热外敷药制备方案[P]. 中国专利:881056073,1989-07-26.

6) 电子文献

[序号]主要责任者. 电子文献题名. 电子文献出处[电子文献及载体类型标识],或可获得地址,发表或更新日期/引用日期.

示例:[6] 王明亮. 关于中国学术期刊标准化数据库系统工程的进展. [EB/OL]. http://www.cajcd.edu.cn/pub/wml.txt/980810-2.html,1998-08-16/1998-10-04.

7) 英文文献(通常用 MLA or APA 格式)

例如单一作者著作格式为:姓,名字首字母. (年). 书名(斜体). 出版社所在城市:出版社.

示例:Sheril, R. D. (1956). The terrifying future: Contemplating color television. San Diego: Halstead.

3. 其他注意事项

(1) 中文古籍版本可著录:写本、抄本、刻本、活字本、点校本等信息。

(2) 无出版者的中文文献著录"出版者不详",外文文献著录"S. N.",并置于方括号内。如果计算机网络存取的联机电子文献无出版者可以省略此项。

(3) 其他题名信息可根据文献外部特征的揭示情况决定取舍,包括副题名,说明题名文字,多卷书的分卷书名、卷次、册次等。

(九)附录

学位论文附录使用的情况一般有:为了论文材料的完整,但编入正文又有损于编排的条理和逻辑性,这一类材料包括比正文更为详尽的信息、研究方法和技术更深入的叙述、建议可以阅读的参考文献题录,对了解正文内容有用的补充信息等;由于篇幅过大或取材于复制品而不便于编入正文的材料;不便于编入正文的罕见珍贵资料;对一般读者并非必要阅读,但对于本专业同行有参考价值的资料;某些重要的原始数据、数学推导、计算程序、框图、结构图、注释、统计表、计算机打印输出件等。

在附录之后,还可根据实际情况选择附加作者求学期间发表学术论文、参编学术著作、海外大学交流等学术情况的介绍。

三、写作训练

(一)选题训练

(1) 找到3篇本专业的学位论文,分析这些论文选题的得失,与导师交流。

(2) 请根据自身情况,拟定相应的学位论文选题方案,让导师指正。

(3) 根据拟定选题,写一篇文献综述或开题报告,交导师评判。

(二)引文注释与参考文献著录训练

(1) 请归纳我国大学学报通用的引文注释格式。

(2) 请归纳本专业权威学术期刊的引文注释格式或参考文献著录格式。

(3) 找到3篇本专业的学位论文,指出其引文注释格式与参考文献著录不够规范的地方。

(三)论文结构训练

(1) 选择一部已经出版的本专业学术专著,将其目录改写为学位论文目录结构,或归纳出它的论文结构。

(2) 找到三篇本专业的学位论文,归纳其论文结构。

(3) 根据拟定选题,写出学位论文提纲,并制作出论文的初始目录。

拓展阅读

《中国现当代文学论文写作的几个问题》

一、从"小题大做"说起

如何确定现当代文学研究论文的选题?这往往是一个即使非常资深的学者都难以很好把握的问题。

有一年,一位博士生开题,提出的论文题目是研究沉钟社。有非常著名的学者评论说,题目是比较新,但是作为博士论文是不够的,选题偏小。我觉得这样的判断显然有问题,这样一个文学社团怎么可能不够做博士论文呢?单是其中的一个重要诗人冯至就足以做博士论文了! 其实,类似于这样的情况有很多,题目的大小不好把握,专家把握不好,那么相关管理体制就更加把握不好了。

有好几个非常杰出的学者提出,论文要小题大做。也就是说,用比较小的题目做比较大的文章。这样的治学原则对于这些学者来说显然是合适的,但对于有些学者而言,我觉得有好多潜在的值得商榷的问题。表面来看这样说的学者可能比较低调,其实从另一方面来说非常高调。什么样的人才有能力、有可能、有资格、有足够的余地"小题大做"? 那往往是大学问家。王朝闻先生就是这样的大家,他研究《红楼梦》的著作就可谓小题大做,一本《论凤姐》,选择小说中并不是十分重要的人物作为论著题目,一写就是几十万、厚达

700多页的专著。能够选择这样的"小"题目做大学问的人，学问背景一定很深，论述的东西一定非常丰富，并且要有非常的学术功底。如果没有那么大的功底，除了七拼八凑，怎么也凑不到那么多的字数。当然你凑出来了也没人给你出，小题大做容易吗？由此可知，小题大做往往是大学问的精巧展示，是一个非常令人羡慕的学术境界。

有一个大学研究生院颁布的研究生守则里，居然有一条说是要"小题大做"，这就非常荒唐了。这太不懂得"小题大做"的意思，小题是外在性的研究范围，大做才是关键，也就是做大学问。叫我们的研究生一开始就做大学问，合适吗？诸如"小题大做"之类即便是合理的学术经验，也不应该作为普遍的学术原则，无论是学术操作的习惯或者学术研究的范围，都不能用这类"小题大做"以要求我们的学生。作为普通研究者和学生，我们在选题的大小方面就是要规规矩矩的：大题就要大做！小题就要小做！中题就要中做！你能够把握住题目的大与小，能够把握住什么样的题目写出大致多长的篇幅，这本来就是你学术能力的体现，是你学术认知的成熟度的体现。知道多大题目能写多大文章，这是一个学者应有的基本功，要明白这样的题目放下来，以我们的经验、以我们的学术积累、以我们的理论把握的能力来说，到底适合做一篇15 000字的文章还是适合写一部15万字的书，甚至是一部45万字的大书，都要有一个基本的把握；多大的题目就要有多少的篇幅跟上去，就要有多少资料、理论跟上去，这就是什么样的题目怎么样做，这就是我们学术研究的本分。

我们不能小题大做，我们没有那样的学术功力，也常常没有那样的从容。一个小题目如果"大做"，需要调动的学术资源特别多，需要使用的理论特别深奥，需要消耗的学术能量特别大，这都不是一般的研究者所能抵达的境界。有些小题目隐含的理论非常之深。曾经看过一位物理学家关于"打响鞭"的文章，就很有启发。打响鞭的声音究竟是怎么形成的？一般都理解为是鞭子的不同部位相互摩擦造成的，但物理学家认为不是，我们"打响鞭"的时候，有一个力量顺着我们发力的方向，传递鞭子的末梢，如果力量够大，它向鞭梢传递的速度就很快，当速度超过音速时，就会产生音爆现象，就是我们现在所听到的响声。多深奥的空气动力原理！这里面嵌入的空气动力学原理，是大学问，研究火箭与飞机的运行所需要使用的大学问，却落实到打响鞭这样一个日常现象，这就是小题大做了。小题大做，就是一个很小的题目中挖掘出一个特别大的隐藏着的学术原理。我们无论在文学研究还是其他研究方面，如果能够有机会从一个比较小的现象观察到背后比较大的原理和规律，这就是巨大的成功，这样的成功不是每个人都能获得。在这个意义上说，能小题大做，是一件非常开心的事，但作为普通的研究者，我们一般来说是做不到的。所以我对这个问题的回答是，在我们操作一个论文并进行研究之前，首先要把握好的就是题目应该是多大的篇幅多大的规模，就应该设计多大的篇幅以及规模。

当然，如果相反，"大题小做"，那是千万不行的。大题小做是有人这么做，但不是我们，我们同样没有这个资格。我觉得比较重要的人物才有资格这么做。比方说，非常重要的领导来一个地方视察，他对当地主要领导发表讲话，讲当地十三五期间发展的原则，这么大的题目他却可能只讲了10~15分钟。但你能说他这样讲不合适吗？所以说，大题小做这样的方式是留给重要人物来做的，我们做学生的当然不能这么做。首先老师方面就不能通过，很大的题目写很短的文章，这是一个很大的忌讳。其实有很多大题小做的现象，但文章作者的资格是前提。一切问题都发生在资格方面，大题小做要有资格，小题大做也要有资格，所以留给我们的空间非常狭窄，那就是一份题目该多大就多大，该如何做就怎么做，这就是应有的态度，因为这就是我们写作者的规格。而这个关于学术论文的资格问题也是很多同学的疑问所在。

二、论文的规矩之类

我们现在的论文和以前的论文是不一样的。比如20世纪20年代《小说月报》里面，登载有一些研究中国文学的论文，胡适当年写红学研究的东西也都与现在论文不一样。我们现在的论文不能像20世纪八九十年前那些论文那么潇洒，我们需要有很多规矩，要有一大堆注释跟在后面，如影随形，引用什么都要用注释并且是第一手资料,而且要注释到具体的哪一年、哪一期、哪一页,出版地怎么注,作者的名字、编者的名字怎么写,出版的年份月份等等,有时候还要加上专著的标志或者是论文的标志,还要有相应的标注字母,那么累。为什么以前的人不需要呢?鲁迅写《中国小说史略》,他基本都没有注释,比较起来,他还是相当严谨的,往往在文中用括号标出文献出处,如"李善注《文选》三十一引《新论》"之类。其实如果时光倒流几十年一百年,你也有资格写那种论文,是时代决定了论文的写作方式。

那又为什么我们现在的论文要求如此严格,都必须按照某种规范来操作?而且,现在已经将这个问题上升到学术道德层面了,学生被约束,同样老师也被约束,所有人写论文时都要遵守。这又是为什么?显然是西方学术体制进入我们的学术空间的结果。以前鲁迅等人也接受西方的学术体制,但是西方的学术体制对他们并没有约束作用,他们同时可以按照中国传统学术操作方法来操作。那个时代在做学术研究的时候,论题的展开、学术理念的贯彻以及学术理论引用方面既可以用西方的思维,同时也可以使用我们中国式的比较随意的引用方法,两方面结合,进退自如,所以不会有那么多的约束。但后来,我相信,西学占据了优势,西方的学问与阐释经典的传统有关联,因而要引经据典。即便是从苏联传来的马克思主义研究方法,包括苏联人在研究马克思主义引经据典的方式,对我们的学术都形成另外一层改造,也必须对引用的经典和材料加以注释。这样就将西方从事研究的规范引进来了,也是要重视资料的引用以及运用,开始建立一套关于学术论文的注释体系。

曾经有人将这种论文注释的使用强调得非常僵硬。我有个朋友在香港,他对于论文中所需要添加注释的要求最为苛刻,首先,他要求参加他会议的论文,必须有一定的长度,比方说30页,这30页还必须用一定的字号。其次,论文必须有30个以上的注释,30个注释中必须要是近5年的文献,至少有10个是外文的文献。注释的量不多,但附属的其他两点比较苛刻。这样的要求当然有一定的道理,要求研究者关注当下的相关研究,关注外面的相关信息,以避免封闭起来自说自话。

他有点苛刻的要求使我想到,为什么现在的论文有如此多的要求而以前的论文却没有?大家不要以为从以前的论文到现在的论文才不到100年,可就在这短短的100年里,我们的文字、报纸、期刊以及其他的文字媒体要胜于以前的3 000年。因此在这个意义上来说,面对如此庞大的媒体发展量以及快速的文字媒体发展速度,今天我们再像鲁迅一样写史,人都不敢看你的文章,因为都不知道你是引用自哪本书、哪篇文章、哪个作者。更何况现在还没有把网络转载放进去。

这也许就是学术论文为什么需要那么繁复的注释体系的原因。这还与我们现在研究者的状况以及社会分工的情形相关。我们可以看看现在的文学研究者和以前的文学研究者有什么不同:我们这100年从社会分工转为文化分工、学术分工的细密度大大提高。在胡适的年代,如果问你是研究现代文学的吗,这会是一个很可笑的问题。他只要是研究文学的就行了。所以鲁迅可以写小说,可以介绍外国文学,可以写汉文学史纲要,可以研究他那时的当代文学,可以研究同时代作家如柔石、殷夫等人的作品。甚至有些人本来不是研究文学的,也可以写文学评论的文章。可是我们现在要问这位是研究现代文学还是古代文学的,还是研究当代文学或海外华文文学的,甚至是研究哪个作家的,也就是说,我们的学术分工的细密度是前人所无法想象的。这也意味着,我一个研究现代文学的人和一个当代文学的人如果在不加注释的情况下,可能看不懂研究古代文学的人的文章。这种隔行隔山的现象必须给读者提供一个完整的注释体系。即使是同行之间的交流,也要有注释体系来作为帮助。这并不是形式方面的讲究,而是一种必须。必须就是规矩,这是我们现在的学术论文必须遵守的规矩。当然,论文写作的规矩不仅仅是注释系统,还有许多,只是在此不赘。

三、论文的规格问题

有一个问题,为什么我们的学术论文需要加注释而其他文章一般不需要?因为我们学术论文必须是严密的、严谨的、一丝不苟的,因为我们的论文是写给专家看的,是高规格的文章。操弄这种高规格的文章,我们不得不规行矩步。

没错,论文的写作者地位可能不高,但我们处在不高的地位却要写高规格的文章。我们的学术论文甚至可能是最高规格类的文章。因为学术论文并不是写给自己看的,而主要是写给我们的老师和同行的专家看的。我们的论文的理想读者是比我们水平高、地位高、层次高的人,凡是把理想读者定位在比我们作者层次更高、水平更高的人群时,我们的文章就是规格最高的文章。在这个意义上,其他文章常常定位为给文化水平、学术水平和思想水平比作者低的人看的,那文章的规格自然就不会比学术论文高。因此,在做学术论文时,我们必须一丝不苟地、认认真真地去完成,并且每一个环节都尽量做得完美。

学术论文的规格意识有助于我们了解论文应该怎样写。台湾、香港的学术论文,往往比我们的论文长,不过他们的习惯是将一个论题所有相关的资料都尽可能在论文中陈述,他们对论题的背景材料交代得也特别详细,例如研究作家莫言,则往往将莫言的生平等都作简单的陈述;再如研究莫言的《生死疲劳》,他们可能会把所有的人物关系列出,与此作相关的所有重要社会背景都交代清楚。而我们大陆的论文会把上述内容简化,甚至会作为常识不纳入论文陈述中。这样一来,港台的论文往往比较长,大陆的学术论文篇幅相对精短。这也正是我们汉语文学学术的两种学术论文体系的差异性。如果让我来评论,我当然觉得我们大陆的体系是好的,其依据就是论文定位准确:既然是写给专家看的,为什么将那些常识性的资料和材料铺写开来?那种将常识性的资料和理论写进论文,就是忘记了论文的"高规格"原则,高规格的论文拒绝常识,拒绝简单的逻辑和俗常的理论,当我们想到我们的理想读者是高于我们的专家的时候,我们就知道那些内容完全不必写。我们应该记住我们的论文是最高规格的文体,在想象的意义上是比我们更专业的人士在看。这样对于学术文章的材料处理,质量要求,就会非常自觉,非常谨慎。即便是我们面对的理想的读者对我们论文的选题不是很了解,但你只要知道他们训练有素,你还是要非常小心。有经验的学者只要一看就可以看出我们选取的是第一手资料还是第二甚至是第三手资料。包括眼睛很毒的编辑,也会看出作者在文章中花没花工夫,在资料的整理中有没有付出劳动。在资料的运用上,现当代文学研究者要特别有这样的危机意识,我们的学问不同于古代文学研究,后者引用的资料其版本与学问的构成直接联系在一起,所以一般来说大家都放心让学生去引述某些确定的版本。但是很多文献版本并不如此确定,因而他们的文献考释、资料考订会付出很大的努力。而我们现当代文学研究,经常遇到这样的问题:所引用的资料与我们的学问构成没有直接联系,也就是说你引用的东西其来源在不同的人理解起来并不一样,因此,对于是否引用第一手资料应予重视。例如,郭沫若,可能经常修改自己的东西,第一手资料对于这些作家的研究就特别重要。如果你引用的《女神》版本是他多少年后修订的,你得出的结论怎么能可靠?那样就会出现很大的问题。这方面,我们确实需要高度重视。对旧资料,有的很难找甚至有的找不到,在这个时候我觉得处理的办法就是老老实实地在某个适当的地方作一个注释,作一个说明。这个是容易得到读者谅解的方法,在数量不多的情况下是能够被允许的。但这个说明很重要,他显示了你认真从事学术的态度。你必须这么认真,因为你的读者能够知道你是否认真。

(朱寿桐,《华夏文化论坛》,第十五辑,2016年6月。)

第三节 期刊论文写作

一、文种概述

期刊论文通常是指公开发表在学术期刊上的论文。国内有七大核心期刊(或来源期刊)遴选体系:①北京大学图书馆"中文核心期刊";②南京大学"中文社会科学引文索引(CSSCI)来源期刊";③中国科学技术信息研究所"中国科技论文统计源期刊"(又称"中国科技核心期刊")；④中国社会科学院文献信息中心"中国人文社会科学核心期刊"；⑤中国科学院文献情报中心"中国科学引文数据库（CSCD）来源期刊"；⑥中国人文社会科学学报学会"中国人文社科学报核心期刊"；⑦万方数据股份有限公司正在建设中的"中国核心期刊遴选数据库"。

二、范文点评

《新世纪文学生产机制批判——关于"作家学院化生存"的思考》（原载《社会科学》，2012年第10期，作者单位：华东师范大学中文系，现任《探索与争鸣》杂志执行主编。）

范文1

	点评：
新世纪文学生产机制批判 **——关于"作家学院化生存"的思考** 叶祝弟 　　新世纪以来，中国当代文学生产中出现的一个很重要的现象，就是越来越多的作家回到高校，拿起教鞭，站上讲坛，教书育人。（本文所考察的作家基本上是人事关系调进高校，在高校担任教授或者行政职务的作家，比如冯骥才2001年担任天津大学研究院院长、教授；贾平凹2003年担任西安建筑科技大学人文学院院长、教授；王蒙2004年担任中国海洋大学文学院院长、教授；王安忆2004年担任复旦大学中文系教授，一手创办创意写作学科。如果算上稍早一些的作家，如马原1999年担任同济大学中文系主任、教授，以及新近的阎连科和刘震云分别调任中国人民大学，加上格非、王家新、柏桦、梁晓声、陈希我等作家，如果算上以各种名义在高校兼职的作家，这个名单更加蔚为大观。）作家这种走进大学、选择学院化生存的方式引起了大众媒体的关注，并引发了关于"作家进高校是为了生存还是创作""作家可不可以培养"等话题的讨论。但是与媒体的热烈讨论不同，文学界对世纪之交的文学生产版图的改变似乎冷淡很多，很多问题并没有真正展开讨论。本文无意讨论"作家可不可以培养"这样的话题，本文所要讨论的是，作为21世纪初重要的文学现象，这些作家为何要在新世纪前后集体投奔高校？作家寄生于高校，是否影响他们创作的自主性和独立性？这些"奔向学院的作家"（曾念长可能是最早关注这一现象的学者，并对这一现象有很多敏锐的观察。曾念长并不是一个学院内的学者，他的身份更多是一个学院外的文化学者、专栏作家。参见曾念长：《中国文学场——商业统治时代的文化游戏》，上海三联书店2011年版。）到底与高校之间构成什么样的关系？他们"写而优而教"的行为，对中国当代文学的生产机制和文化生态到底带来什么样的影响？在此，笔者拟以王安忆的《天香》（2011年）和阎连科的《北京，最后的纪念》（2012年）为例，试图分析21世纪文学的生产现状和精神危机问题。 **文学场的裂变与学术场的膨胀** 　　文学场是法国社会学家布迪厄的一个概念。布迪厄运用场的概念，将文学艺术作品与它们存在其中的社会世界概念化为"文学艺术场"、"文化生产场"，将历史和社会结构的分析辩证地整合到场域的视野中。文学场表现为权力、资本和惯习三种力量的相互纠缠和斗争，权力斗争和资本争夺是文学场的基本实践。（张意认为，文学场由许多位置及其相互关系形成，具备不同习性和文学资本的行动者进入文学场，争夺位置的占有权，参与文学游戏的行动者不同于前结构主义的主体，他们不是一个理智主义的、全知全能的主体，而是受到文学场域和社会大场域影响的个体；同时，他们也不是结构主义意义上被动接受客观结构召唤的主体。行动者的文学习性、文学资本，镌刻着出身、家庭教育和成长轨迹的痕迹。当文学场域的现实境遇与行动者的习性相逢，随机与偶然的因素将影响习性，生成有意无意的策略行为。"习性"观要求我们将文学场域的历史和行动者的性情辩证地联系起来。参见张意：《文化与符号权力——布尔迪厄的文化社会学导论》，中国社会科学出版社2005年版，第272~274页。）由是观之，新世纪以来，随着整个文学版图的不	标题与副标题 引言 夹注 提出问题 选定研究对象 小标题 理论依据 已有研究述评，相当于小型的"文献综述"

断扩大,文学场发生着剧烈的分化和重组,但是无论是白烨先生的"三分天下"说(纯文学、大众文学、新媒体文学)(参见葛红兵、许道军:《文坛三分格局的形成和文学作为创意产业的新变——2009年中国文坛热点问题述评》《探索与争鸣》2010年第1期。)还是王晓明先生的"六分天下"说(网络文学、盛大文学、博客文学、严肃文学、新资本主义文学、《独唱团》所代表的抵抗文学)(王晓明:《六分天下:今天的中国文学》《文学评论》2011年第5期。)属于纯文学的那一部分作家队伍并没有发生太大的变化。当然,这种没有太大的变化的判断也是相对的,纯文学内部也在进行着分化和重组。以作家身份而言,不必说体制内作家和体制外作家之间的分化与分野,即使是体制内作家,也有相当一部分人离开作协,走进高校,选择学院化生存。有意思的是,事实上,那些最终选择栖身高校的作家,如马原、贾平凹、莫言、阎连科、刘震云等,几乎是在纯文学领域爆得大名的作家。 作家为什么要进高校?对于作家进高校的动机,可以概括为三种类型:第一,为"稻粱谋",作家希望通过在高校谋得一份教职,为写作提供物质保障。新中国成立后中国文学生产体制是作协——纯文学刊物(出版社)的专业作家体制,但是到了20世纪末,市场经济引发的作家队伍和读者队伍的流失和分化,使得纯文学生产重要一环的文学期刊发行量急遽萎缩,纯文学期刊无法生存,甚至面临改刊的危险。市场经济挤压下的纯文学生态发生了严重的破坏,那些依靠纯文学期刊稿费生存的作家生活难以为继。虽然作协的专业作家体制还能给作家提供基本的物质保障,但是作协被人们所诟病的"衙门化""行政化"导致的作家创作个性的无形束缚,让作家意识到寻找一份体面的工作,保持文学创作的独立性是首要的选择。而正好在这时,扩招后的大学正经历前所未有的办学大跃进,当"所有的路标都指向学院"([美]拉塞尔·雅各比:《最后的知识分子》,洪洁译,江苏人民出版社2006年版,第12页。)到高校中去,成为无路可走的纯文学作家的最佳选择。第二,作家创作面临"中年危机"(陈思和:《从"少年情怀"到"中年危机"——20世纪中国文学研究的一个视角》,《探索与争鸣》2009年第5期。)最典型的就是马原。20世纪80年代,马原依靠《拉萨河女神》《冈底斯的诱惑》等先锋小说声名鹊起,但离开西藏回到内地的生活出现了严重的挫折,三离("离藏""离职""离婚")彻底打断了马原的写作灵感,"西藏使我脱胎换骨;离开西藏后原来的马原也就不见了,原来的那种创作冲动、那种灵感、那种不可遏止的喷发欲望也就随之而去",马原的创作面临严重的中年危机。不仅是马原,曾经以知青小说出名的梁晓声,也因为严重的颈椎病而被迫放弃写作。进入高校,希望重新找回写作的状态,似乎是马原们的理想选择。第三,作家喜欢大学里的氛围,希望能满足聚众收徒的梦想。无论是马原、梁晓声,还是王安忆,抑或是阎连科、刘震云,在大学里聚众收徒,传播文学,似乎都是这一代作家身上埋藏已久的梦想。 上述三点是21世纪最初十年,作家纷纷进入高校任教的一部分原因。还有一点原因,作家们没有点明,但至为重要,那就是20世纪90年代之后的社会大环境。在经历了1989年春夏之交的政治风波后,遭到挫折的知识分子革命激情不再,知识分子群体中普遍存在着幻灭感。他们在行动、身份和价值立场上全面撤退——离开广场,回到书斋,成为很多知识分子的行动选择;做一个知识体制内的专家而不是混迹于公共领域的知识分子,成为很多知识分子的身份选择;思想淡出,学问登场,成了许多知识分子的价值立场。激情消退的生活,"一切都变得实实在在,没有幻想,只有现实"(陈思和:《从"少年情怀"到"中年危机"——20世纪中国文学研究的一个视角》《探索与争鸣》2009年第5期。)激情不再,没有创作动力的文学必然走向"中年危机"。恰在这时,20世纪90年代后期泛起的世俗功利主义、工具价值理性和"过日子哲学"及时填补了知识分子空虚的心灵。这种情绪首先影响到了大学老师,很多学人"放弃公共关怀,在体制内部求个人的发展",继而也影响到了一批文学批评家,他们纷纷回到高校,最终也影响到了纯文学作家,他们也纷纷撤退,寄生于大学。(略)	分析问题

学院化生存与纯文学的末路

（略）

(续表)

结语：文学与学院：我们该如何选择	小标题
很多作家在采访中论证"作家学院化生存"现象的合理性时，要么提及鲁迅、沈从文等作家在民国时期在高校教书的盛况，要么论及福克纳、索尔·贝娄等外国作家与大学的不解之缘。然而，他们忽视的是，且不说今天的作家已经没有了鲁迅、沈从文那样的深厚的传统文化功底，即使是今天的高校，也似乎没有沈从文所在的西南联大、福克纳所在的弗吉尼亚大学、索尔·贝娄所在的芝加哥大学、波士顿大学那样的自由、独立的氛围。奔向学院的作家，今天正面临着进退失据的艰难选择。一种是作家甘心被体制收编，大学和作家结成亲密的同盟，同享体制的荣光；一种是作家不适应大学的体制，或者由于对大学体制的激烈抨击，被大学体制所不容，最后成为大学的出走者；还有一种就是作家的特性与大学的特性处于不断的磨合中，在不断斗争中，作家最终选择妥协。 　　作家和学院之间，有没有其他的路径可走？对于作家来说，做一个独立的批判知识分子，固然值得尊崇，但是那种道德义愤式的批评并不能发挥多大的作用。在妥协与抗争之间，作家和大学之间其实还应该建构另外一条道路，这恐怕就是虽然身在体制中心，但自觉将自己放置于边缘立场，对学院的任何体制化、制度化的做法，保持一种天然的警觉和抵抗。一方面，在心中默默守护文学本身应有的特质；另一方面，对现实和任何异化保持批判的立场，"贯形而上与形而下于一体，集文学关怀和现实关怀于一身，容批判现实与宽容传统于一身"。(可参见吴冠军：《失语与疯狂》，陶东风主编：《知识分子与社会转型》，河南大学出版社2004年版，第242页。)唯有如此，进入学院的作家，才能在文学场和学术场的斗争中不被任何力量所左右，真正守护内心那份属于文学的宁静。	结论
【说明】为了排版和设置写作训练问题，范文注释全部采用"夹注"方式，并省略中英文摘要、关键词等项。	

三、写作训练

1. 请根据范文内容，写出中英文摘要，提炼三个关键词，并试着用"中图分类法"标识这篇文章的中图分类号。
2. 请用三级标题列出范文的写作提纲。
3. 请将范文"夹注"全部转换成国内大学学报注释格式的"尾注"。
4. 请按学位论文的一般格式，试着列出范文的"参考文献"。
5. 请写一篇关于范文的短评，800字以上，题目自拟。

拓展阅读

如何写一篇优秀的论文？

　　我常常看我的学生引用一些三流的论文，却引得津津有味，我都替他感到难过，因为我强调要读有用、有价值的东西。

　　受计算机的影响，我发现很多学生写文章能力都大幅下降。写论文时很重要的一点是，文笔一定要清楚，不要花俏、不必漂亮，"清楚"是最高指导原则，经过慢慢练习会使你的文笔跟思考产生一致的连贯性。

　　文采像个人的生命一样，英文叫 style，style 本身就像个人一样带有一点点天生。因此最重要的还是把内容陈述清楚，不论是一万字文章还是十万字的文章，都要架构井然、论述清楚、文笔清晰。

一、学习有所取舍

　　因为现在信息爆炸，可以看的书太多，所以一定要建构一个属于自己的知识树。有了自己的知识树，才能在那棵树挂相关的东西，但千万不要不断地挂不相关的东西，而且要慢慢的舍掉一些挂不上去的东西，再随着你的问题跟关心的领域，让这棵知识树有主干和枝叶。

二、形成你的知识树

我昨天请教了林毓生院士,我告诉他我今天要来作演讲,就问他:"你如果讲这个题目你要怎么讲?"他说:"只有一点,就是那重要的五六本书要读好几遍。"因为林毓生先生是海耶克,还有芝加哥大学几位近代思想大师的学生,他们受的训练中很重要的一部分是精读原典。他这句话很有道理,虽然你不可能只读那几本重要的书,但是那五六本书将逐渐形成你知识树的主干,此后的东西要挂在上面,都可以参照这一个架构,然后把不相干的东西暂放一边。

三、掌握工具

在这个阶段一定要掌握语言与合适的工具。要掌握一门可以流畅阅读的外语,不管是英文、日文、法文……,这是起码的前提。一旦这个工具没有了,你的视野就会因此大受限制。

四、突破学科间的界线

应该要把跨学科的学习当作是一件很重要的事,但是跨学科涉及的东西必须要对你这棵知识树有帮助,要学会到别的领域稍微偷打几枪,到别的领域去摄取一些概念,对于本身关心的问题产生另一种不同的启发,可是不要泛滥而无所归。

一篇硕士论文或博士论文最重要、最关键的是那一个统摄性的重要概念,而通常你在本学科里面抓不到,是因为你已经泡在这个学科里面太久了,你已经拿着手电筒在这个小仓库里面照来照去照太久了,而忘了还有别的东西可以更好解释你这些材料的现象,不过这些东西可遇而不可求。

John Nash 这一位数学家为什么会得诺贝尔奖?为什么他的赛局理论的博士论文,会在数十年之后得诺贝尔经济奖?因为他在大学时代上经济学导论的课,所以他认为数学可以用在经济方面来思考,而这个东西在一开始,他也没有想到会有这么大的用处。他是在数学和经济学的知识交界之处做突破。有时候在经济学这一个部分没有大关系,在数学的这一个部分也没有大关系,不过两个加在一起,火花就会蹦出来。

五、论文题目要有延展性

对一个硕士生或博士生来说,如果选错了题目,就是失败,题目选对了,还有百分之七十胜利的机会。这个问题值得硕士生、博士生在一年级时好好思考。第一年的学业其实就是要花在这上面,你要不断的跟老师商量寻找一个有意义、有延展性的问题,而且不要太难。

六、养成遵照学术格式的写作习惯

平时不管你写一万字、三万字、五万字的文章都要养成遵照学术规范的习惯,要自然天成,就是说你论文的脚注、格式,在一开始进入研究生的阶段就要将此看成你生命中的一个部分。

七、善用图书馆

图书馆应该是研究生阶段最重要的地方,不必读每一本书,可是要知道有哪些书。

我记得我做学生时,新进的书都会放在图书馆的墙上,而身为学生最重要的事情,就是要把书名看一看。在某些程度上知道书皮就够了。

我知道现在从计算机就可以查到书名,可是我还是非常珍惜这种定期去图书馆 browse 新到的书的感觉,或去看看相关领域的书长成什么样子。中研院有一位院士是哈佛大学信息学教授,他告诉我他在创造力最高峰的时候,每个礼拜都到他们信息系图书室里,翻阅重要的信息期刊。所以图书馆应该是研究生们最熟悉的地方。不过切记不重要的不要花时间去看,生活在信息泛滥的时代,要能有所取舍。

八、留下时间,精致思考

要记得给自己保留一些思考的时间。一篇论文能不能出神入化、能不能引人入胜,很重要的是在现象之上作概念性的思考,但我不是说一定要走理论的路线,而是提醒大家要在一般的层次再提升两三步。真切去了解,你所看到的东西是什么?整体意义是什么?整体的轮廓是什么?千万不要被枝节淹没,虽然枝节是你最重要的开始,但是你一天总也要留一些时间好好思考、慢慢沉淀。

(作者:王汎森,中国台湾"中研院"院士,摘自:北京大学出版社微信公众号,2016-07-05。)

第九章

广告文案

第一节 广告文案概说

一、广告、广告文案的定义

广告即"广而告之"之意。"广告"一词源于拉丁文 advertere,意为注意、诱导、传播。英国《简明不列颠百科全书》对广告的解释是:"广告是传播信息的一种方式,其目的在于推销商品、劳务,影响舆论,博得政治支持,推进一种事业或引起刊登广告者所希望的其他反应。"可见,广告是面向大众的一种传播,是为了某种特定的需要,通过一定形式的媒体,广泛向公众传递信息的宣传手段。

广告是人类社会发展的结果,伴随着商品经济的发展而发展,它经历了从早期的推销产品到当代运用各种媒体有针对性地进行信息传递、宣传的过程,它让人们在琳琅满目的产品中注意到某特定的产品,并努力唤起人们对商品的需求,同时对生产或销售这些商品的企业产生了解和好感。除了产品广告还有不以营利为目的的、呼吁人们关注社会性问题、倡导某种社会事业和社会风尚的公益广告等。但不管是什么内容、什么形式的广告,广告的本质是传播、是宣传。

一则广告作品可由图片、声光、音像、文字等多种要素构成,但其中语言文字是任何形态的广告必不可少的。据调查,广告效果的 50%～75% 来自文案,正因为如此,英国广告大师大卫·奥格威说过:"广告是词语的生涯"。

广告文案有广义与狭义之说。广义的广告文案是指广告作品的全部构成要素,它不仅包括语言文字部分,还包括图画、音乐、声像等部分。狭义的广告文案仅仅是指广告作品的语言文字部分,如广播、电视、网络广告中的字幕、旁白、人物对话、商品名称、价格、企业地址等内容。由此可见,其一,广告文案是存在于广告作品之中的文字,那些与广告活动相关的其他广告文本并不能称为广告文案,如广告策划书、广告媒体计划书等。其二,广告文案不受篇幅长短、文字多少的限制,也无论结构是否完整,广告中的一个词、一句话都可以称为广告文案。

二、广告文案的特点

1. 内容上的真实性

真实是广告的生命。《中华人民共和国广告法》明确规定:广告应当真实、合法,符合社会主义精神文明建设的要求,广告不得含有虚伪的内容,不得欺骗和误导消费者。可见,无论是什么性质的广告,所宣传的事物都必须实事求是,有一说一,不可夸大其词,不可移花接木,这样才能使消费者对广告主和产品产生信赖。那些商品宣传的内容与所提供的商品的实际情况不符合或可能使人们对商品的真实情况产生错误联想的广告文案,不仅使受众对广告产生一种抵触情绪,而且会直接损害消费者的利益。故在广告文案写作中,向广告受众传达的广告信息必须来源于客观真实的存在,特别是有关产品、服务的内容、形式、质量、功能、价格都应当是真实的,也包括不能使用未经证明的权威证言和虚假的消费者证言,不作广告主无法全部兑现的承诺(例如售后服务)。

从文案的表达来说,这种真实性表现在语言简洁明确,不故弄玄虚、不有意误导消费者,不以模棱两可的语言使消费者产生不符合产品或者服务实际情况的印象。

2. 功能上的说服性

广告文案的任务与其说是将信息准确传递给受众,不如说是一种劝说目标受众的宣传活动。正如美国著名广告大师威廉·伯恩巴克所说:"广告没有说服力,就不算好广告。"广告文案的说服作用就在于通过有效的诉求,引导大众态度和行为趋向说服者预设的方向:"从原来的否定或消极态度转变为积极或肯定态度,从原来中性态度转为积极态度,或者从原来的少许肯定的态度发展成更肯定的态度"。例如,产品广告,它一切的宣传旨在促进消费者对特定商品产生积极的态度和购买行为,这也是产品广告文案和产品说明书的不同,前者无论是标题的标新立异还是正文部分的有关商品的价格、特点、用途等信息的介绍,其宗旨就是引导、说服消费者对产品产生好感,并进而产生购买的意愿。后者只是纯客观地介绍产品的性能、效果等。又如,公益广告通过一定的表现形式,号召、劝导人们树立正确的社会风尚,而说服性这一特点在广告中的其他要素如图画、音响等体现得比较间接和比较微弱,唯有广告文案具有可直接说服受众接受广告宣传的观念和信息的功能。广告是一种宣传活动,所谓宣传,自然带有主观性,而广告文案的主观性正是在说服性方面体现得最明显。

3. 结构和表现上的灵活性

广告文案由广告标题、正文、广告语、随文构成,这与一般文章标题、开头、正文、结尾的结构形态有着显著区别,而广告文案的结构在广告宣传中的运用具有较大的灵活性。其具体表现在:其一,由于广告战略不同,媒体的特性和费用不同,一篇广告文案可完整运用标题、正文、广告语和随文四个要素,也可运用部分要素。例如,电视广告因较多依赖声响、代言人等,且由于费用较高,故不少电视广告的文案仅有广告语和随文;其二,广告标题、正文、广告语、随文这些要素在广告作品中的表现也较为灵活多样。又如互联网广告的语言文字在视觉传达过程中是可变动的,不仅字体种类大小形体、上下位置可变,在时间快慢上也可进行变化,而且广告标题、正文、广告语和随文的播放顺序和位置都体现出较大的灵活性。

三、广告文案的作用

广告文案是广告最基本的表现手段,广告的主题和创意离不开文字语言的呈现。

在广告发展前期,人们主要通过报刊等印刷媒体传播有关信息,此时,广告作品某种程度上就是广告文案,文案的撰写显得特别重要。随着科学技术的进步和广告业的发展,广告作品逐渐开始以霓虹灯广告、招贴广告、广播广告、电视广告、互联网广告等为媒体发布,这些媒体自带了非语言文字的表现要素,如声光、色彩、图画等,它们具有较大的视觉冲击力,助力于广告宣传的效果,能够给消费者留下深刻的印象。尽管如此,广告文案仍然在整个广告作品中处于举足轻重的地位。这是因为色彩、图形、声音、动态效果等这些终究只能吸引受众、渲染广告效果或间接宣传产品,唯有文字才能详细、准确、直接地介绍、解释有关商品信息、劳务信息和观念信息以及表达广告主的态度、承诺等,才能说服消费者。总之,一切无法用可视形象表现的信息,都可用抽象的文字表达,因此文案是传递广告信息的主要工具。

广告文案的作用具体表现在以下几方面:其一,可直接介绍、宣传产品、服务、观念等各种信息,让受众对产品、服务等产生好感;其二,有些广告作品的画面、图像等,意义隐藏得相对较深,或许是比较有创意的画面,但受众一下子未必明白,必须用文字加以说明,帮助受众理解。其三,有些广告画面、图像虽然表意比较明确,但它本身是广告作品宣传的重点,需要语言文字进行强化宣传。

四、广告文案的类型

根据不同标准,广告文案可以分为多种类型:

根据广告目的的不同可分为盈利广告文案(如商品广告文案)、非盈利广告文案(如公益广告文案)。

根据表现内容的不同可分为商品广告文案、劳务广告文案、文娱广告文案、社会广告文案、公益广告文案等。

根据广告媒体的不同可分为报纸广告文案、杂志广告文案、广播广告文案、电视广告文案、互联网广告文案、户外广告文案、其他媒体广告文案。

根据广告文字容量的不同可分为长文案(指100字以上的文案)、短文案。

根据广告篇幅的不同可分为单幅广告文案、系列广告文案(指由三则及以上的广告文案组成)。

第二节　广告文案的结构及写作

一则完整的广告文案由标题、正文、广告语、随文四部分组成,它们在文案中各有不同的功能。标题的主要作用是吸引受众的注意力并导入主题;正文的主要作用是对广告主题进行说明、解释;广告语的主要作用是在广告中长期反复宣传企业、产品形象;随文的主要作用是说明与商品或与广告主有关的附属信息。

一、广告标题

广告标题是表现广告主题、引起受众注意的文字部分,通常它以比其他部分(正文、广告语、随文)大一些的字体置于广告文案最显著、最醒目的位置,以吸引受众的注意力,进而把受众的目光引向整个广告。

一般而言,受众购买产品往往是先被标题吸引,然后进一步看完正文,详细了解产品的有关信息，最后才作出是否购买的决定，尤其是购买贵重产品更是如此。因此，一个广告标题仅仅做到生动、吸引人是不够的，还必须巧妙地、自然而然地把受众导入对广告正文的关注上。

广告标题有各种表现形式，如陈述式、悬念式、问题式、修辞式等，可以是一个词、一句句子，也可由主标题和副标题组成。但无论哪种表现形式，标题都要尽可能地吸引人，给人留下深刻的印象。广告标题写作要尽量突出广告商品的品牌，品牌无论怎样强调都不过分，因为品牌是商品的主信息，如果受众只了解产品的优势，却不知道或记不住广告宣传的产品品牌，那么，广告费就打水漂了。正如大卫·奥格威所说："至少应该告诉这些浏览者，广告宣传的是什么品牌，标题中总是应该写进品牌名称的原因就在这里"。

广告标题要简洁明了。由于广告受众的文化程度各异，加上有的媒体（如广播广告）具有稍纵即逝、不复留存的特点，因此，广告标题写作中一定要注意做到简洁明了，使人听得清、看得懂。所谓简洁，是指广告标题的写作须精心选择那些别开生面的字、词、句。通常，一个广告标题字数不超过10个单词，极端不超过16个单词，因为广告标题过长不容易使人记住，也不利于广告标题的口口相传。

二、广告语

广告语又叫"广告口号"，它是为了强化受众对企业、商品或服务的印象，在广告中长期反复使用的特定宣传用语。广告语往往体现广告的定位、形象和主题，因此，好的广告语能使受众一见就能识别它出自哪个广告商品或是哪家企业。可见，广告语对树立企业形象和品牌形象具有十分重要的作用。由于广告语一般要在较长时间内反复使用，所以，写好一条令受众经久难忘的广告语是广告文案创作中的一个重要任务。正因为如此，广告主为了求得一句精彩的广告语，常常不惜花巨资面向社会征集。好的广告语还可以同商标等一样注册登记，受到法律的保护。

广告语和广告标题都处于广告文案中醒目的位置，都是备受关注的部分，在表达主题、传递一定的信息和表达结构上两者有相同的一面，所以常常被人混淆，不过，两者的区别也是明显的：其一，从作用看，广告语的作用主要是集中体现广告定位，树立企业形象或产品品牌形象，而广告标题则是为了吸引受众的注意，激发他们的兴趣，并起到导入正文的作用。而广告语的写作并不把吸引受众的注意力作为自己的任务，而是从广告的战略目标出发，为企业或产品塑造独特的形象。其二，从地位看，广告语常常是脱离广告画面、音响、正文而独立存在的。因此广告语总是一句意义完整的句子，表达的是明确而完整的意义。而广告标题与正文、画面等保持着密切的关系，甚至有时离开了正文或画面，标题就丧失了意义。标题的另一些信息可以由正文、画面、音响来共同完成传递。其三，从位置看，广告语在文案中的位置是较灵活的，既可放在正文的前面和正文的后面，也可放在正文的中间，甚至还可放在文案的左边和右边。总之，只要能突出广告的主题，并与整个广告文案保持统一、和谐，广告语可以放在文案中的任何位置。广告标题的位置就较固定，一般它只能出现在广告正文的上方。其四，从使用频率看，广告语通常具有一定的稳定性，在较长一段时期内反复使用，只有在反复使用中它才能使企业形象、商品形象不断地深入人心。因此，广告语的使用是一个较长期的过程，而广告标题则是附属于正文的，正文变了，标题就得变，它往往是随着正文宣传的结束而结束。如果某一产品要重做另一个版本的广告,那么它就需要重写标题,而广告语则可以沿用原来的。

作为一种口号性宣传,广告语应正面宣传,单一明确。一般来说,广告语不从反面、侧面着笔,因为从反面作宣传,往往不容易使企业形象、产品形象得到鲜明而有力的塑造,它给受众的印象往往不直接、不强烈,在这一点上,广告语与广告标题也是完全不同的。单一是指广告语的写作要选择一个诉求点来宣传产品,而不能包含较多方面的内容。明确是指广告语不讲含蓄、悬念,因为只有表意明确的广告语,才能使企业或产品的品牌在受众心中留下鲜明的印象,广告语才有可能成为产品或企业的"文字标识"或"特有语汇"。例如,中国电信的广告语就是如此:"用户至上,用心服务"。

广告语应当简短有力,好读易记。因为广告语需要在较长一段时期内反复使用,如果句子过长,就不利于受众记住广告所宣传的内容。正因为此,广告语不像标题那样可以有双行标题或三行标题,它只能是一句句子以确保广告语的简短有力。创作广告语要利用汉语韵律,做到合辙押韵,节奏明快,字句铿锵,读起来朗朗上口,节奏感强,动听悦耳。干净利索的广告语也有利于受众记忆,从而让企业或产品的形象长驻人心。

三、广告正文

广告正文是广告文案的核心部分,它主要向受众具体、详细地告知有关广告商品或劳务信息等,使受众对广告产品的特点、性能、价值等获得一个具体、确切的了解,从而促使受众产生占有该产品的欲望。

(一) 广告正文的特点

广告正文通常要对标题进行解释,由于广告标题的主要作用是吸引"眼球",且字数不宜过多,因此有关商品信息的表达往往点到为止,而此时正文就需要对标题所涉及的相关内容作进一步的扩充和说明。广告正文不仅要对产品的基本面解释清楚,而且还需让受众对广告内容产生信赖感。因为只有让受众对产品心悦诚服,才可能促使他们产生购买的行动。

(二) 广告正文的结构

1. 正文的结构

广告正文结构就是围绕广告主题来合理组织、安排广告内容,以获得广告宣传的最佳效果。由于广告文案是一种特殊的应用文,它可以对产品的信息采用严谨的、理性的说明、介绍,也可以采取文艺性的形象描述;可以是一句话构成的单篇广告,也可以是由三到五个单篇组成的系列广告。但无论是为哪种产品作广告,其结构通常有以下几种形态:

(1) 特点1+特点2+……。此类结构方式围绕产品的各个方面来介绍其功能、用途、特点等,它与产品说明书的写法较为接近。这种结构形态往往能清晰、准确地对广告产品进行逐一说明。

(2) 效果+原因。正文开端先介绍、说明在使用了广告产品后收到了良好的效果,接着再解释原因即该广告产品所具有的高于同类产品的一些优点。通常,效果只是一个"引子",而产品介绍才是广告正文的重点部分。例如,一些房地产广告正文通常就采用这种表述方法:先是简明扼要地介绍某某商品房销售火爆的场面,然后再说明该商品房的一些独到优势:房价、地段、朝向等。这种"效果+原因"的正文结构,其长处是能造成一种先声夺人的效果,有利于调动受众购买该产品的积极性。

（3）现状＋产品。这种正文结构先是描述现状的不尽如人意（可以指人处于不舒服或不良的状态中,也可以是某种事物或环境处于不良的状态）,接着介绍广告产品的特点等,以说明该产品能帮助人摆脱不良状态。此类结构采用的是循序渐进的平实写法,由于开头就写人们的不良状态及可能带来的危害,故容易引起受众的重视。事实上,一些保健品、药品广告正文较多地采用的就是这种写法。

2. 广告正文的表现方法

从表现方法考察,广告正文可分为说明体、独白体、对话体、故事体等。以下分别加以介绍。

1) 说明体

说明体广告正文以说明为表达方式,着重对产品或劳务的性能、特征、用途等加以说明解释。写说明体广告正文,要善于抓住事物的特征,尤其是应把重点放在本产品与同类产品的不同上,同时,可采用综合说明方法,如举例说明、数字说明、比较说明、定义说明等,以使产品的信息表达得明确而生动,写说明式的广告正文应少用专业性过强的术语。

2) 故事体

故事体广告是人们喜闻乐见的一种广告宣传方式。它是通过设置一个与产品相关的情节来介绍产品,正文因为有了故事情节,就显得有起伏,就能激发受众的兴趣,使他们在看完故事后,对产品产生较深的印象。写作故事体广告正文,要注意几点：一是故事中的人物与产品要有一定的关联,例如,为咽喉片、润喉片做故事体广告,就不宜以球星代言,而应以教师、演员作为故事的主角来宣传咽喉片、润喉片的润喉清肺的作用,因为后者的职业决定了他们平日用嗓子时间长、频率高；二是所设置的情节既不能太复杂,但也要有点曲折,最好说明某种产品或服务解决了矛盾或难题,这样既能引人入胜,又能较好地宣传产品,如果情节过于复杂的话,就容易使受众沉湎于故事本身的曲折、离奇中,而忽略了产品的信息。三是在情节发展中自然而然地推出产品,而不是情节与产品的硬性拼凑,这里关键是要找到一个建构故事的良好情节框架,而产品应成为情节发展中不可或缺的因素。

3) 独白体

独白体广告正文是以人物的自我言语来介绍产品,常见的有二种情形：一种是受众的独白,通常是谈自己购买、使用了广告产品后的感受、变化来证明产品的功效,这是一种"让消费者告诉消费者"的宣传办法；另一种是站在广告主的立场上,来向受众作产品宣传,它能拉近产品和消费者的距离,较有人情味。

4) 对话体

对话体广告正文借助于两个或多个人物间的一问一答来宣传产品,它针对性强,逐一解释产品特点,有较强的吸引力与说服力。特别是因其常模拟角色与情境,故给人身临其境之感,听起来也较亲切,在广播广告和电视广告中最为常见。假如以平实的说明或直白的陈述来宣传,很可能不会使受众注意,但运用了对话这一形式,使人如见其人、如闻其声。

值得注意的是,对话体广告要注意人物与产品间应保持一定的联系,这样才可增加产品给予受众的真实感和信任感。例如,以两个家庭主妇的互问互答来介绍洗衣粉、调味品之类的日常用品,效果就比较好；反之,让她们介绍科技产品就不合适了,因为此时人物与产品构不成良好的关系。

广告正文形式除了以上介绍的几种以外,还有陈述体、歌曲体、童话体、诗歌体、对联体等。

3. 广告正文写作

广告大师大卫·奥格威指出:"广告的内容比表现内容的方法更重要,真正决定消费者购买或不购买的是你的广告内容而非形式。"确实,向受众介绍产品或劳务信息,是广告文案的重要任务,而正文则是商品信息最密集的部分。如何在正文中较好地传递商品信息使受众愉快地理解、接受并产生购买欲望呢?这就需要我们在正文写作中注意以下几点。

1)突出重点,忌面面俱到

广告正文必须围绕广告主题,对产品信息进行提炼、分析、研究,从而抓住其中一两点作重点宣传。这个重点可以是产品在同类产品中独一无二的特点,可以是受众理解广告内容可能的难点,也可以把解决受众使用产品的难题作为广告的重点。如果一篇广告正文对某种产品面面俱到地宣传的话,受众读后抓不住要点,广告效果反而会较差。因此,广告正文写作要去掉可有可无的信息,以突出重点,从这个意义上说,广告正文并非是讲得越多越好。有些广告主为了说明自己的产品有出众之优势,总想在广告中写进所有的商品信息,以使受众对产品有个全面的了解。然而,面面俱到的介绍,会使广告信息重点不突出,读者印象不深,效果反而不好。

如果有些商品信息丰富却不可割爱的话,那么不妨把它设计成系列广告,系列中的每一个单篇强调一两个产品特点,整个系列则共同传递产品的所有信息。当然,这里所说的不包括那些产品宣传小册子,诸如邮寄广告之类的。

2)具体明确,忌笼统空泛

广告正文是传递产品信息的主要载体。产品信息的介绍应该具体、明确,不能笼统、空谈,也不讲究含蓄、朦胧。有的广告正文虽然语句流畅,也较生动,但产品的信息量几乎为零。这样的广告不能不说是失败之作。广告正文写得具体明确,并不是说广告正文写得越长越好,越详细越好,而是指正文应把产品的关键信息具体介绍给大家,有些广告篇幅长,看似信息量大,但由于文笔拖泥带水,反而使人不得要领。

要避免正文叙述的笼统空泛,有一点要注意,就是必须站在受众的立场上而不是一味地从自己的角度看待事物,要把那些专业化、技术化的产品特性转化为感受化、具体化、个人化的具体利益。例如,"安全气囊"作为现代汽车的安全辅助工具,其基本的特点是"救助",如何具体地表述这个特点而不是过多地说明它的技术性能或者笼统地陈述它的特点。台湾广告人何清辉的广告正文是:"在海上叫救生圈,在陆地上叫 AIRBAG"。这个广告,十分准确而又具体明确地表达了"安全气囊"的特点、作用。

3)亲切生动,忌枯燥乏味

广告大师葛里宾认为:"广告在技巧方面比写新闻要困难得多""因为车祸和抢劫案的新闻本身就使人们发生兴趣,并不再需要运用创造力来使那些故事有趣。而在今天做广告的许多商品则需要极大的创造力使人们有兴趣。"正因为此,广告正文要努力给人亲切、生动、活泼、有趣的感觉,而不是枯燥、乏味的说理。这就要求广告写作者像一个老朋友推心置腹地推荐产品,而不是强硬地推销产品。为此,要尽量使用亲切、朴实的句子或词语。

可以采用"让消费者告诉消费者"的办法,即选择某一具有代表性的使用过广告产品的受众,让他向人们介绍产品带来的好处,这样,不仅使受众有一种信服感,而且也给人以亲切感。如"奥妙"洗衣粉的电视广告就是一家庭主妇的一段话:"用了奥妙洗衣粉,衣服白的更白了,艳的更艳了"如此大众化的语言,朴实无华,给人亲切之感,也易使人产生信赖。

4. 广告随文

广告随文又称广告附文,是对广告内容作进一步的补充说明。具体而言,它是向受众说明、介绍广告主、商品及有关附属信息的文字部分。它是整个广告文案的有机组成部分,具有重要的推销作用。随文的写作旨在强化企业、商品的某些特征,提供联系方法或进一步促进受众购买产品。例如,假如正文介绍了某企业获得了各种荣誉,那么随文一般都会附上有关获奖的证书、证件的复印资料,这样,可增加受众对产品的信赖感。通常广告随文由以下几部分内容组成。

1) 企业标识内容

它是广告所宣传的企业或机构等广告主方面的信息,如企业名称、企业专用字体、专用颜色、企业的标识等,特别是作企业形象广告时,这部分内容可谓必不可少。

2) 商品标识内容

它是广告宣传的产品方面的附加信息,包括产品的商标、商品名称等。这些要素也都是广告产品的关键信息,直接关系到产品能否长驻受众心中。

3) 联系方式

向受众提供与广告主联系的方法,是随文常见的内容,包括广告主的地址、电话号、微信号、qq号、网址、手机号、邮政编码、联系人及其他联系方式等。

4) 权威机构的认证标识或获奖证明资料

广告主最好有过硬的获奖证明资料,如在同行业中获得过国内外奖项的、获得过重要证书的(如专利认可证、卫生许可证、国际ISO认证等)。其中有些内容或许正文已提及过,但随文中如有相关的复印材料,对受众就更有说服力了。

5) 其他

随文内容还可以是产品的价格、优惠办法、银行账号、回购单、赠券、抽奖办法等。

第三节　广告文案写作的基本要求

一、广告文案写作应充分考虑受众和媒体的特征

写作广告文案前,首先要根据不同的产品内容选择不同的广告宣传方式。通常,生活资料产品的广告,内容较简单,故多以电视、广播等媒体来宣传,而生产资料产品的广告,产品信息较多,故多以报纸、杂志等能承载较多信息的媒体来宣传。不仅如此,广告文案的写作还应充分考虑目标受众和广告媒体的特征。

广告目标受众即广告诉求对象,它是写作者通过市场分析、商品分析和消费者特性分析来确定广告信息要传达的特定目标接受者。广告文案动笔写作前,就得了解目标对象的需

要和动机,因为不同的受众因其年龄、性别和文化程度不同,对广告文案的接受心理、接受能力和接受方式有别,故广告文案宣传的手段也应不同。以儿童为对象的产品广告宣传,一般可选择以动画片、故事体这类生动活泼的形式来传递信息,文案表意当明确易懂,语言明白如话,多用短句、简单句,易读易记。例如,"贝宝乐"婴儿服饰用品的电视广告采用的是故事手法,一位妈妈走进了一家小朋友服装店,在婴儿车上的男宝宝看到"贝宝乐"服饰时,咯咯地笑了,而当妈妈空手离开商店时,宝宝哭了,手里还拉着"贝宝乐"的衣服,于是妈妈就买了一大堆不同款式的"贝宝乐"衣服。这时候旁白响起:"宝宝喜欢的,妈妈中意的。"宝宝又笑了,最后出现"贝宝乐"商标。作为电视广告,该广告文案主要以广告语和随文为主,广告语"宝宝喜欢的,妈妈中意的"既照应故事内容,又简明扼要、朗朗上口。而作为随文的"贝宝乐"商标作为广告的关键信息在故事结尾推出,也是水到渠成了。而以老年人为目标对象的广告文案则宜选择理性诉求的形式,理性诉求的广告文案通过陈述关于企业、产品、服务这些具体信息,使老年受众明确广告产品真实的价值所在,确信产品是有用的、值得信赖的,并能给予自己有益的帮助和实惠,文案表达应当尽可能地朴素、准确、明白、无歧义。例如,本节"思考与练习"第一题里"新款老人智能手机"的广告文案则详细介绍了该款手机的各种特点,让老年受众心服口服,从而促使他们采取购买行动。

广告文案写作还要明确选择哪种媒体发布广告为宜,这种媒体有哪些特点,在这种媒体上发布文案有哪些禁忌和长处,等等。只有把这些问题弄清楚,并找到最佳创意时,方能动笔。一般而言,说明体、叙述体适用于报纸广告,对话体适用于广播、电视广告。但是,除了明了这些还远远不够,写作者还需根据不同媒体的特点,考虑文案在不同媒介广告中的表现形态。例如,电视广告文案,由于电视保存信息的时间较短,难以使受众对文字有较深的理解和认识,故电视广告文案就比较简略,更多地是以画面、人物、音乐来表达。但即便如此,具体到为某产品做广告,作者得根据电视广告文案人声和文字两种方式出现的特点,考虑文案究竟以画外音、片中人物语言还是字幕、广告歌等形式出现为佳,如果作为字幕出现的话,写作应该注意些什么问题?它该如何配合画面、音乐、音响等非语言元素来共同传达产品信息?这些问题在写作广告文案时都必须考虑清楚。如果我们仅仅埋头写文案,不认真考虑文案在媒体中的现实效果的话,那么即使文案写得再出色,最终呈现出来的效果都会打折扣。从这个角度来说,为同一品牌的产品做广告,即使广告主题相同,但如果选择不同的媒体发布,那么,文案的写作也应不同。

二、广告文案写作应努力寻求新颖独特的创意

早期,随着商品的越来越丰富,人们不再崇尚"桃李不言,下自成蹊"的古语,开始有意识地通过广告推销自己的产品。时至今日,身处移动互联网时代,人们每天接受海量信息,注意力被无限分割,这就对广告宣传有了更高的要求。因为只有独树一帜的广告,才能在铺天盖地的广告中引人注目,才能不断激发受众的购买欲望,并使产品信息迅速到达受众那里。

广告的灵魂是创意,而广告文案是创意的集中体现,正如约翰·萨尔蒙所说:"文案是广告的核心,所有的创意如果不用文字表达出来就不成为创意,当然,这不是说视觉方面在广告中不是至关重要的。"而广告文案创意至少包括两方面:其一,寻找广告独特的主题或诉求点;其二,赋予广告文案独特的表现形式。这就要求广告人根据广告战略、广告产品,针对市

场环境和目标消费者的心理进行语言文字新颖独特、别具一格的表现,以唤起人们对广告信息的兴趣和关注。

广告创意应当贯穿在文案的每一部分。从标题而言,新颖别致的广告标题才能在众多同类广告互相竞争的市场环境中脱颖而出。故广告标题写作中反常规句式的运用、各种语体的混搭、修辞手法和网络用语的使用,以及文字的声调、音韵、节奏等的巧妙利用都能有助于增强广告标题的吸引力。从广告语而言,它是广告战略思想的集中体现,要以一句别开生面的句子充分、准确地体现广告定位、广告主题、广告形象并非易事,从这个意义上说,广告语的创作要比写广告标题更困难。因此,广告语写作要努力与其他产品的广告语有显著的区分度。从正文而言,它的主要任务是将产品、企业、服务或观念的信息转化为受众购买的理由,让受众感受到广告信息和自身之间的某种关系,能够为他们带来哪些利益和便捷,才能促进购买。那么如何宣传、选择怎么的诉求点以及怎样的表现手法,这就要广告人突破常规思维,寻找到独一无二的表现方法,正如一位广告行家所言:"如果你站着,而周围的人都在跳舞,你就会受到注意"。例如,美国广告大师乔治·葛里宾的《幸福的寡妇》,美国旅行者保险公司广告先讲述一个灾难如何降临到某人或某家庭的故事,最后道出保险公司为人们保驾护航的寡曰,但乔治·葛里宾的独到之处在于他并未把笔墨放在渲染灾难如何恐怖、人们如何不幸,而是以人为本、以情动人,着力描绘了夫妇之间美好的爱情、幸福的人生,而当丈夫撒手人寰后,保险公司又使这位寡妇的美好生活失而复得。可见《幸福的寡妇》良好的创意是该文案成为经典的重要原因。从随文而言,好的广告随文能召唤受众对产品的进一步关注,直接诱导、促进他们购买,并使人产生耳目一新的感觉。例如,在随文中写上"收集若干张此产品的广告纸就可免费领取一份产品"是许多广告文案写作者惯常的做法,但某营养液的广告随文与此相比就更胜一筹,它的随文是这样的:"凭不及格考试成绩单,可免费领取××牌营养液一瓶"。显然,这样的随文很容易使受众在大同小异的各种广告随文中感到一种与众不同,从而加强对广告产品的进一步关注,促进人们购买产品。

三、广告文案写作应当处理好通俗语言和非通俗语言之间的关系

中国广告先驱徐百益先生曾说过:"广告文案是整个广告计划的重要组成部分,而广告文案又是用词语组成的,如果没有驾驭词语的本领,就很难写出好的广告稿来,这就要求广告文案的作家能熟练掌握文字、研究语言。"诚然,对于广告作者来说,熟练驾驭语言是广告文案写作的基本功。

由于广告的受众是广大的,文化程度参差不齐,故广告文案语言应当通俗易懂、简洁明了,语言不求"深意"、不使用冷僻晦涩的字、词,因为广告就其本质而言,是一种特殊的信息,是商品、服务等信息的承载者。尤其是当产品刚进入市场,就必须对其属性、功能作介绍。而通俗语言因其意明晰、单纯、易于理解的特点而成为传递产品信息的最佳选择。有的广告文案为了追求别出心裁,推出有"深意"的广告,即表达得较曲折隐晦,受众看了、听了,却一头雾水,不解其深意,那么广告所宣传的商品信息就不能有效地传递给受众。大卫·奥格威提出忠告:"广告文稿要简洁,要尽可能使你的句子缩短,千万不要用长句或复杂的句子"。语言简洁明了、合乎规范,少用或不用复句,多用简单句,使广告宣传的信息能顺畅、准确无误地传达到受众。

此外，在铺天盖地的广告中，要唤起受众的注意力和好奇心，文案就必须以非寻常的语言、"出乎意料的组合"来夺人耳目。例如，披萨饼店的广告语："新鲜活泼的舌战开始了"，以"活泼"来形容舌的蠕动，从侧面写消费者品尝披萨饼时津津有味的样子，这种词语搭配，实属少见，而以"新鲜"修辞"舌战"更是奇崛。按语法论，它不符合规范，但作为饼店的广告，"新鲜"暗寓饼的美味，这类非通俗语言用于广告文案，无理而妙，引人注目。广告文案这种语言的非通俗性还体现在词语的活用、句式的特殊用以及仿词、回环式、拈连、顶真等。广告词语的活用、借用是写作者根据商品的特点，利用汉语一词多义的现象对其意义或形式进行拆散整合的结果，如"一见钟情"原指男女一见面就产生了爱情，一旦把它移作钟店的广告语，其意义、词性和构词法与该成语本意大相径庭："钟"由动词活用为名词，意义由"集中"转为"时钟"，这样，经过写作者别出心裁的"嫁接"，给人一种"似曾相识"——既陌生又崭新的感受，广告文案因此让人过目不忘。

广告文案语言实行的是"双轨制"，通俗语言和非通俗语言在广告中各自扮演着一定的角色，彼此不能互相替代，二者相济方能相得益彰。不过，通俗语言在广告文案写作中占主导地位，非通俗语言的运用则是少量的、有限的。因为通俗语言长于介绍、说明与商品、服务等有关信息，而信息乃是广告文案重要的、不可或缺的内容。它多用于广告的正文、随文这些商品信息容量大的地方。非通俗语言则多用于广告标题中，这是由它们各自所承担的任务决定的。可以说，只有通俗语言构成的广告文案不容易吸引人，而一则纯粹是由非通俗语言组成的广告文案几乎是不可能的，它不仅难以传达一定的信息，也使人难以卒读。因此，写作时应当充分考虑广告文案语言的双重性，并给予独特而明确的表达。

四、范文点评

幸福的寡妇（美国旅行者保险公司广告）

当我28岁时，我认为今生今世我很可能不会结婚了。我的个子太高，双手及两条腿的不对头常常妨碍了我。衣服穿在我身上，也从来没有像穿到别位女郎身上那样好看。似乎绝不可能有一位护花使者会骑着他的白马来把我带去。

可是终于有一个男人陪伴我了。爱维莱特并不是你在16岁时所梦想的那种练达世故的情人，而是一位羞怯并拙笨的人，也会手足无措。

他看上了我不自知的优点。我才开始感觉到不虚此生。事实上我俩当时都是如此。很快的，我们互相融洽无间，我们如不在一起就有惘然若失的感觉。所以我们认为这可能就是小说上所写的那类爱情故事，以后我们就结婚了。

那是在四月中的一天，苹果树的花盛开着，大地一片芬芳。那是近30年前的事了，自从那一天之后，几乎每天都如此不变。

我不能相信已经过了这许多岁月，岁月载着爱维和我安静地度过，就像驾着独木舟行驶在平静的河中，你并不感觉不到舟之移动。我们从来未曾去过欧洲，我们甚至还没

点评：

这是美国近代广告大师乔治·葛里宾为旅行者保险公司所撰写的广告文案。该文案讲述了一个悲喜交集的爱情故事，传递着保险公司能为人们带来长长久久保障的主题。该广告之所以成为经典文案，其妙处在于：其一，文案标题颇吸引人，因为寡妇通常给人的印象是命运阴郁的、悲惨的，但冠以"幸福"造成反差，故不免吸睛，从而成功地把读者的注意力引入正文中去；其二，乔治·葛里宾把故事人物设定为一位无儿无女、相貌平常的中年寡妇，这样一位女士遭遇到家庭变故后，若没有保险公司作为后盾，其后半生的经济来源和幸福令人堪忧。然而正是丈夫曾经为她购买了保险，才使这位寡妇可以延续幸福的人生，足见保险公司确能为人遮风挡雨；其三，故事跌宕起伏却又张弛有度，读起来令人赏心悦目。更为人称道的是，乔治·葛里宾在故事渐入高潮时，一句广告语："到旅行者保险公司投保，旅行者保险公司，旅

	(续表)
去过加州。我认为我们并不需要去，因为家对我们已经够大了。 　　我希望我们能生几个孩子，但是我们未能达成愿望。我很像圣经中的撒拉(Sarah)，只是上帝并未赏赐我以奇迹。也许上帝想我有了爱维莱特已经够了。 　　唉！爱维在两年前的四月中故去。安静地，含着微笑，就和他生前一样。苹果树的花仍在盛开，大地仍然充满了甜蜜的气息。而我则茫然若失，欲哭无泪。当我弟弟来帮助我料理爱维的后事时，我发觉他是那么体贴关心我，就和他往常的所作所为一样。在银行中并没有给我存有很多钱，但有一张照顾我余生全部生活费用的保险单。 　　就一个女人所诚心相爱的男人过世之后而论，我实在是和别的女人一样地心满意足了。 　　到旅行者保险公司投保，旅行者保险公司，旅行者理售保险公司，旅行者火险公司。 　　哈特福特·康乃狄格州。	行者理售保险公司，旅行者火险公司"，反复突出"旅行者"这家保险公司这个广告宣传的主体，以避免读者被故事感染而忽略了旅行者保险公司，毕竟乔治·葛里宾是为旅行者保险公司做宣传，而不是为天下所有的保险公司作广告；其四，该文案最打动人之处在于字里行间渗透出的夫妻间在岁月静流中相濡以沫、融洽无间的温情，这种感情在丈夫曾经为爱人购买的保险单这一举动中表露无遗。亲人的离世原本是悲伤的，但爱的留存于世并经久长存却是美好且弥足珍贵的，从这个角度而言，乔治·葛里宾一反常规地去除了一般广告中的商业味，文案中体现的爱与责任的美好与力量让人唏嘘不已。

拓展阅读

报纸系列广告如何实现系列的统一性

　　在广告大战愈演愈烈的今天，系列广告这一形式以其强大的宣传声势、良好的整体效果而受到越来越多的广告人青睐。确实，相对于单个广告较为弱的宣传效果，系列广告因其计划性强、持续时间长而更容易强化消费者对产品的记忆；相对于连续三次快速闪现的"三秒钟"这种高密度的广告，系列广告既能抓住相当多的眼球又能从容地让商品信息到达预定的目标，而不会给人老调重弹的感觉。除此之外，系列广告还是不同诉求的最佳载体，例如，要介绍某服装的多种款式，假使以单个广告来表现，弄不好就会使整个商品信息显得密不透风，反而不能吸引消费者的耳目。但是如果把它设计成系列广告，每篇确定一个诉求即一种款式，那么，就能把该服装的不同款式、多种信息全部清晰地传达出来。

　　然而，系列广告要实现良好的整体宣传效果，就要保证整个系列具有一定的统一性，因为系列广告不是将几个不同广告随意拼凑为一，而是从广告整体战略出发，围绕某一广告主题来进行的一个系列广告虽然由多篇组成，但是它在文案、画面等表现形式方面要有某种一致性。假如组成系列广告的各篇各行其是，在内容和形式上没有共同的要素，那么整个系列就会给人以支离破碎之感，这样就难以发挥广告"集团作战"的优势，从而失去了做系列广告的意义。那么，系列广告如何保证各篇内容既有所侧重又具有一定的统一性呢？由于系列广告的发布通常较多地集中于报纸，故本文将着重谈报纸系列广告既篇篇不同，又能保持一定统一性的办法。

　　首先，应确立一个鲜明、独特的主题，并把它较好地分解到系列广告的各个单篇中去。广告主题即广告宣传的重点，它是广告中说服消费者购买商品的理由，例如，要为某冰箱做广告，省电、静音、制冷效果好等都可作为说服消费者的理由，而强调冰箱的环保特点可能成为众多主题较为独特较能吸引人的一种，广告人正是把寻找独特的理由作为自己宣传商品的头等大事（因为主题无特色，将导致消费者购买意向的转移）。广告主题一旦确立了，那么构成广告的各要素包括文字、色彩、版式等就可以围绕既定的主题作妥帖的安排；不过，对于系列广告来说，主题确定的意义还不止这些，它不仅对单篇广告的效果起到直接的作用，而且，对整个系列广告能否具有一定的统一性产生决定性的影响。如果单一广告有主题但不十分明确（比如，它陈述某产品的功能、特点等信息过多），那么，广告的传播效果就会受到一定的影响；但是，对于系列广告来说，如果广告主题不十分明确的话，就无法来组织、结构各个单篇，也就不可能实现系列的统一性，整个作品注定是糟糕的。这恰如电视连续剧，每一集都有相对独立的内容，但每集都要与整部连续剧所反映的主题相关，也只有在主题的统帅下，系列广告的统一性才能得到有效的保证。从这个意义上说，系列广告对主题确立的要求更高。因此，作为广告人，在系列广告创作阶段，需多下一番苦功，要通过对广告信息内容的收集、整理，将信息作合理的归纳、分类，对广告主题反复推敲，在此基础上，确立一个独特的广告主题。

系列广告主题一旦确定了，还需从一定的角度，把它分解到各个单篇中去，最常见的主题分法是：每一单篇分别从不同的侧面来反映同样的广告主题。如，江苏天保药业有限公司的中脉烟克的报纸系列广告，以"戒烟是爱"为主题，把它分成"一切为了孩子""一切为了妻子""一切为了母亲"三个单篇，每个单篇从一个方面诠释广告主题，三方面形成一股合力，指向"戒烟是爱"这一中心，力劝消费者以爱为动力，加入戒烟行列。这个系列广告主题明确，针对性强，以情动人，整个系列联成一体，一气呵成，有较强的艺术感染力。假如广告主题明确、新颖，但广告人只是随意地把它分成几篇，那么，主题必然显得芜杂，整个作品就会给人生拉硬扯分成几个片段之感，广告效果就会受到严重的影响。例如，花园新区的报纸系列广告，它以新区"能提高居民的生活质量"为广告主题，把它分解成"环境"篇、"品位"篇、"天伦"篇、"健康"篇，前两篇突出新区环境优美、品位高雅，与主题有直接的关系，第四篇也多少与主题相关，环境好，空气新鲜，有利于居民的身体健康，而第三篇与主题的距离就比较远了，因为无论环境怎样好，都不能成为"天伦之乐"的理由，以此来说明"提高居民的生活质量"的主题不免牵强。显然，这个系列广告对主题的分解就不太理想，导致整个作品统一性不强，广告的宣传效果就会打折扣，不妨砍去与主题关系不大的第三篇。

其次，系列广告中的各单篇在文案、版面设计、画面等表现手法上应保持某种程度的一致性。明确、独特的广告主题固然如一根红线，可串起各单篇，然而，由于主题通常是较概括、较抽象的内容，无法形成一种直观的、形态化、具有标识性的东西，从而对受众造成一种强大冲击力，因此，受众对主题的理解、接受或许要比可感可触的形式的感受要迟钝些，这就需要从广告表现手法上来强化各单篇的关联性突出系列广告的统一性，使消费者看了某篇，就自然而然地联想到另外几篇，如此商息量在人们头脑中交替、反复出现，广告的宣传效果也就大大增强了。以下从广告的构成成分——文字符号要素和非文字符号要素两方面来具体说明。如何实现系列广告表现手法上的统一性。

(1) 保持系列广告各单篇若干个文字符号要素的相同或相似，以使整个系列异中有同。文字符号要素主要是指广告中的语言文字部分，包括广告标题、正文、口号、部分随文（品牌名称、经销商名称、厂商名称等）。为了突出系列广告的统一性，不少广告人在各单篇中，较多地运用相同或相似的广告标题（包括小标题）、广告口号。因为广告标题、广告口号通常体现着广告的主题，并包含着一定的商品主信息，受众对此注意高，因此，把相同相似的广告标题或广告口号置于各单篇中，既可突出主题，传递一定的商品信息，又可以在广告形态上达成某种一致性。例如，《北京晚报》为自己所做的报纸系列广告，围绕着"晚报，不晚报"这一主题，分为4个单篇，标题分别为"新闻，不晚报""时尚，晚报""生活，不晚报""真实，不晚报"，这4个标题简洁有力，结构相似，每个皆为5个字，分为2个音尺，内容异中有同，加上这四个标题都用鲜艳的红色以印章的方式写在广告的中间，使得这个系列广告内容各有侧重，但又是密切相连、系列感强。系列广告中，正文完全相同的是极少见的，因为弄不好会给人重复之感，故以正文的部分相同或局部相似为宜，例如台湾野狼摩托车"请大家暂停购买"的系列广告，篇幅颇长，容易显得分散，但因为各单篇正文的第一句都是"今天不要买摩托车"，反复劝导受众不要买摩托车，吊足人们的胃口，引起人们极大的好奇心，正文其余部分内容虽各不相同，但文字相似，结构相同，且句型相似，故仍给人紧凑、完整之感。至于有些随文也可把它作为连缀整个系列广告的一个要素，例如作为商品主信息的产品品牌，可以用醒目的、特殊的字体把它置于各单篇广告的某一个固定的位置，这样，既强调了商品的主信息，又成为此组系列广告的标识物。除此之外，系列广告还可在广告上方标出提示语，或写上"系列广告之"或标注"篇"。

(2) 保持系列广告各单篇若干个非文字符号要素的相同或相似，以使整个系列异中有同。一则报纸广告，主要以文字符号要素来传播商品信息，但也离不开使用一些非文字符号要素，以使所传递的信息更加醒目、生动。非文字符号要素主要是指插图、画面、色彩、版面设计等。为了更好地体现系列的特点,不少系列广告单篇画面采用相同的底色,例如《南方周末》为自己所做的系列广告,它围绕"南方周末用黑白的眼睛,观察多彩的世界"这一主题,分成4个单篇,每个单篇的底色皆为黑色(体现"黑白的眼睛"),而广告词则用明丽的黄色来表示(体现"多彩的世界"),2种色彩放在一起一方面可给消费者造成强烈的视觉效果,另一方面,底色的相同密切了篇与篇之间的联系,同时强化了整个作品的系列性。

把系列广告各单篇设计成同一版式,也是实现作品统一性的又一个有效方法,如前所述的《北京晚报》系列广告,各个单篇皆采用相同的版式:插图统一放在广告的中间,印章在接近上方的位置,文案都整齐地居于广告的右边,这样的编排,就单篇来说,重点突出,眉目清楚,就系列来说,互为关联,体现出较显著的统一性。在报纸系列广告的各单篇中,还可采取同一类型的插图,例如,联想昭阳笔记本电脑的报纸系列广告,采用四个单篇的形式,在开篇中,把联想昭阳的整个系列幻化为五间开的牌坊,接下去的三个单篇分别用"大殿""古塔""拱桥"图案来说明联想昭阳笔记本电脑"堂皇中正"、"玲珑巧致"和"畅达圆熟"的主题,显然,这则系列广告用的插图属于同一性质,都是中国古代建筑,每一种都能体现一定的主题,且成为实现该系列广告统一性的重要表现手法。

以上所谈的是实现报纸系列广告统一性的一些方法,除此以外,系列广告发布时间间隔不宜过长,一般来说,以每天发布一篇为宜,如果时间间隔过长,整个系列就会显得断断续续、支离破碎,使受众失去耐心和兴趣,难以起到系列广告应有的作用。还有,系列广告以发布在同一张报纸上为宜,因为如果发布在不同的报纸上,同一受众不一定能接触到系列广告的每一篇,这样一来,系列广告对受众来说,就不成"系列"了。最后,要指出的两点:一是以上为了便于说明,我们是把系列广告的各种方法逐一加以介绍、分析的,其实,在系列广告的创作实践中,往往是由几种方法组合而成,以共同实现系列广告的统一性。二是要避免为追求统一性,在一则系列广告中,采用较多的相同或相似的广告构成成分,使广告缺少变化,甚至有重复之嫌。

思考与练习

1. 有人说:"广告讲得越多越好"。结合下面一则广告文案,谈谈你的看法。

2. 评析下列一篇上海大众桑塔纳2000轿车的报纸广告文案。

标题:并非所有的人都能真正懂得它所代表的含义

正文:面对火箭升空,人们更多地是陶醉于房地产广告文案它那扶摇直上的雄姿、雷霆万钧的气势,只有少数人从火箭每一米的上升高度,来测量人类创造力的无限,感受科技进步的美妙。24小时之内,作为中德科技多年合作的辉煌结晶的另一种创造力与进步的代表,就要出现在你的面前了,也许你已经焦急地等待了好几天,那么现在你真的可以暂时放下手边的事,平心静气,拭目以待——一个振奋人心的时刻,它的到来已经进入倒数经典广告文案记时了。

广告语:卓然出众,彰显尊荣。

3. 从各种媒体中,收集你认为最佳或最差的广告文案各二则,并说明理由。

4. 写作题:

下面是音乐会的广告文案正文,拟发布在海报上,请给它写上广告标题、广告语和广告随文。

乐律璀璨,激情澎湃,流光溢彩,荡气回肠,

一场美妙至极的世界经典交响音乐会,

更似一种心情的减压和灵魂的救赎,

第九章 广告文案

新款老人智能手机,品牌推广

老歌戏曲评书小品相声,微信QQ全都有
字大声大屏大手写短信,智能便捷真贴心

众所周知,手机已经全面进入了智能手机时代。老年人也不能落伍于时代,拥有一部称心的适合老人使用的智能手机是每个老年朋友的心声。现在,国内最专业智能老人手机厂商大显港泰通信有限公司根据老人需求和使用习惯,推出新款大显智能老人手机。外形时尚,界面图样、功,操作等都经过了众多老年人的亲身适用体验,易学易懂。并且加入了1 500段静电老歌、评书,戏曲,小品相声。更有铁芯实用的养生、食疗、疾病防治知识。让老年人养生娱乐两不误;例有一部智能老人手机就相当于同时拥有一样音乐播放机,评书机,视频看戏机.一部照相机,一部收音机。一部智能手机就能让老年人的生活更加多姿多彩。

大显品牌 厂价直供
操作简便 想您所想

操作简单:3.5寸触摸大屏,远远大于现在的老年手机。传统的按键功能与触摸屏功能完美结合,使操作更为方便。字体大3倍,声音大2倍,短信还能手写,操作使用无需戴眼镜和助听器。

贴心家人:该手机有QQ,微信等通讯软件,让老年人简单的与子女进行不同形式的沟通和互动,时时看到孩子们的生活圈,但又不打扰到年轻人,使中老年人一点都不落伍于时代,同时更增强家庭的紧密度和亲情感。

智能化生活:该手机能照相,能摄像,能录音,能播放歌曲也能播放视频,并且还存储了1 500段经典老歌、评书、戏曲、相声、养生;不需要带着那么多电子产品,让老年人随时随地都能享受生活乐趣。

便捷生活:该手机当然还有直接外放的收音机,更加方便和丰富老年人的生活。电子图书馆,全新养生保健知识应有尽有;自动对时,老黄历,闹钟,计算器,智能语音王,一应俱全。SOS一键求救,外置手电筒方便实用。

自大显老人智能手机品牌推广活动开展以来,就持续受到了中老年朋友的热捧,这款手机声音大,字体大,操作灵敏方便,带电时间长,特别经久耐用。为了进一步方便老年人的生活,同时为了更好的推广该款手机,厂家决定进行厂价体验活动,让大家通过试用的方式来认同大显品牌,原价998元一台的老人智能机,现按厂价358元一台(含说明书,保修卡,电池,充电器,数据线),颜色有黑色和中国红,如果想再备一块原厂电池备用,只需加40元即可,除此之外不再收取任何费用!由快递免费送上门。

60 mm
120 mm

温馨提示:

1. 本次优惠活动仅针对老年朋友,每个家庭最多购2台。手机均为全新正品,品质有保证,售后服务严格执行国家三包,一年包换新机,不推诿。

2. 活动期间赠送8G音乐卡和超大字体操作使用手册!

3. 电信天翼版智能手机,价格和外形略有不同,申购请说明。

4. 厂家同时散告此机体验者。请您将使用的感觉和心得告知我们,同时也希望您告诉身边的老年朋友,将我们的品牌口碑树立起来,让我们这次品牌推广的意义体现出来。

申购热线 400-155-9910

放下琐碎和烦恼,
我们要做的,只是聆听,
聆听,让生活更优雅,
这是我们本该有的态度。

第十章

申论写作

第一节 申论概述

一、申论的含义

魏晋文论家刘勰曾在其著作《文心雕龙》一书中最早提及国内的文体及其特点。他在《论说》篇指出:"论者,弥纶群言,而研精一理者也。"(刘勰:《文心雕龙》)后来,凡是通过借助这种文体阐述事理的文书材料均称为"论"。纵论时事政治称为"政论",考辨历史称为"史论",总览内容的呈现性阐述称为"概论",评辨优劣称为"评论"。"申论"其最初取自《论语》"申而论之",具体含义由"申"和"论"组成。所谓"申"即"引申、阐释、说明",所谓"论"就是"分析、论证"。申论水平能反映一个人观察事物、分析现象、论辩阐述观点的水平,也能反映一个人对问题的驾驭、分析以及写作能力。概言之,申论就是针对具体的现象、问题、事件进行较为系统而严密的说明、分析、论证,进而阐述观点、论述理由并合理推论。

为更好地检验个人观察现象、发现问题、分析问题、解决问题的能力,检验个人的思辨能力、应变能力和综合写作能力,申论写作已成为各级党政机关入职选拔考试的必考科目。考试中的申论写作就是根据给定的文字材料,阅读后申述和说明材料所反映的问题,提出解决问题的方案。也就是针对文字材料,用缜密的思维加以论述、论证,并以书面表达的形式而形成的一种文体。在当前的公务员考试中,申论成了一门"缘事而发,依事论理,由表及里"的综合性考试。作为一种应用文体,申论于2000年被纳入国家公务员考试之中。经过10余年的实践,目前已成为国家公务员考试、各省(直辖市)公务员考试和机关事业单位选拔录用人才的必考科目之一。

二、申论的特征

(一)材料的针对性

从申论的含义不难看出,申论写作是立足于特定社会和时代环境,针对具体的社会、文化现象或具体的材料进行分析说明,提出自己的观点和看法。因此,申论写作的基础在于一个"准"字,就是要准确把握和理解材料,写作具有明确的材料针对性和问题针对性,即要针对材料及材料蕴含的问题立论并加以论证。准确把握材料的基础又认真细致地审阅给定的材料,从而找准材料所蕴含的问题和实质。在此基础上,才能进一步提出自己新颖独到的观点。

（二）申述观点的正确性

申论的第一要义就是"申","申"并不是凭空申述、说明,而是根据给定材料提出自己的观点。前面说到,提出观点要新颖独到。但由于申论的特定功能本身具有鲜明的时代性和政治性。因此,申论写作中,作者提出的观点必须是正确的。所谓正确就是其言论和观点要符合人类发展规律、符合人类先进文明的要求、符合社会的和谐发展、符合党和国家的根本利益。也就是要在坚持"四项基本原则"的基础上提出自己的观点。

（三）分析论证的逻辑严密性

分析论证的逻辑严密性是申论的又一个重要特征。在阐述说明清楚问题和提出观点的基础上,申论就要论证其观点,即要"申"其"言"、"论"其"正"。因此,申论的分析论证要围绕所提出的观点,系统而又严密地论证,要有理有据,言之有理,有条不紊。要避免"东一榔头西一棒",避免脱离材料所提供信息蕴含的问题实质和自己提出的观点自说自话。

（四）写作结构的规范性

规范是申论写作的基本要求,是从用语和结构两方面对写作提出要求和限制。申论的用语不同于日常生活中的口头交流具有随意性,不同于文学创作和艺术交流讲求艺术性,更不同于网络世界交互的虚拟性和碎片化。申论写作要求作者根据给定的材料,写出结构完整、规范的议论或说明文章。文章不仅要用语规范,而且内容应包括对材料的分析说明、个人提出的问题与观点、问题的解决措施及观点的论证等,形成一篇结构完整规范、内容充实、论证严密的文字材料。

（五）语言风格的政论性

从语言的功能变体——语体来看,申论属于政论语体。因此,也就具有政论语体的基本特征。它主要是通过说明、议论来直接阐述作者对社会政治生活中的事件、问题的看法和观点,也就是要阐明作者的政治见解和主张。因此,申论写作的用语具有规范性、政治术语丰富性、修辞手法多样性、分析论证严密性等特征。例如,在语言修辞上常用排比、对偶、比喻、设问、反问等修辞手法;在论证分析时,要求论点及概念要明确,分析说明要深入浅出,事理及其论证要系统严密。

三、申论写作所需具备的能力

申论写作能考察和检验作者多方面的能力,主要考察应试者的阅读理解能力、综合分析能力、提出和解决问题能力、文字表达能力、逻辑思维能力及判断能力。

（一）阅读理解能力

阅读能力是写作和演讲的基础。申论考试要求应试者依据给定材料进行写作。因此,阅读理解能力是申论写作必须具备的一种能力。申论考试要求的阅读理解能力与一般的阅读理解能力有很大的差别。一般的阅读理解所给定的材料一般都是系统而完整的文本,且会根据文本内容进行条目式的提问,它更加强调对细节的理解。申论写作中的阅读理解所给定的材料形式多样、结构多半不是一篇完整的文章材料,可能只是一个事件的简单描述,或者是对社会生活中的一种现象叙述。其所要求的阅读理解能力更加强调读者对材料深层与整体的把握，强调读者透过现象看本质的洞察力。

（二）分析概括综合能力

申论写作并不是凭空抒发个人想法和意见，而是要根据所给定的形式多样的材料和各种信息分析问题、概括要点、提出观点、提出措施或撰写文章。这就要求写作者能够读懂文字背后的信息，读懂文字材料所蕴含的深层意义，读出文字背后的问题及问题的实质。因此，申论写作实际上是在分析引申的基础上论证。这就要求作者具有较高的概括与综合能力。其具体的写作过程就好比是"破碎与重构"的过程。即要先打碎给定材料，对其条分缕析，然后找到其核心关键，提出观点，进而进行系统的建构和论述。具体的方法是首先找准材料所反映的问题，其次要对问题进行分析，找出问题及其要素之间的联系，随后在此基础上提出观点，详细论证。

（三）提出和解决问题能力

在公务员考试中，申论测试给应试者提供材料，其目的并不仅仅是看应试者是否读懂材料，而是要求应试者在读懂的基础上去发现问题，进而解决问题。因此，提出问题、解决问题的能力是申论考试所要检验的重要能力。在具体的考试中，读懂材料是发现问题、提出问题的基础，提出问题又是解决问题这一最终目标的前提。首先，要达到最终的目标，应试者除了平时要关注社会政治生活、关心时事以外，考试时要审清题目，明确测试者的考察目的，分清主次；其次要善于发现事物与现象之间的联系；最后要提出解决问题的观点并进行严密系统的论述。

（四）逻辑思维能力及判断能力

尽管逻辑思维能力是语言能力的基础，但申论考试注重检验个人逻辑思维能力和判断能力的目的更明显。对逻辑思维能力的要求主要体现在提出问题、观点与材料的蕴含问题的一致性，体现在分析论说的体系完整性与论证的充分性以及整个论述的严密性。判断能力的要求主要体现在应试者对问题的发展变化以及社会发展趋势判断的合理与准确性。只有严密的逻辑思维才能确保其分析的现象与问题实质的一致性，才能确保其论述事物之间、事物与观点、观点与观点之间的一致性，才能确保论据与观点之间的逻辑性。只有敏锐的观察与富有见地的分析判断能力，才能确保预测的准确与决策的正确性与可行性。

（五）语言表达能力

语言表达能力也是申论测试的重要考察要素。申论考试不是简单地考察记忆、判断、分析、描述能力，除了前面所说的阅读理解、概括综合、提出与解决问题、逻辑思维与判断能力外，还倾向于考察应试者的语言表达能力。在3个小时的时间里，应试者作答一般要完成2 000字左右的文字量。作答申论题目不同于写作一般的议论文，也不同于平时人文社科相关学科课程考试的论述题，而是要密切联系社会现实、密切联系给定材料的分析和论述。在作答时，应试者除了要做到最基本的遣词造句准确、规范、精炼外，还要做到分析透彻、观点明确、主次分明、论述条理清晰、理据相谐、论证严密。

第二节 申论写作

一、申论写作概述

申论写作就是指在给定材料对象的情况下，将个人对材料叙述的现象、问题、事件的理解、分析、论证以书面的形式表现出来的一种写作。这种写作与文学写作、书信写作、学术写作有着很大的差别。文学写作强调主体的自由性、创造性等主观能动性，写作的价值目标是艺术和审美价值；书信写作强调的是往来双方主体的自由交往性，其价值目标是信息传递的及时性和沟通交流的有效性；学术写作强调的是写作主体的创造性，其价值目标是科学性。申论写作强调的是主体对材料及其蕴含问题、实质把握的精准性，强调主体对时政现实的把握和社会发展趋势判断的准确性，强调主体观点的正确性，强调提出方案的合理性、可行性，强调阐述论证的严密性等多个维度，其价值目标是实用性、有效性、指导性。即通过写作，呈现个人对材料及其蕴含问题的认识，呈现个人对问题的看法、解决措施和方案，最终实现解决问题、提供服务和指导的目的。

换言之，申论写作是一种实用的议论性、论述性的写作，不是一种自由式的抒发个人感情的文学写作或书信写作。它要求写作者读懂材料、读懂社会现实、读懂社会生活发展变化趋势，然后结合材料和社会现实有针对性地提出问题，拟定解决问题的方案进行写作。

二、申论写作的文体特点及格式

（一）申论文的文体特点

申论写作的特殊功能决定了它特殊的文体特点和规范格式。从文章的题材来看，申论写作文本属于议论文；从文章的社会功能来看，申论写作文本属于政论性文章。因此，申论写作首先呈现出语言表达准确、观点鲜明、论述充分、论证严密等特点。其次，申论写作文本还具有论辩风格、朴素和求实风格。申论文作为"申而论之"的书面形式，本身要求作者行文、用语富有思辨和论辩思维，写作中要分析、立论和论证，要换位假想自己的观点和论述被质疑和批判，然后引经据典反驳和批判假想的对立面，从而使文章富于思辨性，呈现出鲜明的论辩风格。

同时，申论文的语言要朴素无华，要力求"真"和"实"。诚如鲁迅先生论及"白描"所总结的那样：有真义，去粉饰，少做作，勿卖弄。只需要以平实、准确的语言把问题说清楚，把事理说明白。最后，申论写作的文本语言还具有鲜明的政论色彩，大量使用政论语体词。例如，2016年《求是》刊发的一篇题为《积极推进"两学一做"学习教育常态化制度化》的文章，其中使用了"两学一做""常态化""制度化""核心""党的思想政治建设""重大部署""四个全面""从严治党""思想建设""组织建设""作风建设""制度建设""反腐倡廉建设"等政论词语。

（二）申论文的结构格式

申论文主要由标题和正文两部分组成。写作时作者根据给定材料及写作要求拟定题目,然后围绕题目展开分析和论述。

1. 标题

标题是文章的中心,也可以说是文章的"眉眼"。申论文标题能集中反映文章的内容,能鲜明展示作者的看法,也是最能引起评判者注意的内容。因此,写好标题是写好正文的重要基础。标题拟得好,说明笔者读懂读透材料了,说明笔者抓住问题的实质了。申论文标题的拟定不同于一般的议论文,一般议论文求新颖、生动,申论文标题不求华丽,但求清晰,求稳不求新。

从用语习惯和语句结构来看,常见的申论文标题一般有学术论文式标题、直接陈述观点或论题式标题、根据材料内容评析事项或事件式的标题、采用特殊修辞格的标题、正副标题式标题五种。

(1)学术论文式标题。这类标题一般由"论""说""试论""试析""浅析"等动词引出材料论题的概括句或者是作者论点的概括句组成。如"论网络舆论与政府对公信力的影响""浅析发展经济与保护环境的关系""关于教育公平问题与资源承载力之我见"等。

(2)直接陈述观点或论题式标题。这类标题是根据给定的材料信息,直接阐述材料所反映的问题,或者直接陈述个人对问题的看法和观点。如"扶贫不是政府的独角戏""雾霾可以逃,人心不能散""城管执法改革是要把市民真正变成城市的主人"等。

(3)根据材料内容评析事项或事件式的标题。这类标题是根据材料内容中的事项、事件或现象,力图从某个角度阐述作者的看法和观点。常用"从……看……""由……说起"等形式。如"从一带一路战略看中国发展""由医闹事件看社会诚信"等。

(4)特殊修辞式标题。这类标题是依照材料内容,用比喻、反问、对偶、借代等修辞手法揭示本质、表达个人观点。这类标题一般比较容易引起读者的注意。如"明镜所以照形,古事所以知今""跑'部''钱'进能发展经济吗?""治理者当走出办公室'捡芝麻'"等。

(5)正副标题式标题。这类标题需要点明议题并从某个角度阐明笔者对事件和问题观点的申论文章一般采用正副标题式的标题,这种标题一般是两行,第一行为正标题,一般是直陈问题和事件;第二行为副标题,一般是表明作者的论点或阐述角度。如:"筑起城市安全的高墙——拆违让城市更安全""人才培养岂能拔苗助长——社会培训机构与学龄前儿童家长的焦虑"等。

2. 正文

正文是文章的主体,其内容和结构顺序一般按提出问题、分析问题、解决问题来安排。即第一部分是针对材料提出问题、陈述观点,第二部分分析问题的原因和实质,第三部分是提出解决问题的具体措施(观点)并加以论证和重申观点。申论文常用的结构有"递进式""总分式"和"对比式"三种形式。

(1)递进式结构——这种结构是按照提出问题、分析问题、解决问题的逻辑体系提出观点,层层深入论证。写作过程中严格遵循"原因—过程—结果""主要—次要—附属""表面—深层—核心""表象—内涵—本质"等逻辑递进的原则。这是一种逻辑性非常严密的结构,在具体的写作中,语句之间、段落之间和标题内容之间都有层递逻辑关系。

(2)总分式结构——这种结构可以是先提出一个总的观点,然后条分缕析地论述观点。具体可以采取"总说—分说""分说—总说"或"总说—分说—总说"的形式。总说一般是对材料进行提纲挈领的说明,提出自己的核心观点。分说是围绕核心问题和核心论点,从不同的维度阐明观点详细论述。

(3) 对比式结构——这种结构是作者根据给定材料的内容,通过横向对比或纵向对比的方式阐述所提出的观点。一般可以从事物和问题的正反两个方面阐明事理,如工作方法的革新与保守对比、管理观念的强化服务与强化管控对比、思想舆论的疏导与截堵对比、管理工作的民主法治与专断人治对比等等。横向对比还可以是国内外的情况对比、不同领域的对比等;纵向对比可以是针对某种具体情况从时间的维度将当前与历史进行纵向对比。此外也可以同时采取横向与纵向对比的结构。总之,采用对比式的结构易于突出观点,增强文章的辩证性说服力。

三、申论文写作要求及注意事项

(一) 写作要求

申论写作的总体要求是把握材料、有的放矢、分析透彻、观点明确、论据充分、论证严密。

(1) 申论写作不是凭空自由的议论,而是依据材料引申、阐述、归纳概述和分析论证的书面表达。因此,无论是对材料进行篇幅短小的阐述,还是根据材料撰写篇幅较长的论述材料,都要准确把握给定材料,要读懂读透,要有的放矢。

(2) 分析材料不能停留在表面,分析要由表及里,要深入肌肤,要透过材料信息、透过事物的表面看本质,看出信息背后蕴含着的问题。

(3) 提出问题还不够,还需要查找分析问题的原因,提出解决问题的基本方法。也就是要提出对问题的根本看法,对问题和现象提出明确的观点,提出解决问题的措施。此外,观点明确了还不够,还不能令人信服。因此,还要证明作者的观点以及方法措施的正确性和有效性,就要有充分的论据来支持,就需要经过严密的论证。论述要做到有理有据,论说要游刃有余。

(二) 注意事项

申论写作是一种检验个人阅读理解、观察联想、发现问题、创造性解决问题、系统准确表达的综合能力的应用写作。写作时应注意以下五点:

(1) 依据材料分析,跳出材料阐述,合理谋篇。写作不能脱离材料,但又不能完全局限于材料,要能发现材料蕴含问题与现实问题之间的联系。谋篇布局应根据材料及写作要求而定,太长不利于凸显观点,不利于把握文章的逻辑关系;太短则不利于写透、说白。所以,写作时篇幅的长短应根据实际要求而定,并非越长越好。

(2) 关心时事,了解国家、区域或某一行业改革发展的现状及未来发展趋势,熟悉、领会党和国家当前的经济建设、政治建设、文化建设、社会建设及生态文明建设的主要任务和战略目标。

(3) 体现坚定正确的政治立场。分析问题、阐明观点,都要站在坚定正确的政治立场上申述。也就是要坚持马克思列宁主义、毛泽东思想、邓小平理论、三个代表以及科学发展观的重要思想。

(4) 角色定位要准确,写作中要根据自己的角色身份使用话语,同时也要适当地进行换位思考;观点的阐述论证要以理服人,避免武断。

(5)行文语言准确简练,避免拖沓,避免使用不规范的网络流行语,避免使用隐晦的、容易产生歧义的表达。

第三节 申论考试及应试技巧

一、申论考试概述

申论作为国家、各省(直辖市、自治区)公务员录用选拔考试和各地事业单位招录考试的必考科目,在考试时间、考试形式、考试大纲、试卷结构、应试答题等各环节已经形成了基本的格式。

(一)考试时间

国家公务员考试也被称为"国考",从历年的考试安排来看,一般是在每年10月份报名,11月中下旬笔试。具体的流程一般是:10月中上旬发布公告(发布大纲、发布职位)——随后进行网上报名——随后可以查询报考资格审核情况——审核通过即可缴费确认——考试前一周打印准考证——11月底笔试。具体的信息和要求可以在"国家公务员考试录用系统"(http://bm.scs.gov.cn/2017/UserControl/Student/StudentIndex.aspx)网站查询,也可以在"国家公务员局"(http://www.scs.gov.cn/)网站的相关链接中查询。各省(市、自治区)公务员考试也被称为"省考",考试时间略晚于"国考",具体的信息和时间安排可以在各省(市、自治区)公务员局网站查询。如上海市的考试可以到"上海市公务员局"(http://www.shacs.gov.cn/)网站查询、江苏省的考试可以到"江苏省公务员局"(http://gwy.jshrss.gov.cn/)查询。

《申论》是一门笔试公共科目,考试时间180分钟(2014年之前是150分钟),一般安排在下午2:00—5:00。上午是考《行政职业能力测验》,考试时间是120分钟,一般安排在上午9:00—11:00。具体的时间以准考证为准。

(二)考试形式

公务员考试的公共科目包括《申论》和《行政职业能力测验》,这两个科目的考试都是采取闭卷、笔试的形式。

(三)考试大纲

《申论》的考试大纲是命题的导向,也是复习备考的权威依据。大纲包括考试时间、考试形式、作答要求、考查能力介绍等内容。2014年以后申论考试大纲要求基本没大的变化。具体可参考2016年、2017年大纲,如下主要内容。

2016年、2017年国家公务员考试大纲·申论部分摘要

类别	大纲要求
考试目的	测查从事机关工作应当具备的基本能力
试卷分类	考试按照省级以上(含副省级)、市(地)级以下职位的不同要求,设置两类试卷

(续表)

类别		大纲要求
试卷组成		包括注意事项、给定资料和作答要求
试题形式		主观性试题,闭卷考试
考试时间		180分钟
考试分值		100分
能力要求	省级	阅读理解能力——要求全面把握给定资料的内容,准确理解给定资料的含义,准确提炼事实所包含的观点,并揭示所反映的本质问题。 综合分析能力——要求对给定资料的全部或部分内容、观点或问题进行分析和归纳,多角度地思考资料内容,作出合理的推断或评价。 提出和解决问题能力——要求借助自身的实践经验和生活体验,在对给定资料理解分析的基础上,发现和界定问题,作出评估和权衡,提出解决问题的方案或措施。 文字表达能力——要求熟练使用指定的语种,运用说明、陈述、议论等方式,准确规范、简明畅达地表述思想观点。
	市级	阅读理解能力——要求能够理解给定资料的主要内容,把握资料各部分之间的关系,对给定资料所涉及的观点、事实作出恰当的解释和评价。 贯彻执行能力——要求能够准确理解工作目标和组织意图,遵循依法行政的原则,根据客观实际情况,及时有效地完成任务。 解决问题能力——要求运用自身已有的知识经验,对具体问题作出正确的分析判断,提出切实可行的措施或办法。 文字表达能力——要求熟练使用指定的语种,对事件、观点进行准确合理的说明、陈述或阐释。

(四)试卷结构

申论试卷由注意事项、给定资料和作答要求三部分组成。注意事项主要包括考试时限和参考时限、使用符合规定的答题笔、答题区域规定、答题语言(现代汉语)的规定。给定资料一般是4~6则,每则资料长短差异较大,长的2 000字左右,短的几百字,试卷给定资料总字数一般在7 000字左右。作答要求包括作答范围、作答任务、作答条件和作答分值。

(五)答题要求

除了注意事项中对答题用笔、区域和语言做了规定外,申论考试会在题目中答题材料对象、答题任务、答题字数、每题分值作出明确的规定。考生应根据每道题目的要求作答,切记不可答非所问。如2017年"国考"申论(省级)全部题目的答题要求如下:

题号	答题要求(作答要求)
(一)	根据"给定资料1",概括S市为建设美丽水系、打造优美环境实施了哪些主要措施?(10分) 要求:(1)分条归纳概括;(2)表述准确、完整;(3)不超过150字。
(二)	假如你是随团秘书,请根据"给定资料2",把代表团团长的考察笔记,归纳整理为一份《国外城市水系建设考察报告》提纲。(15分) 要求:(1)提炼准确,归纳合理;(2)层次分明,分条表述;(3)不超过350字。

(续表)

题号	答题要求(作答要求)
(三)	"给定资料3"中划线句子写道"我们只有通过'水'的意象,才能最真切地体味到'儒'之'柔'。"这句话内涵丰富。请你根据"给定资料3",谈谈对这句话的理解。(15分) 要求:(1)准确、全面,逻辑清晰;(2)不超过300字。
(四)	"给定资料4"介绍了G市某些区县在实施"水生态＋扶贫"模式过程中取得的成效等内容。假如你是G市人大代表,准备提交一份"关于在全市推广'水生态＋扶贫'模式的建议"。请根据"给定资料4",拟定提出推广"水生态＋扶贫"模式的理由和可推广的相关措施。(20分) 要求:(1)紧扣资料,内容具体;(2)理由充分,措施明确;(3)层次分明,有逻辑性;(4)不超过500字。
(五)	参考给定资料,以"以水为师"为题,联系实际,写一篇文章。(40分) 要求:(1)见解明确、深刻;(2)参考"给定资料",但不拘泥于"给定资料";(3)思路明晰,语言流畅;(4)总字数1 000~1 200字。

二、申论考试答题注意事项

(一)吃透考试大纲是基础

吃透考试大纲,看清题目要求是申论应试的前提。任何一门考试科目,其考核内容、考试形式、考试要求的依据就是大纲,申论考试也不例外。命题者命题、考试者答题、阅卷者判题,其根本依据就是考试大纲。不少考生考试后会有"会的没考、考的不会"的感觉,究其根本原因就是考前没有吃透考试大纲。

(二)读懂看透材料是关键

答题时,要做到"三看""三想",即看懂材料、看透材料、看清要求,想材料与现实的联系、想问题与观点的联系、想论据与论点的联系。

(三)切中要害是核心

无论是分析材料概括要点,还是根据材料提出问题、提出观点、提出决绝方案,都要仔细审题,看清要求,然后切中要害。切中要害的关键就是要"切小论大、以小见大",也就是依据材料,从小处切入,着眼于更深层次、更宽广的社会问题。申论答题就要求考生能从一个小的问题纵览社会生活中的一类或一系列问题,文章要能给人以"窥一斑而见全豹"的感受。

(四)要做到"言不离题、据不离论"

申论考试每一道题目明确的内容要求和字数要求,应试者一定要根据要求"对号入座",切忌不能把题目答串了,即每一题要求根据第几则材料回答就必须根据第几则作答,这是作答的前提。在此基础上,就要做到"言不离题、据不离论"。也就是说,申论写作本身就要求主题鲜明、论点突出、言简意赅、言到意尽,因此,在有限的字数篇幅要求内,行文言语不能偏离主题、不能偏离问题及其核心,选用论据不能偏离观点论点,更不能偏离要求。否则就叫言不达意和据不证论。

(五)分析论述要张弛有度,谋篇布局紧凑、篇幅适中

申论考试不同的题型对字数都有较为严格的要求。考生应试者在有限的时间内要完成

大约 7 000 字的阅读量和 2 000 字左右的写作量难度是非常大的。如概括问题的字数一般要求是 150~200 字,分析理解材料或材料中某句话的题目一般是 150~300 字,提出方案措施等解决问题类的题目一般不超过 350 字,分析论证的题目一般在 1 000~1 200 字之间。作答时一定要根据每道题目的要求来谋篇,篇幅一定要符合要求。题目要求不超过就不要超规定字数(一般最好也不少于上限的 90%),题目规定字数应在某个区间就不要突破这个区间。

三、申论考试的变化趋势

从 2000 年起,国家公务员考试单列《申论》这一考试科目。长期来看,其考试大纲、考查能力要求、试卷结构、题型、考查角度、答题要求等都发生了很大变化。从近期来看,考试及其要求也在逐步发生变化。总体来看,近 5 年申论考试总的变化趋势如下表。

总体特点	变化情况
2 套试卷	2010 年以来,"国考"申论采用省级以上(含副省级)综合管理类、市(地)以下综合管理类和行政执法类职位的不同要求,分设了两类试卷。
3 个小时	自 2014 年开始,"国考"申论的考试时间由此前的 150 分钟变为 180 分钟。
4~6 则材料	"国考"申论材料个数、总字数不等,基本维持在 4~6 则不等。近 5 年材料则数分别是 6、6、5、6、5 则。
5 道试题	近五年每年要求作答的题目都是 5 道题。其中,前面 4 道题作答字数要求较少,基本都不会超过 500 字;第 5 道题目为论述性文章,作答要求字数基本都在 1 000 字左右,分值是 35 分或 40 分。
6 000~7 000 字阅读材料	阅读材料的总字数基本都在 6 000~7 000 字的范围内。

从材料的主题来看,2000—2017 年"国考主题"大约可归为 26 个。其中政治类主题 1 个(2016 年的好政策)、经济类主题 6 个(分别是 2000 年"城市工业布局"、2005 年"'三农'问题"、2007 年"耕地保护"、2009 年"产业升级和粮食安全"、2015 年"科技创新")、社会类主题 9 个(分别是 2001 年"药品安全监管"、2002 年"网络监管"、2003 年"安全生产"、2004 年"城市交通"、2006 年"应对突发事件"、2012 年"社会公德"及"公共安全"、2014 年"社会心理问题"及"社会心态")、文化主题 5 个(2011 年"农村地区教育和文化"、2013 年"文化遗产的继承与弘扬"及"文化体制改革与繁荣"、2016 年"国民素质与大国意识"、2017 年"儒家思想与中国水文化")、生态主题 4 个(2008 年"怒江水电开发"、2010 年"海洋资源的开发与保护"及"海洋污染问题"、2011 年"黄河精神与中华文化"、2017 年"生态文明建设与城市水系建设")。

从考试内容范围和考查的要求级难度来看,申论考查的难度有所加大。就考查内容和范围来看,材料主题涉及政治、经济、文化、社会、生态环境等各领域,范围广阔、出题角度灵活多变,注重考查对实际问题的分析和解决能力,注重考查贯彻与执行能力。就答题和写作要求而言,分析说明要求联系社会实际和自身体会,提出观点要求有思想高度,解决措施和方案要切实可行,忌讳空谈对策。最后一道题目——申论文章,基本以根据给定话题写作或根据给定题目写作。

四、范文点评

范文 1

为振兴中华而继续奋斗

"我们对孙中山先生最好的纪念,就是学习和继承他的宝贵精神,团结一切可以团结的力量,调动一切可以调动的因素,为他梦寐以求的振兴中华而继续奋斗。"在纪念孙中山先生诞辰150周年大会上,习近平总书记发表重要讲话,深切缅怀孙中山先生为民族独立、社会进步、人民幸福而不懈奋斗的光辉一生,深刻阐明全体中华儿女共同致力实现中华民族伟大复兴的历史使命,郑重重申维护祖国统一的严正立场和坚定决心。习近平总书记的讲话,为我们继承和弘扬孙中山先生的伟大精神、开创中华民族伟大复兴新局面,提供了重要遵循。

孙中山先生为中国人民和中华民族作出了杰出贡献,在中国人民心中享有崇高威望,受到全体中华儿女景仰。在他领导和影响下,辛亥革命结束了统治中国几千年的君主专制制度,开创了完全意义上的近代民族民主革命,打开了中国进步闸门。中国共产党人忠实继承孙中山先生的遗志,团结带领全国各族人民英勇奋斗、继续前进,完成了孙中山先生的未竟事业。今天,我们比历史上任何时期都更接近中华民族伟大复兴的目标,比历史上任何时期都更有信心、有能力实现这个目标。对孙中山先生最好的纪念,就是学习和继承他的宝贵精神,为振兴中华而继续奋斗。

为振兴中华而继续奋斗,需要坚持正确的道路。孙中山先生终其一生矢志奋斗,印证了一个深刻的道理:改造中国必须从中国实际出发,走适合中国国情的道路。我们学习孙中山先生热爱祖国、献身祖国的崇高风范,天下为公、心系民众的博大情怀,就要像他一样,始终保持高度的民族自尊和民族自信,不泥古、不守旧、不崇洋、不媚外,增强中国特色社会主义道路自信、理论自信、制度自信、文化自信;就要始终把全心全意为人民服务作为根本宗旨,永远保持对人民的赤子之心,把13亿多中国人民凝聚成推动中华民族发展壮大的磅礴力量,在时代前进的洪流中书写中华民族发展新篇章。

为振兴中华而继续奋斗,需要保持奋发的状态。"伟大的事业之所以伟大,不仅因为这种事业是正义的、宏大的,而且因为这种事业不是一帆风顺的。"我们学习孙中山先生追求真理、与时俱进的优秀品质,坚韧不拔、百折不挠的奋斗精神,就要有长期不懈艰苦努力的思想准备和能力勇气,什么时候都不要想象可以敲锣打鼓、顺顺当当实现我们的奋斗目标。把责任扛在肩上,不畏艰险、攻坚克难,昂扬向上、奋发有为,时刻准备应对重大挑战、抵御重大风险、克服重大阻力、解决重大矛盾,我们必将把中华民族伟大复兴事业不断推向前进。

为振兴中华而继续奋斗,需要确保国家的统一。国家好、民族好,大家才会好。正如孙中山先生所言,"'统一'是中国全体国民的希望"。实现祖国完全统一,是中华民族根本利益所在,也是全体中华儿女的共同愿望和神圣职责。确保国家完整不被分裂,维护中华民族根本利益,是全体中华儿女共同意志,是不可阻挡的历史潮流。我们有责任维护国家主权和领土完整,绝不允许任何人、任何组织、任何政党、在任何时候、以任何形式、把任何一块中国领土从中国分裂出去。

可以告慰孙中山先生的是,100多年过去,今天的中国正迎来历史上最强盛的时期,民族复兴的伟大梦想正在我们手中变成现实。站在新的历史起点,让我们更加紧密地团结在以习近平同志为核心的中共中央周围,"将振兴中国之责任,置之于自身之肩上",同心同德、艰苦奋斗,为实现祖国和平统一大业、实现中华民族伟大复兴的中国梦作出新的更大贡献。

(来源:人民网——人民日报,2016年11月12日)

点评:

1. 这是一篇直陈观点标题的申论文。主题鲜明,用语响亮。

2. 文章以习近平总书记在纪念孙中山先生诞辰150周年大会上所发表的重要讲话开篇,紧扣"振兴中华文化"这一主题。随后点明总书记讲话的重要意义,即"为我们继承和弘扬孙中山先生的伟大精神、开创中华民族伟大复兴新局面,提供了重要遵循"。

3. 第二段进一步阐述孙中山先生及其思想精神对中国人民和中华民族的贡献及意义。

4. 接下来第三、第四、第五段分别围绕主题提出如何继承发扬孙中山先生的思想为振兴中华而努力,即旗帜鲜明地提出三个论点:为振兴中华而继续奋斗,需要坚持正确的道路;为振兴中华而继续奋斗,需要保持奋发的状态;为振兴中华而继续奋斗,需要确保国家的统一。每一段围绕论点分别展开论述。

5. 最后一段结合中国历史和现实,进一步升华和强化主题。使整篇文章显得严谨而圆满。

思考与练习

1. 简述申论的性质和特征。
2. 申论考试主要考查哪些基本能力？申论文章有哪些问题特征？
3. 阅读下列三则材料，根据要求完成写作任务。

材料1：

"四面荷花三面柳，一城山色半城湖。"这是古代诗人对城市景色的描述，读之令人心向往之。对一座城市来说，有水，才会更有灵气。水系建设不仅是城市建设的重要组成部分，更是城市生态、形象和功能提升的重要途径。而充分发掘城市的水环境之美，则是人居环境发展的大趋势和城市未来的发展方向。

S市城市水系长120千米，水域面积630万平方米，水系两岸绿地面积1 220万平方米。水系不仅是市民休闲观光、健身娱乐的重要场所，也是S市城市景观的重要组成部分。

为认真落实市委、市政府"城市建设上水平、出品位"的整体要求，城市水系管理处将以建设"美丽水系"为总目标，努力打造优美环境。

城市水系的美，不仅体现在水上，也体现在两岸的绿色中。经过多年的建设和维护，S市城市水系整体绿化效果不错。但部分河道仍存在绿量不足、缺少色彩、管护水平较低等问题。

城市水系管理处负责人表示，今年，将在加强水系绿化管护的同时，重点对连心河两岸绿化水平进行提升。

对连心河沿线的重要部位，将进行高标准绿化整治，增加乔木数量；对河两岸的一般绿地，将以种植灌木、彩叶树及野花组合的方式，丰富绿化色彩，增加整个连心河绿地靓度。

水是影响植物生长的第一要素。考虑到S市干旱缺水的实际，为提升连心河沿线绿地管护质量，确保绿地浇灌到位，将在连心河沿线有条件的地方铺设管道24万米，实施喷灌浇水。

为进一步提升水系绿化管护水平，水系管理部门将由粗放管理向精细化管护转变，通过奖优罚劣、末位淘汰等措施强化管护，着力打造"水系形象"。

由于缺少路灯等必要的照明设施，连心河晚上缺少了景观效果，附近居民休闲、散步也很不方便。同时在社会治安方面，也存在着一定的隐患。

"虽然岸边有路灯设施，但以前基本没亮过。"近日，记者来到连心河东岸时，小区居民对记者说，"到了晚上黑漆漆一片，根本不敢往河边走。"

经城市水系管理处调查，连心河两岸共长102千米，目前只有10千米路段上的路灯能正常使用；5千米路段上的路灯，因多年失修不能使用；另有87千米的路段上，没有安装路灯。

据了解，随着城市的发展，沿线小区如雨后春笋般出现，过去一些相对"偏僻"的地段也成了繁华区域，两岸群众对连心河夜间照明提出了更高要求。

针对群众需求，水系管理部门决定让连心河沿线亮起来，对不能使用的照明设施进行维修，在需要照明设施的地段安装路灯。

城市水系管理处有关人士表示，此次亮化工程，将重点解决周边生活区较多、但缺少照明设施地段的照明问题。同时,为使照明设施成为连心河的一景,在节点部位选用一些艺术灯具,使之与水系景观相协调。

"太平河北岸应该多建几个停车场。"市民吴先生说。城市水系管理处负责人表示,在便民提质工程中,将结合水系实际,紧紧围绕解决市民反映的重点、热点问题,大力完善服务设施建设。

针对太平河、环城水系等距离市中心区较远的情况,为方便更多的市民前往游览,在现有公交线路的基础上,城市水系管理处将积极协调相关部门,继续增加公交线路。

为满足市民健身与观光的需要,将对太平河原有的 15 千米绿道进行完善。到 7 月底,自体育大街到植物园新开辟的 35 千米绿道全部投入使用。同时,在确保安全的前提下,在连心河、太平河沿线选择合适地点,设立垂钓区;在两岸规划修建公共厕所、停车场等,满足游人需求。

水系管理部门没有执法权,成为当前城市水系管理工作中的一块"短板"。由于缺少必要的执法权限,水系管理人员即使发现占绿、毁绿行为,也只能劝说、教育,而没有有效手段进行制止和处罚。

"如果人家听,还好一些,如果人家不听,我们也没有更好的办法。"一位水系基层管理人员感到很无奈。由于一些违法行为不能及时得到制止和处理,水系执法陷入了"管不了、管不住"的尴尬局面。

为解决这一难题,今年,S 市成立了城市水系巡查大队,对侵占绿地、烧烤、破坏设施设备、私自下河游泳、河道排污等不法、不文明行为加大执法力度。

尽管水系管理部门不断通过各种举措加强安全管理,但仍无法完全阻止人们下河野游的行为,而随之发生的那些溺亡事故则让人揪心。

对此,S 市水系管理部门大力强化安全体系建设,在水系河道易出现私自游泳等情况的不安全地段加装防护栏,并进一步加强安全管理。目前,已加装防护栏的河道达到 15 千米。

日前,记者在太平河城市广场南岸看到,岸边已安装了一排绿色防护栏。城市水系管理处监察安保科科长对记者说,这一段河道长 3.5 千米,现已全部完成护栏安装,装了护栏后,在这里游泳的人明显减少了。

今年秋季,水系管理部门还将在连心河易下河游泳地段,加栽绿篱、灌木等植物 1.1 万米,并安装监控,及时发现、制止游泳行为。

在加装防护栏的同时,水系管理部门还在水系河道沿线安装 800 块警示牌、悬挂 700 条警示标语,提示严禁游泳;并配备 100 名保安,维护水系河道安全秩序,保护群众生命安全。

材料 2:

有教育专家撰文指出:"教育走得太快,灵魂跟不上了。"该文择要如下:

教育的问题出在哪里?教育的核心问题不是出在我们的术、不是出在我们学生的能力、不是出在改革、不是出在技术层面,而是我们的教育缺乏灵魂的东西。中国的教育技术层面已经走得太快了,"灵魂"跟不上了。

柏拉图说过一句话:"教育非他,乃心灵的转向。"印度哲学家克里希那穆题写了一本书叫《教育就是解放心灵》。解放心灵,按柏拉图的语境来说心灵究竟应该转向哪里? 我认为是转向爱、转向善、转向智慧。

适合的就是最好的教育,每一个学生成才的途径和方式都没有确定的指向。

教育的新常态就是要摒弃浮躁、功利,回归到教育规律,慢慢地、静静地、悄悄地做,不浮躁、不显摆,一定会有我们想要的结果。那个时候我们的孩子不管是分数、才能,还是能力都很好,他们的灵魂也很丰满。

亚里士多德曾说过:"教育必须基于三个原则:中庸、可能和适当。"

"中庸",用孔子的话说就是"去其两端,取其中而用之",总之不偏左不移右、不偏下不偏上,守中为上。做教育不要太过头了,也不要不够。什么叫过头?在技术层面上不断地改,改得我们老师都不知道怎么上课了,领导也不知道怎么布置工作了。学校教育成了这样子就是过了头,忘记了还有教育规律,还有教育自身内在的东西。

"可能"是指我们要知道孩子的未来具有一切可能性,现在他所学的甚至他的才能、他的分数,都不能代表他今后能做什么、会做什么。但我个人认为这些都不能丢,这样才能够确保未来的可能性存在。

"适当",是指教育的方式方法要符合规律,要适合孩子。不要看到邻居家的孩子琴棋书画什么都学,也要把自己的孩子送去学。这样思考问题就错了,不适合他的学了没用,一定要让孩子学他内心喜欢的东西。

蒙田说:"教育不是为了适应外界,而是为了自己内心的丰富。"古希腊哲学家西塞罗说:"教育的目的是让学生摆脱现实的奴役,而非适应现实。"如果一味地去适应外界社会,结果就把社会最乱的东西学会了,主流价值却全部忘了。

材料3:

学者F谈起自己在大学教授《中国文学史》和《古典文学作品选读》两门课的体会时说:"为什么要学这些课?因为这些作品里,集纳了大量国学精华,学了确实可以净化人的心灵。我认为,眼下的大学教育,需要重新重视传统文化课程。"

在F看来,我们这个时代虽然崇尚科学,科技也越来越重要,但归根结底,科技由人来掌握。如果人的道德修养、文明素质不够,现代化早晚会毁于一旦。所以,在培养各行各业人才的同时,必须加强文化修养教育,它是一种潜移默化的东西,能让人受益终身。

"不学礼,无以立。"F说,这句话出自《论语》,意思是:一个人不学"礼",不懂礼貌,不讲礼仪,就不懂得怎样做人、处世。或者说,一个人不懂得基本的规矩,就难以在家庭和社会中立身行事。而如果把"礼"与"立"做更宽泛的理解,那么是否"学礼",是否懂得规矩,还事关公民意识的自觉、民族素质的提高、民族文化精神的弘扬乃至中华民族的复兴大业。或许正因如此,习近平总书记在十八届中纪委第五次全会上提出要"严明政治规矩""把守纪律讲规矩摆在更加重要的位置"。

一位资深媒体人L强调,如果不利用传媒,不能旗帜鲜明地打出美与丑、善与恶的旗帜,全民素质的提升就缺了一条重要途径。"我每天早晨上班开车时都听新闻广播。其中一个频道每天8点钟都会请一个权威人士来作公益报道时,十几秒钟,几句话,传递出来的却是主流媒体倡导的一种价值观。久而久之,听众就会被正能量感染,这就是潜移默化。"

"早晨8点是黄金时段,拿出来做广告应该能挣很多钱。但如果媒体只想着经济效益,忘记了自己的责任,那是很悲哀的,这个社会就没救了。"在他看来,新闻宣传主管部门必须对大众传媒进行引导与监督,保证媒体都有一定的黄金时段用来进行公益宣传,提高国民素质。

　　L向记者提到了某电视台一则让自己感动的公益广告。"广告上一位患了阿尔茨海默病的父亲,什么都不记得了,但吃饭时还没忘儿子爱吃饺子,把饺子装进自己口袋,要给儿子带回去,广告语是'他忘记了许多事情,但从未忘记爱你'。这则广告触碰了我最柔软的神经,让我思念我的父亲。一个好的公益广告,能直击人的心灵,自然就起到了净化心灵的作用。这样的优秀公益广告太少了,媒体人如果自己都没做到真善美,他们在宣传真善美时都不投入感情,那还怎么教化别人呢?"

　　国家旅游开发研究中心张主任指出,新的旅游法规定,旅游者在旅游活动中应当遵守社会公共秩序和社会公德,尊重当地的风俗习惯、文化传统、社会公德和宗教信仰,爱护旅游资源,保护生态环境,遵守旅游文明行文规范。如果不遵守这些规定,就是违法。旅游法虽然只针对旅游业,但这步迈得很踏实。"在有章可循的前提下,还要做到有章必依、违章必罚。"

　　中国要进步,提升国人的素质刻不容缓。邓小平当年曾道出过这一点的重要性:"我们国家,国力的强弱,经济发展后劲的大小,越来越取决于劳动者的素质,取决于知识分子的数量和质量。"如今,中国GDP全球第二,高速铁路迅猛延伸,载人航天器和载人潜水器把炎黄子孙送到了太空和深海……我们必须有与之相匹配的、不断提升的道德水准和个人素质,才能让中华民族的伟大复兴不仅体现在国家经济力量的强大,更是体现在民族精神深远、长久的延续。

　　(1)根据材料1,概括S市为建设美丽水系、打造优美环境实施了哪些主要措施?(要求:分条归纳概括;表述准确、完整;不超过150字)(2017年国考真题)

　　(2)材料2中说"中国教育技术层面已经走得太快了,'灵魂'跟不上了。"请根据"给定资料2",指出这句话的含义。(要求:全面、准确,不超过150字)(2016年国考真题)

　　(3)材料3引用了《论语》中的话:"不学礼,无以立。"请以这句话为中心议题,联系社会现实,自拟题目,写一篇文章。(要求:自选角度,见解深刻;参考给定资料,但不拘泥于给定资料;思路清晰,语言流畅;总字数1 000～1 200字)(2016年国考真题)

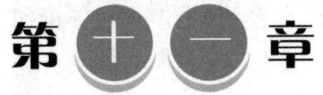

财经类文体写作

一、财经文书的概念

财经文书是一种实用性很强的应用文。财经文书是在经济活动中形成和发展的,作为交流信息、开拓业务、处理问题而使用的,具有特定惯用格式。在经济活动中它既是一种重要凭证,也是一种管理工具,因而被广泛应用。今天,随着我国经济的快速发展,经济交往活动的日益频繁,经济行业分工的不断细分,财经文书的使用频率也越来越高,其价值也就越来越被人们所重视。

经济应用文书既可以办理公文也可以办理私务。办理公务的有通告、函书、请示和批复;办理私务的有申请书、经济纠纷诉状、求职信、辞职信和经济条据等。在当今瞬息万变和信息爆炸的经济社会里,无论对公或对私来说,经济应用文书所发挥的作用都是不可估量的。因此,掌握各类经济文书的写作方法与技巧,就成为经济相关从业人员的一项最重要的基本技能。不管我们毕业后从事何种工作,财经应用文书的写作对我们都是必不可少的。

二、财经文书的分类

经济文书是经济应用文的通称,是单位或个人在经济活动过程中反映经济情况,处理经济事务,研究、解决经济实际问题的一种具有特定格式的专业应用文体。它是应用文写作的一个重要分支。财经文书使用范围广,其写作内容、格式也有较大差异。必须按不同的标准划分成若干种类。

(一)财经文书按概念范畴分

从概念范畴的角度上看,财经文书有狭义和广义之分。狭义的财经文书专指为财经工作所用的财经专业文书,是专门用于经济活动的经济应用文体的总称。广义的财经文书,即人们在财经工作中所使用的反映经济活动内容的文书统称,既包括财经专业文书,也包括一些同时在其他社会领域或部门广泛应用的文书。

(二)财经文书按用途分

财经文书按照用途不同分为以下三类。

1. 通用经济文书

通用经济文书是各类机关团体、企事业单位和个人普遍使用的经济文书的统称。它包括经济公务文书、经济事务文书、经济研究文书等。经济公务文书是机关团体、企事业单位在处理公务时所使用的、具有特定实用价值和一定惯用体式的文书;经济事务文书是机关团体、企事业单位和个人在经济活动中交流沟通、处理事务时所使用的文书,如经济调查报告、经济工作计划、经济工作总结等;经济研究文书是人们对经济活动和经济理论进行分析研究、观察探测所获得的经验成果或创新见解的科学记录、总结的书面文字材料,如经济论文等。

2. 专用经济文书

专用经济文书是指在进行业务管理、生产经营、商贸往来等经济活动中,为处理经济事务、协调经济活动、传递经济信息而经常使用的具有较为固定格式的专用文书,如经济活动中经常出现的经济合同,经济活动分析报告,经济预、决策报告,可行性研究报告,工商、税务、保险、房地产等经济部门经常使用的各专项报告等。

3. 经济诉讼文书

经济诉讼文书是指在各类诉讼或非诉讼法律事务中,由司法机关或当事人,根据有关法律,按照法定的程序、手续而制作的具有法律效力或法律意义的文书,如经济诉状、经济答辩状、经济公证文书等。

(三)财经文书按功能性质分

财经文书按其功能性质不同可分为以下四类:

(1) 生产经营应用文,如招标书、投标书等。

(2) 企业管理应用文,如规定、岗位责任制等。

(3) 信息交流应用文,如市场调查报告、广告等。

(4) 企业科技应用文,如专利申请、科技论文等。

(四)财经文书按文种分

财经文书按文种不同可分为以下四类:

(1) 经济报告类文书,如审计报告、经济活动分析报告等。

(2) 方案文书,如可行性研究报告,经济决策方案等。

(3) 合同标书类文书,如经济合同、协议书等。

(4) 广告说明类文书,如广告、商品说明书。

三、财经文书的特点

财经文书的写作除了既有一般应用文的广泛性、实用性、规范性等基本特征外,同时还有其自身特点。

1. 内容的真实性和专业性

从内容上看,财经文书是反映财经实践活动的,如果不以财经实际活动为内容,也就不称其为财经文书了。财经文书不仅必须使用真实可靠的事实、数据等资料,而且分析的态度和方法也必须科学。财经文书作为经济实践工作的组成部分和经济理论研究的有效手段,涉及国家的经济政策、法律法规,经济科学理论和有关的专业知识,具有明显的专业性。

从表达上看,财经文书写作中经常大量运用数据和专业术语。因为财经文书写作在反映财经实践活动的过程中,需要运用大量的数据作定量分析,人们往往要从数据中发现问题,并运用数据来分析、解决问题。

从语言上看,也离不开专业术语,时时出现如资金、费用、成本、贷款、税收、经济效益等。

2. 形式的合法性和规定性

财经文书在长期使用过程中,逐渐形成了各自较为固定的格式和习惯用语,必须规范。就其外部形式而论,可分为法定格式和非法定格式两类。法定格式是由国家或者有关部门制定的法规文件规定的。例如,合同等文种的格式都有明确的规定。这类法定的格式,具有合法性,必须依法行文。有些财经文书如经济活动分析报告等是非法定格式,但是长期以来形成了约定俗成的惯用格式,具有程式性,书写时也要共同遵守。

3. 语言的准确性和简洁性

这是由财经文书的实用性所决定的。实用性,旨在务实办事,解决实际问题。绝大多数的财经文书都是为解决实际问题提出的。这种以此办事、解决实际问题、讲求实效的实用性,是财经文书写作的显著特征之一。语言表达的简洁明了,判断恰当,推理符合逻辑,使作者与读者在理解方面不产生歧义,如实地反映事物的特征和本质。

简洁性是现代社会对应用文的共同要求,既要选用内涵丰富的词语,又要通俗易懂。准确性和简明性都是来自作者周密、细致的调查研究和深刻、缜密的理性思考。

第一节　财经法律文书

法律文书是指一切在法律上有效的或具有法律意义的文书、公文、文件的总称。财经法律文书是人们在经济诉讼程序中所使用的格式相对固定的专门的法律文书的总称。从形式上来分,由当事人制作的主要为上诉状、答辩状(和申请书)、申诉状;由法院制作的主要为调解书、判决书、裁定书等。财经法律文书不仅可以维护当事人的合法权益和社会经济秩序,而且是法院及仲裁机构处理、调解和判决经济纠纷的重要依据。本节财经法律文书主要详述经济合同、经济纠纷诉状、仲裁类法律文书。

一、经济合同

(一) 经济合同概念

合同是一种民事法律行为,签订合同的双方当事人为实现一定的目的,经充分协商,对双方的权利义务关系达成协议,并承担法律责任。《中华人民共和国合同法》第二条规定:"本法所称合同是平等主权的自然人、法人,其他组织之间设立、变更、终止民事权利、义务关系的协议。"

在此需要说明的是,合同与协议有相同之处,也有很大的差异性。合同与协议相同之处在于:对双方当事人均有法律约束力,双方当事人都必须按照签署的内容,严肃认真地履行权利和义务。不同之处在于:合同使用比较严格,要受《合同法》以及其他有关经济法规的限制,行文严谨,有效期限规定得较为严格;协议使用比较灵活,局限性小,内容也更为宽泛,条款制作可粗略也可详尽,有效时间一般较长,有的甚至是永久性的协议内容。在实际生活中,应该根据双方当事人的要求,谨慎选择恰当的文书样式。

经济合同是合同的一种。经济合同是具有经济内容的合同,是指经济关系中当事人双方为实现一定的经济目的,经充分协商,对双方的权利义务关系达成的协议。经济合同是一种法律文书,具有法律效力,当事人双方必须全面履行经济合同规定的义务,任何一方不得擅自变更或解除合同,如一方违反经济合同,应承担相应的违约责任,并依法解决合同纠纷。

(二) 经济合同的作用

经济合同是经济关系中的桥梁、纽带,经济合同将产、供、运、销各环节密切结合起来,使整个社会经济协调有序地发展。

经济合同的法律约束力,保护当事人的合法权益,监督、制裁违约行为,保证市场经济各部门、各单位和个人正常的经济活动,维护了正常良好的经济秩序,使市场经济稳定、健康地运行发展。

(三) 经济合同的类型

按照《中华人民共和国合同法》,可将合同分为 15 种,即:买卖合同、供用电水气热力合同、赠与合同、借款合同、租赁合同、融资租赁合同、承揽合同、建设工程合同、运输合同、技术合同、保管合同、仓储合同、委托合同、经纪合同、居间合同等。

按照格式和写法分,经济合同分为下列 3 种类型:①条款式合同,将各方协商一致的内容逐条记载下来;②固定式合同:印制成一种固定格式的合同,将达成的协议逐项填入空档处;③条款和表格结合式合同:用表格固定共性内容,用条款另写协商形成的意见。

(四) 经济合同的结构内容和写作要求

1. 结构内容

一份完整的条文式合同基本包括以下五个方面。

1) 标题

标题即合同的名称,主要用于提示合同的性质、种类,一般由业务性质、文种两部分组成。如建筑工程承包合同、农副产品购销合同等。

合同签订日期、合同编号,有时还有签订地点,常作为合同标题的副项用小号字置于标题右下方。

2) 合同当事人标注

合同当事人标注即写明合同当事人各方的名称,具体形式为:先在标题下方标明"立合同单位"或"立合同者",接着并列写出各方名称。为了行文方便,多在单位名称后面加括号,注明该单位以下简称甲方(供方或卖方等)和以下简称乙方(需方或买方等)。

3) 正文

正文是经济合同的核心部分,一般包括以下 4 个部分。

首先是开头,交代签订合同的目的和依据。大多立约开始语"根据(为了)……,经双方协商,特订以下条款,以资共同遵守"。这个意思可详可略,但必不可少。它是本合同经过了"要约"和"承诺"的过程,即合乎法律程序的表白。

其次是主体,主要写明立约条款,逐条写明双方议定的条款。按照《中华人民共和国合同法》的规定,经济合同应具备以下主要条款:标的,是指合同当事人双方权利和义务共同指向的对象。它因合同的具体内容的不同而异,可以是货物,也可以是货币,还可以是劳务或工程项目等。如"购销合同"中的标的是产品或商品;"借款合同"中的标的是货币。同一商品有不同的规格、不同的商标,这些要写得具体清楚,没有标的或标的不明确的合同是无法履行的;数量和质量:数量和质量是标的的具体化,也是衡量标的指标,确定权利义务大小的尺度;价款或酬金,又简称价金。它是签订合同的一方取得对方产品、完成工程、劳务或智力成果所支付的代价和报酬,以货币数量表示。合同中必须规定价金的单价、总金额、计算标准及结算方式和程序。

再次是履行的期限、地点和方式。履行的期限是指双方一致确定的合同兑现的时间,即履行合同的时间范围。履行的地点是指双方履行合同义务的地方。履行的方式是指双方履行义务的方式、方法,如购销合同是一次性完毕还是分期履行;是供方送货,还是委托代运,或者需方自提等,都应具体写明。

最后是违约责任,又称罚则,是指当事人一方(或双方)在违反合同条款时应承担的责任。它对合同履行中可能出现的违约行为,预先订立出彼此同意的处罚规则,通过偿付违约金、赔偿金、逾期保管费等方式体现出来。违约责任对督促当事人信守履行合同的义务,严肃合同纪律,保障合同顺利履行,所以不能写得含糊不清,一定要具体明确、切实可行。

4)附则

附则一般写明执行合同时发生意外情况的处置办法,注明合同的有效期、份数及分送单位,合同的检查、修订办法,未尽事宜的处理办法等。附件是合同中必需的但又无法写进具体条款中的内容,用附件形式列于合同后,有补充说明和资料凭证的作用。它是经济合同的组成部分,同样具有法律效力。若有附件应在附则后标明附件的名称、份数、页数。没有附件的则不写。

5)落款

在正文的下方写明合同当事人单位名称、地址,代表姓名,并加盖公章。签约日期在"标题"中未写的此处要写全。如有主管部门和机关公证的,也要写明机关名称,并加盖公章。如有必要,还应注明双方的地址、电话号码、电报挂号及开户银行、账号等,视需要决定详略。这些既是当事人身份资格的证明,又利于双方相互联系。

2. 写作要求

经济合同是一种体现当事人权利义务平等关系的经济文体,也是一种法律文书。国家以立法的形式对其内容及签订原则等作了具体要求,写作时必须首先体现平等、合法的原则。

经济合同的每项条款都直接关系到签约各方的经济责任和经济利益,格式不完整的合同在法律上常常是无效的,一旦引起纠纷,就没有解决的依据。因此撰写合同还必须注意内容的真实、完整、明晰、准确。

当事人的意愿表达要真实,不允许玩弄辞藻,掩饰违法的经济行为或者欺骗对方;完整是指把条款尽量齐全地规定出来,按照不同标的的特点加以具体化,使之全面便于履行;明晰是指各项条款都要写得明白清楚,如产品的技术标准、计量单位、包装规格等都要写得清清楚楚,专业术语要规范化;准确是指表述的语言精确到位,经过字斟句酌,严格推敲,切忌模棱两可、含糊其辞。

(五)写作训练

拟一份冰箱买卖合同,订立合同双方:买受人:成都××经贸公司(以下简称甲方)。出卖人:××集团销售部(以下简称乙方)。××集团销售部向成都××经贸公司销售××品牌电冰箱1 000台、立式冰柜300台。支付方式：银行卡转账。

二、经济纠纷诉状

（一）文种概述

经济纠纷诉状是公民个人或机关、团体、企事业单位为保护和实现自身的合法权益，按照法律的规定和要求，向仲裁机构或人民法院提出的诉讼文书。

经济纠纷产生的原因是多方面的。有的是因为产生经济纠纷的当事人在签订合同时没有把双方的责任和义务敲定清楚，各方着眼于利益，从而忽略了义务和责任。有的是因为某方或者双方违反了合同的约定等。当经济纠纷产生时，当事人应当通过合法的渠道进行沟通和解决，可以向法院起诉，也可以向仲裁机构提出申请进行仲裁。

（二）经济纠纷的写作要求

经济纠纷诉状主要有起诉书、答辩书、上诉书等。无论是哪一种法律文书，其基本内容主要包括首部、正文和尾部三大部分。首部包括标题：经济纠纷的标题由案件性质和文种组成。例如，《经济纠纷上诉状》，正文包括：当事人基本情况：在首部列出上诉人的基本情况，有的还可用括号注明当事人双方在一审中的地位，如果有法定代理人，要将法定代理人的情况写出来，写法与起诉状相同；上诉案件：指不服一审裁决的事由；上诉请求：指上诉人上诉的目的和要求；上诉理由：叙写上诉理由，主要从事实认定、适用法律、审判程序、审判结论等四个方面来考虑。结尾部分：这部分写明呈送对象、具状人、具状时间；附项：写明副本份数及书证、物证的份（件）数。

（三）写作训练

诉讼事由：原告和被告2015年10月1日商定，被告从原告处购300箱优质红富士苹果。原告于10月5日将苹果300箱送至被告处。300箱苹果并非红富士品种，苹果品质很差，口感很不好，在运输途中耗损30箱苹果。当原告找被告索要货款时，被告拒付货款。原告多次找被告交涉，均被被告冠之不诚信经营而拒付款。请据此写一份经济纠纷起诉书。

三、仲裁类法律文书

（一）文种概念

仲裁是指当事人自愿将他们之间发生的有关合同纠纷或其他财产权益纠纷提交给与争议无利害关系的第三人作出终局性裁决，且裁决对各方当事人均有约束力的活动。

仲裁法律文书是指仲裁机构根据当事人达成的仲裁协议，依照仲裁法和仲裁规则的规定，依法就处理仲裁当事人之间的争议，确定当事人之间的权利和义务关系而制作的具有法律效力的书面决定。

根据制作主体不同，可以将仲裁文书分为当事人制作的仲裁文书和仲裁机构制作的仲裁文书。根据仲裁文书制作的时间不同，可以将仲裁文书分为仲裁重新开始前的仲裁文书和仲裁重新开始后的仲裁文书。根据法律后果不同，可以将仲裁文书分为确定当事人权利义务的仲裁文书和不确定当事人权利义务的仲裁文书。根据仲裁文书内容是否反映当事人的共同意志，可以将仲裁文书分为双方合意的仲裁文书和单方意思的仲裁文书。

国内仲裁，仲裁机构主要受理的是平等的主体包括公民、法人和其他组织之间发生的合同纠纷和其他财产权益争议纠纷。仲裁机构不受理婚姻、收养、监护、扶养、继承纠纷,也不受理应当由行政机关处理的行政争议。涉外经济仲裁是指涉外经济贸易、运输、海事中发生的纠纷的仲裁。我国涉外经济贸易的仲裁机构是中国国际经济贸易仲裁委员会,它受理的争议主要有两方面:一是对外贸易合同和交易中发生的争议,包括有关商品运输、保险和保管方面发生的争议;二是有关中外合资企业、外商来华投资设厂、中外银行信贷等方面所发生的争议。

(二) 文种分类

仲裁类法律文书主要包括:仲裁协议书、仲裁申请书、仲裁裁决书。

1. 仲裁协议书

仲裁协议书是指作为合同纠纷或其他财产权益纠纷当事人的公民、法人或其他组织,在纠纷发生前或者说发生后,相互协商并达成的将其纠纷提交给仲裁机构仲裁的协议。

仲裁协议书写分为三个部分:首部是标题:居中写"仲裁协议书";其次是当事人的基本情况:若当事人是法人或其他组织的,应写明单位名称、地址、法定代表人或负责人的姓名和职务。若当事人是公民的,应写明姓名、性别、年龄、民族、籍贯、职业或工作单位、住址等。

正文部分的书写应该注意以下三方面的内容:①请求仲裁的意思表示;②仲裁事项;③选定仲裁委员会。尾部写清楚涉及双方的单位名称或者涉事者名称和年月日。涉及单位的需要加盖单位公章。

2. 仲裁申请书

仲裁申请书是指发生合同争议或其他财产权益争议的一方当事人根据双方所达成的仲裁协议,向约定的仲裁委员会推出仲裁申请,要求对已发生的纠纷作出仲裁裁决的书面文书。

仲裁申请书写作要求包括:

首部。首部包括标题和当事人基本情况两部分。其写法与仲裁协议书大致相同,只是要把"仲裁协议书"改为"仲裁申请书"。

正文:①请求事项。②事实部分,写明双方争议的主要事实。第一,写明申请人与被申请人之间的关系。第二,写明纠纷的起因、时间、地点、发生发展过程及后果等;第三,双方当事人争议的焦点,过错情节,责任的负担等。③理由部分,主要说明:第一,被申请人应承担相应责任的依据;第二,提交仲裁的依据。

尾部:①致送的仲裁委员会名称;②申请人签名、注明制作文书的日期;③附项。

3. 仲裁裁决书

仲裁裁决书是指受理仲裁案件的仲裁机构,按照仲裁程序,根据法律、法规及仲裁机构的仲裁规则,对当事人申请仲裁的案件,在认定事实的基础上,适用相关法律,就案件实体问题所作出的具有法律效力的书面决定。

仲裁裁决书的写作要求如下:

首部:标题:标题写"某某仲裁委员会裁决书"。应注意的是,第一,分两行写。一行写"某某仲裁委员会",另一行写"裁决书"。第二,居中。第三,字体上的要求。第四,因为各个仲裁委员会案件的受理范围没有地域的限制,因此,根据《仲裁法》的规定,设立在省会城市所在地的仲裁委员会,在仲裁委员会名称前都不加"市"字,如"广州仲裁委员会",而不称"广州市仲裁委员会"。

文书编号：标题的右下角靠右对齐。文书编号的构成与判决书中文书编号的构成一样，都包括制作年度、制作机构简称、文书性质代字、文书序号。例如，广州仲裁委员会2014年制作的第12号仲裁裁决书，编号应写为：(2014)穗仲案字第12号。

当事人基本情况：写法与民事判决书中当事人基本情况大致相同。只是有以下几方面的区别：第一，当事人称为"申请人"和"被申请人"。第二，若有反请求的，同样的相应当事人后面用括号表明其在反请求中的身份，但称为"反请求申请人"和"反请求被申请人"。

案由：第一，案件来源。应写明申请人提出仲裁申请的依据，本案的案由及仲裁委员会受理的时间。第二，仲裁庭的组成。说明仲裁庭的组成人员和组成方法。第三，开庭审理的情况。包括公开开庭或者不公开开庭审理；当事人到庭情况。最后写明"本案现已审理终结。仲裁庭在仲裁规则规定的期限内作出裁决。现将本案案情、仲裁庭意见及裁决结果分述如下："

正文：①本案案情。这部分主要应写明当事人之间争议产生的简要过程，申请人的仲裁请求与理由、被申请人的答辩意见与理由等。先写申请人的意见与理由，再写被申请人的意见与理由，若有其他当事人的，还要将其他当事人的意见和理由表述清楚。②仲裁庭意见。这一部分应针对当事人之间的争议，根据事实和法律，提出仲裁庭对双方当事人争议的问题的看法。③裁决结果。是对案件作出的实体处理决定。

尾部：①仲裁费的承担。应根据当事人的仲裁请求得到支持的程度来确定仲裁费用的承担。仲裁费用不属于案件争议的内容，不应列入仲裁结果，而在尾部表述；②仲裁裁决生效的时间，可表述为"本裁决为终局裁决，自作出之日起发生法律效力"；③仲裁庭成员署名，由仲裁员亲自署名；④制作文书的时间并盖仲裁委员会的印章；⑤秘书署名。

第二节　财经文宣文书

在我们的日常生活中，经济活动是与千家万户联系得最直接、最为密切的生活领域，也是人们着重关注的领域。电视有财经频道，手机网页有财经板块，报纸也有专门的财经新闻报。报道发生在财经领域的事件、动态的财经新闻，研究财经活动、财经工作规律的财经论文，成为日常生活中常见、常用的文体。本节将着重介绍经济活动中常用的招投标书，财经文宣的重要文体样式：财经消息、财经通讯和财经评论。

一、招投标书

（一）文种概念

招标与投标是一种竞争性的交易方式，是英语Invitation to tender 和 Tender 的译音，在1782年的英国最早采用，后来为许多国家所推广，服务于工程、服务、项目等经济领域中，形成现代贸易的一种形式。1980年10月，国务院在《关于开展和保护社会主义竞争的暂行条例规定》中指出："对于一切适于承包的建设项目和经营项目可以实行招标、投标的办法。"

现在,招标书和投标书已经成为我国企业惯用的一种竞争形式。招标书与投标书统称为标书。

招标书是招标人利用投标者之间的竞争达到选买主或承包目的的,从而利用和吸收各地,甚至全国的优势的商品交易行为所形成的书面文件。它包括招标公告、招标通告、招标邀请书、招标启事、工程招标说明书等。

投标书是指投标人按招标人的要求,具体向招标人提出承办申请,介绍企业情况(资格审查),提供总预算等书面文件。

(二)招投标书的作用

1. 规范性

招标文件的制作过程和基本内容要符合《中华人民共和国招标和投标法》的基本规定和要求,使招标或者投标行为符合法律要求,在具体的操作流程中具有规范性。

2. 正当权益性

标书是涉及具体经济活动的文书,它不仅涉及招标、投标单位的经济利益,而且要承担经济责任和法律责任。因此对招标项目或招标工程的主要目的、基本情况、产品要求、人员素质和具体规定,作出明确、清晰的表述,不可含混其词,模棱两可。投标书则应对投标的项目表示准确的意愿,介绍自己投标的有利条件和完成招标项目的具体方案。招投标活动是在法律保护下按公平、公正、公开的原则进行的,无论是招标方还是投标方都置身于法律的保护之下,不会因任何一方的随意性而遭受损失。

3. 竞争性

招标文书发出后,客观上引发了投标单位之间展开的中标竞争,从而收到了择优录用、质优价廉之效,促进了招标单位加强管理、好中选优,促进了投标单位改善经营、增强竞争能力。为了取得中标机会,开标之前投标书是严格保密的,因此投标书带有强烈的竞争色彩。

(三)招标书的结构和写法

公开招标书的结构一般由标题、正文、结尾三部分组成。

1. 标题

(1)标题一般由招标单位全称、招标项目名称和文种组成,如《山西省××市交通局汾河大桥建造工程招标文件》。

(2)有的公告只有招标单位和文种两部分组成,如《上海五润石油化工厂招标公告》。

(3)有的只写文种"招标通告""招标启事""招标广告"。

2. 正文

正文一般包括导言、主体、招标步骤等。

(1)导言也称前言或小序,主要写招标目的、根据、项目名称、招标范围。在《山西省××市交通局汾河大桥建造工程招标文件》的前言部分就是这样写的:"为解决汾河大桥堵塞、拥挤的状况,确保工程质量,依照市政府×政发(1998)7号文件精神,我局决定对汾河大桥建筑工程在全省范围内实行公开招标,具体事项如下:……""为……工程质量"是招标的目的,"依照……精神"是招标的依据,"我局……招标"是招标的工程项目名称和招标范围。

(2)主体。主体部分按照《招标投标法》第十九条第一款的规定,应当包括"招标项目的技术要求、对投标人资格审查的标准、投标报价要求和评标标准等所有实质性的条件以及拟签合同的主要条款"。因此要逐条写明招标的具体内容和有关事项。

（3）招标步骤，一般包括招标、投标的起止时间，投标者购买招标文件的时间，有关条件和要求，以及开标的方式、地点、时间等。

3. 结尾

按顺序写明招标单位的名称（盖章）、地点、发文日期、邮政编码、电话、号码、电报挂号、联系人，等等。

（四）投标书的结构和写法

投标单位得知招标公告后，应在招标文件规定的时间内报送投标申请书。它的主要内容包括：投标单位的基本状况、技术力量、承受能力和参加投标的态度等。它的结构有标题、招标单位名称、正文和结尾四部分。

（1）标题。标题一般直接写"投标申请书"。

（2）招标单位名称顶格写，加冒号。

（3）正文。正文用简明的语言表明态度，提出保证事项及对招标者作出承诺。标的不同，正文的侧重点也不同。工程项目投标书要侧重企业资信的介绍，单项工程造价和总承包价，工程质量达到的等级，安全措施，计划开工竣工日期及施工组织和工程进度等；商品交易的投标书要侧重自己企业的资信、履约时间、地点等方面的承诺。

根据招标公告的条款内容亦可列表或附表。正文的结尾可写"特此申请"等字样。

（4）结尾。结尾要写明投标单位、负责人姓名（签章）、地址、邮政编码、电话号码，最后写明投标申请发出的年月日。

（五）撰写招标、投标文件注意事项

（1）注意法律禁止性的规定和限制性的规定。否则，将导致招标文件和招标活动无效的法律后果。

（2）招标文件的语气要谦和，切忌唯我独尊，强迫命令，挫伤投标者的积极性。

（3）撰写投标文件要严肃认真，文字要准确，不可有虚假的成分，否则要负法律责任的。

（4）必须在招标文件规定的时间内发出投标申请及有关的附表，误期无效。

二、财经消息

（一）财经消息概念

财经消息是一种简明报道财经领域最新发生或出现的新闻事实的新闻体裁，也是财经报道最常见的文章样式。从报道内容看，财经消息所报道的是包括经济活动、经济信息、经济政策、经济管理、经济现象、经济观念等经济领域中的情况与问题；从报道的范围来看，它包括工业、农业、商业、财政、金融、消费以及国内外市场等各个方面。

财经消息报道的信息具有三个不同价值层次：一是处于量变范围内某一财经事务的进展性信息；二是具有重大意义的经济事件或是处于质变范围内某一财经事务发生的重大变革的信息；三是财经领域某一新事物初露端倪的信息。

（二）财经消息的内容要素

财经消息的内容要素是指构成财经消息必需的材料。经济消息需要有六要素才能构成一条完整的消息。

经济消息的六要素是指：何事—what；何时—when；何地—where；何人—who；何故—why；如何—how。

这六要素简称"五个W一个H"。一般而言，具备了这六个内容要素，就基本能满足受众对事件了解的欲望，一条消息也算是写得完整了。

需要说明的是，不一定每条经济消息都需六要素齐全，因为有的事件只作简要报道，不写细节，可以不必交代如何要素（如何—how）。

也有些事件，报道时尚未弄清事件发生的原因，一时难以交代何故要素（何故—why）。但是只要可能，六要素是应该逐个交代清楚的。

（三）财经消息的写作要求

在长期的新闻写作实践中，消息的写作形成了相对稳定的体式。一篇消息通常由下列几部分组成：标题、消息头、导语、主体、结尾。

1. 标题

经济消息的标题是在经济消息正文之前对消息内容加以概括的简短文字。消息标题包括单一型标题、双行标题、三行标题。单一型标题一般为单行标题，也有作两行的；复合型标题为多行标题，包括了主标题与辅标题两部分。

按内容区别，消息标题包含实标题和虚标题两类。实标题重在叙事，着重具体表现新闻事实中的人物、事件、地点等要素，让人一看就明白主要事实是什么，属题材型标题；虚标题重在说理、抒情，着重揭示新闻事实中所蕴含的道理、思想、精神等，让人明了新闻事实的意义及价值，属主题型标题。在此要注意的是，要处理好标题间的虚实关系，要体现出动态，作出题眼。

2. 消息头

消息头是消息文体的外在标志，位于消息的开头部分。

消息头主要分为"电头"和"本报讯"两大类：电头是表明电讯稿发出的单位、地点和时间的，加括号或用显著字体标出，置于稿件开头。新闻通讯社主要以电报、电传、电话等方式发稿，故通讯社总是以"××社×地×月×日电"作为消息头。"本报讯"是报社自己的记者或通讯员采写的稿件的标志。如系外埠采访、外地寄稿，也须标明发稿的地点、时间，写成"本报×地×月×日专讯（或专电）"。

"电头、本报讯"的作用在于：

（1）可以表明新闻稿的发出单位，借以显示消息的身份。

（2）有了电头或本报讯，可以承担发表新闻作品的责任，接受社会监督。

（3）电头注有发稿的地点、时间，可以说明新闻的来源、时效，借以传达某种信息。

3. 导语

导语紧接在消息头的后面，是以简要的文句，突出最重要、最新鲜或最富有个性特点的事实，揭示新闻要旨，吸引受众接收全文的经济消息开头部分。

通常情况下，导语是消息开头的第一段；有的短消息不分段，那么其导语便是开头的第一句话；有的消息段落很简短，其导语也可以是两个段落。由两个自然段组成的导语，称复合导语，它们一般虚实相济，第一段虚写，造成悬念，吸引受众；第二段实写，抖开包袱说明何事。

导语是消息体裁所特有的概念，是消息区别于其他新闻文体的又一重要特征。人们之所以重视消息的导语,是因为导语肩负着十分重要的任务,起着举足轻重的作用。导语的任务有以下几项:第一,开门见山,尽快地报告新闻事实。第二,吸引受众注意,最大限度地激发受众的接收兴趣。第三,一语立意,为整篇报道定下基调。导语如何写,直接影响经济消息其他部分的材料取舍和笔墨轻重。

4. 主体

消息导语之后的部分称为主体,也有人称之为主干、正文,是展开新闻内容、阐述新闻主题的关键部分。消息要有一个精彩的导语,以便吸引受众;然而,精彩的导语之后,还必须有一个丰满的、文字讲究的主体,否则,同样不能算作成功的消息。

主体必须紧扣导语做文章,不能转向,这是主体写作的大原则。在这个原则之下,主体的任务有以下三点:首先,对导语提出的问题进行解释。有些新闻导语所阐述的事实本身就提出了问题,需要主体部分进行解释。其次,具体展开导语中交待的主要事实。消息导语中所交待的事实,一般均是简明扼要,概括性强,要靠主体部分进一步具体展开。最后,补充导语里没有揭示的事实。一条消息往往要涉及若干个事实,有主要事实,有非主要事实;有新的事实,有旧的事实;有新闻事实,有背景事实,等等。在导语里一般只能突出最主要的事实或最新鲜的事实。要把消息所报道的题材交代清楚,使消息更完备,深刻地揭示主题,或给受众更多的信息,都要靠主体部分去完成。因此,消息的主体部分承担了补充导语的任务。需要注意的是,主体部分在语言表述上要避免跟导语重复。

5. 结尾

经济消息的结尾是指为了深化新闻主题、强化新闻价值或扩大消息的信息容量,根据新闻内容,精心设计的消息的收结部分。它通常是消息的最后一段或最后一句话。结尾并非是所有消息都必须具备的一个独立的组成部分。相当多的消息可以简洁明快地表述新闻事实便就此收住、戛然而止,可以不必另加结尾。结尾能够加深受众对新闻的感受和理解,能够深化新闻的主题、增强新闻报道的社会效果。

(四)财经消息写作的注意事项

运用口语化表述写消息,增强新闻可读性。从经济问题和社会问题的结合点上选择新闻题材。尽量多地使用能使经济消息形象生动的写作手法。例如,采用再现情景,运用比拟修辞方法,写微妙的变化,写表情、态度和心理活动。要善于运用群众语言,深入挖掘生动的经济新闻素材。

(五)写作训练

到所在的高校食堂采访食堂经理,着重了解目前食堂的经营状况,写一篇500字左右的财经消息,要求至少是双行标题。

三、财经通讯

(一)财经通讯概念

在各种新闻体裁中,通讯也是常见、常用的一种。财经通讯是以叙述、描写为主要表达方式,将财经领域中具有新闻价值的典型人物或事件及时、具体、生动地予以报道的新闻体裁。财经通讯作为财经报刊、电视频道等媒体最主要的体裁之一,新闻性显然是其基本的特征。

财经通讯具有描述的生动性。财经通讯除用理性的目光审视客观财经素材之外,在通讯中大量保留感性材料并把它们写进作品中。例如,写人物的言谈举止,写事件的情节、细节等。财经通讯是以通讯的体裁来宣传经济领域近期出现的典型人物、典型事件,以达到宣传社会、推动社会经济建设向前发展的目的。财经通讯既要具备通讯具体、真实、生动、快捷的特点,又要具备经济新闻的独到之处。

学习财经通讯,也要与财经消息相区别:从题材上看,通讯侧重于人,消息侧重于事;从内容上看,通讯具体性强,消息概括性强;从结构上看,通讯在叙述基础上抒情、议论,消息多用于叙述;从语言上看,通讯生动形象有文学色彩,消息概括明了。

(二)财经通讯的种类

根据报道对象与写作内容的不同,财经通讯主要可分为财经人物通讯,财经事件通讯、财经工作通讯、财经风貌通讯、财经专访等几种类型,本文详细介绍前三种。

1. 财经人物通讯

财经人物通讯是以人物的思想、言行、事迹和命运为报道内容的通讯。财经人物通讯的报道对象,可以是个体,也可以是群体。采写财经人物通讯,需要注意以下几点:第一,所选择的报道对象需要具备贴近社会生活、符合时代的鲜明特质,否则就会使作品失掉新闻价值;第二,调动各种手段写好人物,特别是人物的个性特征,否则人物无法鲜活起来;第三,善于通过形象具体的描绘,展现人物特有的精神世界,否则就会削弱作品的典型意义与价值。

2. 财经事件通讯

财经事件通讯是以财经事件为内容的报道,它比事件消息的写作容量大。消息为了争取时效,要求写作迅速、简洁,只能概略地报道事件发生或结果的情况。因此,有些重大财经事件,单发消息不能满足读者的阅读欲,这就需要通过事件通讯的报道,对该财经事件发生、发展的来龙去脉进行具体而详细的介绍。可以说,事件通讯往往是事件消息的"放大"和"延伸"。

3. 财经风貌通讯

风貌通讯也称"旅行通讯""概貌通讯"。它主要反映现实生活中的新风貌、新气象、新变化,这种通讯由于经常用于介绍游览名山大川、名胜古迹,因此经常被称为旅游通讯。往往是从旅行者的视角讲述某个地域、某个行业等的发展变化以及相关的风土人情。在媒体上常见的有"见闻""纪行"等,风貌通讯用于财经生活领域,即可称为财经风貌通讯。

(三)财经通讯的写作要求

通讯的结构和形式灵活多样,不拘一格。一般一篇完整的通讯应由以下部分组成:

(1)标题:通讯的标题与一般的记叙文比较凑近,可以直接揭示新闻事实,也可以含蓄、委婉或发人深省。

(2)开头:通讯的开头,同一般记叙文的写法,作者可自由处理。

(3)正文:通讯的正文是对报道对象全面、完整的反映,常见的结构有:纵式结构,即按事物发展的时间顺序或逻辑递进关系组织材料;横式结构,将不同的空间、场景、人物、事件的材料组织在一起;纵横结合式,即将纵横两种结构有机地组合在一起,以其中一种形式为主,构成通讯的主线,另一种为辅,穿插在其中。

(4)结尾:通讯的结尾可以随着情节的发展自然收尾,也可以专门对全文进行总结,将事件提升到一定的高度或揭示出事件的典型意义。

(四)写作训练

1. 要求

采访一位企业家、一个经营成功的个体户或一位经济学家,写一篇1 500字左右的人物通讯。

2. 写法指导

采访内容,按题意,应该是企业家的先进事迹、个体户的成功经验、经济学家的学术成就等。通讯要报道典型,所以我们选择采访对象时一定要拿他(她)和同类人物比较,看是否够典型。虽然是作文练习,要求不一定很高,但我们还是要尽量选典型的人物。

人物采访不容易,要讲究方式方法。在采访过程中,可能碰到一些经济专业知识,不懂的要虚心向采访对象请教,要钻研业务。

采访了大量材料之后,就要进行构思,看应该提炼个什么主题,怎样安排结构,用什么方式来表达,特别是怎样写好几个生动的细节。一边构思,一边摘要记下来,这就是写作提纲。1 500字左右,只能写小通讯。写好一个侧面、一个重点就行了,不必面面俱到。

第三节 财经研究文书

研究是一个探索新知识的过程,需要有条理地组织执行,以便能够对所获得的知识进行严谨的检验。财经研究文书是指在进行业务管理、生产经营、商贸往来等经济活动中,为处理经济事务、协调经济活动、传递经济信息而经常使用的具有较为固定格式的专用文书。其主要包括:市场预测报告、可行性研究报告、经济活动分析报告。

一、市场预测报告

(一)市场预测报告的概念

市场预测报告就是依据已掌握的有关市场的信息和资料,通过科学的分析方法进行研究,从而预测未来发展趋势的一种预见性报告。市场预测报告是在市场调查的基础上,综合调查的材料,用科学的方法估计和预测未来市场的趋势,从而为有关部门和企业提供信息,以改善经营管理,促使产销对路,提高经济效益。市场预测报告实际上是调查报告的一种特殊形式。

(二)市场预测报告的特点

1. 预见性

市场预测报告的性质就是对市场未来的发展趋势作出预见性的判断,它是在深入分析市场既往历史和现状的基础上的合理判断,目的是将市场需求的不确定性极小化,使预测结果和未来的实际情况的偏差概率达到最小化。

2. 科学性

市场预测报告在内容上必须占据充分翔实的资料,并运用科学的预测理论和预测方法,以周密的调查研究为基础,充分搜集各种真实可靠的数据资料,才能找出预测对象的客观运行规律,得出合乎实际的结论,从而有效地指导人们的实践。

3. 针对性

市场预测的内容十分广泛,每一次市场调查和预测,只能针对某一具体的经济活动或某一产品的发展前景,因此,市场预测报告的针对性很强。选定的预测对象越明确,市场预测报告的现实指导意义就越大。

(三) 市场预测报告的分类

1. 按预测的范围来分

(1) 宏观市场预测报告。宏观市场预测报告是对大范围或整体现象的未来所作的综合预测,常指有关国民经济乃至世界范围内的各种全局性的、整体性的、综合性的经济问题的报告。

(2) 微观市场预测报告。微观市场预测报告是某一部门或某一经济实体对特定市场商品供需变化情况、新产品开发前景等分析研究的预测报告。

2. 按预测的时间分

(1) 长期预测报告,是指超过 5 年期限的经济前景的预测报告。

(2) 中期预测报告,是指对 2 年至 5 年时间内经济发展前景的预测报告。

(3) 短期预测报告,是指对 1 年内经济发展情况的预测报告。

3. 按预测的方法分

(1) 定量预测报告。定量预测报告包括数字预测法预测报告和经济计量法预测报告。数字预测法预测报告,是采用对某一产品(商品)已有的大量数据进行分析研究,用统计数字表达,从中找出产品(商品)的发展趋势而写成的报告。经济计量法预测报告,是根据各种因素的制约关系,用数学方法加以预测而写成的报告。

(2) 定性预测报告。定性预测报告是对影响需求量的各种因素,如质量、价格、消费者、销售点等进行调查、分析研究,在此基础上预测市场的需求量而写成的报告。

(四) 市场预测报告的结构与内容

市场预测报告一般包括标题和正文两大部分。

1. 标题

(1) 常用式。这种标题是市场预测报告中最经常使用的标题形式。这种标题形式明确标明文体种类和主要内容,如"××市居民家用电器需求市场预测报告"。其中,"××市居民家用电器需求"为预测内容,"预测报告"为文体种类。又如,"山东省 2010 年汽车销售情况预测报告"。

(2) 文章式。这种标题不交待预测地区,预测时间也不明确说明,如"新能源发展的新趋势""世界电能需求趋势"。文章式也可以采用正副标题相结合的方法拟标题,如"手机屏销售今后 3 年平均增长率为 10%——对××市的市场预测"。正副标题是虚实相告的拟题方法,正标题点出预测结论,副标题说明预测的对象或者范围。拟写市场预测报告的标题时,有时不一定使用"预测"一词,而是用包含预测意思的其他词语代替,如"展望""变化""趋势"等。

(3) 新闻式采用新闻报道的标题作为市场预测报告的标题,如"我国商业的运营现状及趋势研究""今春空调市场竞争新思维:服务战全面升级"。

2. 正文

正文的内容大致分为概况综述、趋势预测、意见或建议三个部分。三个部分内容反映在结构上可分为引言、主体和结尾三个部分。

（1）引言又称前言，是文章的开头部分。其任务是用概括的文字简要交代一些预测报告的有关情况。诸如预测时间、地点、对象、目的、背景等，也可以用简洁的语言介绍全文的基本观点，使读者一目了然。

（2）主体。主体一般由三部分组成。

① 概况综述。概况是预测的基础，是在大量的调查研究之后对产品过去和现在的产销情况、改进演变过程、消费变化情况、相关企业的状况加以详细的叙述。市场的发展变化一般都是在原有的基础上进行的，是有规律的，认识过去和现在就可以预测未来。所以市场预测报告一般应介绍预测对象过去和现在的情况。介绍主要用叙述的方法，也常常结合运用数字和图表。概况介绍常常涉及的内容有：市场的需求潜力，消费者的购买趋向；价格与产销的关系；同类行业的经营状况，企业的生产能力等。概况综述要根据预测的目的和预测对象的特点组织内容，做到客观、全面、准确，突出重点。

② 趋势预测是全文的核心部分，它是在深入分析预测对象的过去与现在的基础上，形成对预测对象未来前景的估计。写作这一部分，要充分运用调查所得来的数据与资料，分析预测对象的生产、销售、消费等情况，总结出规律性的东西；或分析对象的产销市场的发展趋势及产销中遇到的种种复杂问题。分析的重点是产销的现状以及影响产销的各种因素。在分析的基础上，提出富有针对性、科学性与可行性的对策。写作这一部分，要力求立论科学，分析全面，根据充足。要充分估计到市场变化的复杂因素，切忌简单化、理想化。

③ 意见或建议，根据预测的结果，提出切实可行的建议或者解决问题的措施、方法。这部分是市场预测报告写作的目的和现实意义的集中体现。

建议或措施应该具体、实在、可行，能真正为企业解决在发展中所产生的问题指明方向，提供办法。为了做到这一点，写作时要紧扣概况和预测中的调查事实和所揭示的矛盾，有针对性地提出办法。市场预测中的"概况""预测"与"建议"是有着严密逻辑关系的三个部分，互为因果，有机统一。三个部分在结构上可以独立地组成三个层次，也可以合并或者调整顺序，既可以按"概况""建议"的顺序写，也可以按"概况""预测""建议"的顺序写。

（3）结尾，即文章的结束语。许多市场预测报告并没有专门的结尾，往往是建议写完了就自然结束。如果要写结尾，可以照应开头，做到首尾呼应；也可以用概括的文字归纳全文的内容。

二、可行性研究报告

（一）可行性研究报告的概念

可行性研究是在某一项经济活动实施之前，通过全面的调查研究和对有关信息的分析，以及必要的测算等工作，对项目进行技术论证和经济评价，以确定一个技术上合理、经济上合算的最优方案，为决策提供科学依据的一种行为。反映可行性研究的内容和结果的书面报告，就是可行性研究报告。可行性研究报告主要是为实施某一项目经济活动的决策提供依据。某项经济活动的规模越大、投资越多、周期越长，可行性研究报告的决策依据作用就越显得重要。

（二）可行性研究报告的意义

（1）有利于政策的科学化。可行性研究作为一种科学方法，可以提高决策水平，同时，对于国家行政机关在制定重要政策和推行新体制是有助于提高政策的科学化程度。

(2) 提供决策的科学依据。通过对预期实施项目的必要性与可能性的研究报告，实施后的经济和社会效益，实施的条件和措施，实施中可能发生的意外情况的处理等问题，作出科学、明确的论证和比较，全面整体评估和衡量，为决策提供科学依据。

(3) 有利于投资项目全面、顺利地实施。可行性研究报告在项目的实施过程中担负着重要的使命，它是计划管理部门批准的依据。向政府计划部门申请建设项目，不附可行性研究报告，政府不予审批。向银行申请贷款，向证券募股，都需要提供可行性研究报告。可行性研究报告也是有关部门编制计划任务书和项目设计的依据。

(4) 可行性研究报告被批准之后，它是与有关单位和部门签订协议，进行设计、施工等工作的依据。

(三) 可行性研究报告分析的依据

对一个拟建项目进行详细可行性分析，必须在国家有关的规划、政策、法规的知道下完成。同时还要有相应的各种技术资料。详细可行性分析工作的主要依据有：

(1) 国家有关的发展规划、计划文件，包括对该行业的鼓励、特许、限制、禁止等有关规定。

(2) 项目主管部门对项目建设要请示的批复。

(3) 项目建议书及其审批文件。

(4) 项目承办单位委托进行详细可行性分析的合同或协议。

(5) 企业的初步选择报告。

(6) 主要工艺和装置的技术资料。

(7) 拟建地区的环境现状资料。

(8) 项目承办单位与有关方面的协议，如投资、原料供应、建设用地。运输等方面的初步协议。

(9) 国家和地区关于工业建设的法令、法规，如"三废"排放标准、土地法规、劳动保护条例等。

(10) 国家有关经济法规、规定，如中外合资企业法、税收、外资、贷款等规定；国家关于建设方面的标准、规范、定额资料、市场调查报告等。

(四) 可行性研究报告的写法

1. 标题

完整的标题通常是由编写单位、项目名称和文种三个要素构成的，如《××市体育公园建设项目可行性研究报告》。有的标题可以省略项目主办单位，如《建设容纳5 000人多功能视觉媒体会场的可行性研究报告》。

2. 项目基本情况

其通常包括项目名称、主办单位、技术和经济负责人、进行可行性研究的人员等内容。有时，这一部分也可放到正文的前言部分去写。

3. 正文

从大的方面来看，正文通常包括四个方面的内容：一是项目内容的说明；二是项目的技术论证和经济评价；三是各种方案的比较；四是结论。大中型基本建设项目的可行性研究报告，内容丰富，写法复杂。这类报告的正文部分一般包括以下几项内容：①前言；②现状评价;③发展规模与建设规模;④建设条件与协作条件;⑤地址方案;⑥建设方案;⑦技术工艺和设备方案;⑧实施计划;⑨资金投入与经济效益;⑩结论。

4. 附件

一些不宜放在正文当中,但又具有一定的参考价值或补充作用的材料,可作为附件附在最后,可行性研究报告有时需要一些辅助资料作为正文的论据,主要有相关政策文件、调查资料、统计图表、设计图纸等,这些可作为附件列在正文之后。

(1) 厂矿地址选择报告。

(2) 厂区平面规划图。

(3) 资金、能源、原材料等来源的落实情况,如已签订的合同,有关主管部门的意见书等。

(4) 有关部门对引进技术、设备的审核或对自行研究的新技术、新设备清单,即所需要设备的型号、规格、技术性能、制造厂家与价格。

(5) 各种技术测试数据。

(6) 各种财务测算报告。

(7) 聘请国内外专家和人员国内外培训计划等。

(五) 可行性研究报告的写作要求

第一,要放宽眼界。进行可行性研究要善于把问题放到广阔的经济背景上去考察,同时在对拟建项目加以研究时,不但要着眼于现在,还要着眼于未来。

第二,要实事求是。为能得出客观、正确的结论,进行可行性研究一定要从实际出发,以实事求是的态度研究问题、分析问题。

第三,要讲求科学。进行可行性研究,必须掌握和运用各种科学的研究方法。

第四,要论证有力。分析研究的同时要拿出准确有力的论证依据。

(六) 写作训练

××麦芽有限公司是山东省一家为啤酒厂家提供麦芽的企业,它拥有引进的世界第一流的生产技术设备,生产费用低,质量有保证,价格有竞争力。公司从 2015 年投产以来,业务蒸蒸日上,销售量稳步上升,但由于产量大幅度增加,原有立仓的储量已不适应企业发展的需要,急需进行扩建。据此,请帮助××麦芽有限公司进行调研,写出扩建立仓的可行性研究报告。

三、经济活动分析报告

(一) 经济活动分析报告的含义

经济活动分析是以党和国家的经济方针政策和正确的经济理论为指导,以现实和历史的计划、会计、统计资料以及有关原始记录和调查材料为依据,对某一地区、某一行业、某一单位、某一部门的所有经济活动或某一项经济活动的情况,进行客观分析的一种行为。反映分析内容和结果的书面报告,就是经济活动分析报告。

(二) 经济活动分析报告的功能

1. 诊断功能

不论是为了全面提高一个企业的素质,还是为了提高一项经济活动的效益,或是为了解决一个经济问题,往往都要先进行经济活动分析。通过分析,可以把握情况,找到问题症结之所在,摸清其中的规律。

2. 建议功能

由于这种建议是建立在科学分析的基础之上的,所以往往是建设性的、实际可行的,容易为领导者和决策者所接受。

3. 反馈功能

一个地区或一个部门,实施某项经济决策之后效果如何,需要通过经济活动分析作出评价,进行反馈。

4. 预测功能

经济工作离不开预测。领导者或管理者在制定发展战略、规划和政策时,总是要面向未来,着眼于今后,直接服务于经济决策的经济活动分析报告,应当在分析现状的同时,探寻经济活动的规律,对经济活动的发展趋势有所考虑。

(三)经济活动分析报告的一般写法

1. 标题

标题主要有两种。第一种是完整式标题,主要是由分析单位、分析时限、分析内容和文种等几个要素构成。这种标题还可以有所变化,如省略时间或"报告"二字。宏观经济活动报告通常是不写单位的,有的还加上"关于"二字,也有的标题不写"分析"或"分析报告",而写"意见""建议""看法"等。第二种是简要式标题。它只概括分析报告的主要内容,而省略了单位名称、分析时限和文种等几项内容。

2. 正文

比较常见的写法是由以下几个部分组成的:①前言。其写法比较多样。有的是以简练的语言介绍经济活动的背景,有的是说明分析对象的基本情况,有的是交代分析的原因和目的,有的是明确分析的范围和时间,有的是评述分析内容,有的提出问题,有的揭示分析结论,也有的省掉了前言部分。②情况。其包括主要经济指标完成情况,技术或管理措施实施情况,业务工作开展情况等。③分析。经济活动分析报告以分析为主,而不能只堆砌材料,罗列事实。分析要有理有据,深入细致。④建议。在这个部分中,一般是根据分析的结果,回答今后的经济活动将会"怎么样"或者应当"怎么样"的问题,这也是比较重要的一个部分。

3. 落款

落款一般有两项内容:一是标明撰写经济活动分析报告的单位名称或人员姓名;二是标明写作日期。

(四)经济活动分析报告的写作要求

第一,要准确、全面地掌握材料。所用的材料可靠、系统,是做好分析工作的基础。进行经济活动分析,必须占有足够的资料,还要对资料进行认真的核实和查对。

第二,要合理地运用分析方法。分析方法有很多种,常用的有:①对比分析法,是通过具有内在联系,因而具有可比性的因素的比较,发现问题,判明是非,作出评价,得出结论的分析方法。②因素分析法,是通过分析影响经济活动的各种因素,并测定它们对经济活动的影响程度,从而认识经济活动的特点,探明经济活动取得成果或出现问题的原因的分析方法。③动态分析法,是以发展的眼光对经济活动的变化情况及其趋势进行研究,就今后的经济活动提出各种设想和措施的分析方法。

第三,要及时完成报告。

(五)经济活动分析报告的特点

1. 专业性

经济活动分析报告专用于经济领域,涉及工业、商业、农业、金融、财税等不同部门的各种专业问题,专门分析生产、商品流通、资金运转等过程中各项经济指标的完成情况或整个经济活动中的各种专门问题,如物价、消费等。

2. 时效性

经济活动分析报告的时效性和经济活动本身的特点是一致的。写经济活动分析报告要迅速及时,再透彻、全面的经济活动分析报告,一旦过了时,只是一纸空文,毫无价值。

3. 真实性

真实性是经济活动分析报告赖以存在的生命基础。撰写经济活动分析报告必须尊重事实,实事求是,分析必须量化。即用数据说明经济活动情况,以指标数据为核心展开分析,以数量的增减评判执行计划的结果,以数量变化来剖析原因。如果分析报告中引用的材料不真实,数字不准确,不仅会给企业的生产经营造成无法弥补的损失,而且会给政府职能部门的决策带来无法估计的损害。

4. 指导性

经济活动分析的一个主要作用,就是通过分析总结,找出影响计划指标完成情况的主要因素和影响总体经济利益的薄弱环节,进而制定相应的措施,加强管理,提高经济效益。因此,它是经济部门和企业制定发展规划的重要依据,具有重要的指导意义。

5. 灵活性

经济活动分析报告可以不受时间(定期、不定期)、形式(专业、非专业;综合分析、专题分析)、篇幅(大型分析报告、简要分析说明)、方法(数据、文字)的限制。

(六)写作训练

经济活动分析报告通过分析总结,找出影响计划指标完成情况的主要因素和影响总体经济利益具体情况分析。请对你所在的高校食堂餐饮销售情况进行深入调研,根据食堂的餐饮种类、菜色品种、食堂经营状况、学生就餐情况等,写一份《××××高校食堂餐饮情况经济分析报告》。

第四节 外贸文书写作

一、外贸函电

外贸函电是一种商务信件,英文为 foreign correspondence。外贸函电就是有着国际贸易关系的双方由于彼此的业务往来而产生的信件,但在信息化高度发达的今天,该信件并不局限于纸质信件,也可以是电子邮件、传真。

(一) 外贸函电最常用的内容

建立业务关系、询盘、发盘、回复、销售合同、包装、保险、赔偿、仲裁等。

(二) 外贸函电特征

外贸函电包括专业性、公文性和目的两重性三方面的特征。

1. 专业性

由于外贸函电是商贸领域中的来往信函，服务于国际商业买卖，必然要体现出商贸领域的专业性。这种专业性体现在外贸函电的内容上，外贸函电的内容主要涵盖三方面：盘、谈和证。盘是指贸易中所有围绕商品的信息，如价格、贸易术语、包装、运输、投保等，盘涵盖了商品交易的所有专业细节。谈是针对商品交易展开的谈判。外贸商都会立足于自己的利益，采用各种策略说服对方接受自己的条件，谈判内容包括价格、包装、装运、保险、赔偿等。证是指围绕商品的价值所有权编制的各种单据，如货物价值的发票装箱单或重量单。

2. 公文性

外贸函电是信息传递的载体，对于商人来说，如何用最短时间获知目的信息尤为重要，这也体现了外贸函电的公文性。函电的结构一般由信头寒暄、意图表达、理由说明、信尾希望构成。由于这种结构，收信人可以跳过一些内容，直接挑拣所需信息，这样可以在最短时间内处理公司日常大量的来往信函，准确地把握商机。

3. 目的两重性

外贸函电包括直接目的和间接目的。直接目的就是信函中提出的要求或建议；间接目的是让这些要求或建议得到满足，主要体现在对潜在的利弊分析，即你根据我信函中所提的建议或要求做的话就能得到什么利益，不这样做就得不到这些利益。比如拿询盘写作来说，写信人的直接目的是直接获得产品的所有信息，而间接目的是希望对方报价能给予特别的优惠。所以在询盘写作中，写信人往往会突出自己公司有多优秀，销售能力有多强，市场有多诱人，从而使卖方在报盘时会重视这些因素，也为后面的讨价还价提供筹码。

【写作训练】

假设你是加拿大××公司的业务员 Peter，你公司正在大量求购制造某五金件模具。一位客户从网上了解到你公司的情况并给你公司发来邮件，希望建立业务关系。请根据该邮件给你的客户回信，就客户信中提到的 CA 系列中的 CA2211、CA2300 等型号商品进行询盘并索要样品以供检验评判，写信时间为 2015 年 10 月 14 日。

二、涉外项目意向书

(一) 文种概述

意向书是双方或多方就某一问题或合作项目进入实质性谈判之前，根据初步接触所形成的带有原则性、意愿性和用来表示合作意向的一种文书。它不是正式协议，更不是合同，仅仅表示双方或多方的基本意图和愿望。要实现意向，还得进一步协商。涉外项目意向书是指在涉外贸易活动中，当事人表示合作愿望而对合作项目所达成的意向性的文书，是国家与国家之间、单位与单位之间、单位与个人之间、个人与个人之间均可以为处理某些重要事项而签订的一种应用文书。

（二）意向书特点

一是协商性。各方对某一事项平等商议的记录，没有约束力、法律效力。

二是灵活性。不像协议、合同那样，一经签约不能随意更改，意向书比较灵活，在协商过程中，当事人各方均可按各自的意图和目的提出意见，在正式签订协议、合同前亦可随时变更或补充，最终达成协议。

三是简略性。只是合作各方对合作事项的一种意愿，无须对涉及的系列问题了作详细、具体的论述。

三、合资项目建议书

合资项目建议书又称立项报告，是项目建设筹建单位或项目法人，根据国民经济的发展、国家和地方中长期规划、产业政策、生产力布局、国内外市场、所在地的内外部条件，提出的某一具体合资项目的建议文件，是对拟建合资项目提出的框架性的总体设想。写作时间往往是在项目早期，由于合资项目条件还不够成熟，仅有规划意见书，对合资项目的具体建设方案还不明晰，市政、环保、交通等专业咨询意见尚未办理。项目建议书主要论证项目建设的必要性，建设方案和投资估算也比较粗，投资误差为±30％左右。

合资项目建议书是由合资项目投资方向其主管部门上报的文件，目前广泛应用于项目的国家立项审批工作中。它要从宏观上论述合资项目设立的必要性和可能性，把合资项目投资的设想变为概略的投资建议。合资项目建议书的呈报可以供合资项目审批机关作出初步决策。它可以减少合资项目选择的盲目性，为下一步可行性研究打下基础。

对于大中型项目和一些工艺技术复杂、涉及面广、协调量大的项目，还要编制可行性研究报告。合资项目建议书是项目发展周期的初始阶段基本情况的汇总，是国家选择和审批合资项目的依据，也是制作可行性研究报告的依据。涉及利用外资的项目，只有在合资项目建议书批准后，才可以开展对外工作。

合资项目建议书的主要内容有如下几项：

(1) 项目投资方名称，生产经营概况，法定地址，法人代表姓名、职务，主管单位名称。

(2) 项目建设的必要性和可行性。

(3) 项目产品的市场分析。

(4) 项目建设内容。

(5) 生产技术和主要设备。说明技术和设备的先进性、适用性和可靠性，以及重要技术经济指标。

(6) 主要原材料及水、电、气，运输等需求量和解决方案。

(7) 员工数量、构成和来源。

(8) 投资估算，需要说明需要投入的固定资金和流动资金。

(9) 投资方式和资金来源。

(10) 经济效益初步估算。

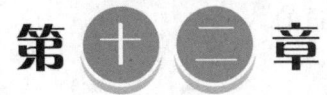

第十二章

通用类应用文

第一节 通用类应用文概述

一、通用类应用文的概念

通用类应用文也称事务类文体或事务文书,即行政公文(依据 2012 年 4 月 16 日中共中央办公厅、国务院办公厅以及中办发〔2012〕14 号文件印发的《党政机关公文处理工作条例》)与专业文书(如外交文书、财经文书、法律文书等)之外的,在党政机关、社群团体、社会机构、企事业单位、公司、个人处理日常事务时,均可以使用的一般性文书,如启事、海报、声明、条据等。

通用类应用文是人们在日常的工作、学习和生活中,办理公务、处理私事时所使用的一种实用性的事务文书,由于其通俗易懂,实用性强,也有人把它称作实用文。

通用类应用文同人们的日常生活关系十分密切。由于社会的不断进步和科学文化的迅速发展,通用类应用文的使用范围也越来越广泛。今天,无论国家机关、企事业单位或者个人,在传递信息、交流思想、介绍经验、联系工作和进行各种写作时均离不开通用类应用文。

二、通用类应用文的特点

(一)用途广泛而务实

通用类应用文是一种用途最广而又最大众化的文体。通用类应用文是将应用文中最为常见、人们经常使用的应用文集中起来进行介绍。这类应用文是平民百姓日常交往中常用的,一般不具备专业性、官方性等特性。这一类的文体,适用范围广泛,应用频率较高,但并不像行政公文有严格的法定限制,行文较为灵活,功能较为多元,故称其为通用类实用文体,或称通用类事务文书。本章的主要内容即为启事、声明、条据这几种文体的写作。

(二)有特定的对象和行文目的

文学作品的对象模糊不清,作家在写作时确立的读者对象是泛泛的,并没特定的读者。而通用类应用文则不同,它的对象是十分明确的,写给谁看的,行文者一清二楚。一般的书信类自不必说,就算海报启事也是以其特定的读者为写作对象的。就写作目的而言,通用类应用文也是明确的,它就某一个事件为其主要内容,发文所希望达到的结果也是明确的。因此，通用类应用文写给谁、写些什么、达到怎样的效果，事先是已知道的。

(三) 有较为固定的写作格式

通用类应用文的写作格式固定。固定的格式是应用文的显著特点。它是历史留传、人们习以为常、约定俗成的，任何人不可随意违反它的固定的格式，否则就达不到应用文的写作目的。当然，随着社会的发展和进步，一些陈旧的约束人们精神甚至是反映封建尊卑关系的繁文缛节的格式，我们要敢于突破，敢于创新。

(四) 有较强的时效性

通用类应用文总是针对工作学习或生活中所出现的具体事情而写的，它往往是问题已摆在眼前或即将发生，必须想办法处理或解决时才使用的。如开会要先写通知，请假要先写请假条，入党入团要先写申请书等。强调这种及时性是日常应用文的基本特征。

(五) 语言要朴实、简明、准确、严谨

通用类应用文的文风要朴实自然，所讲事情要符合实际情况，数字要确实无误，办法要切实可行。实事求是是应用文的起码要求，但不能为了达到某种目的而夸大或缩小一些真实情况。通用类应用文要做到文实相符、文如其事，来不得半点虚假。

准确同平实是相统一的，通用类应用文要做到实事求是，就必须在准确上下工夫，不能走样。例如，写一则启事是什么就写什么，不可随意地歪曲内容；写一则招生海报也要将各种要求、条件如实列出，不可为了吸引生源，而发布虚假的信息。写通用类应用文要有实事求是的态度。如果偏离了内容准确这一原则，无论说得如何头头是道，也会给工作带来某些不必要的损失。

写通用类应用文要做到语言准确，词语的选择就显得十分地重要。例如，"我们到该木器厂地下室检查时发现，里面陈列着很多套顾客退还的不合规格的组合柜、转角沙发、写字台、皮转椅。"这是一句多处有错的句子，错在有些词语的选用上。这里显然应当将"陈列"改为"摆着"或"放着"或者"堆着"；"退还"应改为"退回"；而"不合规格"可改为"质量不合格"。而"套"字对组合柜、转角沙发是合适的，而用来修饰写字台、皮转椅显然不合适。

第二节 启事与声明

一、启事

(一) 启事概述

1. 启事的概念

启事是单位或个人告知公众或希望公众协助办理某件事时使用的告启文书。

2. 启事的特点

(1) 应用广泛。启事的写作和发放可以是单位或个人，启事的对象是社会公众，因此启事具有很强的广泛性和公开性的特点。

（2）种类多样。启事的种类很多，大体上可以分为三类。一是告知类启事，是指因有事要向社会宣布或告知，希望引起人们注意的启事，如迁址启事、开业启事、更名启事等。二是征召类启事，是指出因某种需要，公开征求人才、稿件等的启事，如征文启事、征婚启事、招聘启事、招领启事等。三是寻求类启事，是指寻找丢失物品或走失人员的启事，如寻人启事、寻物启事等。

（3）内容真实。启事中的内容必须客观真实，不能作假欺骗。

3．启事的写法

（1）标题。标题一般多由"事由＋文种"两项组成，如"招聘启事""寻物启事"。有时，文种省略不写，只有事由，如"招聘""寻物"。实际工作和生活中，这两种写法较为常见。有些启事的标题采用"单位＋事由＋文种"的写法，如"南京大学招生启事"，与前两种写法相比，这种标题的信息完整清楚。

（2）正文。启事的种类多，不同类的启事正文视具体内容而定，一般而言，启事的正文要简要说明启事的原因、具体事项、要求、联系地址等，关键在于具体明确。如果启事的内容多，可以分条目逐项表达，如果内容简短，全文安排一个段落即可。

（3）落款。落款可以是单位，也可以是个人，如果在标题里出现了发启事的单位或个人，落款中可以省略。落款要有日期。

（二）范文点评

范文1

| 浙江省社会科学院迁址启事

　　根据省行政中心办公区域布局调整，我院从2011年1月18日起，由省府路8号省行政中心2号楼搬迁至凤起路620号省行政中心11号楼（原杭州中级人民法院院址）。各所、处（室）联系号码不变。
　　敬请周知。

　　　　　　　　　　　　　　　　浙江省社会科学院
　　　　　　　　　　　　　　　　　　2011年5月2日
（范文来源 http://image.baidu.com/search/detail.） | 点评：
　　这是告知类启事，格式规范。标题采用"单位＋事由＋文种"的写法，完整清楚。正文内容简短明了，一段文字就说明事项，包括迁址原因和迁址事项，对新的地址作了进一步的说明"原杭州中级人民法院院址"，方便公众了解新址所在。以"敬请周知"结尾。落款有单位全称和成文日期。 |

范文2

| "我眼中的规范司法"有奖征文活动
征稿启事

　　为及时报道各地检察机关开展规范司法行为专项整治工作的创新举措，形象展示检察机关规范司法的成效，提高检察公信力，本报与浙江振丰亚滤料有限公司等单位举办"我眼中的规范司法"有奖征文活动。
　　本次活动自即日起启动，投稿截止日期为2015年11月20日。其间，正义网开通专用邮箱(gfsfzw@jcrb.com)接收稿件。征文要求以第一人称方式，讲故事、说新闻、聊感受，展示"四个全面"战略布局下检察机关严格司法、公正司法，不断提高法律监督能力的创新与实践；故事典型，叙述客观，冷静观察，感情真实；字数在800字左右。 | 点评：
　　这是征召类启事。标题省略了单位名称，由"事由＋文种"两项构成，正文主要由三部分内容组成：一是征文原因和背景，二是具体要求和联系方式，三是设立的奖项。 |

(续表)

活动期间,本报将从征文中选取优秀稿件,及时刊登在"我眼中的规范司法"栏目中。活动结束后将进行评奖,最终评出一等奖2名,二等奖5名,三等奖8名,优秀奖20名。一、二、三等奖作品将颁发获奖证书和奖金,优秀奖作品颁发获奖证书。

检察日报社
2015年5月7日

(范文来源 http://www.spp.gov.cn/tzgg1/201505/t20150507_96873.shtml。)

范文3

中国社会科学院社会学研究所2016年下半年
招聘人员启事

中国社会科学院是国务院直属事业单位。中国社会科学院社会学研究所成立于1980年1月18日,是中国社会学恢复以后成立的最早的社会学研究所,第一任所长是著名社会学家、人类学家、社会活动家费孝通教授。中国社会科学院社会学研究所是中国社会学的国家级学术研究机构,是中国最大的社会学研究所,发挥着智库的重要作用。2016年下半年继续面向海内外招聘研究人员3名,欢迎海内外有志于社会学研究的精英加入我们的团队。具体情况如下:

一、招聘人员条件:
1. 遵纪守法、具有良好的学术造诣和外语表达能力、身体健康;
2. 社会学或相近专业毕业,博士以上学位,有志社会学研究;
3. 年龄在35岁以下(1981年1月1日以后出生)。

二、招聘人员范围:
1. 归国留学人员;
2. 出站博士后。

有意申请者请于2016年8月15日前将个人简历、学术成果及联系方式发至 yinwei@cass.org.cn 邮箱或寄至北京市东城区建国门内大街5号中国社会科学院社会学研究所办公室。

邮编:100732 联系电话:010-85195579,85195556

联系人:殷维

中国社会科学院社会学研究所
2016年7月13日

(范文来源 http://www.cssn.cn/shx/shx_gbz/201607/t20160717_3124338.shtml。)

点评:
这是征召类启事。采用"单位+事由+文种"的写法,完整清楚。正文主要由三部分内容组成:一是对发启事的单位从性质、历史、地位作了简要客观的介绍,这对相关人才具有一定的吸引力。二是对人才的具体要求。三是联系方式。落款完整清楚。征召类启事的目的是征集符合要求的稿件或招聘到适合的人才,写作的关键是要写清楚具体的要求。

范文4

寻 物 启 事

因本人不慎,昨天(7月12日)下午在学校足球场东门附近遗失一个红色双肩背包,内有黑色小米手机一个、黑色钱包一个、《大学英语》教材两本和一件白色运动衣。请拾到者与我联系,联系电话:×××××××××,联系人:王××。定有酬谢。

李××
2016年7月13日

点评:
这是寻求类启事。标题由"事由+文种"组成,正文具体描述了丢失物品的大致时间和具体物品,并注明有酬谢。一般情况下,发启事的人与启事中的"联系人"是同一个人,这份启事显示失主的手机也丢失了,所以,这份启事所写的联系人可能是与自己联系方便的亲友。注意:范文中的联系电话和联系人以及失主姓名均用×××,实际应用中应写具体真实的号码和姓名,方便联系。

(三) 写作训练

1. 请你选择一个大学社团,为该社团写一份招收新成员的启事。
2. 学校文学社近期将组织一次有奖征文活动,请你写一份征文启事。
3. 王同学遗失物品,被李同学拾到了。两人各写了一份启事,请写出这两份启事。
4. 根据下列材料写一则启事。

学校审计硕士教育中心在校内公开招聘综合管理(其他专技岗位)工作人员1名,需要具备的条件:有很强的组织协调能力和团队合作精神;良好的沟通和文字表达能力,熟悉常用办公、统计软件;硕士及以上学位,中共党员。对有管理经验的人优先聘用。

拓展阅读

1. 启事与启示的区别

写作启事时不能写成"启示",启示是指启发开导,使人有所领悟,不是告启文书。

2. 公告、通告、启事的不同

这三者都是公开告知性的文书,都不需要写主送机关,但公告和通告的制发不是任何单位和个人都可以的,而启事的制发者可以是单位或任何个人,不受级别限制。

3. 启事一事一启。一份启事就写一件事情,不把几件事情放在一起写。

二、声明

(一) 声明概述

1. 声明的概念

声明是国家机关以及非国家机关的单位或个人在工作或生活中就重大紧要的事情公开、庄重、严肃地说明情况或表明态度的告启文书。

2. 声明的特点

(1) 应用广泛。声明的写作和发放可以是单位或个人,声明的对象是社会公众,因此声明具有很强的广泛性和公开性的特点。

(2) 种类多样。声明的种类较多,常见的大体上可以分为三类:一是遗失声明,当单位或个人的重要物品如公章、营业执照、护照、票据等遗失后,有可能产生不良后果,应及时声明作废。二是警告性声明,指由自身合法权益受到损害或侵犯等而发表的声明。三是其他类别的声明,如道歉声明等。

(3) 措辞严正。一般而言,发表声明的原因往往是事关紧要甚至是自身的合法权益受到损害,需要郑重告知或告诫,才能产生威慑。

3. 声明的写法

(1) 标题。标题一般多由"事由+文种"两项组成,比如"遗失声明""道歉声明"。有时,省略事由,只写文种,如"声明"。实际工作和生活中,这两种写法较为常见。有些声明的标题采用"单位+事由+文种"的写法,如"中国和东盟国家外交部长关于全面有效落实《南海各方行为宣言》的联合声明",与前两种写法相比,这种标题的信息完整清楚。

(2) 正文。声明的种类较多,不同类的声明正文视具体内容而定。一般来说,遗失声明要写明遗失者(单位或个人)的名称、遗失物品的具体名称,如果是证件票据还应写出号码、份数等,最后以"声明作废"结尾。警告或告诫类的声明通常包括三部分内容:首先是说明声明的缘由和被侵犯权益的事实;其次是声明者的态度和立场;最后以"特此声明"结尾。其他类别的声明根据相应的内容来写,比如道歉声明,通常写明致歉原因再诚恳致歉。如果声明的内容多,可以分条逐项表达,如果内容简短,全文安排一个段落即可。

(3) 落款。落款可以是单位,也可以是个人,如果在标题里出现了发启事的单位或个人,落款中可以省略。落款要有日期。

(二) 范文点评

范文1

广州市广大皮具商贸城市场经营管理有限公司遗失已填开的广东省地方税收通用发票(电子-两联打孔式)1份,发票代码:244011507990,发票号码:09694702,已盖发票专用章,特此声明。 　　深圳市天心软件科技有限公司遗失营业执照正本,注册号440301106405736,核准日期2013年7月4日声明作废。 　　广州市合骏运输有限公司遗失营运证IC卡,证号:00228 4374,车牌:粤A039RQ,声明作废。	**点评:** 　　这三则是遗失声明,往往被报刊或网络集中登载在遗失声明的专栏里,因此不是每则声明都要写标题。如果是单独刊登或张贴一则声明,应该写出标题和落款。这三则声明内容都很短小,只需说明遗失者名称和遗失物品信息并声明作废即可。

范文2

<center>**茅台集团就"50亿买3万吨'茅台基酒'"发布声明**</center> 　　2016年7月30日,界面网发表了题为《花50亿买了3万吨茅台基酒,华洋资本这是下的什么棋》的信息,随后新浪财经、中国财经等网站对其进行了转载。对此,本着对消费者、投资者和社会大众负责的态度,特作如下声明: 　　一、贵州茅台酒股份有限公司与华洋资本未建立战略合作关系,更没有签署拟购买"茅台基酒"的标的协议。 　　二、贵州茅台酒股份有限公司始终坚持质量为先,秉承"贮足陈酿,不卖新酒"的立企原则,坚持茅台酒优良品质,从不对外销售"茅台基酒"。 　　三、"茅台"商标系中国贵州茅台酒厂(集团)有限责任公司依法享有的注册商标,未经声明人允许,任何人不得擅自使用。 　　四、敬请各位投资者、消费者注意,茅台镇上其他酒企所生产基酒,有别于"茅台基酒"。请在投资、购买时注意甄别,以免上当受骗。 　　五、针对他人的违法侵权和虚假误导行为,声明人保留相关维权权利。 　　特此声明。 <center>中国贵州茅台酒厂(集团)有限责任公司 贵州茅台酒股份有限公司 2016年8月1日</center> (范文来源 http://news.cnfol.com/shangyeyaowen/20160801/23186014.shtml.)	**点评:** 　　这是警告性声明。标题采用"声明者+事由+文种"的写法,但在用词上使用了"就……发布声明",如果改为"关于……的声明"更妥当些。声明正文措辞严厉,具有警告侵犯权益方和告诫消费者的特点。由于需要声明的事项不止一项,所以分条逐项列出。落款完整清晰。

范文 3

致 歉 声 明

　　本网未经许可在网站"国际专题"栏目题为"最为撼人心魄的十大世界顶级废墟"的组图中,使用了闫守玉的一幅摄影作品,未为其署名,侵害了闫守玉的署名权。现本网诚恳向闫守玉先生致歉。

人民网股份有限公司
2016 年 7 月 26 日

（范文来源 http://www.wjdaily.com/hyxw/85973025.html。）

点评：
　　这则致歉声明内容简短,对自己的错误陈述清晰,致歉态度明朗诚恳。

范文 4

上海市政府采购评审专家声明书

　　本着对本次政府采购项目评审工作负责的态度,我愿自觉遵守有关法律、法规,恪守职业道德,认真完成本次评审工作。现就如下内容进行声明:
　　一、廉洁声明
　　本人未违反规定与投标供应商或者其他利害关系人进行私下接触和收受其财物与其他好处。评审结束后将不向外界透露评审情况和商业秘密。
　　二、利害关系声明
　　本人在参加采购活动前三年内不是投标供应商的控股股东或者实际控制人,与投标供应商之间不存在劳动关系,也未在其中担任投标供应商的董事、监事、顾问;本人与投标供应商的法定代表人或者负责人也不存在夫妻、直系血亲、三代以内旁系血亲或者近姻亲关系以及其他影响或者可能影响政府采购活动公平公正进行的关系。
　　本人未曾参加评审项目的方案设计或采购文件的咨询工作。
　　三、业务声明(以划"√"方式)
　　1. 本人熟悉政府采购项目评审工作纪律的全部内容。　　（　　）
　　2. 熟悉本采购项目商务部分的评审内容。　　　　　　　（　　）
　　3. 熟悉本采购项目技术部分的评审内容。　　　　　　　（　　）
　　4. 熟悉本采购项目法律部分的评审内容。　　　　　　　（　　）
　　本人承诺上述声明属实,如有不实,愿意承担相关法律责任。
　　特此声明。

评委(签字)：
年　　月　　日

（范文来源:zfcg.shcm.gov.cn/uploa...。）

点评：
　　这类声明虽不常见,但也是声明的一种类型,是由于工作需要而让有关工作人员填写的声明,具有格式性的特点和较强的专业性。

范文 5

中国和东盟国家外交部长关于全面有效落实《南海各方行为宣言》的联合声明

2016-07-25

　　我们,中国和东盟国家外长,于 2016 年 7 月 25 日在老挝万象举行会晤。
　　认识到维护南海的和平与稳定符合中国与东盟国家以及国际社会的基本利益;
　　重申 2002 年《南海各方行为宣言》是具有里程碑意义,展现了各方依据《联合国宪章》以及包括 1982 年《联合国海洋法公约》在内的公认国际法原则,共同维护地区和平稳定、增进互信和信心的共同承诺;
　　重申《宣言》在维护地区和平稳定中发挥的重要作用;

点评：
　　这是由国家行政机关发布的声明,属于国家党政机关公文,发文机关在标题中出现,且成文时间在标题下标出。声明正文部分主要由缘由和立场组成,由于内容多,分条列出,清晰完整。

(续表)

承诺全面有效完整落实《宣言》，并在协商一致的基础上实质性推动早日达成"南海行为准则"； 忆及2012年第15届中国东盟峰会关于《宣言》十周年纪念的联合声明； 鉴此，谨作出如下声明： 一、各方重申尊重并承诺，包括1982年《联合国海洋法公约》在内的公认的国际法原则所规定的在南海的航行及飞越自由。 二、有关各方承诺根据公认的国际法原则，包括1982年《联合国海洋法公约》，由直接有关的主权国家通过友好磋商和谈判，以和平方式解决它们的领土和管辖权争议，而不诉诸武力或以武力相威胁。 三、各方承诺保持自我克制，不采取使争议复杂化、扩大化和影响和平与稳定的行动，包括不在现无人居住的岛、礁、滩、沙或其他自然构造上采取居住的行动，并以建设性的方式处理它们的分歧。 四、各方可在包括航行安全、搜救、海洋科研、环境保护以及打击海上跨国犯罪等各领域探讨或开展合作。 五、各方鼓励其他国家尊重《宣言》所包含的原则。 六、有关各方重申制定"南海行为准则"将进一步促进本地区和平与稳定，并同意在各方协商一致的基础上，朝最终达成该目标而努力。 （范文来源 http://www.fmprc.gov.cn/web/ziliao_674904/1179_674909/t1384157.shtml。）	

（三）写作训练

1. 请写一份遗失声明。

2. 根据材料写声明。

广西某建设集团有限公司与海南分公司经营管理责任人王某于2013年5月9日签订了为期5年的《承包经营管理合同书》。现因王某本人经营管理不善，其本人已无法有效拓展经营业务，集团公司已批准王某于2015年6月17日终止上述《承包经营管理合同书》的申请。该集团公司从未授权海南省任何人（包括海南分公司负责人、经营管理责任人）对外签订经济合同或对外开设对公账户，或对外收取业主（或他人）工程款项，（或各类款项），或对外借款、赊欠材料，或创设债权债务等。该集团公司联系电话是0771-123456，联系人是高先生。

（注：本题材料中的"某集团""王某"仅用于写作练习，在实际工作或生活中写作声明时，对声明人以及所涉及的单位或个人应写明具体名称，而不能用"某"。）

拓展阅读

声明与启事的不同：二者在使用范围和文体特点上很接近，在实际使用中容易混淆，但与启事相比，声明的重点在于表明态度和立场，而启事主要是告知情况或寻求帮助，比如同样是遗失物品，声明的重点在于声明该物品作废，而启事则希望能够通过他人帮助找回。二者的功能有所不同，启事的种类更多些，有的事项一般适合用启事，比如招聘、征婚，就不适合用声明。

第三节 条 据

一、条据概述

条据,简单地说就是作为某种凭据的字条,这是一个常常使用却又常常被忽视的应用文文体,极其需要引起我们的重视。自古以来,条据的写作在人们日常生活中就占有重要的地位。殊不知,我们现存的很多书法名帖,其大部分的内容正是"条据"。例如,王羲之的《奉橘帖》,原文:"奉橘三百枚,霜未降,未可多得。"翻译成现代汉语就是:"送您三百个橘子,都是没打过霜的,很难得。"这则王羲之写给朋友的"便条",朋友因为"便条"上的书法太美,看后舍不得丢弃而存留下来,于是我们今天才得以看到王羲之的书法神迹。王羲之的《平安帖》《何如帖》《姨母帖》《丧乱帖》《快雪时晴帖》《十七帖》等,均为"短札",也就是如今的"便条"。此外,作为"便条"的历代书法名帖还有:王献之的《送梨帖》《鸭头丸帖》《中秋帖》,杨凝式的《韭花帖》,怀素的《食鱼帖》《苦笋帖》,张旭的《肚痛帖》,苏轼的《啜茶帖》,苏辙的《宴居帖》,黄庭坚的《糟姜帖》,米芾的《真酥帖》……简直不胜枚举。在所有应用文文体中,条据无疑是日常生活或工作中最常见而又最简便的应用文文体,现代社会依然广泛使用的条据类型有:借条、欠条、收条、领条、封条、请假条、留言条、便条等。

二、范文点评

(一)借条

借条的基本内容包括:债权人姓名、借款金额(本外币、现金支付还是银行转账)、利息计算、还款时间、违约(延迟偿还)罚金、纠纷处理方式,以及债务人姓名、借款日期等要件。借条区分多种情形,上文只是一种情形,还有如"适用于有担保人、分数次还清的情形"等。写作借条时不要使用多音、多义字,我国的文化博大精深,许多汉字存在一字多音、一字多解的现象,在借条中一旦使用这些汉字,就有可能造成纠纷。例如,"还欠款人民币壹万元",既可以理解成"已归还欠款人民币壹万元",也可以理解成"仍欠款人民币壹万元"。另外,借贷手续、债务人与债权人的身份、利息是否合理、借贷保证准备、还钱索回欠条等问题,均要在写作借条时予以高度重视,防止不必要的借贷纠纷。从这个角度来看,写作借条不仅是一个应用写作的问题,也是一个检验写作者法律知识掌握情况的问题。真可谓,小小借条,大大学问。

范文1

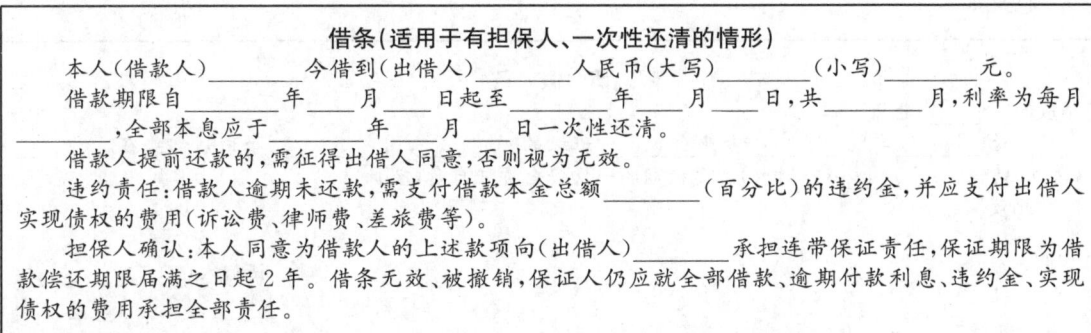

(续表)

> 三方一致确认合同履行地为_____。
> 　　　　　　借款人(身份证号码:)签名(印鉴)_____
> 　　　　　　担保人(身份证号码:)签名(印鉴)_____
> 　　　　　　　　　　　　　　　　　_____年____月____日
> 附借款人身份证复印件壹份(正反两面复印)

(二) 欠条

"欠条"又称为"欠据",通常是由于债务人应当向债权人履行债务时,因自身原因不能按时偿还而向债权人出具的债权凭证。"欠"字与"借"字有很大的区别,欠反映的是一种"状态",借表明了债权关系是因为借贷而形成的,欠条则无法表明债权关系形成的真正原因。欠条和借条性质不同,借条是用以确认借款的法律事实。而欠条是欠款的凭证,是对欠款事实的确认,具有催款的性质。当借条持有人凭借条向法院起诉时,由于通过借条本身较易于识别和认定当事人之间存在的借款事实,借条持有人一般只需要向法院简单地陈述借款的事实经过即可,对方要抵赖的话一般很困难。但是,当欠条持有人凭欠条向法院起诉时,欠条持有人必须向法官陈述欠款形成的事实,如果对方否认,欠条持有人须进一步证明存在欠条形成的事实。

范文 2

> 欠　　条
>
> 　　因本人资金临时周转不便,兹欠付_____公司货款人民币(大写)_____(小写)_____元。上述款项本人承诺于_____年____月____日前无条件偿还给_____公司(支付到指定银行账户_____)。并保证_____。
> 　　如有违反,本人愿意接受_____公司为此所采取的相应处罚措施,并承担因此引起的一切法律责任。
> 　　特以此据证明。
> 　　　　　　　　　　　　欠款人(身份证号码:)签名(印鉴)_____
> 　　　　　　　　　　　　　　　　　_____年____月____日
> 附欠款人身份证复印件壹份(正反两面复印)

(三) 请假条

婚假、产假、事假、病假、丧假、工伤假、年假等,在各个不同地区、不同单位有差异性的规定,在写请假条之前,还须了解相应的规定。

范文 3

> 请 假 条
>
> 尊敬的_____老师:
> 　　我是_____学院_____专业_____班级的_____,因_____(事由),需要在_____(时间)请假,共计_____(时长)。离校期间一切安全责任自负,望批准。
> 　　此致
> 敬礼!
> 　　　　　　　　　　　　　　　　请假人(签名)_____
> 　　　　　　　　　　　　　　　　_____年____月____日

（四）留言条

在日常生活中，有事情要通知对方，或有事托付对方，对方不在，却又没时间等候对方回来，写张字条留给对方，这种文体就是留言条。正规的留言条格式也分四部分：称呼、正文、署名和日期。注意：要在第一行的正中间写上"留言条"三个字。称呼要顶格写，条子留给谁就称呼谁。在称呼下一行空两格写正文，简单明了地把你要给对方说的事情写清楚。在正文下面写清楚谁留的条子，并在右下角写清年、月、日。

范文 4

留 言 条

_____（称谓）：

　　我吃了放在冰箱里的梅子，它们大概是你留着早餐吃的。请原谅，它们太可口了，那么甜，又那么凉。

留言人_____

时间_____

三、写作训练

1. 请写出完整的汉字数字的大写。
2. 试着写一份分期偿还的借条。
3. 试着写一份交给辅导员老师的请假条。
4. 模拟一种欠收关系，分别写出欠条与收条。
5. 给自己的父母写一则留言条。

拓展阅读

借条、欠条和收条辨析及写法

（周玉文：《应用写作》，2016 年 1 月）

在日常生活中，人们对借条、欠条和收条并不陌生，有的也亲笔写过借条、欠条和收条。写借条、欠条或者收条的目的人们也都清楚，它们是彼此之间经济往来的一种凭证，是用以防备"空口无凭"而采取的"有据为证"的一种应对措施，同时也起到备忘的作用。借条、欠条和收条虽然是比较简单的应用文体，似乎也很少有人认为自己不会写或者写不好。但是，恰恰是被许多人认为没有问题、不会出什么问题的小小的借条、欠条和收条，还真的就在书写中出了不少问题，给当事人带来了麻烦，甚至完全没有起到"有据为证"的作用。这里，笔者结合自己在长期律师业务中的所见所闻，对借条、欠条和收条的不同作用加以辨析，并对它们的写法及注意事项略陈管见，以引起大家的注意和重视。

一、借条、欠条和收条的功能及作用

借条、欠条和收条都是当事人之间经济往来的一种记载或者凭证。它们在一定的条件下可以通用。但是，人们还是约定俗成地划分了它们各自的功能和作用，而司法实践中也是遵从这种约定的。

借条，是借款人书写并向出借人出具的用以记载和证明彼此之间借贷关系的书面凭证，它所记载和证明的是当事人之间的借贷关系。通常情况下，只要当事人一方持有另一方亲笔书写的借条，就可以认定双方存在金钱借贷关系，书写借条的人就应当按借条上所写的数额、利息及还款时间等内容向借条持有人偿还借款。当然，当事人一方书写了借条，但实际并没有发生真实借贷关系的个别情况也是存在的，例如，在受到对方欺诈、胁迫等情形下写的借条，或者一方因某种原因得到了借条但确实没有向对方支付借条上所写的借款。这种情况下,主张没有发生真实借贷关系的一方应当举证证明自己是在受到欺诈、胁迫等情况下所写,或者举证证明自己没有收到借款。例如,某乙持某甲书写的10万元借条要求某甲归还,某甲提供证据证明了自己一个人晚间走在大街上被某乙和另两名陌生人一起挟持到了某乙的工厂去,在凌晨一点从工厂被放出来的录像;还提供了某甲在当日凌晨报警后,警察对某乙所做的笔录,内容为某甲大约在一个月前曾经向某乙借10万元钱没有写借条,再也见不到某乙,在当晚恰巧遇到某乙,就强制某乙到自己工厂让他书写并签署日期是10天前的10万元的借条一张。又如,某丁持某丙写的30万元借条要求某丙归还,某丙提供证据证明了其与某丁是多年的情人关系,某丙是月收入过万的公司白领,某丁是月收入只有1 000多元的宾馆服务员,二人在一起以来的花销均由某丙支付;还举证证明该借条是在二人刚认识不久第一次发生性关系之时所写,是应某丁要求以证明某丙相信某丁和愿意为某丁做一切事情所写。只有在写借条的人举证证明了认定借贷关系存在没有"高度的盖然性"或者不符合一般的经验法则,才可以免除其还款责任。否则,即应当按借条的记载履行还款责任。

欠条,是当事人对过往的经济往来进行结算后,由欠款人即债务人书写并向债权人出具的一种债权债务关系的凭证。例如,买卖双方在货物买卖一段时间后,就货物数量、价格、运费等进行结算时,买方就所欠卖方的货款出具的欠条;合伙关系的当事人在合伙关系结束时或者一方退出合伙时,在对经营活动、盈余分配等进行结算后,一方应当向对方支付的金钱,等等。借条和欠条记载的虽然都是一方当事人应当归还给另一方当事人的金钱数额,都是一种债权债务关系的凭据,但形成的原因却是不同的,借条所代表的是因借贷而产生的债权债务,通常来说,借条的产生是和借贷关系的产生同步的;而欠条所代表的则是借贷关系以外的其他债权债务关系,且在欠条产生之前该债权债务关系就已经存在了。因而,书写欠条的债务人可以就欠条的原因以及结算的错误等进行抗辩,譬如,当事人之间就货物买卖进行结算后出具的欠条,写欠条人举出证据证明在结算时将价格计算错误,将每千克1.2元的某种物品错误计算为12元,即可以推翻欠条所写的欠款数额,而借条则不会存在这样问题。

当然,在实际生活中,也有把借贷关系写成欠条的;同样也有将欠条写成借条的。如果双方当事人都如实承认,这自然没有任何问题。但是,如果应当还钱的债务人不承认这是借贷关系,而持有欠条的一方必须要举证证明这是因借贷而写的欠条,证明起来就比较困难,尤其是在双方还存在借贷关系以外的经济往来的情况下,则就更为困难了。如果是将欠条写成了借条,当产生欠条的原因是计算错误的情况时,要改变过来就比较困难,有时甚至就没有可能。

收条,是当事人之间发生金钱或者货物收付关系后,由收到金钱或者货物一方所写并出具给交付金钱或者货物一方的一种收付凭据。它证明的是,收条是持有人向收条的出具人支付了收条所记载的金钱或者货物数额或者说收条的出具人收到了持有人收条上所记载的金钱或者货物数额。收条与借条、欠条不同,它本身不能证明当事人之间存在的究竟是何种法律关系,譬如,张三不能仅凭李四书写的收到5万元金钱的收条,要求李四归还5万元的借款或者欠款。如果将借条或者欠条写成了收条,收条的持有人要求归还借款或者欠款就很麻烦或者是不可能的。

二、借条、欠条和收条的写法

无论是借条、欠条还是收条,都要正确记载当事人之间所实际发生是借贷事实或者其他经济往来,以避免发生纠纷或者有了纠纷时起到一个证明作用。要实现这样一个目的,很重要的一环就是通过正确的书写来实现。

借条的基本要素通常包括:借款人、出借人、借款数额、利息、借款时间、借款期限、还款时间、借款用途以及违约责任等。少了其中一项,都有可能带来一定的麻烦。例如,没有写违约责任,当一方违约时就难以追究其违约责任;没有写借款用途,当出借人起诉要求还款时,借款人说我这是因赌博向出借人借的款,借款拿到手后我就到赌场输掉了,这就很可能被认定为非法借贷而不受法律保护,还要对双方当事人予以处罚;如果写明了借款用途,即使借款人真的是将借来的钱用来赌博了,因为出借人对此并不知情,该借贷关系仍然受法律保护。

欠条的基本要素通常包括：欠款人、接受欠款的债权人、欠款数额、欠款原因（最好附有计算明细表）、还款时间以及违约责任等。如果没有欠款原因或者虽然有欠款原因但没有附上欠款由来的计算明细表，双方都可能对欠条上所记载的欠款事由及数额提出异议，要求减少或者增加欠条所记载的欠款数额，从而引起本可避免的纠纷和麻烦。

收条的基本要素通常包括：收钱（货物）人、收钱（货物）时间、收钱（货物）地点、支付钱（货物）人、收钱（货物）的数量等。如果是收到的货物，还要写明货物的品名、商标、价格、质量状况以及装卸情况等。如果没有写明收钱（货物）时间或者收钱（货物）地点等情况，虽然收货人是某单位的仓库保管员，但其所在单位不承认是该保管员在工作时间收的货物，因为他自己家或者他的亲属家也经营这种货物，这就必然会产生麻烦；如果写明了时间、地点，是该保管员在上班时间，在单位仓库收的货物，即便是该保管员将收到的货物拉走到了自己的家里，那也是我送货人将货物送到你这个单位了，单位要支付货款。写明货物的装卸情况是为了计算货物的装卸费用，否则就容易引起不必要的纠纷和麻烦。

三、借条、欠条和收条的几点注意事项

有一句俗话说"功夫在诗外"。要写好诗词，不仅仅要掌握好诗词写作本身的功夫和技巧，诗词之外的相关学问也要注意掌握和把握。虽然借条、欠条和收条的写法比诗词要简单，但也仍然有"功夫在诗外"的问题存在。根据笔者在长期的律师业务中所见所闻，认为要发挥好借条、欠条和收条"正确记载当事人之间所实际发生是借贷事实或者其他经济往来，以避免发生纠纷或者有了纠纷起到一个证明"的作用，写好借条、欠条和收条的"诗外功夫"或者说注意事项有这样三点：

首先，借条、欠条和收条都要当面写，即要求借款人、欠款人、收款（货物）人一定要当着出借人、接受欠款的债权人、付款（货物）人的面书写。如此，方能保证在借款人、欠款人、收款（货物）人不承认是其所写的情况下，可以通过对笔记的鉴定来证明是其所写。实际生活中就发生过这样真实的案例：于某和胡某都是经营建筑材料的个体工商户，平时在业务上都互相有帮忙和照应。有一次，于某去外地进货急需2万元钱，请求胡某帮忙筹集。胡某按着双方约定的时间如数筹集了2万元钱，于某在上门取2万元钱的同时，从随身的口袋里拿出事先写好的向于某借款2万元的借条递与胡某手中，尔后匆匆离去。还款到期后，胡某拿着借条找到于某，于某却是一脸委屈，还大骂是谁这么缺德冒名自己坑害人。无奈之下，胡某诉讼到法院要求于某还钱，但经过鉴定，字迹并非于某所写。法院以证据不足为由，驳回了胡某的诉讼请求。如果是当面所写的借条，恐怕就不会发生这样的问题了。

其次，要避免由出借人、接受欠款的债权人、付款（货物）人代写借条、欠条、收条。时常有这样的情况，借款人、欠款人、收款（货物）人以自己不会写、写不好为由，要求出借人、接受欠款的债权人、付款（货物）人代写借条、欠条、收条，最后由借款人、欠款人、收款（货物）人签下自己的名字。或者是由出借人、接受欠款的债权人、付款（货物）人事先写好了借条、欠条、收条，然后再由借款人、欠款人、收款（货物）人在上面签下借款人、欠款人、收款（货物）人的名字即可。笔者在十几年前就曾代理过这样一起案件：18岁的打工妹王某在某个体饭店打工3个月后被饭店老板辞退，当王某向饭店老板讨要3个月900元工钱时，饭店老板拿出一张上面有王某签名的借条，借条上写"借人民币1 100元。"老板说："你借我1 100元，你3个月的工资是900元，你还欠我200元，我知你没有钱也不要了，你哪有向我要钱的道理。"王某只认可自己借了100元钱并在由老板写的"100元"的借条上签了自己的名字，但绝不是1 100元。无奈之下，王某提起讨要工钱的诉讼；老板也提起反诉，要求王某归还扣除900元工资后余下的200元借款。经对借条笔迹进行鉴定，认定"1 100元"是同一人一次书写完成。法院因此判决王某归还老板200元借款。王某上诉后，王某一方又提供了一名服务员的证人证言，证明王某曾经向该服务员借100元，该服务员仅有20元，王某就说向老板借100元，王某拿着100元钱由该服务员陪同到商店买了毛巾、肥皂等用品。二审法官听取了笔者的代理意见，根据查明的王某借钱只是买毛巾、肥皂等少量日用品的事实，根据日常生活经验借100元的可能性大，而借1 100元的可能性小的情况,从而认定双方的借贷数额是100元而非1 100元。二审法院据此撤销了一审判决,改判支持了王某的诉讼请求。本来是一个很简单的事情,就是因为代写借条引发了如此麻烦的纠纷,还险些赔进去1 000元钱。因为借条除了借款人名字是借款人王某书写外,其他内容都是出借人老板所写,老板在借条的"100元"之前加上一个阿拉伯数字"1"是很容易的,如此简单的一笔,也很难鉴定出是不是一次书写完成的。

最后,无论是借款人、欠款人、收款(货物)人还是出借人、接受欠款的债权人、付款(货物)人,对借条、欠条和收条都应当重视起来,在写完之后双方都应当认真看两遍,有不妥当的地方、字迹潦草不清的地方,发现后要及时进行修改,否则,日后就难以说清楚。许多纠纷的引起并非是由于不会写借条以及是写作中的技术技巧原因引起,而是因为不够认真和重视所导致的,例如,把借条写成欠条或者收条,当时可能也发现是有点问题的,但碍于情面或者认为不会出问题,也就没有要求纠正,结果最后真的还是出了问题;有的在词语和文字使用上有多重解释或者使用了错别字,也碍于情面或者认为不会出问题,也就没有指出来加以纠正,结果最后引起了大麻烦,等等。这样的问题在实际生活中并不鲜见,但此类问题只要当事人重视和认真起来,就会迎刃而解。

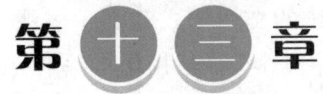

新媒体类应用文本写作

所谓新媒体，简而言之就是区别于传统媒体（报刊杂志、广播电视）的新兴媒体形态，即网络媒体、手机媒体、数字电视等。随着数字技术、通讯技术、网络技术的发展，今后也可能出现更加新颖的媒体形态，所以新媒体是一个动态的、开放的概念，不需要也没必要严格框定它的边界。比如，"VR"技术（Virtual Reality，即虚拟现实，简称 VR）与"量子通信"技术（利用量子纠缠效应进行信息传递的一种新型的通讯方式），都可能改变现有的媒体形态，乃至生发出一种全新的媒体形态。所谓新媒体类文本，就是侧重于在上述新兴媒体形态上进行创作、展示、发表的文本。

需要强调的是，我们不主张以新媒体的"终端"设备和"应用"软件来命名这类文本，其道理是显而易见的。例如，所谓的"手机文学""短信文学"等含混不清的文体概念，需要彻底地予以摒弃。一篇可以发布在"手机"上的文章，难道不可以发布在"电脑"上吗？一则"短信"，可以是关于祝福的文字内容，也可以是一个搞笑的小段子，更多的是人们的日常对话，它具有独立的文体性质吗？如果说"手机文学""短信文学"是某类文体，那么"文体"就太泛滥了，是不是还应该有"ipad 文学""surface 文学"或"平板电脑文学"？是不是还应该有"kindle 文学"或曰"阅读器文学"？是不是还应该有"脸书（Facebook）文学""推特（Twitter）文学""QQ 文学""微信文学""人人网文学""点点虫文学""陌陌文学"？另外，"网络"这个概念也需要警惕，除了互联网（Internet，汉语音译为：因特网），还有宽带局域网、无线通信网、卫星通信网。无论是新媒体的"终端"设备，即智能手机、数字电视、电脑，还是"应用"软件，即基于"苹果 iOS""安卓（Android）"等操作系统的"应用（即 APP）"，乃至以"互联网"为主的网络结构，都只是人们写作活动的技术平台。这就好比人们选择用铅笔还是钢笔来写作一样，铅笔和钢笔只是写作的技术工具，并不能决定写作的内容，更不能决定文体的性质。同样，一篇文章用钢笔书写在纸上，与它被显示在电脑屏幕上，只是呈现方式的不同，并不能因此说写在纸上的文章与电脑屏幕上显示的文章，就存在文体的差别。我们需要探究和明确的问题，不是笼统地将电子屏幕上显示的文章或用电脑键盘等输入工具写作的文章一股脑儿地划为"网络写作"或"网络文学"了事，而是辨析出这种新兴的写作与传统的写作之间，区别是什么？交集在哪里？具体到本章内容，即为两个问题："新媒体类文本"这一概念是否可以成立？"新媒体类文本"与"应用文文体"的交叉范围如何框定？

从宏观的人类历史发展进程来看，由"口头"到"纸面"再到"网络"的表达、阅读、传播方式，人类的"写作行为"发生了"质"的转变。对比纸和笔这样的工具，人们在使用电脑、手机与互联网这样的"写作工具"时，写作心态和动作已经完全不同了，这是"新媒体类文本"得以确立的心理基础。有学者将"网络文学"概括为三种形态：上网文学、网上文学、网话文学,[1]"新媒体类文本"写作是趋向于后两者形态的写作。传统的文章体式和文学体裁当然依旧可以在新媒体平台上展现它们的风姿,但这只是与"上网文学"形态相仿的写作。在新媒体上创作、展示、发表的新兴的文本形式,如"博客""微博""PPT"等,已经超出了传统文章体式概念的统辖范畴,用"新媒体类文本"予以归纳、概括,完全是可行的。

那么,新媒体类文本与传统媒体类(主要是纸质媒体)文体的核心差异究竟在哪里?大致可以概括为以下三个方面:一是新媒体类文本并没有严格的固定的"格式""样式",或者说,它正在形成约定俗成和共同接受的"格式""样式",它与新媒体技术的发展变化共生,是一个动态的、开放的文本系统,但它也受限于新媒体平台的某些限制,如字数、发布权限等;二是新媒体类文本规模性地具有图文并茂的特征,纸质媒体上的一些文章也有这样的特征,但只是局部性显现,比如有的报纸专栏的文章会配上"插画"或与之相应的"漫画",这些文章与所配"插画""漫画"之间存在一定的"疏离"关系,至于"画报""连环画""漫画书"中的"文字部分",只是"图画"的"解说词"而已;三是新媒体类文本由于载体电子化、数字化的特性,形成了交互性与即时性、海量性与共享性、多媒体与超文本、个性化与社群化等多样化的文本特色。

将来一段时间还可能被广泛应用的新媒体类文本主要有:"电邮类"文本、"微博类"文本、"演示类"文本。本章实训的内容即为上述三类文本。需要说明的是,这三类文本的划分与命名只是我们针对学生最常接触也最常使用的情况,而作出的一般性分类和暂定性命名,并不代表严格意义上的新媒体类文本的学术性分类。以现有的、可见的新媒体上的"文章"来看,如果从篇幅的容量来分,可以粗略地分为两类,即篇幅长的与篇幅短的。前者的代表是"博客",与之类似的还有微信公众号上推送的以及在QQ空间、百度空间等平台上发布的"长文章";后者的代表是"微博"(也被称为"微博客"),与之类似的有"短信""彩信""飞信""微信"等网络社交平台上发布的"短文章"。除了这两大类已经全面、深度介入我们的工作与日常生活的新媒体文本,还有一种十分常见的在办公软件上生成的"文本形式",即微软公司的演示文稿软件"Microsoft Office PowerPoint"上生成的演示文稿,这种演示文稿在高校的教学中、企事业单位的办公工作中、各种演讲和展览活动中被广泛使用,一定程度上替代了传统的"幻灯片",它也被简称为"PPT",我们暂且将其命名为"演示类"文本。PPT在金山软件股份有限公司 WPS OFFICE 办公软件上亦可生成。

最后,需要强调一个方面,那就是新媒体类文本的应用性。关于应用文文体,目前看来,学界的研究并不深入。以中国知网期刊数据库为例,输入"应用文文体"作为检索主题词,所检索出来的学术论文不过几十篇而已。对于应用文文体的性质和特征,虽然大多应用文研究专著和应用文教材有大致相似的界定,但是这些界定已经远远不能适应时代发展和大学教学的需要。对于应用文文体的分类,大多数应用文教材大同小异,亟需改变这一分类体系。既然"应用文"是着重于"用",那就应该以"用"为本构建新的应用文文体分类体系。应用文之"用"服务于人们实际工作和日常生活的"用",是培养学生具备如同掌握外语、计算机技能一样的"用",是真正在处理事务、与人交往、沟通信息中切实有效的"用"。然而从当下高校的应用文教学来看,学生对于学习传统体系分类的应用文兴趣存在较大的偏差。例如,

---

[1] 葛红兵:《文学概论通用教程》,上海:上海大学出版社,2003年5月第2版,第237页。

那些不考虑毕业后当公务员或进入事业单位的学生,会觉得行政公文与他们关系不大,财经、法律等方面的专业文书由于在专业学习中已有相关课程学习,重复学习势必带来"审美疲劳"。学生反而对于新媒体类文本写作的兴趣愈加浓厚,可以看到的现实情况是:大多数的学生或有自己的博客、微博,或有自己的QQ空间、微信朋友圈,有的甚至创建有自己微信公众号;同学之间、同学与长辈、老师之间频繁地使用各种数字化的社交工具或通过电子邮件往来信息;很多的学生在各种网络平台及移动客户端进行写作,他们发表见解、记录生活,有的还从事文学创作。这一切基于新媒体的"应用"写作行为,可以说是应用文之"用"在当下最具体、最生动、最实际的体现,也是需要写作研究者、教学者直面的新课题。新媒体类文本尽管是新兴的文本样式,是一种还处在发展变化中的文本形态,是一类呈现出多元化、交互性面貌并依赖数字技术的复杂文本,但是正因为如此,所以更需要我们介入,而不是视而不见。这种体现了传统文体变革形式的新媒体类文本,已经被人们广泛地使用在工作和生活之中,已经成为人与人之间交流沟通的必备技能,已经占据了人们日常写作活动的相当一部分空间,它的应用性理应在应用文分类体系中予以确认。怎样有效、规范地指导学生的新媒体类文本写作,这里只是一个初步的探索。为了符合传统应用文分类体系的习惯,本章内容只作为附录,以供教学参考和选择。

第一节 电邮类应用文本写作

一、概述

电子邮件(简称"电邮",英语缩写为:E-mail或email)是一种用电子手段提供信息交换的通信方式,是互联网应用最广的服务,已经部分取代了传统的纸质信件通信模式,成为现今人们必须掌握的重要通讯技能之一。从写作角度来看,电邮的写作对比传统书信的写作,其最大的不同在于:电邮不需要书写"信封",而将传统书信"信封"中的内容移至电邮本身格式之中。另外,传统书信因为邮递方式的限制,通信对象之间往往是"一对一"的模式,而电邮则可以是"一对多"的模式;传统书信的"连续性"基本上是断开的,收信人几乎没有必要将所收书信原封不动地在回信时再寄给发信人,而电邮则可以让收发双方看到彼此往来的全部信件内容;传统书信夹寄照片也被允许,但这些附属寄品的种类、数量均受到一定限制,而电邮的附件功能则更为强大;传统书信的信纸、字体、书写方式等方面的选择是有局限的,而电邮的选择则是多样的;传统书信的寄达时速有限,如果是跨境书信还会加长寄达时间,电邮则无论跨境与否,基本在短时间内可以寄达;传统书信需要按距离、重量给付邮资(如邮票),电邮的邮寄成本则非常低廉。

电邮基于电子邮件服务器的不同、电子邮件提供商的不同,写作格式上有细微差别,但大体上还是一致的。国内常见的电子邮件服务品牌有:网易邮箱(163网易免费邮箱、126网易免费邮箱等)、新浪邮箱、腾讯邮箱、搜狐邮箱等。除了这些公共的电子邮箱,许多的单位、公司都有内部的电子邮箱。电子邮箱不仅是人们的通讯工具,而且在很多时候,电子邮箱地址成为机构或个人身份的标识之一,如果电子邮箱的密码泄露,会导致严重的后果。电子邮件的写作种类一般有五种,分别为:普通邮件、群邮件、电子贺卡邮件、电子明信片邮件、音视频邮件。其中,使用频率最高的无疑是第一种,本节实训的内容即为"普通邮件"。

二、写作指要

"普通邮件"的"写信"界面大致可以分为三个区块:一是电邮服务商功能区块,通常位于屏幕上方,有服务商品牌标志、邮箱地址的全称、功能切换等模块;二是邮箱内部功能区块,一般有"通讯录""收件箱""草稿箱""已发送""已删除""垃圾箱"等模块,可供与"写信"模式互相切换;三是"写信"功能区块,大体包含"收件人""抄送""密送""主题""正文""附件""发送"等模块。从应用写作实训的角度而言,第三个区块,即"写信"功能区块是我们实训的重点内容。

(一)"收件人"

(1)务必完整地书写收件人的邮箱地址,除非收件人的准确邮箱地址已经保存在邮箱通讯录中(大多数邮箱可直接调阅),邮箱地址格式的构成为:用户标识符+@+域名,如:123456789@163.com,其中,@是at的符号,表示"在"的意思。

(2)如果邮件有多个收件人,一般用分号将每个收件人的邮箱地址隔开,有的邮件服务商提供分别发送的功能,如果不是分别发送,则默认为群发此邮件。

(3)收件人的电子邮件地址如果已经保存在邮箱通讯录中,请注意标识该收件人的称谓,如果是长辈或领导,不要直呼其名。

(二)"抄送"和"密送"

(1)"抄送"的收件人一定是与本邮件相关的收件人,或依照实际情况进行选择,不要抄送给无关的收件人,在排列抄送人的顺序时,也应该注意主次、尊卑或抄送的关联度。

(2)"密送"表示只有发信的人知道密送给了谁,邮件接收者和抄送者都不知道发送者密送给了谁,但是接收密送的人知道是谁给他发的这封邮件,以及这份邮件本来发给了谁,并抄送给了谁,但不知道这封邮件同时又密送给了谁。

(3)注意区分邮件发给多个"收件人"和"抄送"给多个人的两种不同情形,前者实际上就是群邮件,而后者不是。

(三)"主题"

电邮的"主题"相当重要,千万不要空白,收件人往往会根据"主题"取舍和归类邮件。电邮"主题"的写法并不固定,以下几点供参考:

(1)简明扼要,但不要笼统。起码要将邮件的主要内容用两个以上关键词醒目地标示出来,而不是用一个词笼统概括。

(2)如果与收件人关系生疏或者是第一次给对方发电邮,最好在"主题"中写明自己的姓名和身份。

(3)像写文章拟题目一样,用凝练的一句话来命名"主题"。

(4)可以适当地加入修饰词,比如加入邮件的紧急、重要程度的修饰词。

(5)可以加入邮件的属性词,比如【应聘】【××作业】等,既方便对方阅读,也方便自己将邮件有效归类。

(6) 避免使用"敏感词"、特殊符号、重复率过高的关键词等,有的电子邮箱服务商会给收费邮箱提供邮件过滤功能,如果使用上述语词作为"主题",很有可能被过滤为垃圾邮件。

(四)"正文"

电邮"正文"不可随意,要像写纸质书信一样认真对待。完整的电邮"正文"与纸质书信基本一致,也应该包括前文、正文主体、后文、附文、签名等部分。

(1) 前文一般由收件人姓名,称谓,提称语,启事语四个部分构成,现代汉语书信一般省略提称语和启事语,给长辈亲人写信可以省略收件人姓名。

(2) 正文主体简要而言为:先谈对方的事,或向对方致意,或回顾与对方结识的过程,或回应对方来信,再谈己方的事。

(3) 后文包括收束语,祝颂语,署名,启告语,日期,现代汉语书信一般省略收束语和日期。

(4) 附文在需要时可用,一般书信缺省,往往以"又""再""另外"等引出,或以"又及"收束,当然亦可无任何标志性引语词。

(5) "签名"在很多电子邮箱中可以提前设置,一般有如下要素:发信人姓名及头衔、所在单位或公司名称(可具体到某个部门)、联系方式(如固定电话或移动电话号码、现实的通信地址及邮编、备用的或另外的电子邮箱地址)等。

(五)"附件"

(1) 一般来说,小于 50 M 的电子文件可直接用邮箱"附件"功能发送,过大的文件需要选择"超大附件"功能才能发送。

(2) "附件"可以发送的电子文件种类很多,文档、图片、音视频等电子文件均可上传至"附件"或由"文件中转站"转至"附件"发送,如果需要发送的文件数量较多,可以用压缩文件的方法合成一个电子文件进行发送。

(3) 上传文件或从"附件"下载文件时,应当注意文件的完整性。

(4) 如果所发送邮件包含"附件",应当提醒收件人查看邮箱"附件"。

(5) "附件"中的每个电子文件应该准确命名,方便收件人查看或预览。

(六)"发送"及其他

(1) 重要的邮件应当勾选或设置自动保存到"已发送"文件夹。

(2) 有的电子邮箱提供"定时发送""需要回执""存草稿""紧急""对邮件加密""邮件存证"等功能,发送邮件时可根据实际情况选择使用。

(3) 不少电子邮箱提供"信纸"模板,还可以设置字体种类、大小、颜色,可以添加"表情"符号、音乐背景,可以编辑格式,在选用上述功能时要考虑收件人的身份。按传统中国书信的规矩,除非绝交信,一般不用红色字体。

(七)"回复"电邮

(1) 学会及时回复邮件,应遵循 24 小时回复法则,一般而言理想的回复时间是 2 小时左右,紧急的邮件在看到的第一时间就应该回复。若邮件短时间不能回复,我们也应该向对方说明已经收到邮件,正在抓紧时间处理,将在何时给予回复等。对于不太紧急的邮件,特别是特定时期预想会收到数量较多的邮件时,可以设定"自动回复"功能,但这一功能要慎重使用。

（2）回复邮件不要"RE"太多，在回复邮件时，如果双方均未在"主题"栏键入"主题"名称，而是点击"回复"按钮直接发送，"主题"栏的"RE"会越来越多，这时候我们要及时删掉"RE"，重新提炼有用信息作为"主题"。

（3）回复群邮件时注意选择所要回复的"收件人"，如果不作选择直接回复，则视为回复给所有人。

三、范文点评

电子邮件与传统书信相比，在写作上更为便利，写作者根据"写信"界面的不同功能区块进行选择，按照"菜单"提示操作即可，基本上如同"填表"一样，就可以完成"收件人""抄送""密送""主题""附件""发送"等步骤的写作程序。最主要的写作部分还是在"正文"部分，这一部分由写作者主导，并且关乎邮件的整体写作"质量"。不少写作者比较随意地书写电邮的"正文"，认为"电邮"不是传统的庄重而严肃的"书信"，由此带来电邮"正文"写作相当多的不规范的情况出现。如果通信双方关系非常亲密，这种"随意"还无伤大雅，但是如果是"工作电邮""商务电邮"，或者是给长辈、老师乃至陌生人写"电邮"，就显得不够尊重对方了。在电邮"正文"写作部分，我们倡导一种回归传统书信的写作格调，因此特别选择了这篇范文，以供大家参考。

范文 1

电子邮件正文范文	点评：
母亲大人膝下，敬禀者： 　　四月廿四日来示，已经收到，第二次所寄小包，也早收到了。上海报载廿六日起，北平大风，未知寓中如何，甚以为念。大人胃病出愈，尚无力气，尚希加意静养为要。上海天气亦不甚顺，近来已晴，想可向暖。寓中均安，海婴亦好，可请释念。男身体尚好，但因琐事不少，故不免稍忙，时亦觉得无力耳，但有些文章，为朋友及生计关系，亦不能不做也。 　　专此布达，恭请 金安 　　　　　　　男树叩上广平及海婴同叩 　　　　　　　四月三十日（1935 年）	这是一封鲁迅在 1935 年写给母亲的家书，尽管那个年代没有"电邮"，但这封书信所体现的汉语书信写作的"规矩"，依然值得当下的我们学习借鉴。作为新文学的开创者，作为现代汉语写作的典范作家，鲁迅文章的重要性自不必多言，但其书信同样可以作为我们写作电邮"正文"的"模范"文本。新媒体类文本的写作并不是脱离传统与历史的写作，在很多时候，反而更需要承续中华文脉。

四、写作训练

1. 给父母以外的长辈写一封电子邮件，汇报自己开学以来的学习及生活情况。
2. 给自用手机的生产商或经销商写一封商务电邮，反映手机使用过程中遇到的问题或提出改进意见。
3. 给班委会成员或院系学生会成员写一封群邮件，提出班级或院系的管理建议。
4. 试着给一家你理想中的实习单位写一封应聘内容的电子邮件。
5. 给选修课老师写一封规范的递交作业的电子邮件。

第二节 微博类应用文本写作

一、概述

微博是微型博客(MicroBlog)的简称,建立在用户信息分享、传播以及获取的平台之上,用户可以通过 WEB、WAP 以及各种客户端组建个人社区,以 140 字以内的文字更新信息,并实现即时分享。微博又被谐音为"围脖",这是网友们对于微博的一种昵称,写微博,也被称为编织围脖。最早、最有影响的微博是美国的 Twitter(中译:推特),迄今在全球拥有上亿的注册用户。埃文·威廉姆斯(Evan Williams)是博客技术先驱 Blogger 的创始人,2006 年 3 月,他推出了 Twitter 服务,意为小鸟的叽叽喳喳声。Twitter 可以通过 SMS、即时通信、电子邮件、Twitter 网站与客户端软件进行更新。同时期国际互联网上有 100 余个类似 Twitter 这样的网站,Twitter 的主要竞争对手是 Plurk、Jaiku 等。Twitter 在国际互联网上迅速崛起,吸引了众多网友的参与,这也让国内的网络企业看到了一个巨大的新兴市场。2007 年 5 月和 7 月,先是饭否网,接着是腾讯滔滔上线,但这种早期网络微博并未积聚足够的人气,两年后于 2009 年 7 月停止运营。2009 年 8 月,新浪开放微博,微博正式进入中国主流网民的视线。2010 年,主要门户网站网易、搜狐、腾讯等,纷纷开设微博,其他各类网站也相继跟进,一时间微博火爆网络。

与博客相比,微博最大的特点是内容短小精练、发表形式简单快捷、消息来源更为多元。微博以 140 字的篇幅为限(长微博一般以图片方式呈现),要求网友用不超过 140 字的文字或图片记录生活、社会事件,并通过相互关注、转发、附加评论等方式来表达其观点。由于手机短信最多的字符是 140 个(汉字短信最多为 70 个),后来兴起的微博默认一条单独的微博最长为 140 个汉字字符,可见微博从产生时就与手机保持了密切联系。不过,微博显然比手机短信、彩信有更为强大的表达功能,手机短信、彩信受制于发送对象的限制,受制于图片与视频发送的限制,微博在这两个方面都超越了手机短信、彩信。随着微博在政治、经济、文化、娱乐等方面的重要性得到体现,越来越多的机构与个人加入其中,因此加强微博用户的管理逐渐成为当务之急。2011 年 12 月,北京市推出《北京市微博客发展管理若干规定》。2012 年 3 月 16 日起,新浪等各大网站微博全面实行实名制。

继微博之后,微信渐趋流行起来。微信(WeChat)是腾讯公司 2011 年 1 月推出的一个为智能终端提供即时通讯服务的免费应用程序,是一款快速发送文字、图片和支持语音、视频对讲的社交类软件,用户可以通过手机或网络平台快速发送信息。并且,微信提供公众号、朋友圈、消息推送、收款支付等多元化的功能,用户还可通过"摇一摇""搜索号码""附近的人"、扫二维码等方式添加好友和关注公众平台,同时将内容分享给好友或朋友圈,也可以通过自建微信公众号展示自己的创作或分享他人的创作。截至 2013 年 11 月,微信注册用户突破 6 亿,是目前亚洲地区最大的即时通讯软件,用户覆盖 200 多个国家、超过 20 种语言。此外,各品牌的微信公众账号总数已经超过 800 万个,移动应用对接数量超过 85 000

个,微信支付用户则达到了 4 亿左右。与微信相似的软件(有的产生时间早于微信)还有:Facebook Messenger、LINE、易信、米聊、点点虫、陌陌等。从个人创作的版权保护方面来说,微信团队做得相当好,通过一系列措施维护了作者的创作利益。例如,2015 年 2 月 4 日,微信团队在其公众平台发布抄袭行为处罚规则:第一次删文并警告,第二次封号 7 天,第三次封 15 天,第四次封 30 天,第五次永久封号;对于不遵守平台规则、乱使用"原创声明"功能的恶意和违规行为,一经发现和被举报,微信公众平台将永久回收其"原创声明"功能,且进行阶段性封号处理;为了推动微信公众平台产出更多优质原创文章,微信公众平台已上线了"原创声明"功能,旨在解决原创文章版权标识;申请原创声明的文章在群发成功后,原创声明系统会对其进行智能比对,系统比对需要一定时间(半小时以内),比对通过后,系统会自动对文章添加"原创"标识;如果申请原创声明失败,系统将会发送站内信通知申请人。申请人若有异议,可通过站内信的"投诉"入口直接操作,微信将会根据相关法律规定进一步核实处理;对原创文章被他人抢先进行原创声明的情况,原作者可以向微信公众平台提供相关证据进行侵权投诉。版权保护,在这个"全民写作时代"变得越来越重要,可以看到互联网上充斥着大量相似甚至雷同的文章,冒名顶替的现象屡见不鲜,这不仅是对原创作者的侵权行为,也是对读者不负责任的行为,更是恶化互联网创作环境的行为,应该坚决予以抵制。微信团队的版权保护意识,值得称赞。

  在原创文章方面,以微博和微信为代表的互联网应用平台上,均涌现出了不少高质量的文章,特别是那些篇幅短小的佳作,包括以"短信""飞信"等方式编辑、发布的小短文,我们将其暂且统一命名为"微博类文本"。"微博类文本"的文章,以相对严肃的内容(不包括娱乐、搞笑、搞怪、炒作等内容)而论,大体上有七种:一是关于民生时事、社会热点的内容,如一些网络名人的微博或微信公众号,它们通过此类短文针砭时事、表达意见,一定程度上形成了某种民间性的舆论空间;二是关于个人或机构(官方微博、微信)的工作与生活的点滴记录,有些类似个人日记、工作日志;三是专业领域的文章,如文学评论、影视编剧、体育竞技、科学技术等专业类的文章,一般通俗易懂,起到知识普及的作用;四是新闻或旧闻类的文章,前者追踪新闻动态,后者偏于史海钩沉;五是经济类的文章,此类文章热衷于投资理财、创业就业、股市汇市、房产信息等内容;六是广告营销类的文章,此类文章注重某种产品或服务的推广和销售,往往有相关链接与"微店"或销售渠道相通;七是通知公告类文章,这类文章主要由政府机构或单位组织的官方微博、微信公众号发布。

  从写作的视角来看,"微博类文本"的写作质量虽然良莠不齐,不过随着时间的推移,写作水平逐渐提高的趋势还是可见的,因为网络写作的产品也必然经历时间的洗礼,大浪淘沙之后还是会有珍珠浮现,而且在竞争日益激烈的状况下,一个微博或微信公众号想要取得一定的影响力,它的文章或文案是关键要素,"写作市场"也逼迫写作者提升水准、创新表达。从应用写作的视角来看,发一条微博或一条微信朋友圈可能存在相当多的"功用"。例如,某些微博或微信可以作为"打官司"的辅助法律证据,还比如微博和微信朋友圈都开放有评论功能,评论区的互动有助于写作者与阅读者信息的交换与沟通,至于"微博反腐""微博打拐""微博营销""微博寻人寻物"等"功用",则早已被广大网民实实在在地使用起来了。在大学校园的环境中,微博和微信也已经成为校方与学生、老师与学生、学生与学生之间互通信息必不可少的渠道,甚至可以成为教学的辅助工具。如何写好一篇微博或经营好一个微信公众号,这是一个有待深入探讨和进一步研究的课题,本节的写作实训只是一个初步的尝试。

二、范文点评

(一)微博范文(节录主要文字部分)

范文 1

上海立信会计金融学院 V 6月25日 10:55 来自 iPhone 6 　　有童鞋询问微信号的事,菌菌解释一下哈,官方微信号将在原上海立信会计学院公众号基础上更名,官微是在原上海金融学院微博基础上更名。微博已正式更名,微信更名还在申请中~	点评: 　　用亲民的语言发布通知,这种形式是不是比刻板严肃的面孔更加惹人喜爱呢?答案显然是肯定的。

(二)微信公众号推送文章(节录主要文字部分)

范文 2

听我说说话│你要做一个不动声色的大人了 原创 2016-06-29 GOTFAN 立信小信鸽  化身孤岛的鲸司夏 - 司夏的翻唱作品 　　　　你要做一个不动声色的大人了。 不准情绪化, 不准偷偷想念, 不准回头看。 去过自己另外的生活。 你要听话, 不是所有的鱼都会生活在同一片海里。 昨日校园里盛大的毕业典礼, 让我看到了三年后的自己。 开始无限怀念以前的事情, 开始无限放大眼前的小烦躁。 又一轮高考和毕业的消息在刷朋友圈, 而现在的自己终于有了旁观的感觉。 高中生是青春, 大学生是成熟, 那毕业后的呢? 17岁和18岁差的不是一年, 是一次蜕变。 18岁和22岁差的不是四年, 是一次破茧重生。 成长是一场劫难。	点评: 　　毕业季又逢考试周,在这个季节,无论毕业生还是在校生,总有太多太多的话想说,那就把它化作诗一般的语言吧,配上音乐阅读,会别有一番滋味哦。

(续表)

人人眼中的高中生是纯粹干净的， 而大学生是早已在社会的摸爬滚打中沾满了尘土。 对于我而言，仅仅需要大学一年就能打通任督二脉， 不再幼稚，不再可笑，不再疯狂，因为我已经意识到责任二字。 岁月静迁，在世事轮回中生命慢慢有了厚重感，有了质感。 这就是年龄带给我们唯一的礼物。 即使永远做不了父母眼中的大人， 但是背负着责任，才有资格骄傲。 你要做一个不动声色的大人了， 不准放大眼前的困难， 不准动不动哭闹， 不准不好好考试～～∧∧ ——TO 学长、学姐～ 不准不好好睡懒觉～～∧∧ ——TO 已考完的我们～	

三、写作训练

1. 整理出近1年来最有影响力的10个微信公众号（根据自己所学专业选择一类，如会计专业就选会计类的微信公众号），列一个表格。

2. 按照自己的喜好，选出2篇有创意的微博短文，1篇代表性的博客文章，2篇微信平台发布的原创文章，并说说你选择它们的理由。

3. 来自外地的大学生小涛，毕业后在上海一家公司从事市场开发工作，需要经常出差。每次出差前和出差过程中，他都会通过微博或微信朋友圈发布自己的动态。请讨论：这种做法有哪些利弊？

4. 请对学校的官方微博、微信公众号提出你的合理化建议，并在相应的评论区发表你的建议。

5. 选出本班同学的最佳原创微博或微信推送文章。

6. 试着建立自己班级的微博或微信公众号。

拓展阅读

政务微博的写作

（王安应：《秘书》，2012年8月。）

政务微博是政府部门推出的官方微博账户。根据新华网北京2012年2月8日电，国家行政学院电子政务研究中心在京发布的《2011年中国政务微博客评估报告》显示，截至去年年底，中国政务微博客总数已达到50 561个，较2011年年初增长了7倍多。在新浪网、腾讯网、人民网、新华网四家微博客网站认证的党政机构微博客共32 358个，认证的党政干部微博客共18 203个。2011年堪称中国"政务微博客元年"，政务微博进入了爆发式发展阶段，在短时间内已成为网络问政的平台和重要渠道。可以预见，随着《政府信息公开条例》的实施和网络技术的发展，开通政务微博的机关将越来越多，政务微博的作用将日益突出。

笔者以为，政务微博写作应注意以下几点，才能更吸引网民的眼球，才更好读更耐读，才易于传播，从而在社会管理创新、政府信息公开、新闻舆论引导、倾听民众呼声、树立政府形象等方面发挥积极作用。

一是定位要准

一方面要清楚为谁写微博。是为单位写、为领导写，还是为某个特定人群（如文化界人士、旅游爱好者、投资界朋友、科技界朋友）写。另一方面要清楚为什么写微博，或是为了记录单位的活动，树立单位的形象，或是为了推广知识和技术，分享思想和经验，或是为了影响群众、服务群众，而不是为了休闲和娱乐，不是为了给单位撑门面，也不是迫于社会压力不得已而为之。明确了这一点，微博写作才会有的放矢，写出的微博才会产生预期的效应。

二是主旨要明

政务微博不超过140个字，但作为一则公开的短信，必须有主旨和内容，要讲究结构、注重语言。就主旨而言，要遵循以下三点：一要立足于"法"。表达的观点必须和党的路线、方针、政策，国家的法律、法规，有关文件精神相一致，不得有任何违背。二要立足于"德"。待人接物，为人处世除了要遵循法律规范，还要受道德规范的约束，因此写作政务微博一定不能忽视道德的力量，其思想性和导向性一定要正确。三要立足于"行"。表达的观点必须符合客观实际，有针对性和可行性；要符合领导的意图，反映领导安排和部署工作的基本思路。

三是内容要实

只有一切以人民的利益为出发点，关注民情民意民生，言群众之所想，解群众之所忧，才能真正发挥微博这一平台的作用。这既是顺应时代发展的需要，也是机关转变职能的体现。如果对群众关切之事不闻不问，对突发事件、网络谣言不及时回应，只是发布一些无用的信息，大家都知道的信息甚至不实的信息，政务微博的公信力将受到质疑。

四是表达要新

由于受到公文写作习惯的影响，不少机关人员拟写的微博中规中矩，四平八稳，生怕不够庄重和严谨，不敢用抒情、描写等表达方式，不敢尝试书信体、日记体、诗歌、散文、小说、歌曲以及多媒体等形式，自始至终都是板着面孔说话，这样的微博只会拒网民于千里之外。"亲，你大学本科毕业么？办公软件使用熟练不？英语交流顺溜不？驾照有木有……"这是2011年8月2日中国外交部官方微博"外交小灵通"上发布的一条轻松幽默的"淘宝体"招聘信息。短短三小时，该微博被转发了4 800余次，带给人们欣喜，引起网友热议。原来政务微博还可以这样写！四川省旅游局也曾转发过一条"80、90后小时候的记忆，你还记得吗"的微博，引得网友发出"泪奔了，全都记得"的评论。圣诞节前夕，四川省旅游局在微博上感叹："虽然圣诞是国外的节日，但是我偶尔会想如果那场雪选在明天晚上下，那将是多么浪漫！"俨然朋友间的抒怀，大家称"四川省旅游局真浪漫"。

五是语言要活

语言是政务微博的第一要素。"蚁族闹蜗居，神马驾浮云"，从虚拟世界到现实生活，网络语言已经成为一种醒目的社会现象和文化存在，其影响力越来越不容忽视。网络语言刚开始出现只是网友们别出心裁、自娱自乐的一种新奇样式，如今，它已成为一种为全社会所接纳的新锐话语形式。作为一种语言现象，网络语言除了反映当今社会意识和文化，更直接地表现出社会表达中蕴含的一些普遍心理和追求。比如"涨价系列"的"蒜（算）你狠"，与之同类的还有"油（由）不得你、棉（勉）为其难"，反映现实的"躲猫猫、七十码、蜗居、钓鱼执法、楼脆脆"等，都形象地表达了人们的心理诉求。恰到好处地运用这些网络语言，可以拉近与网民的心理距离，有益于履行好"问政于民、问需于民、问计于民"的职能，更好地为网民服务。

政务微博要写得生动活泼、幽默风趣，就必须活学活用网络语言；要想吸引关注、收获信任，就要以网友喜欢的方式说话，少说官话、套话。网络上人人平等，政务微博必须放下架子、淡化官方色彩，明确定位、注重服务,随时更新、强化互动,倾听民意、回应呼声,用人性化的"网言网语"进行沟通。外交部自从2011年4月开通新浪微博"外交小灵通"以来,一直以幽默诙谐的风格发微博,如上例招聘启事那样灵活地使用淘宝体语言,给网民以亲近感。

总之,既然各级党政机关和部门创建了政务微博这么一个平台,那就要研究它、熟悉它,用好它、管好它,了解它的功能和特点,掌握它的写作方法和写作技巧,让它更好地服务于民。

参考文献

[1] 陈海飞:《外交部用微博发招聘信息语调幽默引热议》,《现代快报》2011年8月2日。

[2] 刘裕国:《政府官方微博成为与民众沟通新平台》,《人民日报》2011年3月2日。

[3] 陈净:《政务微博:如何用140字Hold住民心》,新华网2011年11月30日。

【拓展阅读2】

微信文本标题修辞特征与修辞过度现象探析

(李少丹:《福建师范大学学报(哲学社会科学版)》,2015年第3期。)

摘要:标题是文章内容、情绪、格调的高度浓缩体,微信文本为了能在众多文章中脱颖而出,吸引读者眼球,在有限的空间引起读者关注和阅读,必然讲求语言文字的效果,重视标题的修辞艺术,体现出独有的修辞特色。但由于微信文本的作者素质良莠不齐,加上受各种功利心理的驱使,为了吸引读者,微信标题中出现不少夸大制奇、言不符实等过度修辞现象及各种低劣的诱导性语言传播现象。本文通过对微信标题的修辞特色与修辞过度现象的具体探析,以期对微信文本的写作与阅读有所启迪和帮助,也有助于微信语言朝着健康有益的方向发展。

关键词:微信文本;标题;修辞

随着网络科技的发展,微信已进入千家万户。由于它所具有的跨平台信息沟通和即时传播等功能,使得阅读微信朋友圈信息和文章已逐渐成为当代人阅读生活的一个重要组成部分。现代社会信息丰富,加上人们生活的快节奏,大量的微信文本不可能被悉数阅读,因而微信文本在如何发挥传递和解读的有效性方面,就充分利用了标题所具有的画龙点睛作用。标题是文章内容、情绪、格调的高度浓缩体,微信文本为了能在众多文章中脱颖而出,吸引读者眼球,在有限的两行标题文字中引起读者关注和阅读,必然讲求语言文字的效果,重视标题的修辞艺术,体现出微信文本独有的修辞特征。由于微信文本的作者素质良莠不齐,加上受各种功利心理的驱使,为了吸引读者,微信标题中也会出现一些修辞过度现象,如夸大制奇、言不符实及各种低劣的诱导性语言传播等,需要引起语言工作者的高度关注。有鉴于此,本文拟对微信文本的标题修辞特征与修辞过度现象作具体探析,以期对微信文本的写作与阅读有所启迪和帮助,也有助于引导微信语言朝着健康有益的方向发展。

一、微信标题的修辞特征

(一)词语新颖鲜活,褒贬鲜明

新鲜生动的标题往往能抓住读者的好奇心,调动关注度,并引起共鸣。微信文章内容丰富多彩,涵盖各种知识,涉及人生、职场、社会、教育、管理、美文、健康、旅游等诸多领域和层面,反映现实生活的各种现象和问题,具有鲜明的时代感和时效性,因而微信文本标题也往往体现了这一特点,突出表现:其一,常常出现网络新词新语,使得语言新鲜有活力。其二,标题为了表明自己的观点,突出文章意图,或达到某种目的,也常使用倾向性强及感情色彩鲜明的词语。

1. 网络新词新语,充满活力

网络词语富有时代感,新颖生动,俏皮活泼,如"任性""萌""造(知道)""涨姿势"(长知识)"你懂的",等等,网络词语在微信标题中频频出现,充满活力。例如:

(1) 任性：

A 法国艺术家的那些任性设计,萌出了泪珠

B 有钱,连造型都这么任性。

C 有钱,就是这么任性！

D 最近"任性"这个词很火！任性合集,笑迷糊了,就是任性！

"任性"指："放任自己的性子,不加约束。"一般情况下任性行为大部分是在儿时,父母对孩子过分宽容和娇纵的结果,如这个小孩很任性。现在网络上扩大到成人,赋予新意,并广泛运用于诸多方面,常指："听凭秉性行事,率真不做作或者恣意放纵,以求满足自己的欲望或达到自己某种不正当的目标,或执拗使性,无所顾忌,必欲按自己的愿望或想法行事。"它具有幽默讽刺的意味。上面四例均出自微信文本标题,"任性"的运用使标题尤为风趣幽默。

(2) 造：

A 史上最全100个生理常识,你造吗?

B 2014网络热词TOP30,不造的话你就太任性了

C 微信表情的含义,你造吗?

D【你造吗】闽南言语预测天气,你也可以成为语言帝。

"造"是网络新造的合音词,意思是"知道",在近期的微信文本标题中经常出现,新颖别致。有的出现在末尾,如例AC,有的出现在标题中间,如例B,有的出现在标题开头,如例D。常辅之否定和疑问,使合音"造"产生出特有的语气和情调。

此外,"萌""涨姿势""你懂得"等网络新词新语也广泛运用于微信标题中,如：

A 英语"萌"起来！看看美国妹子常挂在嘴边的俏皮话～

B 萌萌哒呀,哒哒萌,奇幻气球之旅,你被萌到了吗?

C 想减肥先调整心态,你懂的!

D 在医生中流传的段子,你懂的～

E 涨姿势：你知道吗? 水也会"过期"

F 最"涨姿势"的秘籍在此,不要错过了

例A、B的"萌"是网络语言中出现的新意,原意是发芽或开始发生的意思,新义指可爱。"萌"的这一新义在网络上广泛使用,微信标题的运用频率也很高,具有活泼风趣的色彩。例CD中的"你懂的"是最近网络流行语,意思是大家都知道的,你也知道的,说不清楚的。把"你懂的"放进标题,含蓄风趣。例EF的"涨姿势"也是网络流行语,谐音长知识,即长见识。把网络新词语"涨姿势"放在微信标题,风趣别致地强调文章的作用,可引起读者重视。

2. 倾向性词语,观点突出

微信文本为了强调自己的观点,突出文本的作用,标题中常用倾向性强的副词或感情色彩鲜明的形容词,如副词"非常""最""很""一定""必""太"等以及形容词"漂亮""精辟""精辟""无耻"等一些评议性词语,作者褒贬情感鲜明,题旨明确。例如：

A 属龙的人必转。

B 值得交往的男人,女人一定要看!

C 迷人最是书香女,真美!

D 中医顺口溜,很实用!

E 羊奶的介绍,很详细!

F 无耻！马方反咬中国延误搜救！我可以骂脏话么

例A的"必"和例B的"一定"在标题中充当状语修饰动词,直接表明了作者的意愿,"必转""一定要看"

使得标题态度鲜明,语气坚决。例C前面先用"最"来强调书香女的迷人程度,接着用满肯定意味的"真"来修饰褒义词"美",褒扬情感鲜明,突出强调了作者对书香女的评价。例D"很实用"、例E"很详细"都运用了程度副词"很"以及褒义色彩鲜明的形容词"实用""详细"来表明对文章内容的评价,情感态度鲜明。例F贬义词"无耻"用于标题前面,突出了文章的愤怒之情。从上例可见,微信文本在标题中常常运用倾向性强的词语,以表明作者的情感倾向,具有引导性和感染力。

(二)句式多样,语义丰富

1. 句式多样,各尽其能

由于微信文本内容丰富多彩,体裁多样,标题长短自由,因此和一般文章标题不同,句式运用自由随意,句子长短不一,整散不拘,各种语气的句子亦是各尽其能。最短的标题只有1个字的,如《想》《梅》《禅》《窥》等,这种标题较少,长的标题可以达20多字,如《不可不知古典名著的开篇与结尾经典诗词》《漳州所有的父亲都应该替这个小家伙跑上一段生命马拉松》。有的标题由一个词构成,如《想》《珍惜》;有的是由短语构成,如《星空与树》《海底世界》;有的是单句形式,如《你不该错过的30本书》《食物里的一级血管清道夫》;有的则是复句形式,如《家温馨,人幸福》《争的是理,输的是情,伤的是自己》《谁干,美国的春节联欢晚会,太有才,笑死我了!》;有的则用句群形式,完成一个简洁陈述或论证,如《身体检查表,就发一次!每个人都收藏一份哦,特别实用!》《女人,去工作吧!孩子大了,会远离你;老公烦了,会厌恶你》。微信标题中陈述句、疑问句、祈使句及感叹句应有尽有,感叹句使用频率较高,有的标题末尾连用感叹号,以强化观点或感情。有的标题则由多种语气的句子构成,如:

A 脾气不好的人好好的读,真的是这样!!!

B 有些东西是装不出来的!看完别再装了!惊呆了!

C 你生气了吗?——成本太大了!

D 千古情诗:不爱,也可以这么美!!

E 这样叫孩子起床会丧命!千万小心!!

F 女人,去工作吧!孩子大了,会远离你;老公烦了,会厌恶你。

例A是感叹句,句末连用三个感叹号强化感情。例B前一句是感叹句,第二句是祈使句,最后一句是感叹句,三个句子分别都用感叹号。例C先用问句询问,再用感叹句表示看法。例D先用冒号分隔前后语句,表明题材,末尾连用两个感叹号强化感情。例E前一句用一个感叹句突出文章用意,后面一句连用两个感叹号提醒读者注意。例F前一句用祈使语气,主语突出警醒,后一句从两个方面对祈使作出例证阐释,前后两句有命题有阐述,标题完成一个简洁的论述过程。

2. 语义设歧,引人联想

有的微信标题利用句子的模糊性与多义性精心设置歧义,以增加文章的神秘感,引人联想,诱人眼球,同时又有风趣含蓄的效果。例如:

A 啊!好爽啊,我要……

B 洗澡前先脱衣服还是……99%的人都不知道!!!

C 你敢上"她"吗?

D 你摸我一下,我摸你一下,哈哈,太逗了!

E 赤身裸体(太绝了)

F 世界上最赞的16张裸照

例A、例B都是通过省略和模糊对象引起联想,造成歧义。例A"晚上我管你要",要什么没有说出,引人联想,其实里面内容是要钱,写给不懂感恩的人。例B洗澡前脱衣服还是干什么?省略不说,引人产生各种想法,其实是说洗澡前要喝水补水。例C"你敢上'她'吗?"利用"她"指代的模糊性产生歧义,诱人眼球,其实是上摩天环车。例D"你摸我一下,我摸你一下",利用"摸"的对象,"你""我"指代的模糊性及人的好奇心理设置歧义,诱导点击文本,其实里面的"你""我"都是小孩或动物的逗笑图片。例E"赤身裸体"也是利用对象的隐晦含混来设歧义,吸人眼球,看了后才知道文本是关于一个人赤身裸体来到人间辛苦打拼的一首诗,内容庄重,与标题偏离。例F"裸照"对象有模糊性,一般情况是指人,但看了文本才知道其实不是人体的裸照,是介绍世界各国的树的最佳摄影照片。上述情况可见,微信语句歧义主要通过省略和模糊表述对象造成。微信标题常常追求语句跳脱,设语奇险怪异,以达到引人为胜,争夺眼球的目的。

(三)反语夸张,风趣别致

1. 正话反说,意在言外

微信文本出现不少反语式标题,正话反说,意在言外,亦庄亦谐,别致新奇,读后令人恍然大悟,会心一笑。例如:

A 陈丹青:大家别去美国!一个愚蠢而落后的国家。

B 千万别来苏州,我是认真的!

C 千万别来德化

D 千万别来诸暨,我是认真的!

E 千万别喝蜂蜜了,太可怕了

F 又一贪官落马,数额大得让人不敢想象!!!

例A全篇文章从标题到内容看似批评,实则介绍和欣赏这个国家的优点,让人读后很想去。例B标题叫人别来苏州,阅读后就知道是说反话,表达的是苏州很美,会让人迷上苏州。请看文中的一段话:"千万不要来苏州,因为来了,你会迷上这里的点点滴滴;千万不要来苏州,因为来了,你会恋上这里的蓝天白云。"例C例D同例B,都是反语,是在赞美德化、赞美诸暨,真意是一定要来。例E字面是叫人别喝蜂蜜,其实是在讲喝蜂蜜的好处。例F讲的是澳大利亚的一位官员被拉下马。按照国内通常的情况,这人肯定也贪了不少钱,结果一看,滥用公款总计954澳元,约合人民币5 498元。和国内的那些贪官比起来数额小多了,标题却说大得让人不敢想象,反语标题具有讽刺性。

2. 夸张强化,诱人眼球

微信文章为了提高点击率,运用夸张的手法设标题,强化文章的作用。例如:

A 不见此文,终身遗憾

B 让你目瞪口呆的养生知识,用黄金都买不到

C 预言三百年后的人类,惊呆了

D 白醋让你成为千年老妖

E 周——老——虎家被抄了,见识见识!直接亮瞎你双眼!

F 鲁迅一生挣了多少钱?吓死你!

例A用"终身遗憾"夸大不见此文的后果,以引起读者重视。例B用"目瞪口呆"修饰夸大养生知识的作用,后面用"用黄金都买不到"再次夸张强化养生知识的重要。例C用"惊呆了"夸大预言的效果。例D用"千年老妖"夸大白醋的效果。例E后面的"直接亮瞎你双眼",夸大文章的效果。例F"吓死你!"是夸张,其实挣多少钱吓不死人,标题用夸张来吸人眼球。

(四)加注旁逸,主旨明确

加注旁逸是指在标题后面加上风趣的插说或注释,表明文章意图、作用、观点或建议。微信朋友圈屏幕显示标题的位置有两行,因此许多文章充分利用显示空间,对文章内容作评价或注释,以引起注意和重视。例如:

A 做菜时葱姜蒜椒别乱放(很实用的健康常识)

B 性格与疾病对照表(这下要注意了)

C 用完的卷纸芯不要丢,居然可以这样用~(太厉害!)

D 女人,你要美丽到老!(非常经典)

E 缘(写得真好)

F 重磅!教育新政策将带来8大激变(务必高度重视)

G 50项医学指标,下次就不用问医生了(收藏,随时查对)

H 家有男孩这样养,长大肯定了不起(建议永久收藏)

微信标题经常可以看到这种注释评议性的旁逸,常常加上括号表明,或用于注释(例AB),或用于评论(例C至例F),或用于建议(例G、例H);有的则不用括号直接在前面或最后与主标题连在一起注释或评价。如:

I 密招!很快使感冒或头痛不继续恶化!别自私哦!赶紧告诉朋友

J 女人决定了一个家的快乐!讲的真实透彻啊!

例I最后的"别自私哦!赶紧告诉朋友"就是明确意图的旁逸,但没用括号。例J后面的"讲的真实透彻啊!"也相当于评价性的旁逸,没用括号。

上述几种情况是微信文章标题特有的类型,充分显示出微信语言随意性、风趣性、新颖性的风格特征。

二、微信文章的过度修辞现象

微信平台文章为了能在众多文章中脱颖而出,吸引读者眼球,特别注意在有限的两行标题文字中加强修辞,以引起读者关注和阅读。由于微信文章的作者素质良莠不齐,加上受各种功利心理的驱使,微信标题中也会出现一些修辞过度现象,如夸大制奇、言不符实及各种低劣的诱导性语言传播现象,主要表现为以下几种情况:

(一)渲染过度,用语常现欺骗性

有的标题为了强调文本的益处,引人关注,有时用语看似精确,数据具体,实则虚拟;有时用语渲染过度,或言之凿凿,或确凿疑问相加,带有欺骗性。例如:

A 这是一幅神奇的图,看过的人无不转发

B 夫妻幸福诀窍(被100万人疯狂分享)

C 90%的人不知道小米该这样吃!

D 英国一所小学附在成绩单后的信,泪奔99%中国家长

E 99.99%的人听完这首歌后什么都放下了!马上醒悟了!

F 赵.本.山真被抓了吗?

例A"看过的人无不转发"明显是虚假的夸张,渲染过度了,其实是一张观音图,看过的人不一定都会转发。例B用具体数字"100万人"及夸大的词语"疯狂",渲染过度,语气咄咄逼人,让人感觉不转发不分享都不行。例C至例E的90%、99%、99.99%看似数据精确,但是带有欺骗性,主观臆断,咄咄逼人。例F赵本山三字间用点号隔开,以显醒目,"真被抓了"这是表达意图,以期制造轰动效应,疑问句末语气,确凿疑问相加,表达出了表达者的狡黠和欺骗。

(二)求异制奇,语句低俗隐晦

有些微信标题,为了吸人眼球,刻意求异制奇,使用低俗隐晦的歧义句,读后让人有受骗上当的感觉。例如:

A 晚上我管你要,你说……

B 啊!好爽啊,我要……

C 记住,女人每晚最好"做一次"!!!

D 黄·色·图片……很有货。一天后删除……

例A、例B的"要",后面省略不说,故作神秘隐晦,容易引起男女情爱的联想,但文章实际上都与男女

之事无关。例C明明是在提醒女士九个小动作,每天坚持做一遍,不变美都难的健美倡导,但采用引号并连用三个感叹号,"做一次"便有了诡异隐秘色彩,故意让其凸显低俗意趣。例D黄色图片让人以为是色情图片,其实是金光闪闪的千手观音菩萨的图片,里面的文字是:"你转发了没……看到一定要转发,菩萨保佑你事事顺心,财源广进,身体健康,万事如意,家庭更幸福,事业更成功!!"通过低俗的歧义句诱人点击转发。

（三）主观唯心,话语带有胁迫性

有的微信文本为了增加点击率,在标题及文本中运用一些主观性强、带有胁迫性的语句,夸大文本效用,把阅读或转载分享后的好处夸大化,有的则是强调不转载的严重性,让人看也不是,不看也不是,看了不转也不行。网上曾报道一条微信引发的血案,讲的是某女子收到朋友发给她带有咒语(看完之后不转的全家死光光)的微信,她看完后没有转,几天后她老公骑摩托真的出车祸死了！于是她联想到那条微信,便携刀将发给她微信的一对朋友夫妇捅成重伤。这则消息不管是真是假,反映了人们对这种咒语式的胁迫性话语的憎恨。车祸和咒语本没有必然关系,但是一旦出现问题,心理上就会把他们联系起来,造成不良后果。这种妖魔化的话语害人不浅。例如:"看到转走2015必发财！"这样的标题利用人们想发财的心理,让人看了后不转怕发不了财,只好转走,胁迫性明显。又如:"今日必转——不要问为什么！"由于想走运或怕倒霉,只好转阅。再如:

A 福气到了,看完此文,你是个有福气的人！

B 打开此文的都是有福气的人！！！

C 此文不看,下秒后悔！！！

上述几例都是过度强化微信文本的作用,让人非得打开文本不可。有的微信标题主观性过强,散布一些唯心的言论,例如"床底放一夜东西必定破财,一定要知道""一部让您看了一定会相信有神的片子(震撼推荐)"。这些都反映了微信作者缺乏修养以及向读者灌输主观迷信的不良思想。此外,微信标题标点符号的运用也较混乱,滥用或错用的现象较严重。例如连用多个感叹号的特别多;破折号有的用一条短横,有的用两条短横;省略号有的用三点,有的用六点,有的则四点,而有人干脆用几个句号代替。这类随意滥用语言文字的快餐现象随处可见,如果不引起重视,加强规范意识,将对社会尤其是对青少年产生不良的影响,有损语言的健康发展。微信是广大民众信息传递、情感交流和阅读学习的便捷平台,文本作者要加强学习,提高自身素质和语言素养,要为读者着想,不要随意创作那些主观唯心的文本,尤其是带有诅咒威胁的文本,更不要制作那些过度求异制奇、虚假欺骗的标题,微信读者也要抵制转发那种带有咒语的文章,共同创造一个舒心愉快的微信环境。标题是文章的眼睛,好的标题不仅追求醒目新颖,更要注意贴切简洁,微信标题应当认真推敲,加强修辞研究。

第三节　演示类应用文本写作

一、概述

Microsoft Office PowerPoint,是微软公司的演示文稿软件,一般简称为PPT。用户可以在投影仪或者计算机上进行演示,也可以将演示文稿打印出来,制作成胶片,以便应用到更广泛的领域中。利用Microsoft Office PowerPoint不仅可以创建演示文稿,还可以在互联网上召开面对面会议、远程会议或在网上给观众展示演示文稿。Microsoft Office PowerPoint作出来的东西叫演示文稿,其格式后缀名为PPT或PPTX;或者也可以保存为

PDF或图片格式等。2010及以上版本中可保存为视频格式。演示文稿中的每一页就叫幻灯片,每张幻灯片都是演示文稿中既相互独立又相互联系的内容。一套完整的PPT文件一般包含:片头、动画、PPT封面、前言、目录、过渡页、图表页、图片页、文字页、封底、片尾动画等;所采用的素材有:文字、图片、图表、动画、声音、影片等;国际领先的PPT设计公司有:themegallery、poweredtemplates、presentationload等;中国的PPT应用水平逐步提高,应用领域越来越广;PPT正成为人们工作生活的重要组成部分,在工作汇报、企业宣传、产品推介、婚礼庆典、项目竞标、管理咨询、教育培训等领域占据举足轻重的地位。本节写作实训的演示类应用文本即为PPT。

理论上说,PPT有着无限可能的变化,所以PPT的写作方式也是无限的。一个好的PPT主要取决于两个要素:好的设计模板,好的文字内容。关于PPT的设计与制作,已有相当多的研究和经验供使用者参考,可查阅相关书籍与资料,这里不再赘言。微软公司也在不断升级更新PPT软件,学习者亦可通过对PPT软件的学习,获得相当多的实用技巧。作为非PPT设计专业的大学生,首先应该学会如何选择PPT模板,再者应该学会如何在PPT上写好自己的文稿,本节实训的内容围绕这两点展开,提供一些浅显的思考与探索,供大家参考。

二、PPT模板设计范例

说明:以下PPT模板是在上海立信会计金融学院2015—2016下学期短学段"创意写作工作坊"课程作业中,由2015级汉文班部分学生收集完成的,体现了他们所喜爱的PPT设计风格。

(一)

学生点评:图片很好看。

(二)

来源：上海市市东中学信息公开课，制作人：何若灵老师。

学生点评：因为用了很可爱的表情包，所以比较活泼，又因对课程关键词有排版，感觉萌萌哒。

(三)

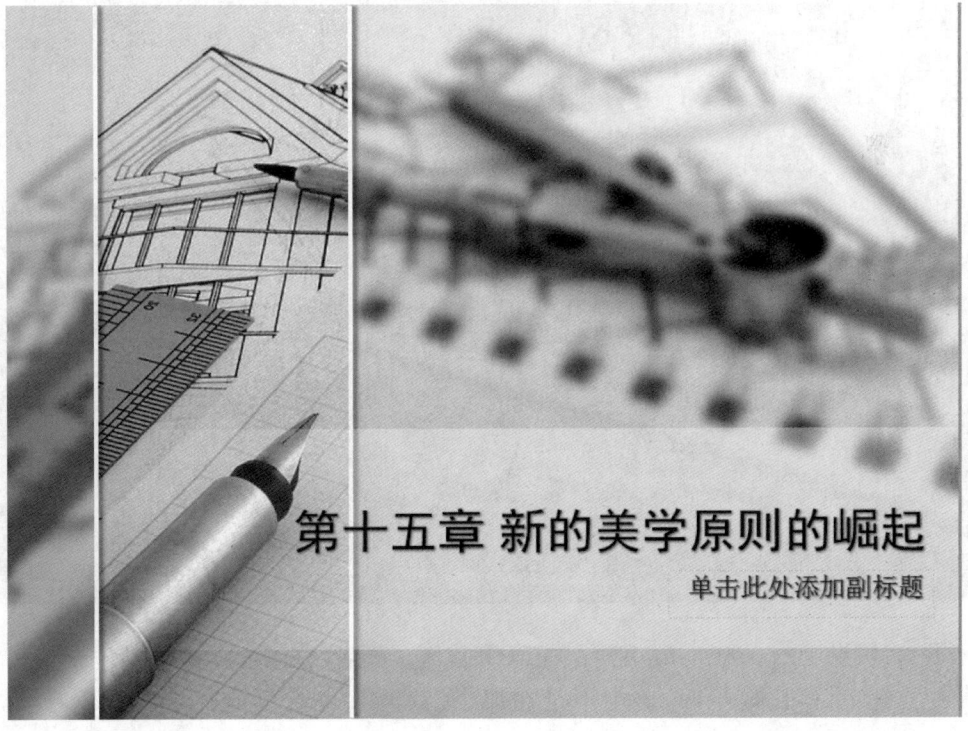

学生点评：模板帅气。

(四)

学生点评:这是一个好看的、有情怀的模板。

(五)

来源:百度贴吧-powerpoint 吧-清扫 PPT 盲区。作者:张不六。

学生点评:字体比较抢眼,美中不足在那个"清"字,也有可能这是和青色呼应,风格简约。

（六）

来源：微信公众号-ppt 粥，作者：十九不七。

学生点评：忽略图上的原始文字，这个 PPT 模板是用于作年度规划的。中间那个秒表相当具有设计感，而且数字的大小也很有效地突出了重点。感觉很像 to do list。

（七）

来源：微信公众号-ppt 粥，作者：公子小菜。

学生点评：这个 PPT 模板好看到可以直接当海报用了，用绘图工具擦出的线，让这个标题变得很有设计感。字色选得比较亮，和相对较暗的背景比较搭。

（八）

来源：微信公众号-ppt粥，作者：十九不七。

学生点评：这张PPT放映起来是有特效的，从遥远星球到散漫的星轨，再是星辰大海这些文字，特别震撼。

（九）

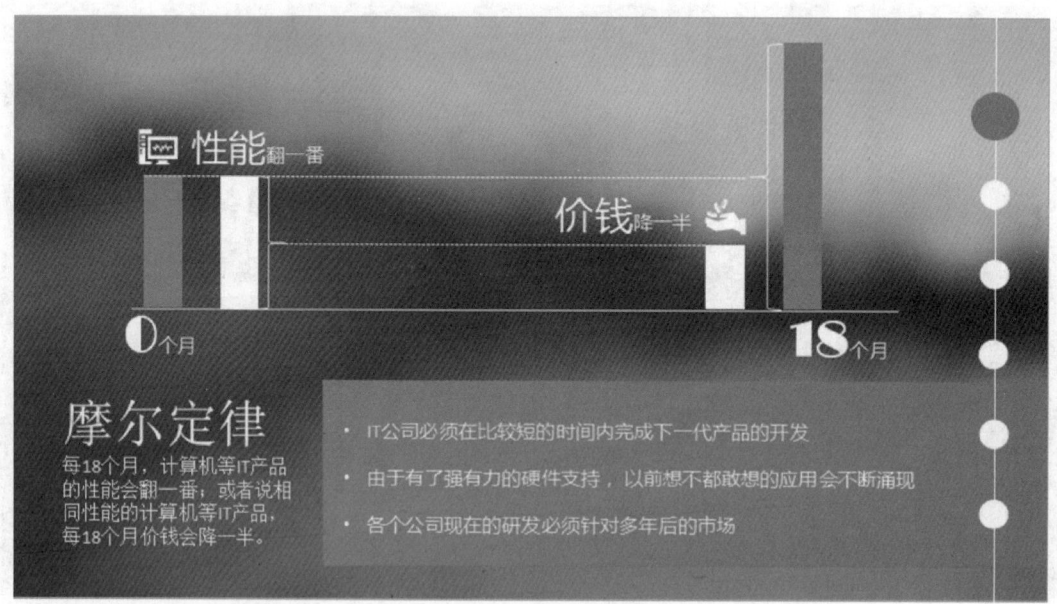

来源：高校联盟官方微信，制作人：晓荻。

学生点评：这其实是一个读书笔记PPT，但是在作者的解构和重构之后，主要内容和关键词变得相当明确。从小图标的运用到摩尔定律的再诠释以及逻辑链推理，都相当惊艳。

(十)

来源：微信公众号-不加班儿，制作人：PP琪。

学生点评：这张的亮点其实是：PPT几乎完全是涂抹出来的。月亮和桥啊水啊都是制作者画的。虽然我觉得引入背景去制作会比较轻松啦，不过画出来的也很好看。这张的字体设计可以更动动脑筋。

(十一)

来源：微信公众号，ppt粥的模板素材。

学生点评：这套中国风的PPT模板真的太美好了！每一张都像这张图一样端庄又大气。感觉用来讲解中国文化的内容特别合适。特别喜欢这个字体、这个配色和这个花瓣！

三、PPT 写作范例

（一）"逻辑思维"2015年跨年演讲《时间的朋友》系列 PPT 截图节选

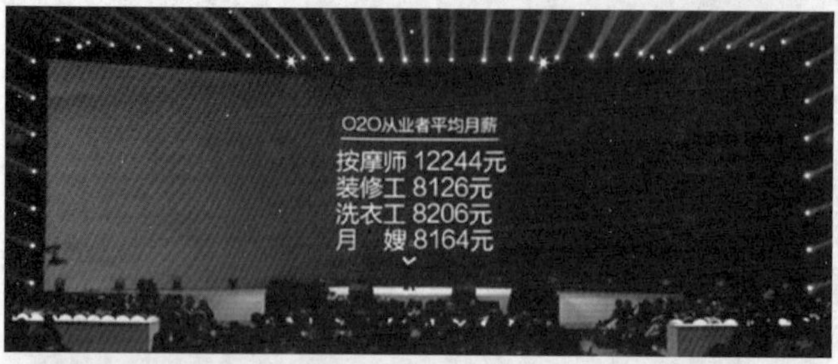 O2O从业者平均月薪 按摩师 12244元 装修工 8126元 洗衣工 8206元 月 嫂 8164元 ∨	点评： 　　列举式写作方式，横线起到了分隔作用，"∨"起到了省略号的作用。
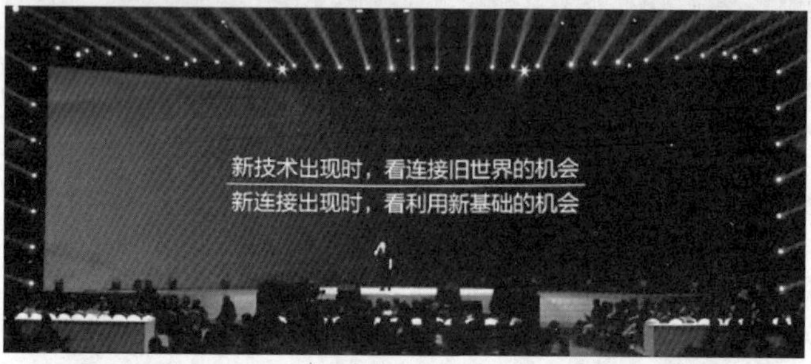 新技术出现时，看连接旧世界的机会 新连接出现时，看利用新基础的机会	点评： 　　巧用对称的语句，美观大方。
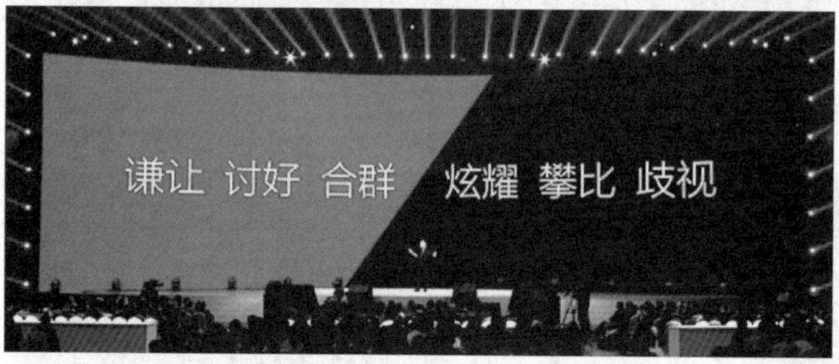 谦让 讨好 合群　炫耀 攀比 歧视	点评： 　　用色彩背景区分两组关键词，拥护和批判的相异立场对比鲜明。

（二）乔布斯的 PPT

点评:简洁、直观是PPT写作的高境界。

四、写作训练

1. 现在很多公司在面试时要求应聘者结合PPT进行自我介绍,请找到或设计一套适合应聘时进行自我介绍的PPT模板。

2. 如果让你上一堂大学英语课或马克思主义政治经济学课,你会如何制作一套教学PPT(不少于10张幻灯片)呢?

3. 请为你所感兴趣的专业课制作90分钟课时的教学PPT,交给任课老师或相关专业老师评判。

4. 请为上海立信会计金融学院制作一套招生宣传的PPT。

5. PPT设计、制作和写作的学习是一个漫长的过程,不过网上有很多PPT高手,请收集PPT设计、制作和写作的实用技巧,并列举出你最喜欢的三套PPT。

6. PPT往往是演讲的重要辅助工具,国内外有很多知名的演说家都非常善于使用PPT,请讨论:演讲成功与否是否取决于PPT?

拓展阅读

多媒体教学中PPT演示与板书的互补研究

(节选自:熊飞:《科教文汇》,2013年3月下)

摘要:本文总结多年大学教育中多媒体课堂教学PPT应用的体验,针对当前广泛存在的几个问题,简述了诸如PPT画面的光视觉设计,单节课PPT页面数量的科学设定和教学大纲规定的内容,分解映射到计算机赛博空间投影屏、黑板平面板书空间和教师口述传播的教室三维物理空间的意义与互补。

关键词:PPT 光视觉 对比度 板书

多媒体教学是将现代计算机信息技术,融入传统板书式课堂教学,加大课堂教学的内容密度,丰富课堂教学内容形式,提高效能、效率和质量的一场教学革命。但是,近30年的教学实践说明,现代计算机信息技术对传统教学的支持上,仅仅在硬件和系统服务上达到炉火纯青,至于PPT画面的设计,在人体生理、心理范畴的一些简单要求和技巧,往往被忽略;PPT演示与传统板书的搭配关系等问题,还远远没有解决。根据作者多年教学实践,本文对PPT演示中的诸多问题,包括PPT制作须具备学生满意的光视觉效果,它与传统板书教学的关系及优势互补等问题作了跟踪研究,现将心得体会叙述如下,仅供参考,欢迎斧正。

1. PPT引领课堂教学

20世纪80年代以前,中国大学教育的课堂上,教师课堂授课毫无例外地以板书为主,辅以大屏投影幻灯片。那是一种费时费力、效能和效率低下的讲课模式。80年代,中国大陆掀起了一股计算机学习与普及热。随着计算机信息技术的蓬勃发展和普及,PPT课件被引入课堂教学。起初,由于教师从繁琐的黑板板书教学中被解放出来,课堂教学内容的密度大增,特别是后来PPT画面设计的模板化,动画甚至视频的切入,学生面对一幅幅形象生动、多姿多彩的画面,其视觉功效在课堂上得到充分利用和开发,兴趣大增,整个大学教育的课堂教学跃上一个新台阶。毫无疑问,可以不夸张地说,现代计算机信息技术支撑的PPT课件应用于课堂教学,引发了地球人类教育事业的一场革命。

不过,为适应中国经济迅猛发展、社会大环境的剧变,大学教育的改革不断深入,其中,包括多媒体—PPT的课堂教学中,新的问题不断出现。例如有些教师的PPT画面,背景色与文字色对比度不够,远台学生看不清;有的教师课堂教学像作学术报告,一节课更换的PPT画面达百十张,学生听课如看走马灯,目不眼接,优生无法插空记笔记,差生视觉疲劳打瞌睡,下课后印象不深,教学效果大打折扣;还有的教师两节课下来,黑板上没有留下一个粉笔字,不便学生复习。更有一些教师的课堂教学,偶遇教室停电,他预先准备的、绝对依赖"电"的PPT讲课便大打折扣,甚至无法进行。

2. PPT画面光视觉知识

根据相关专家研究结论,人类对外部世界信息的接收,90%以上靠视觉接收。多媒体—PPT教学,正是基于这一规律,大幅度开发学生的课堂视觉功能,达成教学效果的倍增。遗憾的是大部分教师却没有依据这一规律去设计他的PPT画面,包括那些应用软件开发商提供的所谓PPT"模板"。例如,相对于要求满足最多256灰度级指标的多值性图像型画面而言,对于只要求对比度的二值性文字、图形型画面,笔者所见,多数PPT画面底色选用白色,或近白的浅色,文字插图用黑色,或近黑的深色。殊不知它必将使学生长时间注视强反光的浅色画面,很快感觉生理视觉疲劳,又连带产生对课堂教学的逆反心理。这实在是一个灾难性的简单错误。正确的设计,是黑底白字,或为了色彩斑斓,采用近黑的深蓝、深棕等色,近白的浅绿、浅蓝、洋红等(少量插图可以相反)。还有一些教师不明白PPT画面背景色、文字色的对比度需尽可能高的要求,画面对比度值偏低,即使文字采用个大字号粗笔画,远台学生同样很难分辨清楚;更麻烦的是教师自始至终近看画面,对此浑然不知。倘使教师没设计高对比度值画面,又没注意选用尽量大、尽量粗的字号、字体,他的PPT课堂教学必致"白瞎",演绎出课堂教学中的"滑铁卢"。

究竟画面上采用几号字、何种字体为宜?这要看教室大小,学生多寡。据笔者体验,100人左右的阶梯教室,采用28号黑体字,每行排出25个字,一页排列15行,没有发现学生有看不见、看不清的反映。为突出其中的重点、概念,其字号可适当扩大,或以彩色加重视感。至于注解,字号可缩一半,节省空间。

3. PPT页面数量选多少合适

一节课闪过百十张PPT画面,只能在学术讲座这种场合采用,工科课堂教学中是万万不可行的。据笔者体验,一般情况下,每张画面显示时间至少需要5~8分钟,学生才有足够的时间对本页的内容,较充分地关注、前后联系、思考理解和记笔记,不致产生走马灯的印象。按照上述"2"中的视感清晰设计和这里的视觉、思考交互需要时间的设定,两节课堂教学的PPT课件张数,一般情况下,以12~18张较妥,一节课安排6~9张PPT画面为宜。

这样的PPT画面和张数密度设计,必然带来一个问题:教学大纲要求的授课内容,如何嵌入这样大小和数目的PPT画面中?显然,这对每一位教师的教学水平都是一次最真实的考验。他必须吃透教学内容,突出重点,淡化次点,用最少的文字,显现出最大的信息量。还要将诸如公式推导之类的部分内容,从计算机赛博空间剔出,安排到板书空间去,或安排到口述的教室三维物理空间去,即对着PPT画面上逐点逐条显现的标题、文字,口述讲解。这一环节是每一位教师的PPT课堂教学中他的核心能力的体现或检验。当然,还有一部分实践性内容,是要安排到实践性教学环节的第四空间去,恕不在此讨论。

许多青年教师初上课堂,还不具备将他要讲授的教学内容进行科学分解与分配的能力,大多采用他人制作的现成PPT,例如互联网上那么多"精品课程"网页展示出的PPT课件,或利用系统提供的那么多眼花缭乱的PPT模板,对教材中的相关文字、图形,整段整段地扫描粘贴,整出自己的PPT课件,其效果是可想而知的。

4. PPT教学中的板书不可废除

正如上述,教师在备课中,要将教学大纲规定的教学内容科学地划分成计算机赛博空间中的PPT画面展示,黑板平面空间的板书展示和课堂教室多维物理空间口述、讲解三大块。事实上,课堂教学中教室用以充分演讲的这三大空间(在此不讨论实物演示的第四空间)中,黑板平面空间很容易被人淡化甚至忽略。

多媒体教学PPT课件的引入,虽然最终替代了板书教学在课堂讲课中的主导地位,但不要忘记,PPT课件的引入目标是强化、优化教学效果,不是、也不可能消灭板书这种形式。笔者体验,板书的功效是PPT

不能替代的。例如,通过黑板板书公式的推导过程,对培养提高学生的逻辑推理思维能力,学生对结论公式的置信度和加强学生对公式的记忆,都是不可或缺的。有时教师为了说明 PPT 上的某个论点,经常会即兴打比喻,甚至要通过板书示意简图协助说明。同类的比喻通常会有几种选择,不同场合和条件,会有不同选择,他不能预先在设计 PPT 画面时,将它固定下来,此刻的板书手段,舍我其谁?